球童学（第二版）

殷志栋　孟　梅　杜一鸣◎著

首都经济贸易大学出版社

Capital University of Economics and Business Press

·北京·

图书在版编目（CIP）数据

球童学／殷志栋，孟梅，杜一鸣著. -- 2 版. -- 北京：
首都经济贸易大学出版社，2022.9

ISBN 978-7-5638-3406-8

Ⅰ. ①球… Ⅱ. ①殷… ②孟… ③杜… Ⅲ. ①高尔夫球运动
-基本知识 Ⅳ. ①G849.3

中国版本图书馆 CIP 数据核字（2022）第 168038 号

球童学（第二版）

殷志栋 孟 梅 杜一鸣 著

Qiutongxue

责任编辑	晓 云
封面设计	砚祥志远·激光照排 TEL: 010-65976003
出版发行	首都经济贸易大学出版社
地 址	北京市朝阳区红庙（邮编100026）
电 话	（010）65976483 65065761 65071505（传真）
网 址	http://www.sjmcb.com
E-mail	publish@cueb.edu.cn
经 销	全国新华书店
照 排	北京砚祥志远激光照排技术有限公司
印 刷	唐山玺诚印务有限公司
成本尺寸	170 毫米×240 毫米 1/16
字 数	515 千字
印 张	26.25
版 次	2017 年 1 月第 1 版 **2022 年 9 月第 2 版** 2022 年 9 月总第 3 次印刷
书 号	ISBN 978-7-5638-3406-8
定 价	58.00 元

第二版前言

2009 年 10 月 9 日，国际奥委会在哥本哈根投票通过高尔夫球运动进入 2016 年奥运会，这为中国高尔夫球运动的发展提供了前所未有的机遇。各地兴建的球场越来越多（建成 1 000 多家，正式开业 500 家），国内的巡回赛水平也越来越高。但是，与之相匹配的能胜任各种联赛的高水平球童却凤毛麟角，许多教练员不得不下场为队员充当球童。低水平、低素质的球童与高尔夫球运动被赋予的高尚地位不相匹配，为此我们走访了国内部分高尔夫球场，发现球童普遍存在以下问题：整体素质不高，学历水平低，女球童太多，等等。为适应我国高尔夫球运动发展的需求，我们组织了职业教练、球员、业巡赛球员、球童主管、竞技部经理、高校教师共计 11 人，主办了球童培养的 DACUM 研讨会，构建了涵盖 9 个技能领域、102 项单项技能的职业球童能力素质图表，这也是国内首次构建的职业球童能力素质图表。

本书的研究目的在于客观、译实地揭示职业球童与商业球童能力的基本内涵，明确球童职业能力的内部结构体系，探索球童职业能力形成过程中各种因素的作用及其内在规律，力图从能力本位的高度构建球童职业能力体系，形成完善合理的人才培养模式。

本书的修订是以项目引领、任务驱动的体例进行的，在各个课题方面增加了训练检测，更适合于应用型本科的教学。

本研究由殷志栋教授、孟梅副教授、杜一鸣先生主持，孟朝、聂庆娟、朱志武、许凯、刘旭龙、由杨、温蒙、段杭、葛艳荣、宋伟鹏、高奎亭参与本书的编撰工作。由殷志栋、孟梅、杜一鸣统稿修改和最终审定。

本书在撰写过程中得到北京金色河畔高尔夫球会董事长、中国国家队教练、中国青年队总教练杜一鸣先生的指导，秦皇岛阿那亚高尔夫球俱乐部、北京金色河畔高尔夫球培训学校、保利秦皇岛高尔夫球俱乐部鼎力协助，在此向他们致以由衷的感谢。

受我们自身水平所限，并受时间、人力、财力等因素制约，本书对一些重要问题的分析特别是理论研究还只是刚刚开始，如果能对我国球童培养起到一点参考作用，引起更多院校、球场工作者的关注，从而起到抛砖引玉的作用，也算为我国的高尔夫球运动事业的发展尽了绵薄之力。

本书不足之处请广大读者和专业人士批评指正，不胜感激。

殷志栋

职业球童能力素质图表

	1	2	3	4	
高尔夫球运动概述	高尔夫球的概念、特点及起源 4A	高尔夫球纪事 3	高尔夫运动概述 3	高尔夫球赛事及名人 3	A
	高尔夫球场部门设置 3	高尔夫球场球具的运用 4C			B
球童职责	球童的概念、起源及任务 3	球童的地位与作用 4A	球童的素质要求 4B	球童的职责 4C	C
	存包室工作职责 4A	出发站岗位职责 4B	巡场员岗位职责 3	服务规范 4C	D
	球童部处罚规定 4B	球童中英文专业术语 4C			E
击球技术	整体发力 4A	核心力量 3	流畅节奏 4B	击实击透 4C	F
	正确选择挥杆平面 4B	下场的基本知识 4C	不同地域球杆的选择 4C		G
绘制高尔夫球场地形图	了解高尔夫球场的起源与发展 3	了解高尔夫球场的类型及组成 3	了解高尔夫球场的设计与选址原则 4A	了解高尔夫球场的功能与景观设计 4A	H
	了解高尔夫球场的草坪建造与植物选择 4A	熟知高尔夫球场的总体规划步骤 4A	地形图的比例尺 4A	地形图的分幅与编号 3	I

续表

	1	2	3	4	
绘制高尔夫球场地形图	地形图图外注记 3	测绘前的准备工作 4B	视距测量 4C	果岭测量的方法 4C	J
	测试果岭速度 4B	地形图绘制 4C			K
裁判能力	掌握高尔夫球裁判规则 4C	了解当地规则 4C	球具规定 4B	通晓助言规定 4C	L
	具有组织小型比赛的能力 4A	执裁能力 4A			M
情报搜集	高尔夫球场设计师的特色 4A	不同种类球场的特色 3	参赛对手的信息搜集 4B	当地气候条件的信息搜集 4C	N
	果岭信息的搜集 4A	各种落点的选择 4C			O
礼仪与形态	礼仪的心理基础 3	服务礼仪规范 4C	职场礼仪站的基本素质 4C	职场礼仪行的基本素质 4C	P
	职场礼仪坐的基本素质 4C	职场礼仪蹲的基本素质 4C	职场礼仪手势的基本素质 4C	职场礼仪的交流能力 4A	Q
	其他礼仪方法 4A	外在气质修养 3	球童礼仪的具体要求 4A	球童实际操作知识 4B	R
	球车的使用方法 4C	球车安全操作的程序 3	球车服务程序中的注意事项 4A	球车使用的管理规定 3	S

续表

	1	2	3	4	
球童的工作程序	到岗的准备工作及必备用品 4A	迎宾（接包处） 4A	出发前的准备工作 4C	在发球台上的服务 4C	T
	球道上的服务 4C	果岭上的服务 4C	中场休息 3	全场结束 4A	U
	送宾工作 3	比赛中的服务 4C	特殊情况的处理方式 4A	一杆进洞管理规定 3	V
	用"心"服务 4A	球场客人类型分析 3	处理人际关系的十大技巧 4B	球童工作案例介绍 3	W
	球童管理 3	练习场服务程序 4A	雷雨、台风封存场实施细则 3	前台值班球童服务程序 3	X
	高尔夫球练习场使用规则 4A				Y
社会适应	帮助学生树立正确的学习动机 4B	运用正面教育手段 4A	运用批评、表扬的技巧 4A	培养学生明辨是非的能力 4A	Z
	严格执行课堂常规流程 3	运用教材中的教育素材对学生进行教育 4A	对学生没有偏见，一视同仁 4B	建立良好的人际关系 4C	AA
	正确评价学生 4A	使学生养成遵守纪律的习惯 4C	养成良好的体育运动道德风尚 4C	培养学生的应变能力 4B	AB
	帮助学生树立集体主义的观念 4B	发挥榜样模范教育作用 4A	帮助学生处理好竞争与合作的关系 4A		AC

4 球 童 学

	1	2	3	4	
显示个人能力	具有自主锻炼的能力 4C	具有良好的习惯 4B	保持清洁有序的工作环境 3	树立良好的个人形象 3	AD
	恰当的服饰 4B	具有严肃的工作态度和良好的工作作风 4B	具有应变能力 4B	协调工作中的关系 4B	AE
	合理支配时间 4C	良好的社会交往 4A	健康的体魄 4B		AE

目　录

项目一　探索球童工作的神秘性质

❖**项目描述**

　　高尔夫球运动在一个国家发展得如何，球童的水平起着至关重要的作用，尤其是职业球童的水平如何，对职业联赛的水平有着重大而深远的影响。我们将通过理论分析，揭示球童的工作本质，使读者对与球童相关的知识有一个初步的了解。

❖**学习目标**

　　了解高尔夫球基本概念、起源与赛事，掌握高尔夫球场的构造、组成及各部门的职责，掌握球童的概念、工作性质、工作内容及各项职责，熟练运用球童术语。

❖**能力目标**

　　能够运用所学知识，正确认识球童的工作性质，熟练运用球童的术语进行工作，提高自己的从业能力。

任务一　揭开神秘的高尔夫球运动

⟨活动情景⟩

多媒体教室

⟨任务要求⟩

1. 了解高尔夫球运动的概念、起源、赛事、人物等；
2. 了解高尔夫球场地结构及其特点。

⟨能力训练⟩

掌握高尔夫球运动的概念，能够有意识提高对高尔夫球运动的认知水平；初步形成球童的概念。

⟨基本任务⟩

课题一　感知高尔夫球运动的定义

一、高尔夫球运动的概念

高尔夫球是一项运动，也是一种游戏（球类游戏）。《韦氏词典》（*Wedster's Dictionary*）对高尔夫球运动的解释是：使用若干支球杆，用尽量少的杆数在通常为 18 洞的球场打球，在各个球洞前连续击球进洞的运动。德国《杜登大辞典》（*DUDEN*）这样来解释高尔夫球运动：（源于苏格兰的一项运动）用硬橡胶球和球杆在草地上玩的一种游戏，目的在于用尽可能少的杆数将球击入各个球洞中去。《中国大百科全书》体育卷（1982 年版）用一句话为高尔夫球运动下了定义：以棒击球入穴的一种球类运动。

上述引证已大致可以明晰高尔夫球运动的定义：一种在室外草坪上使用不同的球杆并按一定的规则将球击入指定球洞的体育娱乐运动，通常一球场为 18 洞，杆数少即击球次数少者为胜。

"高尔夫"的英语为 GOLF，由 Green（绿色）、Oxygen（氧气）、Light（阳光）、Foot（步履）四个词的第一字母组成，其意为：徜徉在绿色草坪及丛林中，呼吸着清纯的空气，沐浴着灿烂的阳光，迈动矫健的步伐，扭动腰身，奋力挥杆，目送白色小球腾空飞起，飞向理想的蓝天。G 代表绿色（Green）：绿色为大自然的主色，在绿意盎然的大自然的环境中，打高尔夫球是回归大自然，享受大自然。而 Green 除了有绿色之意外，在高尔夫术语中又表示"果岭"，这就是绿中之绿所在。O 代表氧气（Oxygen）：氧气是人类生命中不可缺少的三元素之一，有绿色植物的地方就有氧气，生命也会因此充满生机，朝气蓬勃；打高尔夫球，就其运动量与强度来看，在生理学上叫作"有氧运动"。L 代表阳光（Light）：阳光是一切生命的开始，享受阳光就是享受生命。F 代表步伐（Foot）：打高尔夫球的主要运动形式是要走完几公里长的球道和用杆击球，在绿草如茵的球道上从第 1 洞走向第 18 洞，自由自在地呼吸着郊外树林中和草地上空充足的新鲜空气，沐浴着温暖的阳光，健步迈向目标，这就是高尔夫球运动的魅力所在，其有助于人的身心健康的效果有目共睹。另外，也有人说 F 代表友谊（Friendship），这是说球手们在打球的过程中各自遵守高尔夫的礼仪和规则，在竞争的过程中建立起高尚的人际关系，友谊重于比赛，追求高尚文明为此运动的最终目的。

另外，也有人把 GOLF 的意思说成"迈步走向锦绣前程"（go to the light future），这也诠释了高尔夫球运动正面和积极的意义：打高尔夫球，培养人的自信心，勇于克服困难，大胆面对人生和未来，追求事业的成功。

二、高尔夫球运动的特点

1. 高尔夫球运动是一项植根于大自然又最亲近与爱护大自然的运动。高尔夫球运动是一种户外运动，并且它的场地非常大。其实高尔夫球场地本身就是大自然或者说是经过修整的大自然，打高尔夫球犹如置身于鸟语花香中，你可以嗅到树林、草地和泥土的气息。打高尔夫球还可以培养球手的环保意识，一旦你挥杆损坏了球场的一草一木，你的责任心会驱使你去做一些修复工作，以回报大自然给予的一切。

2. 高尔夫球运动是适合各种年龄、性别、体态、体能状况者的运动项目。儿童可以打高尔夫，八九十岁的老年人只要适度适量亦可以上球场挥上几杆，不能长距离行走的人，还可以搭乘球车。由于高尔夫球运动本身是"亦静亦动"的运动，球手可以根据自身的体力情况来调整节奏与强度。

3. 高尔夫球运动是最充满挑战性的运动。高尔夫球运动在当代国际体坛的职业化发展上，不仅体现在可观的奖金上，也表现在高度专业化方面。现代职业高尔夫球坛最常见的比赛方式是比杆制赛，职业球员要面对多位参赛对手，因此，高尔夫球的难度实在是高过其他球类运动，处处面临风险，处处面临挑战。

4. 高尔夫球运动在全部竞技体育项目中，以选手自身为对手的特征最为突出。这首先体现在比赛方式上，高尔夫球员在比赛过程中完全是"独立作战"，高尔夫球运动的规则完全是球员"自扫门前雪"，球员打得好坏与对手无关，全部取决于球员自己。所以有人说，如果说高尔夫球员有个想象的敌人的话，那么就是球员自己，就是球场。高尔夫球运动的特点就是球员战胜自己，战胜球场。在高尔夫运动中有没有裁判？回答是肯定的，但是在这项运动中不称这些人为"裁判"，而是称之为"场地裁判""场地评定员""官员""工作人员"。很多时候高尔夫球员打一场比赛无须让裁判讲一句话，无须与裁判打任何交道，因为记录杆数全部凭球手的诚实，成绩也由球员自己填写，因此高尔夫球运动也可以说是没有裁判或极少使用裁判的竞技体育项目。

5. 高尔夫球运动的其他特点：

（1）高尔夫球运动有较高的国际性；

（2）高尔夫球运动是运动创伤最少的项目；

（3）高尔夫球运动是一项十分强调传统性的讲文明懂礼貌的运动，也是一项对打球者文化素质要求较高的运动。

体育是一种文化现象，高尔夫球运动的种种超凡脱俗的特点使它成为一种讲究文化含量的竞技与娱乐，从而造就了高尔夫文化和具备高尔夫文化特质的人。

三、高尔夫球运动的起源

高尔夫球运动的起源至今是许多国家争论不休的问题，因为说法各不相同，其中流传最广的是这样的故事：

相传高尔夫球运动起源于 13 世纪苏格兰的海滨地区。起初是草原上的牧羊人在闲暇时不经意地利用牧羊杖将碎石块击入野兔的洞穴，这种"不经意"的活动慢慢发展成为一种游戏。这种以大自然广袤地域为竞赛场的游戏，逐渐发展成为一项完备的休闲活动，并受到上流社会贵族们的喜爱。

1890 年至 1910 年，欧洲的移民大量涌向新大陆，其中包括多位高尔夫球好手及球场管理人员，于是高尔夫球运动传到美国，首座球场就诞生于美国东岸的纽约市郊。其后，美国高尔夫球协会和高尔夫球场设计师协会等组织相继成立，许许多多的球场在美国各地如雨后春笋般建成。

西风东渐，亚洲地区的第一座球场于 1901 年由英国人士克鲁姆建在日本神户地区。高尔夫球运动作为苏格兰地区的一个地方性运动，在跨入 20 世纪后迅速风靡全球，在世界五大洲任何角落都可看到它的踪影，而英国就有 1 300 座左右的球场，其受欢迎程度可见一斑。

随着中国经济的发展，高尔夫球场在中国各地陆续建成。高尔夫球运动是由英国传入中国的，在十里洋场的上海滩，英国殖民者在 1916 年决定将养马场改建为高尔夫球场。1917年"虹桥高尔夫球会"开幕，球场为9洞，占地约0.133平方千米。上海的这个高尔夫球场一直使用到1949年，原址于1953年改建为上海动物园。随着80年代国内的改革开放，新中国高尔夫球运动始自1984年，到目前有球场1 000余座，正式运营的球场有500多座。

高尔夫球运动在中国必然会有巨大的发展，目前高尔夫球运动已经进入奥运会大家庭，我国已经制定了高尔夫球运动发展规划，但是结合中国的实际情况和高尔夫球运动自身的发展规律来看，中国的高尔夫球运动还只是刚刚起步。在世界高尔夫球产业界，包括设计、建造、管理、竞赛、草种提供、球具、服饰等都非常看好中国市场。英国和美国业界人士多次对中国高尔夫球运动进行预测，按目前中国经济的发展速度，并参照世界高尔夫球运动发展经验，在未来20年内中国需要25 000个高尔夫球场，也就是以每年平均再建造1 250个球场的速度才可满足市场需求。

25 000个高尔夫球场将会带动相关产业迅速发展，极大地促进就业。当然即使做保守估计，市场前景也非常乐观，因为宏观上中国对外开放和经济发展是势不可当的，绿色、健康、和谐生活已成为人们不变的追求目标。以下具体因素决定了中国高尔夫球运动大有可为：

第一，国家经济实力不断增强、人民生活水平不断提高为高尔夫球运动的发展提供了物质保障。

第二，10余年高尔夫球运动的前期热身创造了广泛的观念、人才和资金的储备条件：高尔夫球运动已被大家逐渐认可，消费群体在不断扩大；涌现了大量的设计、建造、管理、维护等方面的高尔夫球运动专业人才及球手；高尔夫球运动被很多有实力的企业家看好并进行投资。

第三，高尔夫办公室的概念已逐渐被中国企业家接受并在实践中运用，经济活动的国际化是经济国际化的前提之一。

第四，中国的城市规划由于历史的原因普遍存在绿地太少的问题，发展绿地是不可抗拒的潮流，而绿地的建造、使用、维护是目前的城市管理中的难题，建设公众球场是解决以上问题的最佳方式之一。

第五，球场优美的环境不但能使人赏心悦目，更能潜移默化地培养国民珍惜环境的良好心态，作为一项绅士运动，高尔夫球运动也能提高国民的整体素质。

四、高尔夫纪事

1174年，有史以来第一次可考的关于高尔夫球运动的文字记载是述及一种叫作"高尔"（CHOLE）的球类游戏。

1297年，第一项类似高尔夫的比赛在洛宁德维希特（LOENEN AAN VECHT）

为了庆祝克罗宁堡宫移交而举行。

1319 年，高尔夫球游戏在苏格兰成为一种休闲运动。

1350 年，英国格洛斯特大教堂一扇窗户上绘出一个类似挥杆打高尔夫球的人的形象。

1390 年，哈雷姆城墙之外已正式分配土地给玩高尔夫球游戏的人。

1401 年，多德莱希特城严禁在街道上打高尔夫球。

1424 年，苏格兰议会决议禁止踢足球和打高尔夫球。

1450 年，博根娣公爵夫人所著《时令书》描述了人们打 CHOLE 的情形，即双方都打同一个球，与打高尔夫球有别。

1457 年，有史以来第一次提到"高尔夫"（GOLF）这个字眼。经常气急败坏、性情火爆的苏格兰国王詹姆斯二世让议会颁发法令严禁进行高尔夫球运动。此法令事出有因，因为国王在一次视察时遇到大炮走火，就认为军队军事演练不够，"玩物丧志"，高尔夫球打得多了会导致军事失利。同年，高尔夫也以"GOLF"和"GOWF"的字样出现。

1497 年，CHOLE 在法国已流行，比利时也有。当时已使用长柄木杆和球心用填充材料的球，在野地上打，将球打至有相当长距离的目标，并限定杆数。显然这是高尔夫球运动的早期状况。

1502 年，苏格兰对高尔夫球运动的禁令解除，国王詹姆斯四世还在泊斯订购球杆和球。

1510 年，在一部弗莱米文的教科书上印有一幅打高尔夫球的图画。

1553 年，圣·安德鲁斯大主教声言允许公民在球场玩高尔夫球。

1589 年，阿姆斯特丹一幢旧楼房拆毁时，人们发现一个 16 世纪的高尔夫球塞在楼房的一根梁木下面，是一种木制球。

1603 年，苏格兰与英格兰两个王国联合后，詹姆斯六世登基为英王詹姆斯一世时，还随身带着一支球杆，王室对高尔夫球运动的青睐在英国国内掀起高尔夫球热。

1608 年，英王詹姆斯一世在布莱克威斯建高尔夫球场。

1618 年，首次使用真正的高尔夫球，即早期的羽毛制高尔夫球。

1624 年，法国弗莱米画家保罗·布里尔的一幅画作描绘了类似高尔夫球的槌球，成为研究高尔夫球运动起源的证物。

1629 年，第一次提到球童，当时付给球童的钱只有 4 先令。

1682 年，在英国利斯举行了有史以来第一场高尔夫国际比赛。

1687 年，托马斯·金凯德撰写了第一部关于高尔夫球运动的书籍，他在书中提出的基本要领至今有效。

1720 年，这一年的一幅不知名画家所绘油画描绘了圣·安德鲁斯的老球场，证明苏格兰东海岸是高尔夫球运动的发祥地。据传这幅画是最早描绘高尔夫球运动的画作之一。

1741 年，在赫尔的一幢楼房里，人们发现被这一年的报纸包着的一根高尔夫球杆。

1744 年，世界第一个高尔夫俱乐部在苏格兰成立，名字叫作爱丁堡高尔夫球员会。在利斯，人们制定了仅有 13 条的第一部高尔夫球比赛规则，后由利斯绅士高尔夫球协会印制成书。

1754 年，圣·安德鲁斯高尔夫俱乐部成立，该俱乐部就是日后大名鼎鼎的圣·安德鲁斯皇家古代高尔夫俱乐部的前身。

1764 年，圣·安德鲁斯球场从 22 洞减为 18 洞，自此 18 洞这一标准得以确立。利斯球会第一次提出要限制会员人数。

1810 年，在穆索尔堡第一次出现了女子高尔夫球赛，参赛者主要是当地渔村的妇女。

1829 年，印度加尔各答高尔夫俱乐部成立，这不仅是亚洲的第一家高尔夫球会，也是英国以外的第一家球会。

1834 年，英王威廉四世授予圣·安德鲁斯俱乐部"皇家古代"称号。

1867 年，在圣·安德鲁斯出现第一个女子高尔夫俱乐部，表明高尔夫球运动不再是男子专享。

1869 年，皇家利物浦俱乐部建立，该球场也是英国最早的海滨球场之一。初时，该场地有打高尔夫球和赛马两用，因高尔夫球场是在赛马场上建起的。至今第 18 洞的名字仍叫作"看台"，即当年赛马场的看台。球会至今仍用马鞍铃的铃声召唤会员共进晚餐。

1880 年，格拉斯哥高尔夫俱乐部设坦南特杯，迄今该赛事每年举行一次，成为最古老的一项锦标赛。埃及有了第一家高尔夫俱乐部，这是非洲大地上的第一家。

1885 年，皇家利物浦俱乐部举行首届公开业余赛，成为后来的高尔夫业余锦标赛的前身。

1892 年，哈罗德·西尔顿成为问鼎英国公开赛的第二位业余球员。英国公开赛改为 72 洞比杆赛。

1893 年，女子高尔夫球联盟成立，第一次举办女子高尔夫球锦标赛。

1894 年，美国高尔夫球协会（USGA）成立。高尔夫球运动源于苏格兰，但在美国的发展后来居上。

1895 年，美国高尔夫公开赛举行首赛，地点纽波特。原定于 9 月举行，推迟到 10 月才举行，因为有几位选手（一共才 11 人报名）是"海陆空型"多面手，须参加完美洲杯帆船大赛才能来纽波特挥杆。比赛为 9 洞打两轮。

1897 年，皇家古代高尔夫俱乐部编印了一部统一的高尔夫比赛规则。

1901 年，开始使用由 C. 哈斯克尔于 1898 年研制的橡胶实心球。美国业余锦标赛和英国公开赛的冠军都使用这种高尔夫球。

1902 年，第一届苏格兰、英格兰高尔夫国际比赛在皇家利物浦球场举行。瑞典和赞比亚均建立了自己国家的首家高尔夫俱乐部。橡胶实心球取代了古塔波胶球。

1903 年，杰克·怀特插销由凸面 1 号木杆制成。

1916 年，PGA 锦标赛在纽约西瓦诺伊举行，日后成为高尔夫四大赛之一。

1920 年，美国高尔夫公开赛第一次允许选手进入会所和使用更衣室。

1921 年，美国高尔夫球协会和英国皇家古代高尔夫俱乐部第一次规定了高尔夫球的重量和尺寸。

1926 年，英国和美国之间举行了第一次国际对抗比赛，被视为莱德杯的前身。

1931 年，美国高尔夫球运动摆脱苏格兰的影响，使高尔夫球运动成为一项全国性的大众体育运动项目。

1934 年，美国名人赛在奥古斯塔开杆，从此高尔夫四大赛每年由美国名人赛先开始。

1937 年，世界业余高尔夫理事会（WAGC）在美国成立。

1943 年，美国高尔夫公开赛被迫停办，同美国名人赛一样，都要到 1946 年才重新敞开大门。

1950 年，女子职业高尔夫球协会（LPGA）成立。

1962 年，由亚太高尔夫球联合会（APGC）主办的亚洲巡回赛举行了第一届比赛。

1971 年，艾伦·谢波德——宇宙飞船"阿波罗 14 号"的指挥官，在月球上打了第一杆高尔夫球。

1989 年，世界高尔夫球协会（WGA）在苏格兰特罗恩成立，总部设在英格兰的文特沃斯。该组织的宗旨之一是促使高尔夫球运动重新纳入奥运会项目。

1995 年，首届亚洲 PGA 巡回赛开始举行。

2009 年，国际奥委会 10 月 9 日在哥本哈根投票通过高尔夫球运动进入 2016 年奥运会。

课题二　通晓高尔夫球运动

一、高尔夫球场概要

高尔夫球运动到底是一种怎样的运动呢？高尔夫球场到底是什么样的地方？我们如果想知道什么叫高尔夫球运动，首先应先了解一下高尔夫球场。

打高尔夫球的娱乐场所称为高尔夫球场，高尔夫球场一般分为会员制球场和对一般民众开放的大众式球场。

高尔夫球运动使用包括推杆（putter）在内的 14 支铁或木制的高尔夫球杆，由发球台（teeing start）将球打出，以最少的杆数将球打入果岭（green）上的球洞中，从而开展竞赛。但是高尔夫球场为了使击球者不易将球打入球洞，而在各个要点处设置了沙坑、水池等各种障碍，如何将这些障碍克服却可说是高尔夫球运动趣味所在。

二、球场中的洞的说明

球场中以 18 洞构成最多，18 洞的标准杆为 72 杆，9 洞为半场，标准杆为 36 杆，高尔夫球场中以 9 洞为一单位；1 号洞至 9 号洞为前半场（out-course），10 号洞至 18 号洞为后半场（in-course）。

从 1 号洞出发到达最远的 9 号洞，再从邻近 10 号洞折返至 18 号洞为所有球场的共同固定设计，前 9 洞走出去，后 9 洞走回来；而在 27 洞或 36 洞的高尔夫球场中，各球洞则被冠以妥球、举球洞等名称。

三、高尔夫球杆的使用规则

所使用的高尔夫球杆大体上来说，从发球台击球出去时一般都使用 1 号木杆，但也有因状况或球道难易程度而使用 3 号木杆或铁杆的情况，其次的击球则依球的落点和距果岭的远近而再选择不同号数的球杆，球进入果岭就必须使用推杆（putter）击球入洞。

四、标准杆的类别

标准杆（par），在 18 洞中，可分为 3 种洞别：

短洞（short hole）：标准杆 3 杆，男子为 250 码①以下，女子为 210 码以下；

---

① 1 码约等于 0.914 4 米。

中洞（middle hole）：标准杆 4 杆，男子为 251~470 码，女子为 211~400 码；

长洞（long hole）：标准杆 5 杆，男子为 470 码以上，女子为 401~505 码。

标准杆 3 种洞别如图 1-1-1 所示。通常一个标准的高尔夫球场由 4 个短洞、4 个长洞、10 个中洞组成。

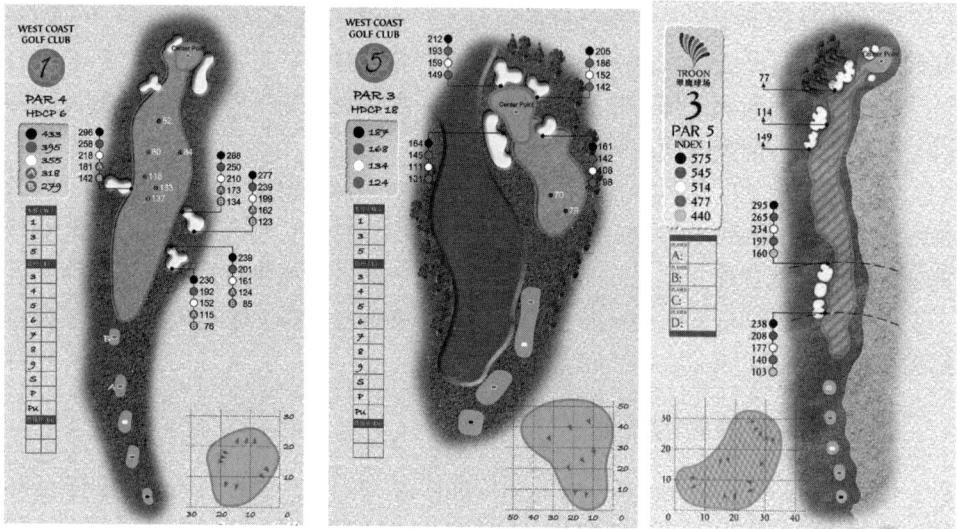

图 1-1-1 标准杆 3 种洞别

课题三 探寻高尔夫赛事

美国 PGA 巡回赛（US PGA）：美国 PGA 巡回赛是世界上最大的职业球员巡回赛。为了与 1980 年开始的美国常青 PGA 巡回赛加以区别，有时人们还强调它是巡回赛的"正规赛"。巡回赛，顾名思义，是指职业球员在一个赛季中要辗转多处球场打比赛的赛事。如今美国 PGA 巡回赛一年有 40 多场比赛。但作为一名职业球手不可能参加全部比赛。其原因是：其一，纳入巡回赛的四大赛事都有一定的参赛资格，够资格的才可参加；其二，时间不允许，优秀的选手安排全年比赛计划均把重点放在四大赛和巡回赛重大赛事上，考虑问题的出发点是奖金的数额和比赛的知名度及影响力，对比赛球场的熟悉与喜爱程度，与该球会及赞助商的关系，等等，优秀的选手除了打巡回赛外，还面临入选国家队打几项比赛（如奥运会、莱德杯、世界杯、登喜路杯）的任务以及来自美国以外世界各地著名比赛的参赛邀请；其三，体力不允许，职业选手通常 72 洞比赛需要 4 天的时间，个别比赛甚至要 5 天的时间（如鲍勃·霍普克莱斯勒精英赛），比赛十分艰苦，职业选手必须谨慎选择比赛，充分恢复体力和保存体力以迎战重大赛事。美国PGA巡回赛是美国高尔夫球运动自身发展以及美国经济社会发展的顺理成章的产物。美国名人赛（US MASTER）：高尔夫史家认为，美国PGA巡回赛应当始于1930年的美国名人赛。要把现今的四大赛排个顺序实在太难了，尽管如此，相当多的专家认为四大赛之首应是美国名人赛，其原因是：美国名人赛是四大赛中唯一的纯邀请赛，它并没有及格赛；美国名人赛目前是四大赛中总奖金和冠军奖金最高的。美国名人赛是四大赛中唯一场地固定的比赛，每年4月均在奥古斯塔高尔夫俱乐部举行，并由其主办。1930年，鲍比·琼斯完成大满贯的壮举之后，功成名就，仅28岁就急流勇退。退休后，他潜心建造一座属于他自己的球场。1934年奥古斯塔高尔夫球场终于落成，从1934年起这一球场成了美国名人赛的诞生地和永久性故乡。美国名人赛，又称"美国大师赛"，在第一届时的名字是"奥古斯塔邀请赛"，因为琼斯认为"名人"这一字眼未免有些妄自尊大，有失高尔夫球手应有的涵养与谦逊，但自奥古斯塔球场存在的第一天起，其本身就是超凡脱俗的名士们的小天地。琼斯后来也就不再坚持他个人的意见，自1938年起，奥古斯塔的比赛正式采用"名人赛"这一名称。

美国名人赛没有正式的选拔及格赛，其参赛资格十分严格，奥古斯塔高尔夫俱乐部对参赛资格作了以下14条规定：

第一，美国名人赛的冠军获终生参赛权；

第二，以往5年美国公开赛的冠军有权参加（以下各条均是有权参加者）；

第三，以往5年英国公开赛的冠军；

第四，以往5年美国PGA锦标赛冠军；

第五，此前1年美国业余锦标赛冠军；

第六，此前1年英国业余锦标赛冠军；

第七，此前1年美国公共球场业余锦标赛冠军；

第八，此前1年美国业余中期锦标赛冠军；

第九，上届莱德杯赛美国代表队成员；

第十，上届美国名人赛前24名；

第十一，上届美国公开赛前16名；

第十二，上届美国PGA锦标赛前8名；

第十三，上届美国名人赛结束之后至今属美国名人赛期间所有美国PGA巡回赛比赛的冠军；

第十四，此前一年美国巡回赛奖金榜前30名。

奥古斯塔俱乐部委员会有权根据它自己的判断来邀请那些不符合上述14条规定参赛资格的外国选手。因此，奥古斯塔俱乐部委员会拥有很大的权力，其行为原则是保持美国名人赛的高水准和维护其至高无上的尊贵形象。美国名人赛的冠军奖杯是一座银制的名人赛纪念杯，仿照奥古斯塔俱乐部会所制造而成。1961年第一次向冠军颁发此奖杯的复制品，其原件——永久性的冠军奖杯仅在一年一度的比赛日公开展示，其余时间则保存在奥古斯塔俱乐部中。冠军获得的奖杯复制品小于原件。美国名人赛冠军还可获得一件绿色夹克衫，这件上衣是每位顶级高尔夫球员梦寐以求的。

美国公开赛（US OPEN）：美国公开赛的全称是美国高尔夫球公开锦标赛，由美国高尔夫球协会（USGA）主办。美国公开赛是四大赛之一，每年6月在美国的不同球场举行比赛。美国高尔夫球协会成立一年后，1895年举行了第一届美国公开赛，9洞打四轮，即36洞杆数赛。因为当时一些著名的球场习惯9洞打八轮的方式，因而自1898年起改为打72洞。美国公开赛的奖杯原件不幸在1946年的一场大火中烧毁，目前的奖杯仅是复制品。谁一旦获得美国公开赛冠军，将取得10年美国公开赛参赛权，同时取得四大赛另外三项大赛各5年参赛权。

英国公开赛（BRITISH OPEN）：英国公开赛的全称是英国高尔夫球公开锦标赛，由皇家古代高尔夫俱乐部主办。英国公开赛是四大赛之一，它的地位之高在于它是高尔夫史上最古老的也是最负声望的大赛。从规模上来看，它是四大赛中参赛人数最多的一个。1860年举办了第一届比赛，当时只有8人参加，在12洞球场上打三轮。冠军奖品是一条制作精致的扣环皮带；英国圣·安德鲁斯皇家古代高尔夫俱乐部、普雷斯特维克高尔夫俱乐部和爱丁堡高尔夫球员贵友联合会捐赠的葡萄酒壶，从1872年起成为英国公开赛的正式奖品。英国公开赛始终是杆数赛，1892年举行的第32届中规则由打36洞改为打72洞并沿用至今。

美国PGA锦标赛（US PGA）：美国PGA锦标赛是四大赛之一。就美国PGA锦标赛在四大赛中的地位以及总奖金额来看，它与美国公开赛并列第二。此项比赛创立于1916年，它在每年的8月举行，所以是四大赛的最后一项。

美国PGA锦标赛的参赛资格：

第一，所有的前冠军；

第二，美国公开赛、英国公开赛和美国名人赛最近五届的冠军；

第三，应届美国PGA长青锦标赛冠军；

第四，上届PGA锦标赛前15名；

第五，PGA俱乐部职业锦标赛前40名；

第六，所有美国莱德杯代表队成员；

第七，上届PGA锦标赛以来所有美国PGA巡回赛的冠军得主；

第八，举办PGA锦标赛的俱乐部的职业选手或高尔夫教师；

第九，获得美国PGA特别邀请的外国职业选手。

莱德杯（RYDER CUP）：莱德杯是世界高尔夫球坛第一赛事，其地位和影响力高于任何一项四大赛和任何一项杯赛。莱德杯由英国人塞缪尔·莱德于 1927 年创立，是一项队际对抗赛，这项杯赛每两年举办一次。比赛全过程为 6 天，前 3 天为训练日，后 3 天为比赛日。莱德杯之所以如此富有魅力，是因为它集合了欧洲最杰出的职业选手。

世界杯：世界杯赛是职业高尔夫球员的国家代表队之间的队际世界锦标赛。世界杯赛最初由美国人约翰·杰伊·霍普金斯提出创意，1953 年诞生。从 1953 年至 1966 年该项赛事被称为"加拿大杯"，1967 年后正式改称为"世界杯"。世界杯的主要组织者是国际高尔夫球协会，该项赛事的基本形式是：每个国家或地区出一支代表队，每队两名选手，每届比赛均在不同国家举行，每年举行一届。

奥运会：高尔夫球运动于 2009 年 10 月 9 日被批准进入 2016 年奥运会。

大满贯和四大赛：大满贯是指一位球员在一年之中获得四大赛的全部冠军。随着历史的演进，男女高尔夫职业四大赛的内容都发生了变化，在鲍比·琼斯时代，当高尔夫职业化程度还未达到很高的地步时，美国和英国业余赛的地位仍很高，被视为四大赛的重要组成部分。1930 年，鲍比·琼斯一举拿下了美国公开赛、英国公开赛、美国业余赛和英国业余赛冠军，实现了高尔夫的第一个也是唯一的一次大满贯。1934 年，有了美国名人赛。1951 年，本·霍根赢了前三项，只因行程安排赶不及由英返美参加 PGA 锦标赛，但那一年是他最接近大满贯的一次。20 世纪的体育史表明高尔夫职业大满贯很难产生，所以这也就是高尔夫的魅力所在。从 1991 年开始，每年举办一次"高尔夫大满贯赛"，只打两天，各 18 洞。只有该年度的四大赛的冠军才有资格参加。

历来大满贯赛事包括美国公开赛、英国公开赛、PGA 锦标赛、美国名人赛、美国业余赛和英国业余赛。

历来四大赛事包括美国名人赛、美国公开赛、英国公开赛和美国 PGA 锦标赛。

课题四　世界高尔夫名人介绍

巴莱斯特罗斯：西班牙人。8 岁开始打高尔夫球，1974 年 17 岁时成为职业选手，1979 年 22 岁时成为英国公开赛历史上最年轻的冠军。他的特点是擅长长打和近果岭短切。绰号"佩德雷纳的公牛"。1985 年他创造了欧洲巡回赛一项纪录，在意大利公开赛上打出连续 8 个 BIRDY①，迄今欧洲巡回赛历史上只有 3 位

---

① 小鸟球，比标准杆少一杆。

选手有此成绩。此外，1976 年他获荷兰公开赛冠军时成为欧洲巡回赛历史上最年轻的冠军之一。

冯珊珊：中国女选手。2012 年 LPGA 大满贯冠军。"中庸"的心态是冯珊珊最大的特点。她擅长用 1 号木杆，平均开球距离为 259 码。

陈志忠：中国人。1980 年转为职业选手。他的优势是长铁杆掌控特佳，弱点是推杆不稳定。他与尼克劳斯共同保持美国公开赛前 36 洞 134 杆的最少杆数纪录。

陈志明：中国人。8 岁开始学打高尔夫球，从师张春发，1978 年转为职业选手。至 1999 年，在职业高尔夫球生涯中赢过 26 场。

卡波斯：生于西雅图。1978 年获华盛顿州公开赛和业余赛冠军，1980 年转为职业选手。

达利：美国人。1987 年转为职业选手，号称"球场火爆浪子"，日本人称他"恶太郎"。

戴维斯：英国女选手。14 岁开始接触高尔夫，1985 年开始职业高尔夫生涯。她击球距离远，铁杆打球尤佳，人称"铁娘子""高尔夫球女金刚"。她身高 1.78 米，一杆可以打出 300 码。

佛度：英国人。1976 年转为职业选手。他是英格兰历史上最年轻的业余赛冠军，被赋予有史以来"最佳推杆手"的美称。1997 年进入高尔夫名人堂。

本·候根：美国人。与 H. 瓦登、鲍比·琼斯并称球史上最伟大的球王。他身高 1.68 米，体重 61 公斤。他的成功因素是专注，成功条件是苦练。他光辉的一生后来被好莱坞拍成一部电影，片名《太阳的结果》。

兰格：德国人。9 岁当球童，1976 年转为职业选手，开始参加欧洲巡回赛，两次获得名人赛冠军。

洛夫三世：美国人。他是美国巡回赛历史上在一年之中获得 100 万美元的选手，擅长长打。

吕良焕：中国人。1965 年转为职业选手。1971 年获法国公开赛冠军并创造最低杆数纪录，同年在英国公开赛以一杆之差输给世界名将 L. 屈维诺，险些成为荣获四大赛冠军的第一位中国高尔夫球手。

蒙哥马利：苏格兰人。1987 年转为职业选手，他在 20 世纪 90 年代称雄欧洲高坛，堪称欧洲三杰之一。

莫里斯：苏格兰人。他是世界著名的圣·安德鲁斯皇家古代高尔夫俱乐部名誉高尔夫教师，是首届英国公开赛的组织者和参加者。1807 年，他从圣·安德鲁斯俱乐部会所的楼梯上摔倒，以 87 岁高龄谢世。

尼克劳斯：美国人。19 岁第一次赢得美国业余锦标赛冠军。他职业生涯的前 25 年中参加四大赛 100 次，45 次名列三甲，这是一项空前的成就。他是历来世界高坛一流选手中整个高尔夫球运动生涯每轮平均杆数最低者（71 杆）。他是唯一两次获得 5 项主要高尔夫球赛事冠军的选手。

诺曼：澳大利亚人。他 16 岁开始练习打高尔夫球，两年后已达到零差点水平。由于他嗜好海上钓鱼，因而有"大白鲨"的绰号。他擅长打长杆，开球远而直。

尾崎将司：日本人。与尾崎健夫、尾崎直道是日本高坛知名的三兄弟，1970 年转为职业选手，他是近十年来进入世界排名前十的唯一亚洲球员。

朴世莉：韩国女选手。1998 年首次参加美国 LPGA 巡回赛，创造连赢大赛纪录。

帕尔马：美国人。1954 年转为职业选手，是美国参加世界杯总次数中排名第三的选手。他是两年一度的欧美对抗赛莱德杯赛中胜得最多的选手。

帕内维克：瑞典人。1986 年转为职业选手。

普莱耶：南非人。1953 年转为职业选手，他是高尔夫大赛史上参赛总次数中排名第二的选手。他是 20 世纪唯一一位在 50 年代、60 年代和 70 年代各获一次英国公开赛冠军的选手。

伍兹：美国人。父亲是美国陆军退役中校，有一半黑人血统，印第安血统和中国血统各四分之一；母亲是泰国人，有一半泰国血统，白人血统和中国血统各四分之一。他本名叫埃尔德里克，父亲在越战中两次被救，救命恩人是越南士兵，为了怀念恩人，父亲为他改名"TIGER"。他受父亲的影响，2 岁就赢过一场 10 岁以下儿童比赛，3 岁 9 洞打 48 杆，5 岁 18 洞打 90 杆，1996 年 8 月 28 日宣布投身职业高尔夫球运动。

张连伟：中国人。1994 年成为中国首批职业高尔夫球选手，世界排名第 158 位，列亚洲第 5 位。

梁文冲：中国人，是大卫杜夫巡回赛上广受瞩目的亚洲新星之一。

学习检测

1. 什么是高尔夫球运动？
2. 请你讲一讲高尔夫球运动发展史。
3. 你能熟记当今的几大赛事吗？

任务二 探访神秘的高尔夫球场

活动情景

多媒体教室、高尔夫球会所、高尔夫球场地

任务要求

1. 了解高尔夫球场的机构设置、场地结构；
2. 了解高高尔夫球球道及其设施；
3. 掌握高尔夫球用具的使用及其特性。

能力训练

根据高尔夫球场的特点，熟练的选用适宜用具。掌握高尔夫球场的机构设施，能够熟练地运用它们。

基本任务

课题一 球场各机构部门及服务项目介绍

一、高尔夫球场部门设置

行政部——人事部、保安部、员工饭堂、车队；
市场部——会员服务部、公关部、销售部；
竞技部——球童部、巡场、存包室、球车部；
草坪部——维修部、机修房、剪草班等；
营业部——总机前台、餐饮部；
财务部——会计、出纳、采购部、仓库；
练习场——教练部。

二、高尔夫球场基本设施及功能

高尔夫球场的样子从图片是看不出所以然的。一座 18 洞的球场大致都有 50 公顷以上宽广的面积，大部分球场全长达 6 500 至 7 000 码，里面还有种种设施。

现简介如下：

1. 会所（Club House）。会所是一进高尔夫俱乐部就会看到的主要建筑物。会馆内设有接待处（reception）、登记处（registry）、收银处或结账处（cashier）、衣柜室（locker room）、球具专卖店（proshop）等。在国外大多是在球具专卖店报到或登记打球；在国内则在会馆大厅接待处或登记处办理报到手续，取得登记卡及钥匙后，进衣柜室。

2. 卸球包处（bagdrop）。卸球包处通常设在会馆的大门口，开车抵达会馆时，先直接到会馆大门口卸下球包，后转到停车场（car park 或 parking lot）停车，车辆应避免停在供专用或受保留的停车位。

3. 接待处或登记处。进入会馆大厅后即至接待处，进行柜台登记，取得登记卡（击球费用卡）及钥匙后进衣柜室。

4. 衣柜室。在衣柜室里更换打高尔夫球用的运动衣、裤及球鞋等，其他衣物应锁在衣柜里；如有贵重物品，最好交给柜台保管。

5. 球具专卖店。俱乐部里一般都有专卖店，出售球杆、球包、球、衣、裤、帽子、球架、球鞋、雨伞、雨衣等。打球前不妨逛一下，看看有没有所需要的用具。

6. 咖啡厅（coffeeshop）、餐厅（diningroom）和酒吧（bar）。俱乐部里设有咖啡厅，球员打球前可以在这里喝咖啡或吃早餐；球员打球后吃午餐或晚餐则在餐厅；酒吧是供球员打球后以及吃饭前喝饮料或喝酒、交际用的。外国的俱乐部大多把这些设施分开，酒吧尤为重要，供球员以球会友。我国球场很少设有酒吧，亦不是都设有咖啡厅及餐厅，通常两者合而为一。这是因为中国人习惯边用餐边喝饮料或配点酒，所以无须另设咖啡厅或酒吧。

7. 出发站（starter）。球员要依约定的发球时间提前 10 分钟到出发站报到，准备上场打球。如果没有预约，可以直接将登记卡交给出发站的起点员安排开球时间。国内有很多球场不要求预约，到球场后登记并将登记卡交给出发站安排开球时间即可。

8. 从 T 台到果岭的各项设施：

（1）T 台（Tee 台）或发球台（teeing start）。发球台是欲打之球洞的出发点。每个球道的起点都有一个梯台用来发球，每洞至少有三个发球台。通常男子及职业球员用的发球台连在一起，相距约三四十码，职业球员或正式比赛用的发球台距离球洞或果岭最远；女子用的发球台距果岭较近，大多分开设置。

（2）发球线标志（teemarker）。发球台上的两边都各立有红、白、蓝三种颜色的石桩或木桩，分别作为女子、业余、职业球员或正式比赛的发球线；两个标志前沿即外沿线及前沿线至后方两支球杆长度所形成的范围即为发球区（teeing area），一定要在此发球区内发球。虽然现行规则只提到发球台，但仍然要在发球区内发球才行。

（3）洞号标示牌（hole number post 或 plate）。每一发球台近旁都立有一块白色或其他颜色的木板，上面书写洞号（Hole No.1 或 2 或 3 至 18）、码数（yardage）、标准杆数（Par 3 或 4 或 5）、差点数［handicap，HDCP 或 stroke index（s.i）1 或 2 或 3 至 18］等信息。手上的记分卡所记载的数据应与标示牌所示一致。

（4）果岭通道（through the green）、球道（fairway）。从发球台到果岭之间不包括该洞的发球台、果岭及各项障碍（hazards）的全部区域，称为果岭通道，其中草剪得平整的部分就是球道。因为规则上未提及球道，因此我们必须先知道果岭通道包括球道及长草区（rough）两大部分，球道在中间，而长草区则在紧邻球道的两旁。

（5）长草区。长草区是指果岭通道上草长而杂乱的区域，通常是在球道两旁各有数码宽的草地，甚少修剪，即使偶尔修剪，剪后的草仍相当长而密。进入长草区的球，因为球位不佳，很不好打。

（6）界外线标桩（out of bounds post，O. B. Post）。界外（或出界）系指禁止打球的地区。通常以白色桩或木桩或白线标示。球出界受罚两杆，处理原则可参阅相关规则。

（7）沙坑（bunker）。沙坑系指一块移去草皮或泥土而敷以细沙的凹陷沙地所形成的障碍。有一种沙坑称为沙陷阱（sand trap），规则上并不用此语。在球道上的沙坑称为球道沙坑（fairway bunker），在果岭周边的沙坑称为果岭旁沙坑（greenside bunker）。将球打入沙坑的处理原则，可参阅相关规则。

（8）障碍。障碍是指任何沙坑及水障碍。水障碍（water hazard）是指海、湖、池塘、河川、沟渠、地面的排水沟、露天水渠（不论里面有无积水）及其他有类似性质的障碍。水障碍包括正面（或一般）水障碍，即横跨果岭通道的水障碍及侧面水障碍（lateral water hazard），与果岭通道同一走向的水障碍，规则上均有不同的规定。将球打入水障碍、沙坑的处理原则可参阅各相关规则。

（9）整修复地面（ground under repair，GUR）。在果岭通道上，有时因修补草皮、整理球道或修理水管等，会将部分草坪挖开，这些尚未修复到正常状态的地面，包括准备移开堆积物的地面及场地管理员挖开的坑洞，均称为整修复地面。落于其内的球准予取出，其抛落后续打而不受罚，这类球称为脱离或自由抛球。

（10）果岭（green 或 putting green）。果岭系指正在使用的球洞专为推杆而设的地面，或由球场管理委员会指定为推杆用的区域。大多数果岭都有斜坡，或有左右倾斜或顺逆的草纹（grain），打推杆时必须作适当的方向调整，即 borrow。此外，在果岭外缘有一片狭窄而被剪得几乎与果岭同样低的草皮，称为裙带或衣领（apron，collar），但这不是果岭的一部分，这里可用推杆，亦可用切球杆。规则上没有这两个字眼，但适用于有关球道的规定。

（11）旗杆（flagstick 或 pin）及洞（cup 或 hole）。每一个果岭上都有一根旗杆及一个球洞，且旗杆插于洞中，因此将旗杆和洞并列介绍。旗杆比人稍高一些，主要用于指示洞的位置。

（12）练习场（practice range）及练习果岭（practice green）。部分球场附近设有练习场，供球员在开球之前打若干练习球，练习某些特定球杆。另外，几乎所有的球场都在第 1 洞及第 10 洞的发球台附近设有练习用的果岭，供球员在等候开球的时候练习起扑击（chip shots）及推杆，并借以热身（warm up）。

在第 1 洞及第 10 洞的发球台近处通常设有出发站，如同赛跑的起跑线一样，而在出发站负责安排各组开球洞序及次序的人，犹如赛跑起跑线的发令员，称为起点员（starter）。国内部分球场平时也有起点员，负责呼叫要上场的球组及球员名字，并请下一组球员做上场的准备。在外国的球场打球遇到有起点员时，球员在开球之后都会向起点员说一声"Thank you，Mr. Starter."。国内球场的起点员一般都在室内有柜台，很少有在第 1 洞或第 10 洞梯台旁安排起点的。

以上是球场各项设施的大致介绍。在这些设施当中，对欧美球员及球迷而言，以酒吧最受欢迎。球员打球后都挤到酒吧间，一杯在手，畅谈打球心得，交换球讯，谈论球经，也可就天下大事、地方新闻等各抒己见。当你真正体会了这种乐趣，就会更加热爱高尔夫球运动，也乐意鼓励亲朋好友参与这项运动，与别人共同分享这份乐趣。

课题二　熟练运用高尔夫球具

高尔夫球运动最基本的器材为高尔夫球杆和高尔夫球，另外还需准备一些其他辅助器材，如球座（Tee）、高尔夫球鞋、高尔夫球包、高尔夫手套、帽子、果岭叉等物品。

一、高尔夫球杆

1. 高尔夫球杆的历史演变。高尔夫球杆是这项运动中最主要的器材。

15 世纪苏格兰出现了第一支木杆，当时的木杆杆身坚实，杆头沉重。

19 世纪 90 年代，柿木木杆开始出现。

18 世纪之初，金属杆头出现。

1850 年，在球具中不仅有开球用的木杆，以及在球道上使用的 3 号木杆，还有推杆和几支铁杆。

1895 年，铝材推杆被使用。

1912 年，第一批无缝铁杆在英格兰问世。近些年来，在高尔夫球坛上又掀起了一股"钛合金热"，该材质的球杆直到现在还是居主流地位的球杆。

2. 高尔夫球杆的分类和规格：

（1）木杆：主要用于开球，它的杆身长，杆头相对较轻，现代的发球杆尽管一直被称为木杆，实际上 70%以上的发球杆已由金属制造。

（2）铁杆：铁杆实际是由不锈钢杆或碳杆杆身锻造而成或铸造而成的。铁杆的特性是易保持击球的方向性。铁杆一般有 9 支，包括从 3 号到 9 号的 7 支铁杆以及劈起杆（piching wedge）和沙坑杆（sand wedge）。

其中，3 号、4 号、5 号为长铁杆，6 号、7 号、8 号为中铁杆，9 号、Pw 号、Sw 号为短铁杆。

（3）推杆：推杆是用于在果岭上朝球洞方向推击球的专门球杆，推杆与铁杆在规格上有所不同，一般来说，推杆杆身较短，杆面角度大小不超过 5°。

木杆和铁杆有一个共性：号码越小，杆身越长，重量越轻，击出的距离越远；反之，号码越大，杆身越短，重量越重，击出的距离越近。

3. 球杆与角度的关系。标准木杆和铁杆都是每增加一号，球杆就短半英寸（约 1.27 厘米），杆头击球面角度就增加 3°。随着杆头的击球面角度档次的增加，球就相应地逐渐向高飞，而距离则依次缩短 10 码（约 9 米）。

4. 球杆的击球面角度、地面角度的含义。

球杆击球面角度：把球往高里打的球杆击球面的角度。

球杆的地面角度：把杆头平放地面时，杆身与地面的角度。

球杆名称和飞行距离（以 Titleist 910 712 为例）如表 1-2-1 所示。

表 1-2-1

球杆种类	名称	杆身长度（英寸）	击球面角度（度）	击球距离（码）
1 号木杆	Driver	45.00	8.5~10.5	230~250
3 号木杆	Spoon	43.00	13.5~15	220
5 号木杆	Cleek	42.50	17~19	190~200
3 号铁杆	Iron three	39.00	21	190
4 号铁杆	Iron four	38.50	24	180
5 号铁杆	Iron five	38.00	27	170
6 号铁杆	Iron six	37.50	31	160

球杆种类	名称	杆身长度（英寸）	击球面角度（度）	击球距离（码）
7 号铁杆	Iron seven	37.00	35	150
8 号铁杆	Iron eight	36.50	39	140
9 号铁杆	Iron nine	36.00	43	130
Pw	Pitching wedge	35.75	47	110
Sw	Sand wedge	35.50	51	80

球杆是客人用来打球的工具，所以球童要特别保护好，以防损坏或丢失。除了要好好保管球杆外，还要认真了解球杆的用途与特点，以便给客人拿杆，并能为初学高尔夫的客人做好参谋。

二、球洞

球洞直径为 108 毫米，深度为 100 毫米。

三、球

球的直径为 42.67 毫米，重量为 43.93 克。对称性等于秒速。

四、测量球道距离

球道距离是指球道中心到发球台后 2 米处。

五、桩柱含义

在球场中，白桩表示 OB（Out of Bounds，出界）界线，红桩表示侧面水障碍，黄桩表示正面水障碍，蓝桩表示整修地。

六、特设 Tee

Tee 即球座，一般球场还设有球入水后补球用的特设 Tee，即黄 Tee。

七、旗杆与旗

旗杆是指示球洞位置的，黄旗居中，红旗靠前，蓝旗靠后。

学习检测

1. 讲一讲高尔夫球杆的知识。
2. 数一数高尔夫球场地设施。

任务三　揭开球童工作神秘的面纱

活动情景

多媒体教室、高尔夫球场

任务要求

1. 掌握球童工作的职责；
2. 认知球童工作的性质；
3. 了解球童的地位与作用。

能力训练

根据球童的工作职责、工作性质、工作作用以及球童的素质要求，不断提高自身的整体素质以及从业能力。

基本任务

课题一　球童的含义

一、球童的起源

根据圣·安德鲁斯的记载，"球童"一词背后有着非常有趣的故事。16 世纪末，苏格兰的玛丽女王热衷于高尔夫，经常往返于苏格兰和法国两地的她常与当地皇室成员一起打球，而在法国的皇室里，贵族们喜欢让军队里的军校生"Cadet"来为他们背球包，所以当玛丽女王 1561 年返回苏格兰的时候，就把这个词一起带回了故乡。也有人说，"球童"这个词最早是从法语的"le cadet"演化而来的，这个词的意思是"男孩"或者"家里最小的孩子"。大约在 1610 年的时候，这个词开始流传到英国，之后就被简化成了球童（Caddie）。

而使 Caddie 这个词正式以书面形式被记载的却是一个平常百姓。住在爱丁堡附近的安德鲁·迪克森（Andrew Dixon，1655—1729），是一个做高尔夫球的工匠，曾经在林克斯（Leith）球场的一场小比赛里给约克公爵背过球包，流传下来的有关他的记录里，第一次出现了"球童"这样的词，之后该词才开始在爱丁堡和苏格兰其他大城市里流传起来。

虽然之后"Caddie"这个词得到了广泛的认可和应用，但在当时却并不仅仅指球童。当时苏格兰的城镇里，包括门童和信差在内的男孩子，都可以被这样称呼。根据牛津词典的记载，1730 年球童这个词就已经被用过，但直到 1857 年，"Caddie"才定义为"为高尔夫球手背球包的人"。

18 世纪的球童往往是贵族从佣人中挑选出来的，最初的用意也只是帮他们背球杆和找球。而当时一些富有的贵族除了球童之外还拥有"前面球童"。顾名思义，"前面球童"就是"站在前面的球童"，指的是那些在选手开球之前就已经站到远处看球究竟落在哪里的球童，而当时"前面球童"的流行是因为在野外打球时常常遇到羊群和野兔的干扰，很难找到打出去的球。据说现在打球的时候，人们提醒前方的人小心看球时用的"前面"（fore）一词，也是由"前面球童"简化而来的。

那个时代皮质手工球非常昂贵，加上选手之间赌博非常流行，因此球童对球手的作用举足轻重，一些狡猾的"前面球童"甚至可以凭借帮助球手在赌博中作弊获得不少好处，而这样的球童往往拥有特别的外号，凭借其狡诈他们受到球手的青睐。当时记载中最有名的球童是一个名叫威利·约翰逊的人，他有个非常响亮的外号——"诡计之门"，除了能够帮球手作弊之外，还有一手绝活：他穿了一只很特别的靴子，让两条腿看起来长短不一，好像是天生的瘸子，而实际上那个特别的靴子下面有个空洞。他可以把捡到的高尔夫球藏进空洞里，造成这些球已丢失了的假象，而这些被他藏起来的昂贵的球以后又被卖给他的客户们，据说他的靴子最多可以藏半打球。

除了臭名昭著的狡猾球童外，随着高尔夫球运动的发展，球童也开始从球手身边负责背球包的仆人中逐渐脱离出来，发展成为父子相传的一种职业，于是真正的球童开始出现。他们研究风向、场地条件和草地状况对球手可能产生的影响，他们能够很快了解球员打球的方式，而且在球场上起到了引导的作用。在球童功能加强的同时，"前面球童"却逐渐从球童历史中消亡，除了一些职业赛事上会安排一些志愿者担任"前面球童"的角色，负责注意球的落点之外，一般日常的打球中"前面球童"就不再出现了。

经过几百年职业高尔夫球运动的发展，职业球童已经成为选手们的左右手或助手，他们不但不再是普通仆人，而且成了选手团队中非常重要的组成部分。一个专用的有经验的球童能够帮助球手制定全局的规划、每一洞的攻略，能够报出精确的码数、判断每一洞的线路，了解果岭的状态和旗杆的位置，甚至还可以为选手提供心理支持，在必要的时候帮助稳定选手的情绪，等等。

对于一个职业选手来说，和球童在一起的时间往往要超过其家人，因此彼此的关系也就弥足珍贵，很多选手都和自己的球童建立了长久的合作关系，有些选手甚至在离开自己习惯的球童之后会遇到"打球障碍"。而 PGA 巡回赛上，大牌明星的球童也会受到更多尊重，比如伍兹的幸运球童威廉姆斯就一向被认为是当今球童界的第一红牌，而球童的收入也直接和他们对选手的帮助大小挂钩。2004年，陪维杰·辛格一起走上世界第一位置的球童大卫·任威克，就凭借当年的努力赢得超过百万美金的年收入。

二、什么是球童

球童是指在打球时为球员携带和管理球杆，并按照规则帮助球员打球的人。当一个球童受雇于一个以上的球员时，在发生与球有关的问题的场合，该球童始终被视为球的所有者的球童，而且他的携带品也被视为该球员的携带品；除非该球童是按照另一球员的特定指示行动，在这种情况下，该球童被视为指示他采取行动的球员的球童，即职业球童。

三、球童的任务

在高尔夫球场中，球童的态度常常能够影响到客人对该俱乐部的评价，这是因为在整个球场中，只有球童和客人相处的时间最长，他们的笑颜、正确的说话方式和用语都直接影响着客人打球的好坏，所以他们的任务是多样性的。

要点：球童不仅是整个俱乐部的运送人员，还是球场的颜面，是每一位球员的最佳咨询者，负有促使击球过程顺畅的职责。

1. 球童是球场的颜面。

（1）客人到达球场接触时间最长的人就是球童，因此客人能否尽兴而归，全都仰赖于球童的应对。让客人能够尽兴并且再次光临应该是球场的经营目的。

（2）球童的表情可以左右顾客的情绪，有着不和气和唐突球童的俱乐部是不会有客人愿意光临的；相反，若球童总是能够以笑颜迎人，则客人下次一定还想再来。以笑颜迎客人，令客人尽兴，是不需要花钱又最有效果的服务。

（3）由于客人大部分一个月仅到球场一两次，因此总希望在球场上能以最轻松愉快的心情和球童相处。一名好的球童应该令客人感受到如同前次一般好的服务，每天都应保持相同的态度来服务每一位来场的客人。

2. 球童是球员的好帮手。

（1）在正规的比赛中，有关击球事项，球员仅能和自己的球童商量，因此，对于球员而言，球童就是唯一的战友，所以球童必须熟知球场，对球场的设计布局、距离、果岭的状态及规则、打球礼仪等多方面的知识了然于胸。球员除了自己的队友之外是不能给予任何人忠告的，并且仅能向自己的球童请求指导。

（2）球童作为一名优秀的帮手，应该恳切地、适度地给予客人帮助、忠告，在客人不要求时即便自身具备丰富知识也不要给予客人不需要的忠告，重要的是做一名令客人期待、信赖的球童。

（3）自尊、自觉、节制、具有丰富的服务经验，是一名好的球童所应具备的。

3. 球童是球员亲密的战友。球童是一场比赛中的导航者，他应该对球员的技术、球路、性格、心理等各个方面了如指掌，帮助球员取得出色成绩，与球员共同分享胜利的喜悦。

4. 球童通常掌握促使击球过程顺畅的各种对策。

（1）为了保证客人顺畅地击球，球童应注意各种要项，一般每一组客人（4人组）以9洞2小时10分钟计算。

（2）即使是很简易的洞，也应事先考虑相应的对策。例如：在短洞上，后面紧跟一组，本组球上果岭以后，应让后面打得快的一组先行通过。

（3）球童所注意的并非只是自身所属小组，对球场全体的活动也应随时关切，以促使自身所属小组击球过程顺畅；前后组的联系是不容忽视的。另外，在高尔夫球场打球的过程中最重要的莫过于安全，在促使击球过程顺畅的过程中首先应注意的就是安全。

5. 有礼貌、有礼节。

要点：客人到球场的目的就是舒畅身心，因此，如何使每一位客人享受乐趣就是球场的责任，球童应注意让自己成为一名受客人喜爱、信赖的球童。

课题二　球童的地位与作用

一、球童的地位、培训及内在素质要求

1. 球童的地位。国内外高尔夫球专家认为，在几十年的从业过程中，曾发现一个共同的问题，那就是实践证明球童在为客人服务的时候很难做到完美，尤其是在客人打得不顺手的时候。因此，要服务好每一个客人，不是一件简单的事情。那么怎样才能让球童在工作的过程中不处于"被动挨骂"的局面呢？首先要让球童树立自信。

例如，北京"伯爵园"的球童，在我们的印象中是很好的，他们之所以能这样，离不开管理人员人性化的管理。对待球童就像对待自己的小孩一样，无论在生活条件上还是在工作环境上，都给予他们最大的满足和关爱。

假设高尔夫球运动是一种所谓的"贵族"运动，即环境是尊贵的，客人非

富即贵，那么，为他们服务的人群，特别是球童又怎能是"下人"呢？他们本身就是绅士（gentleman），因此可以去服务那些高端的人士，甚至是皇室。只有让球童贵起来，以贵待贵，而不是把他们当作拿包的、跟班的，这样才有可能打造出更好的服务。你把球童看成什么人，他就会变成什么样的人，这是很有道理的。不难理解，在我国，球童首先要认识到自己是这个行业的一个职业人，并有为自己从事这个职业而感到自豪的意识。只有给予球童安定的保障，才能让他们全身心地投入工作，并对自己的职业有更深的感情。

2. 球童的培训。要使大家认识到，通过培训或深造，球童会成为一种职业。客人到球场去打球，和自己的球童以怎样的方式来共同消磨几个小时的时光，通常会有自己的想法。一般的客人对球童有三大要求：一是能否凭借球童的帮助减少自己的杆数；二是如果是几个球友一起打球，球友各自的球童在提供服务的过程中能否起到调节气氛的作用；三是在俱乐部的几个小时中，球童的服务能否让自己产生一种家庭感，让自己感觉像回到了自己的家中一样。第一点是对球童专业知识、技术方面的要求，而后两点则是球童在服务意识方面必须具备的。

因此，球童一定要了解客人对自己的期待和服务要求。球场也会根据以上要求和球童的情况制作一些教材，对球童进行培训。国外的球场，一般不会聘请以前当过球童的老手，但是球童的领导者应该是有经验的管理者。他们认为球童的培训就像画画，在白纸上画画可能更容易，而在原来已经画过的画上修改，可能更费时间和精力。

3. 球童的内在素质要求。有的球童是很不错的，经常受到客人的表扬，客人自愿地给自己喜欢的球童投"优秀"票。经理们总是会注意这些情况，如球童的专业技能强弱，包括看线是否准，找球是否行，站位是否对，等等，而对一些深层次的东西则关注较少。

那么球童到底应该怎样做呢？应从客人的需求出发。客人在打球的这几个小时里面，最关注的是人与人之间的交流。球童是否会说话以及说什么话对改善场球的气氛起到了很重要的作用。气氛是沉闷还是活跃，客人是享受还是受罪，球童可能成为关键因素。因此，我们在工作和生活上应对球童提出一些要求，培养他们的精、气、神，使他们在工作中体现出很好的精神面貌，有一定的气质，表现出较高的职业素养。

让球童"贵"起来并充满自信，是一个很关键的因素。经常听到有客人骂球童，反过来想，也许客人骂球童，不是因为球童看错了线、找不到球，或报错了码数，而是他们给客人的感觉就是一个不够职业、缺乏专业素养的人。

例如，客人反映有一个球童很不错，跟她聊天的时候能聊很多的东西，人们简直就不敢相信她是一个球童。当经理告诉客人她是一个大学生时，客人才恍然大悟。像这样的人，如果她没有看准线，客人可能非但不会去骂他，反过来还可能教她："别着急，我教你。"这才是获得了一种互动的服务效果。

设备是硬件，服务水平是软件，硬件、软件都让人满意，品牌就是这样打造出来的。久而久之，客人对品牌的认可就会根深蒂固。

北京只有两家俱乐部是不收小费的，"伯爵园"就是其中的一家。而且他们真正地把球童收入100%地发放给球童。最终的受益者是谁？不是球童，是客人。客人得到的服务远远超过他们付出的球童费。俱乐部的硬件只会越发展越好，而服务的不断完善则需要更多的元素，当然，其中占据第一的关键因素应该是球会是否具有长远的目光和魄力。

4. 球童服务是一门学问。"球童"这两个字的中文是怎样来的？把 Caddie 音译为"球童"，很贴切，也很亲切。中国话很有意思，为什么有人认为球童身份很低微？可能问题就在这个"童"字上。古时为将军牵马的叫马童，为书生担书的叫书童，卖报的叫报童，拉门的叫门童，等等，加"童"字就感觉地位低下，如果改成"伴"或"助理"可能就不一样了，无论是从从业人员还是从局外人的角度看，至少在心理上就会不一样。

Caddie 可能没什么意思，可翻译成"球童"之后就变味了。球童、球伴、球友、助理，这些概念完全不一样。一位美国朋友曾说，在美国与在中国打高尔夫球相比，其中一个明显的区别就是中国的球场都有球童，而在美国，有球童的俱乐部，球童的水平和费用都很高。中国要追赶上那些高尔夫球运动发达的国家和地区，就要走中国自己的道路，除了抓技术，还得抓服务，技术在于培训，服务在于教育。运动是高尚的，环境是优美的，客人是高贵的，那么球童就也应该是"贵族"，而非低人一等。高尚运动，"贵族"球童，这才应该是球童管理工作的宗旨。

5. 球童是俱乐部的重要角色。凡是从事过球场工作的人，都知道两个理论："热爱草坪"和"热爱球童"。客人待在俱乐部时，大部分时间都是和球童在一起度过的，所以球童的重要性不言而喻。在长达四五个小时的时间里，球童扮演了多种角色：一是地陪——由他来带路畅游球场。二是球场公关经理——把公司的思想、理念、新的服务项目等介绍给客人。当客人投诉的时候，球童可以直接解释或向上级反映。三是销售——向客人推销球场的产品。四是草坪总监助理——球童非常了解球场的造型和各种草，对球场也很有亲切感。五是教练——客人打不好球的时候，会打球的球童可以提示并给予一些建议，所以要让球童学会打球，这样可以增加球童与客人之间的共同话题。六是朋友——客人会和球童交流，聊人生、趣事等。

历史的经验告诉我们，场地和球童都非常重要，如果这两大问题搞定了，球会就成功了一大半。这并不是说其他的事情不重要，但是这两样搞好了，其他的问题就会迎刃而解。

总之，球童水平的提高，要靠日复一日、点点滴滴的培训积累和服务意识的灌输。

二、球童的作用

1. 球童工作的重要性。评判一个高尔夫球场经营的好坏，除了看球场硬件（如球洞的设计、草坪的维护、会所的设施等）外，球童工作的优劣也是至关重要的因素。球童的工作在很大程度上代表了一个球场的管理形象，而且球童的工作态度及其服务质量也会直接影响球员的兴致及水平的发挥。球员在球场上的主要事情就是在球道上充分享受打球的乐趣，而球童则是这个时间段球员的密切配合者和伴随者，也是打球气氛的渲染者。球童的一言一行及本身的状态都将会给球员造成一定的影响，球童如果工作出色，将会使球员非常尽兴，球技可能会超水平地发挥；反之，则可能会令球员高兴而来，扫兴而归。

2. 球童的工作内容：

（1）背负球员的球具和处理球杆（有条件的球童可以用手推车或电瓶车装载球具）；

（2）依据高尔夫规则协助球员打球；

（3）提供球场资料（包括风向、草目、球道特色、障碍、果岭倾斜度和正确距离等），绘制高尔夫球场地图，供球员参考；

（4）负责维护球道，如补沙、除草等工作；

（5）负责清理球道垃圾，如捡拾烟头、纸屑、塑料袋等杂物。

3. 球童的工作要求。由于高尔夫球童的服务工作内容及对象不一样，因此对球童要求也比较高，除了要求球童具有职业的基本素质以外，还要求球童对其工作的每一个细节都给予充分关注，力求做到尽善尽美，使来打球的球员打完一场球后神清气爽，身心倍感愉悦。

球童的工作要求具体如下：

（1）掌握高尔夫规则。球童上岗前首先应接受高尔夫规则的系统培训，只有掌握高尔夫规则后，才能在场上给球员提供协助。球员在场上打球时，由于对规则不熟或不甚明了，往往会出现犯规的情况，这时如果球童能给予及时告知，犯规现象就能得以避免，球员也会加深对规则的理解；另外，由于球童和其服务的球员在场上是一个整体，球童本身如不熟悉规则而犯规，亦会直接影响球员的成绩及打球的兴致。

（2）熟悉不同球杆的使用性能。球童的工作不仅仅是为球员背负球包，更大程度上还体现为如何在球员打球时给予其协助。在不同的地点使用不同的球杆，千万不能拿错，更不能凭自己的喜好想当然地挑选球杆，以致直接影响球员的球技发挥。因此，对球童来说，熟悉球杆的使用性能非常重要，什么时候用木杆，什么时候用铁杆，等等，对这些都应该了如指掌。如果拿不定主意，可以礼貌地询问球员，依球员意思挑选球杆〔注：木杆主要用于击长距离球；铁杆方向性能好，主要用于攻击目标；推杆用于球洞区（果岭）推球入洞。球杆的使用知识见后面的章节〕。

（3）了解高尔夫球场的基本资料，绘制高尔夫球场地形图。球童上岗前应了解球场的基本资料，包括球场的设计风格、球道的特点和距离、果岭的倾斜度、沙地和水塘的分布情况等。当球员查询打球方向时，球童应说明果岭周围沙池数目和位置以及果岭距离、界外线和旗杆位置等。

职业球童应具备绘制场地地形图的能力，根据自己服务的对象特点，绘制场地地形图，以便在比赛中能向球员提供更加细致的场地资料。

（4）保持高昂的工作热情及良好心态。球童应时刻保持高昂的工作热情，任何个人情绪及其他不快之事都不能带到工作中来，更不能将怨气发泄到客人身上；出发前应调整好心情，保持平静心态，热情、微笑地迎接客人。在高尔夫球场，凡来打球的球员都是球场的客人，应把他们当作"上帝"来对待，球童的工作就是如何配合好客人打球；不能在客人面前表现出疲惫劳累的样子，而应自始至终充满活力，把自己融入客人的打球氛围中，客人打出好球为之欢呼，客人发挥欠佳给予其鼓励并帮助分析，争取让客人下一杆打出高水平。

（5）对球员给予充分的关注。一般到球场打球的球员刚出场时会稍微有些紧张，打球不顺手时心情可能会更糟。球童在这个时候应当对球员给予安慰及鼓励，使球员保持轻松的心态。球童对新手要表现出真诚和亲切感；而对老练的球员则要利用所掌握的知识给予建议，要视打球者的技术、年龄、性格给予不同的建议，尤其要注意说话的技巧。

（6）注意说话的技巧。说话是一门艺术。表达一个意思，如不注意说话的方式，可能会得到不同的效果。有时不管你所讲的话如何有道理，如果说话的方法不妥，别人仍无法接受，甚至会引起别人的反感。因此，对球童来说，说话的技巧非常重要。说话时应礼貌，语气应平缓。此外，还应注意在不同场合该说什么话，不该说什么话。例如，在禁烟区里看到球员抽烟，应该用手势提醒或委婉地告诉吸烟者有关禁烟区的规定，并将吸烟者丢弃的烟头拾起放进垃圾袋里，而不能对其责备；球员在打球不顺手时，球童应说些安慰或鼓励的话使球员不泄气，而不是评判球员的技术；在球员挥杆前，只向球员介绍球道情况及果岭周围的地形及风向、草目等资料，而不要说太多与此无关的话；此外，球员将球打上果岭或长距离推杆成功时，球童应为之欢呼并大声成"好球"，以此鼓励球员并和球员分享成功的喜悦，不能为了讨好球员，把球员打得并不怎么好的球，尤其是出界球还硬说成"好球"，那样球员反而会认为是在讽刺他，效果会适得其反。

（7）养成良好的工作习惯。良好的工作习惯会使自己更加热爱所从事的工作，球童的工作亦是如此。球童休息中心应保持清洁和安静，球童在室内等候时可以看书或熟记高尔夫规则和比赛规则，轮到自己出发时应提前10分钟到出发点，认真检查准备工作是否已做好，检查服饰、仪容以及球包内球杆和球的数量等。球童在工作中必须摒弃一些不良的习惯，如吐痰、挖鼻孔、说脏话、打听客人隐私等。球童每天都应给自己一个新的要求，希望每天工作后都有所收获，可以通过记日记的方式，把每天的工作体会或心得记下来，以此促进自己提高工作效率。另外，球童工作之余还可坚持学习外语及有关高尔夫的知识和礼仪，使自己的工作尽可能越做越好，在工作中得到乐趣，也使自己在一种良好的工作习惯中身心得到陶冶。

（8）时间观念要强。高尔夫球运动对时间要求特别严格，由于球场安排的时间很紧凑，每组相隔仅为8分钟左右，每组球员都应遵守时间安排，否则便会影响后续组的出发，进而影响整个进程。因此，要求球童的时间观念要强，不能因为球童的迟到或工作的拖拉而使整个进程受到影响。凡被安排出场的球童都应提前10分钟到达出发点，充分做好出发前的准备工作，待客人一到就立即前往发球台。

（9）营造严谨愉快的集体工作环境。高尔夫球童的工作是一项集体性较强的工作，球童相互之间要坦诚相处，互相学习，共同提高，以建立一个严谨愉快的集体工作环境。年长的球童不要凭其经验丰富欺负新手；新手也应该虚心学习而不要自我孤立；与同事相处时，应避免使用讥讽的言语；不要在背后议人长短或揭发别人所谓的秘密；同一组球童应互相协助，共同注视球的落点；如同一组球童中有人不慎做错了某事，其他球童不能幸灾乐祸，而应给予安慰，使其很快振作起来；不得在球员面前随意贬低同伴，炫耀自己；不要意气用事，盛气凌人，也不要把自己做错的事转嫁别人；不要怀疑别人是否会说自己的坏话，也不要嫉妒工作干得好的同事；尤其是不能拉帮结派、搞老乡会并形成小圈子，从而破坏集体的团结。

（10）端正工作态度，时刻检讨自己。要做好球童工作，端正工作态度至关重要，对自己所从事的工作要有一个比较高的认识，从而使自己热爱这份工作。球童应明白自己工作的好坏将直接影响球场的声誉，球童的形象就代表球场的形象。球童的服务工作不是简单的机械重复，每天都有可能面对新的客人，每天都可能有新的问题出现，作为球童就应该想在前面，遇到问题才能做到不慌不忙。

球童应每天检查自己的工作，反思自己是否提供了优良服务，是否使球员满意，对球道和果岭等是否爱护，是否评判过球员技术的好坏，是否注意了个人的仪容和言行，是否保持球童的自尊，等等。

【案例】1976 年美国高尔夫公开赛，美国亚特兰大运动俱乐部最后一洞：

"给我 4 号铁杆。"杰瑞·佩特（Jerry Pate）对他的球童约翰·考斯戴（John Considine）说。佩特的球落在离球洞 190 码远的长草里，果岭前横着一道水障碍。

考斯戴观察了一下说："不行，你下一杆应该打高球。"

"但我还是要用 4 号铁杆。万一打短了会掉进水里的。"佩特说。

"不行，5 号铁杆足够了。"考斯戴坚定地回答。

最后佩特用 5 号铁杆将球击到球洞边仅两英尺的地方，将一杆的领先优势变成两杆，赢得了他职业生涯最辉煌的一次胜利——美国高尔夫公开赛冠军。

相比之下，巡回赛球员雷蒙德·弗洛伊德（Raymond Floyd）就没那么幸运了。在一次参加美国佛罗里达州杰克逊维尔举行的比赛时，他的球童不知何故从球道上径直走进树林，将球包留在长草区。弗洛伊德随后开出的球打偏了，恰巧滚到那无人照管的球包上，他因此被加罚两杆，那位球童也被炒了鱿鱼。

两位球童给球员造成的影响可以说是天壤之别。

在高尔夫职业巡回赛上当球童可算是职业体育项目中最特殊的事情。曾几何时球童的角色和仆人差不多，他们的工作不外乎帮球员背包、看球道、清理球杆和平整沙坑。球员对他们的要求也只是"准时出现（show up）、手脚麻利（keep up）、保持沉默（shut up）"。如今则大不相同了，球童的角色更像是职业球员的队友和伙伴，表面上看他仍然只是替球员背球包、平整沙坑，但实际上他已经成为球员的队友和伙伴，具有向导、搭档、心理医生、场地指导甚至是出气筒的多重身份。

随着职业赛奖金的疯涨，给球星当球童一年收入可以达到 6 位数（美金），但他们承受的压力也是可想而知的。在一轮比赛中，球员起码会有 20~30 次向球童提出各种问题，比如用什么杆、有多远、球会如何偏转、风向是怎样的，等等。此时球童不能有任何怠慢和犹豫，必须马上给出正确的回答。同时还要时刻察言观色，知道什么时候开口，什么时候闭嘴。曾经有一个巡回赛球员的球童不无幽怨地说："我们也是人，会犯错误。"不错，每个人在工作中都会犯错误，但普通人犯错通常不会给老板造成几十万美金的损失，而球童在赛场上的任何失误几乎都是无法弥补的，不是用橡皮或是电脑"删除"键就能修改和补救的。

和职业巡回赛的球童相比，普通俱乐部的球童的工作好像轻松了很多，但高尔夫俱乐部经营的成功与否却与球童有着很大的关系。

在高尔夫球运动数百年的历史中，球童充当着重要的角色。直到 20 世纪 60 年代末期，不带球童下场打球还很少见。球车和球童，虽然都能替球员携带球包，然而其相同之处仅限于此——球车永远也不能让球员享受到只有球童才能提供的服务，以及带着球童行走在高尔夫球场上的那种传统经典的打球感觉。

从球员抵达 1 号洞发球台到完成整个 18 洞的击球大约需要 4 个多小时，球童都会陪伴其左右。此时球童就是球场最好的形象代言人。一个好球童会让球员和他的同伴充分享受打球的乐趣，欣赏球场美景。而糟糕的球童不仅会毁掉客人一天的好心情，还会让客人对俱乐部留下负面的印象。

球童的基本职责就是帮助球员解决打球中的后顾之忧，包括背球包、清洁球杆、修复草皮断片、平整沙坑以及修理果岭球痕等。作为一个合格的球童，首先应具备足够的高尔夫规则和球场知识，时刻准备为球员提供各种信息：从球道码数、每个洞和果岭的特点，到球场及会所的历史和设施。这些信息对第一次来球场打球的客人尤为重要，让他们不至于因不了解球场沙坑、水塘等障碍区的位置而白白浪费了一场好球。

好的球童所起到的作用远远不止背球包和找球。他们知道球员想要什么，并能够站在球员的角度，在不同情况下体会他们的心情。这也是为什么很多球场都鼓励球童学习打球的原因，这样才能让他们更好地体会球员的心理，真正做到设身处地地为球员着想，且能对疑问应答自如，提供准确的球场信息和打球建议。球童提供的建议越专业、准确，越能让球员心甘情愿地支付更多小费。例如，一个有经验的球童会这样告诉球员："这洞是逆风，所以应该比平时多打15 码。"

好的球童还能激发球员打球的自信心，适时地给球员以鼓励。他们不仅要充满热情地接待客人，还应十分了解和尊重高尔夫规则和传统，让每次来球场打球的客人都能有难忘的高尔夫体验。球童的一流服务，能使即便是挑剔的球员也愿意做回头客。

国外有家俱乐部十分看重球童的整体服务水平。该俱乐部的球童主管鼓励手下球童提供个人服务中总结的服务心得，刊登在内部通讯中供其他球童学习和分享。建议被采纳的球童能够获得积分奖励，足够的积分可以在球具店换取商品。这让所有人都有所收获。球童由于水平提高而赚到更多小费，并有机会获得奖励；球员享受到了更加专业的服务，提高了球技，培养了打球的兴趣；而球场的管理者则因为打球人数的不断增加而获得更大的收益。可谓一举多得，皆大欢喜。

课题三　球童的素质要求

一、身体素质

作为球童，应有健康的体质、旺盛的精力，而且还需注意自身的磨炼，能抵抗一般性的疾病。高尔夫球运动是一项健康的运动，球童是球员从事这项运动的一个重要组成部分，球童每次陪伴球员打完一场球需 4 小时左右，步行近 10 公里，无论炎热酷暑，还是风雨交加，球童都应始终伴随在球员的左右。因此，这项工作对球童的身体素质必然有较高的要求。

二、心理素质

球童应能承受一定的工作压力，能较好地调节心理情绪，善解人意，能与人沟通与交流。球童服务的对象不是特定的，球员可能会因打球技术发挥的好坏而发生情绪变化，如果球员发挥欠佳，球童应给予充分的理解，并用适宜的话语来调节气氛。如果球员发挥不好而球童偶尔服务不当，球童很可能会成为球员迁怒的对象，这时球童应非常大度地表示谅解并帮助球员分析，以避免犯类似的错误。无论受到多大的委屈，球童都应该能承受，而不应该当面和球员顶撞。

三、文化素质

作为球童，须具备一定的文化素养，熟悉并能理解、运用高尔夫规则，有一定的理解力，普通话流利，会说部分方言，能正确表达内心的感受；A 级球童，还要求懂一两门外语（英语、韩语或日语），并能进行一般性的对话。另外，球童要经常面带笑容，微笑服务，使来打球的客人心情愉悦。

四、职业素质

球童对工作要细心，出发前要仔细检查有关事项，观察天气，并提醒球员有关备忘事宜，专心对待球员，不能有任何怠慢。

要有礼仪风范，对球员时刻要保持高尔夫球童应有的风貌，不得将个人情绪带到工作中，不得随意批评球员的技术，更不得和球员顶撞或吵架。

在发球台及果岭应帮助球员擦拭高尔夫球，当球员在发球台发球时应站在适当位置（远离球员 3~5 码），持果岭旗杆时应专心致志将旗杆扶正，使球员能准确瞄准球洞而不发生偏差。

注意自身的健康，保持旺盛的体力。高尔夫球运动是一项健康的运动，如球童带病随行，会直接影响球员的情绪。

对任何球员都应一视同仁，不能因球员的外貌、年龄、技术等而影响服务态度。

不能向球员索取小费，更不能为获取小费而做出有损俱乐部名誉及形象的事情。

课题四　球童的职责

一、球童与球场

球童对球场特别是场地内的情况应非常熟悉，包括：球道中的各种设施和服务，球道的布局，球道的走向，障碍区和果岭速度，界外线的分布和长度。

球童必须具备保护球场的意识，并携带有关工具，如沙袋、沙耙和修理弹痕用的果岭叉等。在整个服务中随时对场地进行维护。

球员打球时打掉的草皮一定要根据情况进行处理，如果打掉的草皮已经打碎，则不用重新放回打痕内，但是必须补足沙子填平。应将打碎的草皮拾起放在自己所背的沙袋内；如果打掉的草皮比较大且完整，一定要先放回打痕内再用沙子铺平；当球员离开沙坑后应将其沙坑内造成的所有坑穴和足迹仔细修整复原，因为沙坑属于球场内的障碍设施，所以，对由高尔夫鞋钉造成的损伤和球上果岭后所造成的弹痕应及时予以修复。

球童应确保在放置旗杆或其他物品时，不伤及果岭；在靠近球洞的位置持旗或将球由球洞中取出时，应注意避免损伤洞杯。球童在服务过程中应提醒客人不能将电瓶车开上球道压伤草皮，应严格遵守球场有关规定。

二、球童与球员

1. 球童与球员应保持伙伴关系。

2. 球童有替球员保管、清洁球具的义务。在一轮开始前，球童应查明球员的所有球具（包括携带品），并通报球员；在一轮结束后，球童应与球员当面核对，保证将球具清洁、完整地交还给球员。

3. 在下场前，球童应准确掌握球员的出发时间和编组情况，并征询球员关于练习和出发前的情况。

4. 球童有帮助球员看清楚其球的行进方向和落点，并协助球员寻找和辨认球的责任。

5. 球童应对高尔夫球术语、场地难度规则有基本了解，帮助球员在出现问题的时候做出正确的判断和采取正确的补救措施。

6. 球童应对高尔夫球运动的基本战术有一定了解和体会，在需要时帮助球员纠正出现的偏差。

7. 在球员对场地不熟悉或判断失误时，球童应及时提供球道的实际情况，并在需要时提出有关球杆的选择，以及击球线路和打法上的建议供球员参考。

8. 在球员击球上果岭后，球童应及时做球记，将球拿起擦净（正式比赛由球员自己完成）；帮助球员观察球道区的起伏变化，确认最佳推击线，但在向球员示意推击方向时，不得触及推击线；按球员的吩咐照管或拔起旗杆。

9. 球童在照管旗杆时，应注意不得让球员的球碰到球童自身和携带品，包括旗杆。当球员的球在果岭外时，球童应按照球员的指示拔旗杆。

10. 好的球童善于观察，能正确判断出球员的实际水平，善于帮助球员稳定情绪，增强球员的信心，尽快与球员默契配合。

11. 球童有帮助球员记分的义务。球童应随身携带记分卡，在每洞结束后，向球员通报分数，并在一轮结束后将一轮的分数与球员核对。

12. 球童应掌握一定数量的高尔夫外文术语，以便与球员进行交流和沟通。

13. 在球道中，一组球童之间应避免相互聊天、闲谈或说笑。球员击球时球童要保持安静，不可走动、说话和拿杆。

三、安全

1. 在打球时，球童应帮助球员确认其他在击球或做挥杆练习的球员的位置，特别是当球员情绪急躁，急于击出好球，而前组尚未走出安全距离的情况下，球童应加以制止。球童应先观察周围情况做出判断，千万不能存有侥幸心理，确保球员在绝对安全的情况下击球。

2. 当球员驾驶电瓶车时，在急转弯或下坡的情况下，球童应提醒球员减速。而球童自己站在或坐在电瓶车上也应小心，当确定站稳时，跟球员说"好了，我们可以出发了"。球童驾驶电瓶车时也应注意上述情况。

四、球童下场服务的注意事项

1. 球童要了解客人常用的球杆，并及时提供，如在长洞发球台大多数客人用 1 号木杆，球上果岭后使用推杆，果岭边沙坑用 S 杆或角度杆，要了解客人在一些情况下经常使用的球杆。

2. 球杆除 1 号木杆或常用球杆外，其他球杆要带上杆套，以免磕碰。摘下的杆套要妥善放置，以免丢失。

3. 客人用完的球杆要及时收回并擦净。

4. 随时清点球杆，不要遗失客人的球杆或其他物品。

5. 在球场上球童要与客人适当交谈，球童服务态度对客人有很大的影响，所以对打球不好的客人要有更多的鼓励，对好球要及时称赞。球童之间切勿笑谈或私语，切记不要批评打球者技术之好坏，尤其对技术笨拙的打球者或当日运气欠佳者，不得任意评价。

6. 前组打球速度慢，本组要超越时，球童应先通知前方客人或球童，经前组客人同意后方可超越。

7. 后组超越本组时，球童接到超越通知后，应先征询本组客人意见，并将本组客人意见告知后组。

8. 客人违反球场内规定，不听劝阻的，要及时告知巡场员或出发室。

9. 打完球后，应将球场上的杂物收回，以保持场内清洁。

10. 球童应听从巡场员的指挥。

11. 球童间要注意默契的配合。

五、使客人不满意的球童

1. 球的飞行方向看不清楚、找球技术差的球童。

2. 行动缓慢的球童。

3. 经常拿错杆的球童。

4. 工作随随便便、粗心大意、不讲道理的球童，经常被客人教育的球童。

5. 总是跟熟悉的客人随随便便、工作不认真的球童。

6. 表露出看不起打球差的客人的球童。

7. 对球场及球洞区的状况、特点一概不知的球童。

8. 在客人面前吃东西的球童。

9. 板着脸不说话、服务不周、态度不好的球童。

10. 不帮助客人擦球的球童，不爱护球杆的球童。

11. 不补沙、不耙平沙坑、不修果岭印的球童。

12. 出场前后不清点客人的球杆，使客人的球杆丢失的球童。

六、球童工作应注意的守则

1. 每日是否以笑容待客。

2. 是否注意安全。

3. 客人是否满意。

4. 是否注意仪容仪表。

5. 是否遵守规则。

6. 对球员的建议是否正确。

7. 服务是否欠缺。

8. 是否评论球员技术好坏。

9. 是否保持自尊。

七、球童有权制止的不良行为

1. 客人不按规定着装上场打球。

2. 客人要求四人以上打球。

3. 客人故意损坏球场草皮及球场设施。

4. 客人在打球时强行超前。

5. 客人打球太慢而屡次不改善。

6. 客人无故侮辱和殴打球童。

八、高尔夫的六大要素

1. 别人打球，噤声勿动。

2. 落后一洞，礼让后组。

3. 练习挥杆，勿伤草皮。

4. 耙平沙坑，人人有责。

5. 注意穿着，保护果岭。

6. 打球过慢，人人讨厌。

课题五　存包室工作职责

1. 记录好客人存包信息。当客人需要存包时，由出发台根据客人的身份（会员、嘉宾、访客）填写好存包费用卡，与客人确认好存包时间及期限，并与当日服务于此客人的球童确认所有物品，然后将填好的卡交于客人，方便来场打球时领用。

2. 通知存包室工作人员领取此存包，确认好所有物品及号码并做好相关登记。

3. 所有存包的领用程序：

（1）出发台工作人员确认持卡客人后通知存包室工作员。

（2）接到通知后凭卡及号码领用，存包室工作人员要认真核对卡片，确认所有物品后方可取包。

（3）将球包拿到客人指定的地方。

（4）返回球包入库时，球童要仔细清点所有物品并登记签名确认。

（5）如客人存包到期，需提前通知出发台并说明卡号及客人姓名，以方便出发台通知客人。

（6）定期对存包进行清点并搞好存包室清洁卫生。

（7）对球包进行分类摆放，方便查找。

4. 存包室规章制度：

（1）必须保证存入物品的安全。

（2）对存入物品要有详细的记录，定期向本部门主管汇报存包室的工作。

（3）保持存包室干净、整洁，物品整齐，球包对号放入存包架上。

（4）严禁在工作时间抽烟或将火源带入存包室，工作人员必须有防火意识。

（5）无关人员不得随意进出存包室。

课题六　出发站岗位职责

出发站是整个球童部的核心，它的岗位职责有：全面负责球童部人员的出班分配、调度；客人下场的组织、监导，各种比赛的组织、出发及成绩的统计；合理、及时地安排球童下场服务，以方便、清晰、高效、快捷的接待程序为客人提供热情、周到的服务；同时也接收客人对球童服务品质的意见反馈，并及时做好记录；还要协助巡场员解决场地中的任何突发事件。

1. 每天按时出勤，准时到岗，不得迟到早退。

2. 工作人员必须穿着工服，佩戴胸卡；不准佩戴任何装饰物品；要注意仪容仪表。

3. 每天认真记录球童的考勤，并对当天球童的事、病假及休假进行核实。

4. 按照出发站的操作程序严格操作。对客人的打球费用及相关的出租费用、饮料费用等进行准确地录入，对客人的击球时间做及时的录入。

5. 协助部门经理做好征询客人对球童服务品质的意见及信息的工作。

6. 在球场服务及下场打球程序中，对不遵守规则要求的行为进行制止，不能处理的事情要及时上报领班或大堂经理。

7. 对球童部各种固定资产、出租物品及时进行清点及维护。

8. 对于停车场和1号发球台的岗位要安排专门人员值班，做好监导的工作。

9. 每日的工作安排和各种通知的张贴要认真及时。

10. 随时与巡场员保持联系，协助巡场员处理球道中的各种突发事件。

11. 每月月末做好各种物品、酒水的盘点工作，准确地统计球童的出场次数。

12. 严格执行公司及部门的管理制度和要求，树立良好的岗位形象，起到榜样及带头作用，做到不滥用职权，表里如一。

课题七 巡场员岗位职责

巡场员的主要职责是缓解压组、及时处理相关问题，同时肩负场地贩卖的任务，及时为客人排饿解渴。

1. 对工作认真、负责，严格遵守部门的各项规定。

2. 监督球童的服务，对于没有按照"球童服务规范"服务的球童，要及时警告，不能包庇纵容。

3. 严格按照公司的制度约束客人。遇到不符合要求（如着装要求、杆数限制、身份等）的客人，以及不遵守规矩的客人时，直接将情况反映给部门经理和大堂经理，以及时解决问题。

4. 每日的巡场日志要认真填写并随时注意场地内的设施状况。每巡一次场都要做好记录，把发现的问题写在巡场日志上并及时反映给相关部门。

5. 在场地中不得开快车，要询问每一组客人对开车是否有要求或意见，并及时给予解决。

6. 场地中出现压组时，要及时找到压组根源，督促球童和客人加快速度，并且严格按照本俱乐部规则的规定执行。

巡场员要对球场上的打球速度负责。如果发现客人在球场内行进迟缓而延误时间，必须按照规定的 4 种处理方式进行处理：

（1）加快本组的打球速度；

（2）让后一组先行通过；

（3）放弃该洞直接到下一洞重新开始；

（4）停止打球回练习场练习。

遇到不能处理的事情时，要及时通知部门经理和大堂经理出面进行调解。

课题八 服务规范

一、服务规范要求

服务行业的 10 个礼貌用语是：您、对不起、没关系、不要紧、别客气、请原谅、您早、您好、谢谢、再见。

服务员要对客人微笑服务。

服务员在为客人指引方向时要五指并拢掌心向上，以肘关节为轴，指引方向时要身体稍向前倾、头微低。

服务员在引领客人时应走在客人的左前方两三步远。

服装配色应采取统一法、调和法、对比法。

对男士称呼"先生"，对女士称呼"女士"或"小姐"。

穿着服装要做到身材、身份、环境、季节四方面协调。

为他人介绍时要按以下几个原则：①把晚辈介绍给长辈；②把年龄低者介绍给年龄高者；③把资历同等的男士介绍给女士。

服务员步行，要从正确的站姿开始，步幅适度，步速适中；两臂自然摆动，摆幅在30°左右；两脚的内侧走到一条直线上，面部自然平和。

看起来无事不晓、逢人诉苦、言语刻薄、不言不语、说话没完没了的人是交谈中不受欢迎的角色。

礼貌是言语动作谦虚恭谨的表现。

礼节是外在表现形式（祝贺、祝颂、慰问、问候等活动中的惯用形式）。

风度是指人的道德、学识、诸多方面修养的外化。

交谈时应开动脑筋，少打手势，欲加入交谈时要先打招呼，不要只顾自己讲，要给他人讲话的机会。男士不要参与女士圈的讨论。谈话要实事求是，有问必答。

二、礼貌服务主要内容

1. 五到：客到、茶到、香巾到、敬语到、微笑到。

2. 四声：迎声、称呼声、致谢声、送声。

3. 杜绝三语：斗气语、否定语、烦躁语。

4. 处理好主客之间的关系要掌握分寸：①礼貌而非雇用；②重点关照而非溜须拍马；③友善而非亲密；④助人而非索取。

5. 要做到礼貌、主动、热情、周到、耐心地为客人服务。

6. 服务员站立时要挺胸、收腹、立腰，眼睛平视前方。男士：两脚分开与肩同宽，脚尖向前；两手体前或体后交叉，右手搭在左手上；面带微笑；还可以左丁字步，右丁字步。女士：两腿并拢，两脚的角度成45°；两手体前交叉，右手搭在左手上；面带微笑；还可以左丁字步，右丁字步。

7. 在交谈中不要涉及对方不愉快的事（如：病、亡等）。

8. 和长辈、上级、身份高者谈话时用"您"而不用"你"。

9. 和同学或同事谈话时用"你"而不用"您"。

10. 初次见面交情不深谈话时用"您"而不用"你"。

11. 要尊重他人的地方习俗。

三、职业道德

道德是调整人与人、人与社会之间关系的行为规范的总和。其靠社会舆论、传统观点、内心信念、思想教育来调整人与人、人与社会的关系。

职业道德是人们在职业活动中所遵守的道德行为规范的总和。其具有经济的依赖性、时代性、阶级性、历史性、独立性、不平衡性、批判的继承性以及实践性等特点。

职业责任是指从事某种职业的个人对社会、集体和服务对象所承担的社会责任和义务，并对工作忠于职守，尽心尽力。

职业纪律是企业、事业单位为了维护集体利益，保证工作正常进行而制定的要求每个员工都必须遵守的规章制度等。职业道德与职业纪律的区别如表1-3-1所示。

表1-3-1 职业道德与职业纪律的区别

序号	职业道德	职业纪律
1	靠社会舆论	靠制度、守则、法规
2	靠传统观念	靠要求等规范行为让人服从
3	靠内心信念	带强制性
4	靠思想教育	带法律性

职业道德的基本核心是：全心全意为人民服务。

社会主义职业道德的基本规范是：

忠于职守，热爱本职；

热忱服务，文明生产；

讲究质量，注重信誉；

钻研业务，文明生产；

遵守纪律，廉洁奉公；

积极进取，勇于竞争；

锐意改革，开拓进取；

团结协作，互助友爱；

艰苦奋斗，厉行节约。

修养是修身养性，反省体验，自我锻炼，自我改造。职业道德修养是在职业活动中根据原则、规章、制度进行自我改造、自我锻炼的过程。

职业道德修养主要有以下几个方面的内容：政治理论、纪律、文化、科学、艺术。

职业道德的修养途径：

理论联系实际，坚持执行统一；

接受道德教育，自觉提高修养；

开展道德批判，严于解剖自己；

树立道德思想，学习先进人物；

做到心灵美、语言美、行为美。

某球场球童部处罚规定如表1-3-2所示。

表1-3-2 球童部处罚规定

序号	内　　容	处罚/罚款（元）
1	上班迟到、早退	50
2	打扫卫生不合格（每人）	5
3	不穿工服、不佩戴工牌、不注重个人仪容和仪表	20
4	出场时站位不规范	10
5	不填沙、不耙沙、不捡垃圾、不修球痕	停止出场三天并罚100元
6	不鞠躬、不做标记（marker）、不呼叫（call）、果岭不插旗杆	20
7	出场不带沙耙或遗失沙耙	20
8	服务不认真、工作态度不端正，造成客人投诉	停止出场一周
9	对同事、领导讲粗口	50
10	私自使用客用物品	50
11	丢掉客人物品未找回	照价赔偿，停场两天
12	出场时不按规定停放球车或不清理拉包车上的垃圾	10
13	工作时间打闹，违反纪律	50
14	在出发站大声喧哗（每人）	10
15	忘记归还客人物品和丢失客人物品及时找回	20
16	超前打球、跳洞打球或打危险球（同组球童）	200
17	上班时间离岗	50
18	出场时间玩弄手机	停场两天并罚20元
19	私自会客	50

续表

序号	内　容	处罚/罚款（元）
20	站岗不认真、不标准	10
21	值班时间吃东西、听耳机音乐等、看书、看报	10
22	遇见客人、领导、同事不问好	50
23	上下班不排队、着装不整齐（每人）	10
24	出场回来不报洞，球具认领单填写不齐全	10
25	未清洁客人球杆	停场两天并罚 20 元
26	延误出场	停止出场两天，再次排班排最后一个并罚 50 元
27	上班时忘记带下场所需物品	10
28	捡到球不上交	50
29	随手丢垃圾和不捡垃圾、不爱护公共环境卫生	20
30	超速开快车	停场三天并罚 200 元
31	工作不服从分配、无理狡辩	停止出场一周
32	遇事不上报	50
33	客人打偏球，球童未叫"看球"	100
34	班长要及时传达上级旨意给下面员工，若延误或没有传达	20
35	上班时间在备班室趴着睡觉	20
36	上班时间随身带烟及吸烟	100
37	未经允许，私自乱开车	50
38	在宿舍待命时，玩公司设备（如打乒乓球、打台球、打羽毛球）	20
39	私自开车出公司大门及宿舍内	50
40	驾驶电瓶车超员	50
41	未写心得体会	50
42	顶撞领导、造谣生事、粗言秽语有意伤害他人，情节严重	开除
43	向客人索要小费或变相索要小费	开除
44	打架斗殴、殴打同事（情节严重者）	开除
45	同事之间相互猜忌情节严重，给公司及部门造成恶劣影响	开除
46	对公司决策煽风点火，道听途说，曲解并谣传，影响恶劣	开除
47	在公司及宿舍内聚众赌博、酗酒	开除

续表

序号	内　　容	处罚/罚款（元）
48	下场不戴安全帽	50
49	无特殊情况不洗车（包括租车，打完球回来的球车）	20
50	出场回来不及时还球车钥匙	50
51	球道内吸烟	停场一天并罚 100 元
52	不配合巡场工作，无理狡辩	50
53	下场不带球包雨披	20
54	夜不归宿	一切听从行政部处罚

学习检测

1. 简述球童工作的重要性。
2. 简述球童工作的职责。

任务四　准确运用高尔夫专业术语和英语术语

活动情景

多媒体教室、高尔夫球场

任务要求

1. 熟练掌握高尔夫专业术语；
2. 熟练了解运用高尔夫英语术语。

能力训练

通过本任务的学习，能够有意识运用高尔夫专业术语和英语术语。

基本任务

作为球童，下场陪同时避免不了与客人进行语言上的交流，所用语言大多是高尔夫用语，因此，球童要在平时工作中多积累高尔夫用语，并能经常使用。

课题一　高尔夫专业术语简介

球童：指在打球过程中为球员携带和管理球杆并按照规则协助及服务球员的人；

瞄球：指在击球前调整好球杆和身体的位置；

遗失球：指在水障碍区域以外丢失之球；

沙坑：指人工将草皮及土挖去，往内放入沙，形成的人工障碍区域；

临时击水：指球员在瞄球时或瞄球前发现场上有一处积水（雨水、积雪融化）而采取的临时击水策略，供水障碍及露、霜除外；

旗杆：指为了指示球洞所在位置而放置的旗杆，旗杆的段面必须是圆形的；

整修地：指球场内竞技委员会指定的需修整或不适应比赛的修理区域，一般用蓝色木桩或线来标明；

障碍区域：指由沙坑和水池构成的区域；

水障碍：指由正面水池（黄桩表示）及侧面水池（红桩表示）构成的区域；

障碍物：指人工在球场内制造的道路、人工水池等，但表示界外的木桩、线等，不能移动的物体，如建筑物等除外；

局外者：比洞赛时指与比洞无关的人与物，比杆赛时指不属于比赛者一方者；

暂定球：指在水障碍区域以外遗失球后，根据规则所打之球；

发球台：指准备发球时所用区域，在两球座标记连接线后面两杆以内的范围；

罚杆：指按照相应的规则加算给一个球员或一方的杆数；

球洞区：指专为推击而特别准备的委员会指定的球洞区的全部区域；

球洞区通道：指除去在打球之洞的发球区和球洞区、球场内的所有障碍区域以外的球场内的所有区域；

界外：指禁止打球的区域；

球线：指球员期望击球之后球运动方向，加上向预想方向两侧延长的适当距离；

球洞：球洞直径必须是108毫米，深度为100毫米；

推击线：指球员在球洞区上进行击球之后期望球的运动路线，包括期望路线两侧延长的适当距离。

课题二　高尔夫术语的中英文对照

（1）中洞　Middle Hole

（2）短洞　Short Hole

（3）长洞　Long Hole

（4）发球台　Teeing Start

（5）球道　Fairway

（6）长草区　Rough

（7）沙坑　Bunker

（8）球洞　Hole & Cup

（9）黑 T　Black Tee

（10）蓝 T　Blue Tee

（11）白 T　White Tee

（12）红 T　Red Tee

（13）金 T　Gold Tee

（14）会所　Club House

（15）水池　Pond

（16）球包　Golf Bag

（17）前 9 洞　Out-course

（18）球童　Caddie

（19）后 9 洞　In-course

（20）出发室　Starting

（21）左曲球　Hook

（22）右曲球　Slice

（23）球上果岭　Nice on

（24）球进洞　Nice in

（25）记分卡　Score Card

（26）当地规则　Local Rule

（27）国际规则　International

（28）客人姓名　Player

（29）1 号木杆　Driver

（30）5 号木杆　Cleek

（31）遗失球　Lost Ball

（32）3 号木杆　Spoon

（33）铁杆　Iron

（34）障碍区　Hazards

（35）高于标准杆一杆　Bogey

（36）高于标准杆两杆　Double Bogey

（37）高于标准杆三杆　Triple Bogey

（38）平标准杆　Par

（39）低于标准杆一杆　Birdie

（40）低于标准杆两杆　Eagle

（41）低于标准杆三杆　Double Eagle

（42）记分员　Marker

（43）维修地　Ground under Repair & GUR

（44）逆风　Head Wind

（45）顺风　Follow Wind

（46）一杆进洞　Hole in one

（47）好球　Nice shot/Good shot

（48）旗杆　Flagstick

（49）界外　Out of Bounds　OB

（50）木杆　Wood

（51）P 杆　Pitching Wedge

（52）S 杆　Sand Wedge

（53）临时积水　Casual Water

（54）果岭边区　Collar

（55）球童主管　Caddie Master

（56）禁止触球　No Touch

（57）狗腿型　Dog Leg

（58）盲点　Bland Hole

（59）水障碍　Water Hazard

（60）球场　Course

（61）签名　Sign

（62）暂定球　Provisional Ball

（63）球杆罩　Head Cover

（64）球标志　Ball Marker

（65）重新击球　Again

（66）超越前组　Playing through

（67）低于标准杆　Under Par

（68）规则　Rule or Rules

（69）散置障碍物　Loose Impediments

（70）比赛　Matches

（71）横向风　Sides Wind

（72）高于标准杆　Over Par

（73）标志　Mark

（74）会员　Member

（75）会员卡　Membership Card

（76）专卖店　Pro-shop

（77）上坡球　Side Hill Up

（78）下坡球　Side Hill Down

（79）侧面斜坡　Side Hill

（80）早上好/中午好/晚上好，先生

Good morning/Good afternoon/Good evening, sir

（81）我是这里的一个球童。

I'm a caddie here.

（82）我能为您做点什么吗?

What can I do for you? /Can I help you? /May I help you?

（83）让我来为您拿球包吧!

Let mc help you with your bag!

（84）顺风/逆风/侧面风

Follow wind/Against wind/Side wind

（85）我还能帮您点什么?

Is there anything else I can do for you?

（86）您的球已经上果岭了。

Your ball is on the green now.

（87）您一共有13支杆，3支木杆、9支铁杆和1支推杆。

You have 13 clubs, 3 woods, 9 irons and 1putter.

（88）请您数一下您的球杆，先生。

Please check your club, sir.

（89）您的球在水/沙坑/果岭旁边。

Your ball is near the water/bunker/green.

（90）您的球在水/沙坑里面。

Your ball is near the water/bunker.

（91）打扰一下!

Excuse me!

（92）给您。

Here you are.

（93）这是第 11 号洞，515 码，标准杆 5 杆。

This is number 11 hole，515 yards，par 5.

（94）从这里到沙坑有 120 码。

It's 120 yards from here to the bunker.

（95）很抱歉，您的球已经遗失。

I'm sorry sir，your ball is a lost ball.

（96）祝您好运！

Good luck！

（97）祝您愉快！

Have a nice time！

（98）很荣幸做您的球童。

It's my pleasure to be your caddie.

（99）希望下次能够见到您。

Hope to see you again.

10 码：ten yards　　　20 码：twenty yards　　　30 码：thirty yards

40 码：forty yards　　　50 码：fifty yards　　　100 码：one hundred yards

150 码：one hundred and fifty yards

200 码：two hundred yards

250 码：two hundred and fifty yards

情境模拟对话练习

1. Tee 台：

A：This is the No. 2 hole，which was designed by Nick Faldo，par five. It's five hundred and sixty-five yards in total. About two hundred and ten yards to the right bunker，two hundred and thirty yards to carry the bunker. It's about three hundred and thirty yards to the left bunker. I advise you to aim to the left of the right bunker.

A：这是 2 号洞，由尼克·费度设计，五杆洞。全长 565 码，到右边沙坑 210 码，过沙坑 230 码，到左边沙坑 330 码，朝向右沙左沿开球。

B：OK, I see.

B：好的，我知道了

2. 果岭：

C：Shall I line up the ball for you?

C：需要我帮您摆线吗?

G：Yes, please.

G：好的。

C：Do you want me to tend the flagstick，Mr. Tang？

C：需要我为您执旗吗，唐先生？

G：No thanks，take it away please.

G：不用了谢谢，拿走吧。

3. 球道：

G：How far is it to the hole？

G：距洞多远？

C：About 170 yards，but it's uphill and back pin，so you need to play about 185 yards. You can hit to the right side of the left bunker. Which club would you like？

C：大约170码，但是上坡，旗后，要打185码。您可以瞄着左边沙坑的右沿打，您要用什么杆？

4. 场地：

A：Where is the changing room？

A：更衣室怎么走啊。

B：It is in the club house.

B：在会所里面。

A：Can I get to the driving range from here？

A：从这里可以去练习场吗？

B：Of course，now it is early，you can first change your clothes and then go to the driving range.

B：可以的，现在还早，您可以先去换衣服，再去练习场打一会儿都来得及。

学习检测

相互之间进行提问，错误率小于5%。

项目二　打造精湛的击球技术

❖**项目描述**

　　良好的高尔夫球击球技术是作为一个职业球童的必备条件之一，我们通过对高尔夫球运动技术的分析，结合教学实践的体会，以能力本位教育思想为指导，撰写本项目，旨在有效提高学习者的运动技术，注重培养理论与实践结合的能力。

❖**学习目标**

　　了解高尔夫球击球技术的基本原理，掌握高尔夫球的挥杆技术，掌握下场的基本知识。

❖**能力目标**

　　能够运用所学知识指导自己进行高尔夫球竞赛，能够为他人提供下场击球的助言。

任务一　探究高尔夫球球理

高尔夫球练习场，高尔夫球场

1. 掌握高尔夫球挥杆原理；
2. 掌握木杆、铁杆的挥杆技术；
3. 掌握推杆技术。

能够正确地使用球杆，按照场地的实际情况运用不同的球杆，打出较为理想的球。

课题一　什么是整体

整体体现的是统一性和完整性。高尔夫球运动非常重视人体本身的统一性、完整性及其与球杆、球、球场的相互关系，认为人体是一个有机的整体，人体的各个组成部分之间在结构上不可分割，在功能上相互协调、互为补充，在击球过程中则相互影响。人体与球杆、球、球场也是密不可分的，它们的变化随时影响着人体，人类在能动地适应它们和改造它们的过程中不断地创新、创造，提高运动成绩。这种机体自身整体性和环境统一性的思想即整体观念。整体观念是高尔夫球运动最重要的思想之一，它贯穿于高尔夫球运动的各种技术之中。

一、人体是一个有机的整体

人体的运动系统由骨、关节和骨骼肌组成，约占人体体重的 60%。全身各骨依靠关节相连形成骨骼，构成坚硬的骨支架，赋予人体基本形态。骨骼支持体重，保护内脏。骨骼肌附着于骨，在神经系统的支配下，收缩时，以关节为支点牵引骨改变位置，产生运动。运动中，骨起着杠杆作用，关节是运动的枢纽，骨骼肌是动力器官。所以说，骨骼肌是运动系统的主要部分，骨和关节是运动系统的被动部分。

人体是由若干关节将不同功能的运动器官连接在一起所组成的。每个运动器官各有其独特的生理功能，而这些不同的功能又都是人体整体活动的一个组成部分，这就决定了人体内部的统一性，即人体各个运动器官组成部分之间，在结构上是不可分割的，在生理上是相互联系、相互支持而又相互制约的。人体的这种统一性，体现为以躯干为中心，配以双臂、双腿，通过神经中枢的作用而实现、完成机体统一的机能活动。

整体观念认为，人体正常的高尔夫球活动依靠各运动器官之间相辅相成的协同作用和相反相成的制约作用，才能维持其动作的平衡。每个运动器官都有其各自不同的功能，但又在整体活动下分工合作、有机配合，这就是人体局部与整体的统一。

在认识和分析高尔夫球运动技术状况时，首先从整体出发，将重点放在局部变化引起的整体技术变化上，并把局部技术变化与整体技术反应统一起来。一般来说，人体某一局部技术的变化往往与其击球扎实程度有关。

人体是一个有机的整体，在改进或优化局部技术动作时，也必须从整体出发，采取适当的措施。例如，确定上杆顶点杆体位置：是平行地面，还是与地面成某一角度？不要以头部的位置改变为前提，即头部的位置不能有上下起伏。这些都是在整体观念指导下确定的技术。

二、人与球杆的统一性

整体观念强调人体内外环境的整体和谐、协调和统一，认为人体是一个有机整体，既强调人体内部环境的统一性，又注重人与球杆的统一性。高尔夫球杆是高尔夫球运动中的基本装备，由杆头、杆身、握把组成。

根据朴素的唯物主义"天人一气"的"天人合一"说，把人与球杆的统一放在高尔夫球理论的中心地位。

球杆基本数据：

1. 球杆常用参数：

（1）倾角（loft）：球杆正常停放时，杆面中心线与地面铅垂线之间的角度。

（2）（杆身）硬度（flex）：就是让杆身弯曲的容易度，分为 X（extra stiff）、S（stiff）、R（regular）、A（指 senior，因为最初这个级数被称为 amateur）、L（ladies），这是美规和日规最大的不同，不同公司也有不同之处。

（3）挥杆重量（swing weight）：又称挥杆平衡，与球杆的重心和重量有关。重量越大，重心离杆头越近（就是离握把越远），挥杆重量越大。

(4) 停止角 (lie)：球杆正常停放时，杆身中心线与地面所构成的角度。仰角太大会造成翘头 (upright)，太小会造成低头 (flat)。

2. 球杆材质：

(1) 碳素材料：主要用于制造碳素杆身。一般是在石墨里加入陶瓷成分，或加入碳和玻璃纤维等，使之更轻更坚固。

(2) 钛合金：一般用于制造 DRIVER 杆头。钛的密度相当小，约为铁的 60%。但具有强度高、易高温热处理、可焊接、可锻造等特性。钛合金是指纯钛里加入其他金属，以改进它的特性。

(3) 钨：钨的密度相当大，约为钛的 4.5 倍，多用于杆头配重。

(4) 软铁 (mild steel)：在铸造铁杆时，在不锈钢里加入 2%～4% 的碳，使之变得很硬；锻造时，加入 0.1%～0.3% 的碳，使之变软。

(5) 不锈钢 (stainless steel)：

sus630 (加入 17% 的铬和 4% 的镍)，多用于铸造，较早用于 PING 著名的背空式铸造铁杆，广泛适用于铁杆和木杆。

sus304 (加入 18% 的铬和 8% 的镍)，比 sus630 软。

(6) 其他材料：

铍铜 (铜里+1%～2.5% 的铍)：比不锈钢重约 6%～7%，多用于制造挖起杆。

铝合金 (铝+4%～6% 的铅和 2%～3% 的镁)：更轻、更坚固和易于加工，也用于制造 DRIVER 杆头。

(7) 推杆材料：不锈钢、黄铜、青铜、铜、聚合物、聚氨酯、铝、不锈钢。

3. 球杆分类。按球杆的不同用途和球杆被设计成的不同杆头形状和杆身长度，高尔夫球杆大致可分为木杆、铁杆、挖起杆以及推杆，还有一种介于铁杆和木杆之间的球杆，叫混合杆，又叫铁木杆。

(1) 木杆：木杆之所以叫木杆，是因为以前的杆头多以木头制造而得其名，最早是以红柿木制成的。因为木头遇水会膨胀，早期雨天击球球杆使用后都会送到 pro shop 保养；后来才演变成使用不同的材质制造。铁、不锈钢、碳纤维、钛金属都使用到，最流行的球杆材质应是钛金属。它不需要费时保养，而且钛金属的反弹效益较强，球可打得较远。现如今许多球场均无法增加长度距离，因此对职业选手选用木杆的反弹系数有一定的规格要求，USGA 规定反弹系数不大于 0.83。除开球用的 1 号木杆外，球道木杆尚有 3 号、4 号、5 号、7 号、9 号。对女生而言 3 号、4 号木杆较难打，所以才会推出仰角更高的 7 号或 9 号木杆。

(2) 铁木杆：铁木杆是介于铁杆和木杆之间的球杆，叫混合杆，又叫铁木杆。

(3) 铁杆：铁杆分长、中、短杆，长铁杆通常指的是 3 号、4 号、5 号、6

号、7号为中铁杆，短铁杆则为8号、9号、10号。使用长铁杆的人越来越少，多数改以小鸡腿代替。长铁杆通常不容易打高，容易产生右曲球。长铁杆因为角度小，碰上大逆风时，就派得上用场。铁杆按球头设计不同分刀背式和凹背式。刀背式重心较高，较不容易做出杆头释放的感觉；而凹背式则重心较低，有的甚至做到超低重心，底部较重，甜蜜点面积较大，因而较易击中球，也可打得高些。市场上多见到凹背式的。短杆还有劈起杆（P）、挖起杆（A）、沙坑杆（S）。对短杆，通常职业选手较为讲究，还细分不同角度，如52°，53°，60°，等等。不同角度可击出不同的球的高度和不一样的旋转程度。对业余选手而言，通常挖起杆和沙坑杆共享，10号约等于P，11号则等于A（角度更大）。

（4）推杆：最早的推杆多设计成L形，有少数职业选手现仍沿用传统L形推杆。后来有了PING Putter，发展至two balls甚至three balls，以及马蹄形、圆锥形等各式能让人感受平衡的推杆。

> **小贴士：**
> 　　1. 女子球杆较男子球杆短1寸（约3.33厘米），距离短30码，杆身斜度（LIE）多1°左右。
> 　　2. 职业男选手的铁杆距离为每隔1号杆相距15码，业余男选手相距10码。

三、人与球场环境的统一性

人与自然有着统一的本原和属性，人产生于自然，人的生命活动规律必然受自然界的规定和影响。人与自然的物质统一性决定生命和自然运动规律的统一性。

球员活动在球场这个局部的自然界之中，自然界的运动变化又可以直接或间接地影响着人体，机体则相应地发生生理上的变化。所以，球员与球场自然界息息相通，密切相关。球员必须主动地适应自然，这就是球员机体内部与球场自然环境的统一性。

课题二　如何做到整体发力

在高尔夫球圈内，大家一直在谈论整体发力、一体式上杆等，那么，什么是整体发力呢？什么又是一体式上杆呢？

我们认为一体式上杆是整体发力的基础，一体式上杆的意思就是使各个部位的动作保持协调一致，没有一个部位处于支配地位。

一体式上杆常见的错误是双手的动作过多，从而导致杆头向内甩，使球杆偏离正确的平面。

一、一体式上杆

一体式上杆的关键是在准备姿势做好，启动上杆时要从肩部的转动开始，而手臂的位置始终保持在胸前正中，在上杆到8点钟方向时，只是肩部在转动。上杆的最初两英尺（6.096分米）至关重要，关键点是笔直向后"推"球杆，使左肩拉向远离目标一侧，杆身达到与地面水平位置时左手仍在脚尖的前面一点，杆身指向脚尖连线的方向，并且开始弯曲右肘之前是横躺着的。当球杆上升到顶点时，肩部和髋部也都同时旋转到位，即左肩触及下巴（左肩定位），达到90°转肩，同时保持右膝弯曲且双手位于头部右后侧（如果双手在头部后面，则已经失去对挥杆的控制）。

推荐练习方法：

起杆诱导练习1：双手分开握住握把，双手相距一根拇指的距离，练习挥杆。这样做将会很容易找到正确的挥杆平面。当双手与大腿同高时，球杆将会与脚尖线接近平行。这种握杆法能够大大地限制双手的不协调动作，迫使它们作为一个整体发挥作用，使双手的移动与转体动作保持一致。

起杆诱导练习2：不拿球杆摆出预备姿势，左臂在右臂之上交叉双臂，双手掌背相贴，向后笔直拉右手启动挥杆。如果在实际挥杆时注意到有相同的感觉，那么起杆就是完美的。

二、一体式下杆

一体式下杆常见的错误是肩部转动直接把球杆拉下来，并过早释放开球杆杆身与前臂的夹角，从而造成击球无力。

一体式下杆的关键是上杆到顶点的过程，1号木杆开始下杆是从髋关节转动开始的，带动肩关节转动，从手下降到8点钟方向开始到4点钟方向结束，这一段手始终在胸前正中的位置。收杆完成时髋部和肩部也同时旋转到位。要打出扎实的铁杆击球应注意：回转式应从上杆顶点向下、向前移动，让挥杆弧的底部出现在球位的前面一点，关键是在启动下杆时朝目标方向驱动左膝，然后接近触球时挺直左膝。

推荐练习方法：

下杆诱导练习1：在一堵墙（或一片灌木丛）侧面几分米处站位，上杆时使杆头接近从墙面拂过。在下杆中程使杆头距离墙面3~6分米。练习几次挥杆，为了使杆头托后，需利用下肢启动下杆，让双手、双臂最后下落，并保持后球杆杆身和前臂的夹角。

下杆诱导练习2：采取常规上杆，在到达顶点时让左脚跟抬离地面，开始下杆时，重新让左脚跟落地。用大力做，力量大到能让你感觉重心立刻移向身体的左侧。一旦脚跟落地，用左脚蹬地、挺直左膝（类似于铅球的左腿支撑），从而形成强壮的支柱，足够支撑通过触球时的有力转体。

下杆诱导练习3：预备时两手各握一支挖起杆，然后同步挥舞。关键点是全程保持两只球杆杆身的彼此平行，同时双臂和双手留在胸前。在结束上杆和收杆时，两只杆身都应该垂直向上（半挥杆）。如果做不到，可以试着感觉好像正依靠胸部转动来击球，双手、双臂和球杆只是顺势而动。

学习检测

1. 什么是整体发力？
2. 如何做到整体发力？

任务二　核心力量是关键

活动情景

高尔夫球练习场，高尔夫球场

任务要求

1. 掌握核心力量的基本概念；
2. 掌握提高核心力量的方法；
3. 了解核心力量在高尔夫球击球中的作用。

能力训练

能够正确理解核心力量的概念，能够有效地提高核心力量素质，能够运用核心力量打出较为理想的球。

基本任务

课题一　什么是核心力量

核心（corc）区域是指人体的中间环节，其以腰椎—骨盆—髋关节为主体，包括附着在它们周围的肌肉、肌腱及韧带系统,具体可以进一步划分为核心区上部、核心区中部、核心区下部。核心和核心区是两个不同的概念。核心区更侧重于解剖学概念,指人体的中间部位,以腰椎—骨盆—髋关节为主体,包括附着在它们周围的肌肉、肌腱及韧带系统;而核心更侧重于训练学的概念,指的是一条运动链上起主要作用的部位或环节,包括四肢运动链中的小核心区。因此,核心稳定性的概念要比核心区稳定性大,还包括上下肢运动链。

20世纪90年代初,一些欧美学者开始认识到躯干肌的重要作用,将这个以往主要用于健身和康复的力量训练方法扩展到竞技体育领域。他们从力学、神经生理学和康复等不同角度对躯干构成进行深入研究,提出"核心稳定性(core stability)"的问题。所谓核心稳定性,是指在运动中控制骨盆和躯干部位肌肉的稳定姿态,为上下肢运动创造支点,并协调上下肢的发力,使力量的产生、传递和控制达到最佳化。人体的大多数运动都是多关节和多肌群(肌肉)参与的全身运动,在这个运动中,如何将不同关节的运动和肌肉的收缩整合起来,形成符合专项力学规律的肌肉运动链,为四肢末端发力创造理想的条件,是所有运动项目共同面临的问题。所以,尽管骨盆、髋关节和躯干部位的肌肉并不像四肢肌肉那样,直接完成人体的运动,但是,它们的稳定性收缩可以为四肢肌肉的收缩建立支点,提高四肢肌肉的收缩力量,同时,还可以协调不同肌肉之间的运动,加快力量的传递,整体上提高运动效率。

核心区力量是一种能力,是由附着在腰椎、髋部和骨盆联合周围的肌肉和韧带产生的力量,它在大多数竞技运动项目中都起着重要的作用,不仅能够维持身体平衡,保证专项技术动作的稳定发挥,而且也是运动员发力的主要环节,是上下肢协同用力的枢纽,在力量传递的过程中起到承上启下的作用。人体核心肌群有腹直肌、腹横肌、背肌、腹斜肌、下背肌、竖脊肌和骨盆底肌,并且髋关节周围的肌肉臀肌、旋髋肌、股后肌群也属于人体的核心肌群。

骨盆带(pelvic girdle)是由骨组成的一个环状的架构。稳定骨盆的正常位置非常重要,对于下肢加速、减速和髋关节内收外展运动的项目来讲更是如此。这些骨在前面相接融合,形成耻骨联合。骨盆和骶髂关节的柔韧性较差,在运动时肌肉收缩和拉长对其施加的压力增加,加上内收肌力薄弱,对耻骨极易造成损伤,并形成耻骨炎。只有稳定住骨盆才能保证髋关节肌群有效地工作。良好的姿态和骨骼排列可以提供最佳的结构功效,而这反过来又可以使得机体的运动链产生最佳功效。在进行任何运动之前都需要所有关节的骨骼排列处于适当最佳位置。这里应特别注意脊柱、骨盆、胸阔、肩胛骨和颈部的位置排列,如图2-2-1所示。

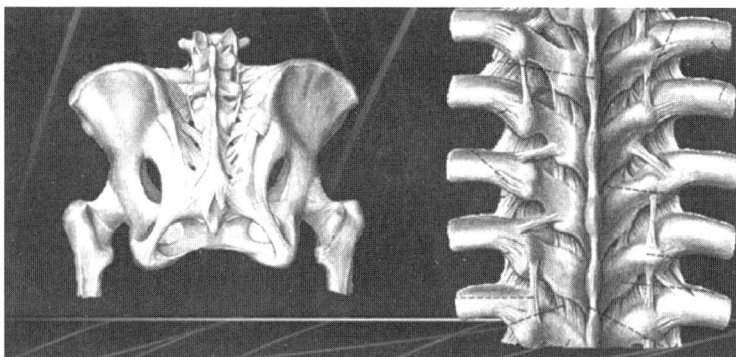

图 2-2-1 骨盆带组成图

课题二 如何提高核心力量

高尔夫球挥杆是一系列极度复杂的动作模式，旨在创造佳绩。核心肌肉群力量与稳定性能改善旋转扭力、提高挥杆速度，最后得到最佳的击球距离。拥有核心肌力与稳定性能让球员在运动的开端到结束，保持平衡力及控制力。

为要制造真正的稳定性，就必须动员大规模的核心肌肉，其中包括骨盆底肌、腹横肌、多裂肌、腹内外斜肌、腹直肌、竖脊肌及横隔膜。核心肌肉群的定义很广，甚至延展至背阔肌、臀大肌及斜方肌。

把高尔夫球核心力量练习加进日常训练里，便会变成发展肌力与稳定性的工具。传统的腹部练习（如卷腹及仰卧起坐）的作用都不太大，反伸展、反旋转及旋转训练作用更大。

下面简要介绍高尔夫球运动核心力量训练。

一、核心区力量训练

核心（core）力量是指核心肌肉向心、离心收缩用力的能力。一般通过测定力量的大小来评价核心力量。训练中，可以采用一定负荷刺激，使肌肉力量得以提高。从身体位置来看，核心是最接近身体重心的中间环节（腰—骨盆—髋关节）。核心力量存在于所有运动项目中，对运动中的身体姿势、运动技能和专项技术动作起着稳定和支持作用。同时也是整体发力的主要环节，对上下肢体的协同用力还起着承上启下的枢纽作用。它是影响核心稳定的重要因素，但不是唯一因素。

二、核心区稳定性训练

稳定性是指任何一个关节在运动中的稳定程度，以保障肢体之间进行动量及力的有效传递。它与其他体能要素一样具有自己独特的功能。核心稳定性（core stability）又可称为躯干稳定性（trunk ability），是指人体在运动中，处于身体躯干部位关节肌肉有效传递能量和保持身体姿势的能力。核心稳定性在完成四肢对称和非对称动作时起到非常重要的作用，这就意味着成功地完成四肢动作取决于躯干稳定性。然而，训练中教练员们往往更注重四肢肌肉力量的发展而忽视了核心部位。核心稳定性的训练不应该只关注于核心力量训练，更要关注稳定性、平衡能力和本体感受器的练习。例如，标枪运动员的身材及项目特征决定其需要加强稳定性。功能性在练习的选择方面不同，那么起到的效果也是不同的。在完全稳定的界面下进行训练，对神经肌肉控制能力的影响很小。在不稳定的界面下进行训练，能够提高神经肌肉控制能力。

三、核心区功能性训练

功能性训练是为了提高、保持和恢复机体特定运动功能而进行的训练，是为实现远端肢体的功率有效输出，提高机体运动的整体性，通过运动员机体核心部位或躯干部位等多关节、多肌肉的参与，对神经、肌肉、关节系统加以塑造的过程。所有的竞技运动都在不同程度上动用躯干。几乎没有肌肉单独、孤立地工作，身体是作为一个整体在运动。核心区功能训练和传统的腰腹力量训练存在着一定的差异。

四、核心区力量在运动中起到的作用

1. 稳定脊柱、骨盆；
2. 提高身体的控制力和平衡力；
3. 提高运动时由核心向四肢及其他肌群的能量输出；
4. 提高上下肢和动作间的协调工作效率；
5. 预防运动中的损伤；
6. 降低能量消耗；
7. 提高身体的变向和位移速度。

五、核心区训练要点

首先，设计核心区的训练必须成套。从头到尾都必须遵循从难到易、从稳定到不稳定、从静止到运动的顺序。

其次，从躺下训练到站立训练应注意：①按摩垫上的府桥训练是最基础的核心区训练；②在不稳定的界面上训练，如瑞士球等；③进行站立训练，训练过程中可以负重等。训练内容必须包括仰着的、趴着的、侧着的训练。训练部位包括

腹部、背部、侧面。训练时必须保持脊柱的中立位置,否则训练效果不明显。从最基础的做起,训练过程中难度逐渐增加。若做不到就必须降低难度,否则训练无效。若想训练局部的小肌群,如腹横肌、多裂肌、腰大肌、髂肋肌、长肌等,应该选择幅度小的且速度慢的动作。若想训练整体的大肌群,如腹直肌、腹斜肌、竖脊肌、腰方肌等,应该选择幅度大的动作。运动肌多为双关节或多关节,位置较浅,往往通过向心收缩产生力量和加速度。

下面介绍一些核心训练方法:

练习方法 1:不借助任何器械的单人力量练习。此类练习适用于核心力量练习初始阶段,目的在于使运动员深刻体会核心肌群的用力和有效地控制身体,这种类型的练习得到大多数专家的认可和肯定,普遍认为是最基础的核心力量练习手段,如八级腹桥、侧桥等最基本的练习手段。此类核心训练手段同时又可称为身体姿势的稳定性训练。此类练习如图 2-2-2 所示。

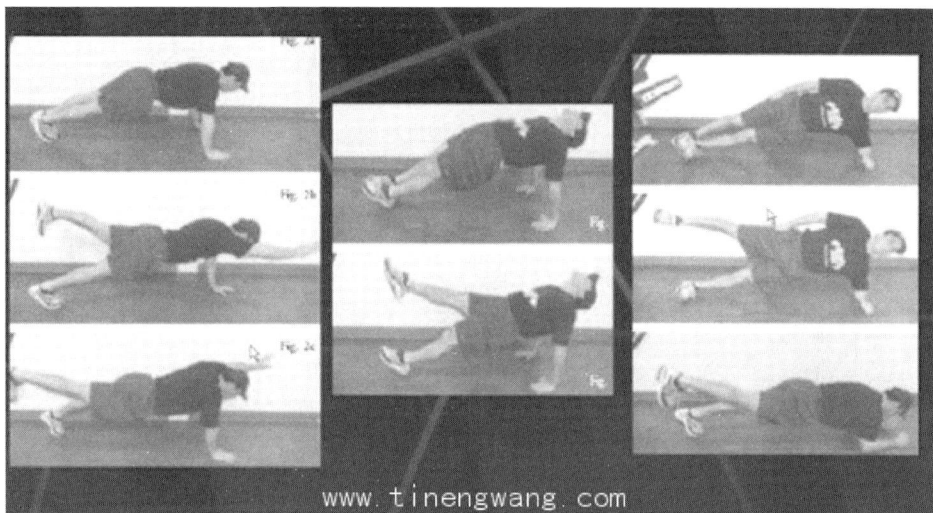

图 2-2-2 不借助任何器械的单人力量练习

练习方法 2:运用单一器械进行的力量练习,如瑞士球、平衡球、平衡板、弹力绳以及其他力量练习器械等。在这种练习方式中,运用最多的是平衡球、平衡板和瑞士球等这类不固定的器械和自由重量器械。使用这一类型的器械进行力量练习,可以有效地动员躯干部深层肌肉参与运动,并在动作练习过程中控制躯体始终保持正确的运动姿态,从而摒弃了传统力量练习中借助外力来支撑躯体的弊端。此类练习如图 2-2-3 所示。

非平衡性力量训练,是指通过自身调整不稳定的身体状态,达到训练神经-

肌肉系统的平衡和控制能力以及本体感觉的一种练习方式。这种训练操作通常使用健身球、摆动板、泡沫球、平衡盘，也可进行单侧支撑训练，以增加核心运动能力和稳定性。开展不稳定训练的运动员，其神经-肌肉系统的增强远远高于进行稳定训练的运动员。使用不稳定的装置进行力量训练不仅可以提高所训练肌群的力量水平和本体感受能力，还可以激活核心肌群的参与。此类练习如图 2-2-4 所示。

图 2-2-3　运用单一器械进行的力量练习

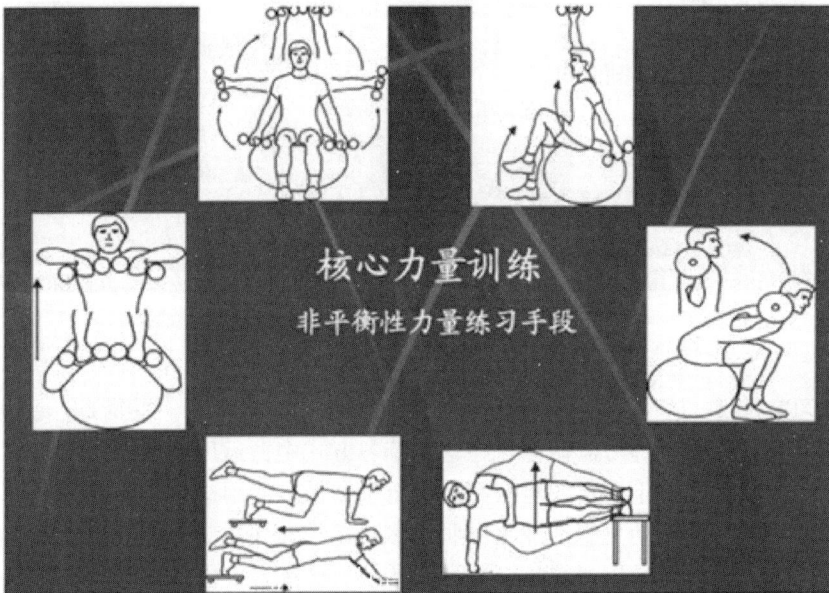

图 2-2-4　非平衡性力量练习

练习方法 3：使用综合器械进行的力量练习，如单、双足站立于平衡球上，做各种上肢持轻器械举、推、拉、下蹲，以及躯干扭转等多种形式的练习；坐于瑞士球上做各种形式的练习等。核心力量训练很关键的一点在于训练时练习者是在躯体处于一种不平衡、不稳定的状态下进行的，或者运用的是不固定、必须要使用者自行进行控制的器械，如平衡球、瑞士球、平衡板等。

学习检测

1. 什么是核心力量？
2. 核心力量在高尔夫球中起到什么样的作用？

任务三　流畅的节奏是灵魂

活动情景

高尔夫球练习场，高尔夫球场

任务要求

1. 掌握良好的击球节奏；
2. 掌握心理因素对击球的影响；
3. 如何打出扎实的击球？

能力训练

能够掌握正确的击球节奏，能够有效地调节心理以提高击球质量，能够打出犀利的杆法。

基本任务

课题一　良好的节奏

挥杆节奏是高尔夫球运动中非常重要的部分。入门伊始，就要寻找属于自己的挥杆节奏。只有通过多次练习才能形成良好的挥杆节奏。比较好的挥杆节奏是以挥杆轴线为中心进行左右挥杆，中间没有明显的停顿，行云流水般柔和、顺畅，如图 2-3-1 所示。

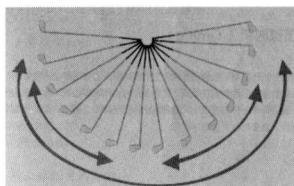

图 2-3-1 左右比较
连续的挥杆练习

不管是动作简单的推杆还是切杆、半挥杆、全挥杆等，都要有正确的挥杆节奏。推杆中保持一定的挥杆速度是非常重要的，在此过程中不能停顿或突然加速，否则会打乱挥杆节奏。

所有的打球者都要有适合于自己的挥杆速度和节奏，小孩要有小孩的挥杆速度和节奏，女性要有女性的挥杆速度和节奏。总的来说，要找寻适合自己的以挥杆轴线为中心的一贯的挥杆速度和节奏，通过练习使之习惯化。

练习挥杆速度与节奏的方法有 3 节拍练习法、2 节拍练习法及呼吸练习法等。

3 节拍练习法是从上杆到上杆顶点时口中默念 1 和 2，下杆时默念 3 的练习方法，这是上杆比较缓慢而下杆比较快的节奏。大卫·李德贝特又称这种练习法为 "1 和 2" 的练习法：在 1 时上杆到顶点，2 时开始转换，3 时下杆并完成击球和收杆动作。练习时也可以跟着节拍像唱歌一样喊出来。

2 节拍练习法是尊尼·米勒提出来的：在 1 时上杆到顶点，2 时下杆。在这种节奏下比较容易掌握击球时机，对性格急躁的人比较有效。

不急不慢的击球前例行准备动作也是相当有必要的。

以上两种练习方法结合呼吸调节的话，效果更好，即在 1 时吸气，2 时停止，3 时再呼气，或者 1、2 时停止呼吸，3 时再呼气，等等。总之，要根据自己的感觉进行调节。

挥杆速度是指挥杆动作开始到结束所需的时间快慢。这种挥杆速度与球杆的长短及挥杆的种类都无关，无论是全挥杆还是短击球，都要保持相同的挥杆速度。

一、击球时机（timing）

击球时机是指杆面与球接触的瞬间，它对击球距离及方向都会产生影响。丧失击球时机是指在挥杆动作中有停顿的现象或手臂和身体的动作不够协调。除了在上杆顶点及收杆过程中外，在上杆和送杆的过程中，上臂与身体要保持一个整体，动作不能分离，如果有分离的动作，就有可能失去击球时机。

二、破坏挥杆节奏的三个原因

1. 失去平衡。如果失去平衡，就意味着挥杆动作失败。如果挥杆轴线发生移动，就会出现高尔夫挥杆错误中最致命的身体摆动现象。

失去平衡的原因是视线随着挥杆动作发生了移动。为了防止视线移动，从上杆到送杆，眼睛都要盯着一个地方（使用木杆盯住球后面的一个点，使用铁杆盯着球的后部）。

另外，初学者经常犯的错误是提前抬头。挥杆时在头脑中想象自己提前抬头的挥杆动作，实际挥杆中就不会提前抬头。这种方法比较有效。

2. 手臂提前打开。急于看击球的结果而使手臂提前打开也会破坏挥杆的节奏。双手之所以提前打开，惯性是一个方面的原因，而双手离身体太近也是一个原因。为了防止出现这种现象，眼睛要盯住球的后方，注意下半身的动作，感觉挥杆动作是在腹部（重心所在处）和左腰（要支撑转移过来的体重）处完成的。身体的节奏是关键。

3. 对击球距离的贪欲。谁都想打出一记漂亮的球，这种欲望如果转变成发力，就会破坏节奏，挥杆也就失败了。

从站位开始到上杆、下杆，如果有力量性动作，身体就显得僵硬，也不可能正常挥杆，造成左曲、右曲、打地或打头的失误。不管怎样，都要以一贯的速度和节奏做出柔和的挥杆动作。

三、挥杆节奏的丧失

挥杆动作中，比较容易丧失节奏的是从上杆顶点到下杆的转换阶段，将上杆和下杆动作分割开来理解是主要原因。上、下杆动作应该是连贯的挥杆动作，从上杆顶点到下杆，应该有一个平滑的转换过程。刚到上杆顶点就想击球，自然会出现下杆过快的现象，或是还在想是否上杆到位，就会出现停顿的现象，当然也就打乱了正常的挥杆节奏。

为了保持正常的挥杆节奏，击球准备时就应该放松身体肌肉，消除紧张感。握杆松紧要适度，否则会引起手臂和肩部的肌肉紧张。只有身体放松，才能有正常的挥杆节奏。

四、修复节奏诱导练习

要想让双臂和身体同步移动，可用两支球杆做半挥杆练习，增加的重量将有助于引导身体和双臂恰如其分地协调动作，身体核心和双臂之间能达到完美的动态平衡。

课题二　心理因素在高尔夫球运动中的作用

在高尔夫球运动中，对于职业选手来说，80%靠的是心理，技术只占20%。

对搏击水平的业余爱好者来说，技术和心理各占一半。

在打球过程中，第一次想法的实现率在75%以上。如果一上梯台就觉得球可能出界，打出的球往往就是出界球。所以，打球之前一定要有肯定的想法，水平越提高越应这样。

高尔夫球运动由全挥杆的长击球、短击球及推杆以及情绪调整的心理活动、热身以及打球策略这五个方面组成。下场打球就是对这五个方面的管理过程。

短击球如劈起球、起扑球等都是既难教也难学的部分。在短击球的练习过程中，大多数爱好者并未深刻理解短击球是影响成绩的直接因素，会出现烦躁的心理。

推杆在所有的击球中占了43%的比例，是提高成绩的决定因素，大家都知道这个道理，但在实际中往往忽视了推杆的练习。

重压之下如何打球、是否深刻理解了高尔夫球运动的竞技性、如何维持打好球的欲望、生气时如何控制自己的情绪等，都是管理自己心理活动的方面。许多人对此学习很少，但这是高尔夫球运动运动的重要组成部分。

在打球过程中要扬长避短，对球道和自己的成绩进行管理，这是明智的打球方法，由此也可以认识到人的能力是有限的。

在高尔夫球运动运动中，真正与高尔夫球接触的部分占60%，而让你看不见摸不着的部分占40%。然而，许多爱好者没有认清这一点，他们认为高尔夫球运动的全部就是挥杆动作。

标准杆为72杆的球场，如果没有一次失误，成绩应该是72杆，但成绩总是在标准杆之上，这是因为在打球过程中的失误是不可避免的。

大多数爱好者的失误90%以上是在击球之前就有了定论，这是因为他们在选杆和确定目标时已经出现了错误。

例如，能用4号铁杆准确攻上果岭的概率很低，也许打十次能有一次或更少，但是一旦遇到4号铁杆的距离，即使没有信心也毫不犹豫地拿出4号铁杆。结果，不是打进障碍就是连8号铁杆的距离也没有打出来，出现打地或打头的失误。

目标设定出现错误也是重要原因。例如，明知果岭前方有沙坑、水塘或很深的草等障碍，但不考虑如何避开。

高尔夫球运动除了挥杆，更为重要的是"选择"。

课题三　击实、击透是核心

在18洞72标准杆中，推杆占据36杆，足见推杆在高尔夫球运动中的重要性。要做到直线推球，最重要的是上杆上直和推杆推直，而其关键点是在击球瞬间，球杆对球的撞击要沿推击线并经过球心击实、击透，这样球的滚动会很匀称。这就要求在握杆时双手拇指并排压在杆身比较平的位置上。至于如何握要看个人的爱好。

一般来讲，采用左手食指搭在右手的小拇指上的反重叠握杆法，能使双手拇指压在杆身的中心线上，使杆头比较容易地平行移动。

双手握好杆后，要固定双手手腕，在整个推杆过程中，两个手腕没有任何动作，以保障杆头的平行移动。

推杆瞄准后，双脚左右开立，一般不超过肩，双脚与推击线垂直；上体前压，后背挺直；两腿自然微屈；两上臂与胸相贴，两前臂、双手与双肘成倒三角；球位在左眼睛正下方；推球时，双肩围绕脊柱转动，用上杆和送杆的距离控制推球的距离。

两种顽疾的修正方法：

一是加速推击型。出现多余加速的主要原因就是上杆幅度不够长。较长的上杆总比短的好，因为当球员的头脑中尚未积累足够的潜在能量将球推出想要的距离时，球员会被迫提升推击速度。可以依靠上杆让推杆"回摆"触球，不必费力"击打"。

诱导性练习：在身体前面向上翘起推杆直到杆身与地面平行，然后推一个齐腰高的假象球，要在轻松良好的速度下做出长上杆和顺畅的前挥。然后，在地上放一个球并将推杆悬在球的正上方。做几次空挥练习，不要停下，在最后一次前挥途中降低推杆击打球。

二是转动推击型。每一个推击挥杆都有弧度。在上杆结束时这个弧度让杆面看上去是开放的。

诱导性练习：并排放两个球，然后把推杆放在它们后面。推球时杆头的趾部转动要快于跟部，一直做这个练习，直到能连续让靠近跟部的球滚远。这证明推杆杆头在正确的弧线上移动。

学习检测

1. 什么样的节奏是最好的？
2. 心理因素对击球有什么样的影响？
3. 如何打出犀利的杆法？

项目三　练就高超的绘图技巧

‣‣

✧ 项目描述

加强学习地形图绘制的原理，了解地形图绘制前的测量工作，对地形地貌注记符号有一定的认知，掌握地形测绘的基本原理和手段，可以精准地进行外业测量工作，了解地形图绘制的基本步骤；通过对地形图分幅编号基本理论的学习，能够准确地为地形图进行分幅编号；通过对地形图基本知识的积累和地形测绘的学习，能够掌握高尔夫球场地形图的绘图技巧；学会果岭测量的方法和高尔夫球场果岭质量的评估方法。

✧ 学习目标

了解高尔夫球场地形图的基本制图要素，掌握必要的球场测绘的基本理论与方法，学会果岭测量的基本方法，建立正确的高尔夫球场的地形图识别理论体系、掌握地形图绘制的基本方法。

✧ 能力目标

能够运用所学知识对高尔夫球场进行准确的测量，选择科学的方法，进行较专业的高尔夫球场地形图绘制，提高自己对高尔夫球场地形的认知能力。

任务一 了解高尔夫球场规划设计

活动情景

多媒体教室

任务要求

1. 了解高尔夫球场的起源与发展；
2. 掌握高尔夫球场设计与选址原则；
3. 掌握高尔夫球场的功能与景观设计要点；
4. 掌握高尔夫球场的草坪建造与植物选择；
5. 熟知高尔夫球场的总体规划步骤。

能力训练

掌握高尔夫球场设计与选址原则，学会球场的功能与景观设计，初步掌握草坪的建造，形成总体规划步骤。

基本任务

课题一 探索高尔夫球场的起源和发展

一、高尔夫球场的起源和发展概述

关于高尔夫球运动和高尔夫球场的起源，一直众说纷纭，但不得不承认现在高尔夫球运动以及高尔夫球场有着深深的苏格兰烙印。首先"高尔夫"（golf）的名称便是来自苏格兰的方言（gouf），意为"击，打"。而高尔夫球场无论建在世界什么地方，都在仿照最初玩高尔夫球的苏格兰所拥有的场地，即海滨沙地，其地形平坦而不乏有一定起伏的沙丘和海滩，地面裸露而不缺连片的葱绿草地，高出海平面而又有许多沟壑溪流，这就是最初高尔夫球场林克斯（Links）。最初的林克斯球场只从一个球洞打出去，然后返回来。随着这项运动的普及和大众化，同时受上述苏格兰海滨沙地的公有性——球场没有边界的影响，打球者都想以自己的方式漫游在可打球的草地上，想走多远就走多远。因此，这时的球场打一轮并没有标准的洞数。

高尔夫球场自从 500 多年前在苏格兰的圣·安德鲁斯风行之后，走过了一段漫漫长路。在 15～16 世纪，这项运动得到不断发展，当时使用的高尔夫球只是一种非常粗糙的圆形木球。到了 17～18 世纪，高尔夫球运动仍持续发展，其中一个比较重大的变革是新型高尔夫球的发明。人们用新型的羽毛制球代替了老式的木质高尔夫球。18 世纪中叶，高尔夫球运动不断发展创新，其中之一就是在公共林克斯球场上创立了私人球会。18 世纪另外一个重要的创新发生在圣·安德鲁斯老球场，其中第一个著名的改变就是对推杆区特别关注，尽量寻找一些草比较茂密的地方。在 1764 年，圣·安德鲁斯高尔夫球协会将每一轮的洞数从 22 洞减少到 18 洞，这就是高尔夫球场一般具备 18 个球洞的来历。1832 年，圣·安德鲁斯球场开始实行在一个果岭上开 2 个球洞，创造了 8 个球洞的双果岭。后来又对球场进行了很大改造，其中最重要的就是人工加宽了球道，增大了果岭，建造了许多人工障碍。直到 19 世纪中叶，皮革做的球才被古塔胶质球所代替。19 世纪 60 年代，高尔夫球运动开始向世界各地扩展，出现了第一个兴建高尔夫球场的繁荣时期。19 世纪末，高尔夫球界开始出现一群在全球各地比赛的职业选手。

到 20 世纪，高尔夫球运动迎来了新纪元，高尔夫球具的革新、比赛规则与制度的建立、国际性赛事的开展，以及高尔夫球场管理水平的提高，都极大地促进了高尔夫球运动的发展，也为这项古老的运动注入了新鲜的血液和活力。20 世纪 60 年代和 80 年代，世界上两度出现兴建高尔夫球场的繁荣时期。这是继第一次球场兴建高潮之后的第二次和第三次高潮。高尔夫球场的分布也由最初起源的苏格兰发展到现如今英国、美国、韩国、日本和泰国等国。

二、高尔夫球场在中国的发展

中国现代高尔夫球运动的发展与世界高尔夫球运动相比，显得相对缓慢和滞后。1896 年，中国上海高尔夫球俱乐部成立，标志着这项已有几百年历史的运动进入中国。1931 年，高尔夫球运动在上海流行。同年，中国、英国、美国的商人合办高尔夫球俱乐部，在南京陵园中央体育场附近建造了高尔夫球场。从此，高尔夫球运动在中国一定范围内得到传播。

20 世纪 80 年代，中国的对外开放和经济改革政策吸引了全世界各国外商来中国投资，促使高尔夫球运动重新进入中国。在北京及沿海地区陆续兴建了 30 多个高尔夫球场。1985 年 5 月，中国高尔夫球协会在北京成立。20 年来，中国的高尔夫球运动发展速度较快，目前国内已建成的球场近 1 000 个，正式营业的有 500 家，主要集中在广东、浙江、江苏、海南、上海、河北、北京和天津等地区。随着社会的发展、人们生活水平的提高和消费观念的转变，高尔夫球运动会逐渐被越来越多的中国人所接受。

三、高尔夫球场类型

自从有了高尔夫球场以后，就产生了球场的分类及其命名等问题，可以说球场分类本身历史悠久。总结国外球场分类方面的资料，基于投资种类、球场风格和功能以及服务对象的不同，根据不同的评价标准，可以将高尔夫球场划分为多种类型。

1. 根据球道长度和杆数的不同，球场可分为标准球场和非标准球场。

（1）标准球场：一个标准球场通常具有 18 个洞，标准 18 个洞 72 杆球场球道总长度在 6 200 码以上。

（2）非标准球场：不足 18 个洞或总杆数低于 68 杆、球道长度较短的球场为非标准球场。这种球场主要有商务球场、3 杆洞球场、小型球场等形式。这些球场主要是为了适应特别球市的需求，为满足时间不充裕的球手打球和观光、娱乐及培训等需求而设计建造的。

①商务球场：商务球场较标准球场长度短，杆数少，18 个洞的总杆数为55~67 杆，大部分为 3 杆和 4 杆球洞，很少有 5 杆洞。商务球场需要的面积较标准球场少，因此较适于建在土地紧张或在市区地价较高的地方。建造这类球场的主要目的不在于训练球手球技，而是提供一个进行高尔夫球运动的场地，让球手通过进行高尔夫球运动达到健身、娱乐、休闲的目的。

②3 杆洞球场：它的球道均由 3 杆洞组成，球洞数为 9 洞或 18 洞，18 个洞的 3 杆球道总杆数为 54 杆，球道长度为 1 800~2 200 米，主要面向水平较低的球手。

③小型球场：球洞数量和球道长度都没有限定，球道数量及长度依据场址状况和业主的意愿而决定。这类球场占地面积更小，建造速度快，建造不规范，管理也较粗放，主要为满足球手练球和当地居民健身、娱乐的需求而建造。

2. 根据球场利用目的的不同，球场可分为比赛型球场和观光娱乐型球场。

（1）比赛型球场：比赛型球场能承接各类高尔夫球赛事并满足其要求，设计上能够充分测试不同水平球手的能力和水平。这类球场是标准球场。

（2）观光娱乐型球场：这种球场不仅可以进行高尔夫球运动，还具有提供旅游、度假、观光的功能。这类球场一般处于环境优美的地区，球场中还设有大型的娱乐设施和度假别墅等旅游设施。球场在设计与建造上将景观效果置于第一位，以吸引游人来此度假与打球，球场本身在设计难度上较比赛型球场小，主要以打球的娱乐性为主，一般具有易于养护管理的特点。

3. 根据球场的产权和服务对象，球场可分为大众化私有球场、乡村俱乐部球场、公共球场、私人俱乐部球场、私人球场。

四、高尔夫球场的组成

在高尔夫球场的设计中，按照其目标和功能的不同，通常将高尔夫球场划分为三个主要功能分区：会馆区、球场区和管理区。

1. 会馆区。会馆区是高尔夫球场的管理中枢，充分发挥着两大方面的作用：首先，它是球场接待、办公、管理、后勤供应和球手进行娱乐、休息与社交的场所；其次，它是重要的交通组织中心，承担从球场外部进入球场的交通组织和从球场内部联络球道的进出交通组织功能。

（1）会馆主楼：它是会馆区的主体设施，其内部设施包括接待处、球童室、存包处、租赁处、高尔夫球专卖店、休息室、更衣室、会议室、会客室、餐厅、酒吧、浴室等。

（2）停车场：一般设在主楼附近，供球手来俱乐部打球停车之用，停车场的大小视规模而定。

（3）练习场：多数高尔夫球场都设有挥杆练习场和练习果岭，以供球手打球前热身和熟悉球技，以及初学者练习球技。

2. 球场区。球场区是整个高尔夫球场中占地面积最大的主体部分，是球场规划的核心。标准的高尔夫球场设置 18 个球道，每个球道均由发球台、球道、果岭、球洞以及沙坑、水面、高草等障碍组成。

（1）发球台：发球台是指每个洞打球的起点和开球的草坪区域，一个正规的球场一般要在发球区设置若干个发球台（红、白、蓝、黑）。

（2）球道：球道是指发球台与果岭之间的区域或通道。球道两侧可保留原有自然起伏的地形以及防止越界的缓冲区，球道中也可利用不常修剪的草地、灌丛、土丘、池塘、水道、沙坑等障碍物增加球手挥杆的难度。

（3）果岭区：果岭是每一个洞中设置球洞和放置球杯的一块特殊的草坪区域，是经过精心雕琢的短草草坪。果岭上设有球洞，球洞中有一个供球落入的金属或塑料杯，杯内插有一面指示果岭位置的旗杆，为球手指明方位。

（4）障碍区：障碍区是为了增加击球难度及惩罚不正确的击球而设置的区域，高尔夫球场中作为打球障碍的因素很多，主要有沙坑、水域及高草区等。

①沙坑：沙坑是高尔夫球中最传统的障碍，它的主要作用是惩罚过失击球、增加景观效果以及指示击球方向等。沙坑分为果岭沙坑和球道沙坑两种基本类型：果岭沙坑是球手将球击上果岭前的最后一道障碍，一般每个果岭周围有两处以上，可设在果岭的前后或者两侧；球道沙坑位于球道的两侧，面积有大有小，

主要用于惩罚击球偏离球道中心线的球手。

②水域：水域是高尔夫球场中最具有活力的要素，作为打球障碍最为严厉的障碍之一，但水域不仅是击球的障碍，同时还可起到很好的造景作用。在现代高尔夫球场设计中，水域几乎成为不可缺少的组成部分。有时将发球台或果岭设在四面环水的岛上，增加击球的难度和乐趣，丰富球道景观。

③高草区：高草区草坪修剪高度比球道高，维护更粗放。设置高草区的目的主要有：形成障碍，确保一定程度的惩罚；防止水土流失；便于发现和找到球；减少球场维护费用。

3. 管理区。球场管理区是高尔夫球场管理人员的工作基地，是日常维护管理机械和物资等存放的区域。管理者的基本职责是机械保养和维修以及进行草坪实验与其他管理活动，其中，草坪管理是最核心的工作。球场管理区一般分为三个部分：办公、生活区，设备物资仓储区，维修加工区。

课题二　探索高尔夫球场的设计与选址原则

一、高尔夫球场的设计原则

1. 因地制宜、坚持最小扰动。高尔夫球场需要一块面积较大的土地，在如此大的用地范围内设计建造球场，首要考虑的便是如何充分利用现状中可以利用的条件，以最小的工程量达到最佳的效果。因地制宜是园林设计的基本手法，任何园林设计都必须根据自然景观条件做出恰如其分的设计。依据服务对象的不同，做出难度适宜的设计。规划高尔夫球场的设计时，还应充分利用原有地形，在设计中降低因为大动土方而增加的投资，在建设以及后期的运营中尽量避免对区域生态系统带来的不利影响。

2. 充分利用景观。在高尔夫球场设计中，自然景观是球场设计师最关注的问题，因为高尔夫球场本身就源于自然。一旦球场选址确定了，其上面的土地、山石、树木、花草、河流、水滨、天空以及周边山峦等自然要素就构成球场的本地色彩。因此，在球场规划时，要尽量结合基地原有景观，以更好地凸显自然的本色。

3. 形式服从功能。高尔夫球运动是一种体育比赛和娱乐项目，高尔夫球场中的景观归根结底是为打球活动服务的，一切设计都应以满足高尔夫球运动的功能要求为出发点和落脚点，切不可为了单纯追求景观效果而影响打球运动的进行。在满足功能要求的基础上，景观其实可以结合功能，更好地为功能服务。

4. 坚持可持续发展。球场规划的原则，就是鼓励设计师从资源的循环利用方面考虑球场建设材料、球场废弃物的循环利用，并且要考虑在球场整个生命周期内的循环利用，考虑其可能对环境带来的负面影响。

5. 保证合理投资。作为一个建设项目，高尔夫球场在规划阶段就要考虑工程建设的投资问题，要根据球场的选址、球场定位以及球场所在地的地理位置、地形地貌、环境景观确定合理的投资规模。景观设计的经济性体现在建造和养护两个方面，即一个好的设计不但在建造过程中要经济实用，而且要在建成后易于养护管理，尽量减少维护费用，从而降低经营成本。球场景观的设计要适度，不可忽略经济性原则而试图通过增加投资使其一举形成最佳景观。

二、高尔夫球场的选址原则

高尔夫球场占地面积大，而在我国耕地面积紧张的情况下，高尔夫球场的选址就显得十分重要。在高尔夫球场选址过程中，首先要认识高尔夫球运动圈和高尔夫商圈的特点和重要性，即要进行调研以确定球场本身的定位。其次要明确球场选址的基本步骤，准备必要的材料，如拟建球场项目的批准文件、拟选址的位置等资料。如对球场的选址工作重视不够造成选址不当，不仅会增加球场建设投资，而且会造成球场运营先天不足，还会造成土地资源的浪费。因此，重视球场建设的前期工作，未雨绸缪，就会取得事半功倍的效果。做好球场选址，把好球场定位，就可以为球场规划设计明确目标，在科学选址、合理定位的基础上，做好球场项目的可行性研究工作，为保障客流量、降低球场的土地成本、降低球场的建设成本以及球场草坪的维护奠定基础。

1. 球场的定位和分析。球场的定位和场地分析是高尔夫球场规划设计过程中十分重要的环节，通过场地分析可以清楚在该场地上建高尔夫球场可能存在的问题，并为进一步研究解决这些问题提供基本依据。

场地分析中首要的问题就是对场地进行定位。场地定位不仅要将场地红线或征地地界标在图纸上，而且要确定球场选址的这块土地与周围的关系。所谓球场定位，就是在高尔夫球场规划设计和建设之前，球场建设者或投资者对未来建成球场的一个整体设想或规划预期，即将来这个球场为哪些人服务，取得怎样的经济、社会效益或投资收益预期，为达到这些目的，球场设计建造和管理方面应体现什么要求等，这种在球场建设前对建成后的期望就是球场的定位。在球场的立项、选址、可行性研究以及规划设计阶段，对球场进行科学合理的定位，有助于设计师从选址开始准确把握球场对场地、地形条件、景观的利用与改造。

球场定位应在计划投资高尔夫球场并在球场选址前就确定，经过球场选址、征地，针对选址的具体条件进行适当修正，确定出一个科学合理的球场开发建设总目标。因此，当球场经过选址进入规划设计阶段时，球场开发商已经明确了自己的目标，并形成了比较具体的投资经营思路和基本要求，以此作为球场建设管理的总方针。

2. 场地面积、类型及地形特征。标准的高尔夫球场占地面积一般为 60~100 公顷。随着高尔夫运动与高尔夫相关产业的发展，现代高尔夫球场的设施不断趋于完善，功能也趋于多元化。集休闲、娱乐、度假、酒店、地产及其他体育设施于一体的现代高尔夫球场，对土地的面积需求可能更大一些。高尔夫球场实际所需的土地面积取决于地形地势、景物的配置、球道长度、树、池塘、湖泊、溪流的数量和规模，在两个相邻的高尔夫球洞之间留出的空间大小，以及球场与其地产的关系，等等。

高尔夫球场可位于任何类型的地区，从平地到起伏的山地。从美学角度而言，舒展起伏、富于变化的山丘地形宜于兴建球场，隆起的平台可作为发球台，高大的树木勾画出球道的轮廓并衬托出峰岭。兴建球场需要平坡和运土以形成合适的球道，大规模的土方工程会增加建造成本、破坏土壤结构和土地的自然性，并且可能引起水土流失、造成环境破坏。因此，需要精心铺排自然景观、巧妙地运用地形构造设计好球场，并注意在相当平坦的地方兴建球场可能存在的排水问题。

3. 场地条件分析：

（1）土壤的适应性。只要是表层排水良好并使用合适的建植管理措施，大部分类型的土壤都可以种植草坪。但不良的土壤条件意味着建造时要增加成本，在今后的养护管理中要付出更高的代价。若为沙土，要注意好植物水肥问题；若为黏土，要解决好土壤紧实及排水问题；若为岩石土，在设计球场时注意土方工程及覆土工程成本；若为盐碱地，可通过淋洗和排水解决盐碱性问题。我国有大面积的盐碱地、采石场、垃圾场及其他废弃地，通过一定技术处理，可以用作高尔夫球场。但从土壤角度看，沙性壤土和壤性沙土适用建高尔夫球场。

（2）排水状态。一般而言，在低洼的、排水不良的地方建高尔夫球场所花的成本相对要高得多。大雨过后，排水不良的球场土壤潮湿或者草坪表面积水会拖延打球的时间。因此，要避免选择易遭受周期性水淹的地方，特别是位于城市河流较低端的地方。如果出现芦苇、蓑衣草、泥炭土或底土呈蓝灰色，则表明该区域存在排水问题。在平坦的地方将球道加高或在地形起伏的地方形成13%的最小的斜坡就可以迅速以地表径流排水。在土壤紧实、不透水地方可以通过排水管道加快土壤排水性能。地势特别低洼的地方可设计水塘来储藏水。

（3）植被。乔木和灌木对于高尔夫球运动来说是一种障碍，但良好的树木设计不仅能美化环境、安全、阻风、遮阴、环保，还有指示功能，并能提高击球的挑战性及趣味性。因此，应在高尔夫球场相对不太重要的障碍区设置树木，分隔相邻的球道并为绿色的草坪提供背景。尽可能保持原有的植被类型，在球道、果岭、发球台的树木要进行移栽或处理，包括地上地下部分。而在原来没有植被的地方重新植树，形成成熟林则需要好几年的时间，且很难达到保持自然景观的要求，因此最好选择有植被的地方建球场。

（4）水供应。在选择高尔夫球场场址时，能否得到水的供应及水的质量如何是一个关键的因素。对保持养护高质量的果岭和发球台而言，浇水是关键性的管理措施。同时优质的球道草坪也需要经常灌溉。水源评价标准包括单位时间所需最小水量、水质和水价。在一定的时间内所需的实际水量取决于以下因素：草坪草的种类、蒸发率、土壤物理特性、降雨及其分布。高尔夫球场用水包括井水、溪流、河水、湖泊、池塘、排水渠、城市用水、自来水及其他多种用水。高尔夫草坪浇灌需要大量用水，而把球场建在大水库及饮用水附近也是不明智的，因为存在污染水源的潜在可能性。使用自来水价格昂贵，俱乐部很难承担费用。设置水障碍区，并且利用循环用水是解决用水问题的有效措施，特别是在半干旱和干旱的气候条件下，生活废水等处理水也将成为高尔夫球场一个重要的水源。

4. 选址的总体原则：

（1）选择环境优雅的场地。高尔夫球场周围环境的优劣，对球场设计的成败起着至关重要的作用。高尔夫球场应选择环境优雅、气候宜人的地方，如湖边、林中、风景地等，但不宜离城市太远。

（2）选择便利的场所。高尔夫球场一定要有方便的交通条件，便于球员迅速到达，使他们能够从繁杂的城市迅速到达清静优雅的高尔夫球场，以达到吸引球友的目的。

（3）选择废弃地。高尔夫球场占地面积大，但对地面平整度要求不严，一般不宜占用良田，一些无法进行建设的场地、垃圾场等，都可以作为高尔夫球场地。

（4）选择旅游度假胜地。旅游度假胜地是游人集聚的地方，人们在度假的同时，也希望得到一些消闲和体育锻炼。另外，一些官员和商人，也常在这里居住，这些人对高尔夫球有着浓厚的兴趣。

（5）选择水源充足的场所。高尔夫场球场种植有大量的草坪，在草坪的管理过程中，需要大量浇水，因此，在选址时，要选择水源充足的地方。高尔夫球场选址既要保障客流量，又要能降低球场的土地成本、球场建设成本和后期的草坪维护成本。高尔夫球场选址时应考虑到当地经济水平、土壤、地形、地貌、园林、环境、景观及水资源等多方面的因素。经济水平决定着客流量，直接影响球会的盈利。土壤、地形、地貌、园林、景观及水资源的优劣决定经营成本。

课题三　探索高尔夫球场的功能与景观设计要点

一、发球台设计

1. 发球台概述。

（1）概念。发球台，即 Tee 台，是指每个洞打球的起点和开球的草坪区域，一般略高于球道地面，为平台式或阶梯状的修理平整的较细的草皮。高尔夫球场中每一个球洞都有一个发球区，它由几个发球台组成，在高尔夫球场发展的早期，一般一个球洞设计 3 个发球台，后为了满足不同球技球手的差别，发展至 5 个，每个发球台都有两个发球区标准，不同发球台的标志用不同的颜色以示区别，通常为红色、白色、蓝色、黑色、金色。5 个发球台的一般用法如下：

红 T：女子、儿童和年老体弱者；

白 T：高差点男子业余球手、低差点女子业余球手；

蓝 T：低差点男子业余球手；

金 T 和黑 T：职业球手。

（2）标准。发球台的标准，是向正前方能看得见击出的球落在球道的范围，击球时能看到果岭的位置。在进行球场设计时，依据球场的定位来决定设计几个发球台，不用照搬和攀比，发球台的多少不代表球场的优劣。

2. 发球台的大小与高度。

（1）发球台的大小。发球台的大小指发球台边界轮廓所围的面积。发球台表面越大，建造成本越高，日常养护成本也大；面积太小，不利于草坪的恢复，在特殊位置也不利于球手的安全。发球台面积的大小常常取决于球场的类型和功能，通常情况下，单个发球台的面积为 100~400 平方厘米，并根据球道的长度，再根据发球台区域的地形条件确定各个发球台的位置。

（2）发球台的高度。发球台的高度取决于落球区的高低，一般高出附近地面，比四周地形高 30~100 厘米，使球员有良好的视觉效果，容易看清目标区或落球区以及球道障碍。如果高度不够，可以将发球台地基加高。但一定要考虑日常养护和机械的使用方便。发球台表面设置坡度是为了表面排水，要求地表水能迅速排除，设置前坡及行人坡度是为了让球手行走时舒适安全，设置后行人坡度是为了便于草坪修剪和保养。北方干旱少雨地区，可以水平无坡；南方多雨，应设置 1%~2% 的平缓坡度以利排水。

3. 发球台的形状与位置。

（1）发球台的形状。发球台的形状设计依然遵循形式服从功能的原则，有长方形、半圆形、S形、G形、L形、台阶式及其他一些不规则的自由形状。

（2）发球台的位置。发球台的平面位置要考虑的因素很多，主要是球道走向、坡度、障碍类型、障碍的位置及体量、球道宽度、落点位置等，发球台的位置是球场设计师对球道的打球战略做出设计安排的首要体现。发球台的平面位置可分为以下几种类型：

①一线式排列，即几个发球台的击球飞行线方向呈直线形排列。这种布置方式要求后发球台的位置最高，前发球台的位置最低。各个发球台之间有一定的高差，一般相邻两个发球台之间的高差应在0.2~0.5米以上。

②左前阶梯式排列，即几个发球台的后发球台击球飞行线的左前方向呈阶梯式分布。这种布置方式使各个发球台的击球飞行线方向都不同，设置不同的发球台位置，可以调节不同球技水平球手的打球方向。各个发球台不仅在距离上有差别，而且障碍难度也不同。

③右前阶梯式排列，即几个发球台的后发球台击球飞行线的右前方向呈阶梯式分布。其与左前阶梯式排列正好对称。

④交错式排列，即同一击球飞行线方向的两个发球台之间存在较大高差的排列。各个发球台高低位置的要求较高，其排列位置因地制宜，变化多样，在一个球场里不宜出现一个陌生的发球台布局模式。

4. 发球台的基质。发球台床土基质为砂，表面为修剪过的短草。暖季型地区的发球台草坪一般采用狗牙根，冷季型地区采用草地早熟禾和匍匐剪股颖，过渡地区则多采用结缕草和狗牙根。草坪修剪高度介于果岭和球道之间。

5. 发球台的其他附属设施。一般在发球台附近布置休息区以方便球手休息，多根据需要在林下布置坐凳、饮水台、洗手间等。

发球标：指示发球区域的标志。

球道指示牌：设置在发球区边缘，指示球道序号、平面形状、标准杆数、各个发球台距离码数、球道难度指数等信息的标志牌。

另外，发球台上通常还设有一些其他附属设施，如洗球器、烟灰盒、垃圾桶、储沙桶、擦鞋器等。

二、球洞设计

球洞的英文名称为hole，球洞的长短、宽窄、左右等区分反映了球洞的空间布局和尺度。在进行高尔夫球场球洞设计时，同样要遵循路易斯·沙利文所总结的"形式服从功能的原则"。球洞作为打球经过的通道，长度十分重要，并且球洞宽度、球洞坡度、球洞起伏、球洞转折、球洞方向等影响参数都需要在球洞设计中予以综合考虑。球洞在设计时必须满足三个基本原则：满足打球的需要；创造优美的环境；便于养护管理。

1. 球洞的长度。球洞长度是指从发球台的几何中心经过球道落点到果岭几何中心之间的水平距离。无论中间经过水面还是草坪，球洞长度都是指球洞飞行线的水平距离。一个球洞的标准杆数意味着这个球洞的长度范围，即从发球台到果岭之间的长度范围，通常用标准杆数 3 杆、4 杆、5 杆表示为 3 杆洞、4 杆洞、5 杆洞。球洞长度的设计，要结合几何地形进行，在一些可能承办重要赛事的球场，第一打的距离可以适当加大以提高难度。另外，在海拔较高的球场，球飞行的阻力较小，对此也可以采用更长的距离设计。除此之外，最重要的就是 18 球洞上应当使所有的球杆都能派上用场，所以没有哪两个球洞是等长度的。

> **小贴士：**
> 标准杆，英文为 par，指一个优秀选手在正常情况下不出任何差错将球从发球台打上果岭，然后从果岭推球进洞需要的杆数。

2. 球洞的宽度。球洞的宽度是影响打球难易程度的另一个重要参数，特别是落球区的宽度影响球洞难度，落球区面积与打球难度成反比。球洞宽度的设计并无具体规定，取决于设计师对球洞打球战略的定位和理念，在能给球员提出挑战的同时，又能激发初学者的积极性；从养护管理的角度来看，球洞的宽度应当能够与大型多联剪草机的幅宽相吻合，以降低养护成本。可参考以下指标：

都市球场，落球区宽度应大于 50 码；日常收费球场，落球区宽度 40~45 码；度假球场、会员球场，落球区宽度 35~40 码；乡村俱乐部球场，落球区宽度 30~35 码；高水平公开赛球落球区，宽度 25~28 码。

3. 球洞的高差。球洞的高差是指发球台与果岭之间的高度差。若发球台高于果岭高程，就是下坡球洞；反之，就是上坡球洞。球洞高差会对球洞长度产生影响。在设计中，球洞的高差主要取决于原始地形，平地球场往往没有高差、山地球场有时高差又太大。高差的确定要考虑视觉效果、可打性、安全性、管理方便等因素。

> **小贴士：**
> 落球区，是指正常击球时球的着陆地到球停止滚动点之间的区域，或球洞宽度与球滚动距离之间的面积。

4. 球洞的起伏。球洞起伏设计时遵循"形式服从功能的原则"。球洞起伏的首要功能要求是解决球洞地表排水问题，其次是创造不同的击球站位条件和方便的草坪维护条件。从草坪维护的角度来说，坡度越小越便于维护，对草坪设备的动力性要求不高。若坡度较大，对草坪机械的功率、驱动轮数量都有较高的要求，会使草坪管理的费用增高，加大球场运营成本。基于这些功能要求，建议冷季型草球洞表面的最小坡度为 2%，暖季型草球洞表面的最小坡度为 3%。此外，还应根据当地的降水量进行调整，对于干旱少雨地区，最小坡度可以为 1%。

在控制球洞起伏方面，如果地形条件许可，尽量不要给球员在正确击球方向上造成盲洞或盲区。

> **小贴士：**
>
> 　　盲洞，指球员从击球点看不到落球区位置，或从设计落球区看不到下一落球区的位置。
>
> 　　盲区，指站在 3 杆洞或 4 杆洞的发球台上看不到目标果岭，或从 5 杆洞的第一落点看不到目标果岭的球洞。

5. 球洞的转折。球洞转折后形成的转折球洞又称狗腿洞。狗腿洞造型优美，变化多端，是高尔夫球场中常见的一种球洞布局类型，分为"左狗腿球洞"和"右狗腿球洞"。对狗腿洞设计时要慎重，如果球洞转折角度过大，再加上周围树林、山丘等障碍物的遮挡，容易使球洞成为盲洞，给初次打该球洞的球员带来很大的盲目性。

6. 球洞的方向。高尔夫球场与自然环境的紧密结合，使自然因素对高尔夫球场产生很大的影响。在球洞设计的时候，自然环境中的光和风的影响是不容忽视的。由于早晨和傍晚阳光与地面的夹角较小，迎着太阳打球会产生眩光，影响打球的效果。因此，在设计球场之前，需根据球场所在地的地理纬度，查阅日出、日落时分的太阳高度角和方位角，据此合理安排和布置球洞的方向。另一个自然影响因素是风，风是球洞唯一不确定的障碍因素，顺风击球距离较远，逆风较近，侧风会影响球的飞行方向。在球洞设计前，可通过当地气象部门或有关气象资料获得当地季节性风向，现场实地调研当地小气候风向，通过风玫瑰图指示风向。在球洞设计时，要考虑运用顶风和侧风给击球带来的困难，也要将顺风考虑进来，使球员获得意外的惊喜，增加打球的趣味性。球洞的方向应尽量不同，让球员体验顺风、左侧顺、右侧顺、左侧风、右侧风、逆风、左侧逆和右侧逆不同的风向。要格外注意此处的设计。

三、果岭设计

果岭是高尔夫球运动中的一个术语，是指球洞所在的草坪，是一个球洞的核心部分。在一场高尔夫球比赛中有一半的杆数是用在果岭上的。果岭上的球洞就是球员的目标，而要将小白球轻松地送进洞杯，球员不仅需要技能，也需要了解果岭面的起伏坡向、果岭面的软硬和光滑程度，这些因素是果岭设计、建造和养护中考虑的主要问题。

对大多数初学者而言，果岭设计似乎就是果岭的大小、形状、空间摆放等外观几何形状。其实，作为一个高尔夫球洞目标区的果岭的重要性显而易见，所以，果岭设计必须与球洞整体设计相结合，它是球洞设计的重要内容之一。果岭直接涉及高尔夫球比赛成败和难易程度，决定了球场建设的成败。熟知高尔夫球运动的人都知道，果岭状况代表了高尔夫球场的最高水准，球员评价球场的质量标准取决于果岭的状况。在高尔夫球场的设计过程中，果岭设计最为重要，要求也最为严格。

1. 果岭的大小和形状。果岭为圆形或近似圆形，一般由果岭前区、果岭后区、果岭环、球洞、旗杆、障碍物几个部分组成。果岭前区和果岭后区是果岭的主要组成部分。果岭环布置在果岭的外围，应与球道相接，宽度为 0.9~2.7 米，草坪修剪高度为 10~19 毫米（稍低于球道，但略高于果岭）。果岭上设有球洞，洞中插有旗杆及旗帜识别。根据美国高尔夫球协会公布的标准，球洞尺寸为直径107.9 毫米，深 101.6 毫米。球洞由专门的打孔器设置，内为铁制或塑料制杯，杯口应低于地面 25 毫米。球洞位置每天均需更换，但距离果岭内沿线位置至少应在 4.6 米以上。为了增加高尔夫球运动的趣味性和难度，可在果岭附近设置障碍区，如设置沙坑以制造沙坑挖起杆；设置灌木丛或人工水体，为死球制造可能性。与此同时，沙坑、水体和灌木的设置在观赏性上又为球场增色不少。

果岭面积一般为 279~1 115 平方米，多数在 465~697 平方米的范围内，18个果岭的总面积一般在 0.8~1.2 平方千米。果岭的大小应取决于障碍区的难度和球道的长短。球道和标准杆设置较长的，可适当加大果岭面积，以降低上果岭的难度；反之，则适当缩小果岭面积。同样道理，无障碍区或障碍区难度不大的，可适当缩小果岭面积；反之，则可适当加大果岭面积。特别要指出的是，由于果岭是整个高尔夫球场造价最为昂贵的地段，其面积还受到投资规模的制约。因此，如何合理安排果岭面积是设计中应该特别认真对待的问题。

为了给球员提供优质的推杆条件，果岭表面必须平整、顺滑，有一定的硬度，草坪均匀、密度适中、色泽优美。球在果岭表面滚动流畅，速度适中。不同的球场对果岭的速度要求不同。一个球场打球的人越多，果岭使用就越频繁，对果岭草坪的践踏造成的损伤就越严重。此时果岭面积就应该稍大一些。一般来说，果岭面积越大，击球上果岭的目标就大，击球上果岭就越容易，击球难度就较低；如果减小果岭面积，对攻果岭的精确度要求提高，击球难度就会加大。

2. 果岭的表面设计。当球员击球上了果岭准备推杆的时候，首先注意到的就是果岭面，看其是否光滑、草坪是否均匀等。这些问题可以通过采取养护管理措施解决。从设计的角度观察果岭的时候，希望看到这个果岭及其周边区域的景观美学价值和对打球的意义。要使果岭具有可打性和可观赏性，应做的最基础的工作就是做好果岭面的设计。

（1）果岭表面的起伏特征：果岭表面之所以起伏变化，是为了满足表面排水的要求，增加推杆的乐趣。实际上果岭面的起伏与周边地形是紧密相连的，这样才能给人以果岭就是原地形的一部分的感觉。如果以攻果岭的击球方向线为轴线来分析，果岭面的起伏特征可以归纳为以下几类：

①水平型：就是比较平坦的果岭面。这种果岭面缺少变化，但可以加快果岭推杆的速度，在比较拥挤的公共球场也是一种可行的选择。

②下凹型与中凸型：倾斜的果岭面总是向着攻果岭的球员。在一个方向上中间低、两侧高的果岭面就是下凹型的，它具有汇聚的特点，表面雨水容易汇集。与此相反，中间高、两侧低的表面就是中凸型的，它具有发散的特点，表面雨水向四周分散，不易产生地表径流和雨水侵蚀。

③大波浪式与小波浪式：果岭面大波浪式的起伏气势磅礴，线条、曲面造型优美；小波浪式的起伏精致细微，暗藏着推杆线路上的变化玄机。这两种与周边地形衔接自然，是比较常见的果岭表面特征。

（2）果岭表面设计注意的问题：

①果岭表面的排水。在果岭的设计中，重要的一点就是把握果岭面各个方向的坡度，如坡度过大，在发生降雨或喷灌时可能对果岭面造成冲刷，会使果岭基层土壤水分分布不均匀，最终使果岭草坪受影响。无论如何，形式服从功能，果岭表面起伏变化的形式也要遵循一定的功能，即果岭表面要能自由排水，当遇到暴雨时，果岭表面不积水、不冲刷，并能尽快将果岭面上的雨水排到果岭以外。这就要求果岭面有多个排水方向。

②果岭的坡度。坡度是果岭表面设计中关注的重要元素，因为果岭的坡度与推杆的球速有关。草坪修剪的长短、果岭表面的干湿、修剪的草纹都会影响滚球的速度，但影响球速的基础是果岭面的坡度。在设计、建造坡度阶段就要考虑它对球速的影响。

③果岭周边的衔接。果岭上的等高线一定会延伸到周边，除非是一个孤立的水中岛果岭。一个与周围地形平顺自然衔接的果岭，能将果岭周边的起伏自然延伸到果岭面上。因此，为了使果岭周边的地形起伏有变化，使果岭如层层山峦中的一片盆地，就要在果岭周边布置一些高低不一、错落有致的山包，然后将起伏的山峦如山麓般延伸到果岭里面。山麓就是山坡和周围平原相接的部分，是一个由山坡向平原过渡的地带。

3. 果岭构造设计。高尔夫球场的经营和管理者非常明白，一个结构合理的果岭要比结构差的果岭在养护上花费少得多的精力和费用。所谓合理的果岭结构，就是根据植物生活的五大要素（阳光、温度、水分、空气、养料）人为地创造出的一个长久的生活环境。这种环境能够抵御自然风雨等不利因素的影响，使草坪草在自然风雨面前保持旺盛的生机。它不会因为再次的灌溉而中断营养，也不会因为介质的湿润而存在践踏引起土壤板结的问题，同时保证不影响球员打球时的速度、准确性和乐趣。现代高尔夫球场的果岭结构设计通常参照美国高尔夫球协会提出的果岭标准结构进行。标准果岭结构由 5 个不同的层面构成。

（1）最上层是生长层，厚约 76～102 毫米，材料为 0.25～0.5 毫米的沙和有机质。有机质最好用泥炭、腐熟堆肥或木屑、耶糠等，也可用部分珍珠岩等其他材料代替。这样既可以保肥，也可以保水和排除过剩水分，使草坪处在最佳生长环境中。

（2）第二层厚 224～198 毫米，全由中沙组成。

（3）第三层厚约 50 毫米，由粗沙 1.00～0.50 毫米组成，该层的作用在于防止中沙层水分以极快的速度向下层流动。由于粗沙层的阻挡，水可以在该层形成一个高水位，这样草坪植物根系能够从容地吸收积聚的水分。

（4）第四层为小砾石层，厚约 102 毫米。在这里，来自粗沙的重力水经过短暂的汇集后迅速排进果岭的地下排水系统，排出果岭。

（5）第五层为粗糙型底土。

4. 果岭地下排水系统设计。合理的果岭设计应该能够完全确保果岭无积水现象，否则将严重影响球员击球的准确性、高尔夫球的运行弹道和速度，会击起大块的果岭草坪，严重损坏果岭。因此，果岭应设有地下排水系统，该系统是高尔夫球场果岭排水的主要方式。地下排水系统排水效率很高，能够将过剩水分迅速排掉，然而这种系统的花费很高。

地下排水系统平时完全可以承担果岭的排水，但是，在暴雨期间，排水主要依靠地表径流，因此标准的果岭不能设计得太平，应该造成一个 0.005～0.010 米的坡度。而且果岭一般要高出周围地面 200～500 毫米。同时果岭表面应设计成前区稍矮、后区稍高的一个曲面。这样既可促进地表排水，又可增加球员的能见度和竞争的刺激性与趣味性。

四、地形设计

地形设计是球场规划设计的基础。地形是构成景观的基本骨架，地形的起伏不仅丰富了景观，而且还参与每个球洞打球策略的形成，影响小尺度的造型、给排水、球车道路等。在球场的地形设计中，园林设计师需要与其他专业设计师合作，使地形不但具有影响打球策略的功能性，而且兼具良好的景观价值。但高尔夫球场建设最理想的选择是利用自然原有的地形，设计师需要在开发商选定的场地上做出最合理的地形设计，做到"因地制宜"。

1. 地形的分类：

（1）凸地形：该地形比周围环境的地形高，因此视线开阔，具有延伸性，空间呈发散状。凸地形一方面可以组织成为观景之地，另一方面因地形高处的景物往往突出、明显，又可以组织成为造景之地。例如，球道中果岭和发球台都可以设置在凸地形上，一方面可以有较好的视线俯瞰整个球道，另一方面可以加强视线的控制感。

（2）凹地形：是指自身比周围地形低的地形形式，通常视线比较封闭，且封闭程度取决于凹地形的相对标高、脊线范围、坡面角、树木高度等，空间呈积聚性。凹地形低处能聚集视线，可精心布置景观，坡面高处则既可观景又可布置景物。在高尔夫球场中，球道中的落球点就可以设计在凹地形上。

2. 地形的作用：

（1）阻挡视线、人的行为、冬季寒风和噪声等，但必须达到一定体量。通常，高尔夫球场的周围常常用地形结合树木的办法来形成球场边界，既可以防止外人进入，还可以遮挡噪声。地形的这种阻挡功能应尽量利用现状地形，若球场中的现状地形不具备这种条件，则需权衡经济和必要性后采取措施。

（2）分割空间。若地形具有一定的高差，则能达到分割空间的作用，利用地形把球场分割成多个相对封闭的不同性质的空间，可以加强空间上的对比，获得意想不到的效果。

（3）营造景观。地形参与造景的一个重要方面就是作为景物的背景，但应该处理好地形与景物和视距之间的关系，尽量通过视距的控制保证景物和作为背景的地形之间有较好的构图关系。

3. 地形的设计要点。高尔夫球场的景观设计，应该把地形设计同球道布局、发球台和果岭位置的设计等结合起来进行，从而以最小的工程量达到最佳的景观效果。一个好的球场应具备什么样的地形没有统一的标准，关键在于根据现状地形进行合理的改造。根据地形类型的不同，球场可分为山地高尔夫球场、丘陵高尔夫球场、滨海沙丘高尔夫球场、沙漠高尔夫球场和平地高尔夫球场。

（1）丘陵球场。具有连绵不断的丘陵地貌的地块最适合营造丰富的高尔夫球场景观。在设计时一般不会对现状地形做大的改动，而是因势利导，在进行球道的路线和走向布置时充分利用原地形，并合理确定发球台和果岭的位置，一般在对某些确实妨碍打球的局部稍加改造后，即可取得理想的效果。

（2）山地球场。山地地形起伏较大，在选址时一般要求山谷中和缓坡上要有足够的宽度来布置球道，各个球洞围绕着一个或几个山头往返布置。一般在进行山地球场的地形设计时也要充分利用原地形，以免进行大的地形改造。巧妙合理地确定球道的走向、发球台和果岭的位置以及储蓄山体排水的水池位置等。在球道的停球区域，坡度一般不宜大于10%，以保证正确地停球。另外，在同一球道中，坡度高差一般不宜超过50米，否则球手行走将非常困难。

（3）沙漠球场。沙漠地区干旱缺水，要尽量减少草坪面积，增加沙丘在营造景观和打球策略方面的作用。起伏的沙丘可以保留在高草区内，代替植物作为障碍，同时可使球场形成强烈的景观个性特征。

（4）平地球场。平原地区由于地形少有起伏，一般应根据实际情况对地形进行必要的改造，营造起伏的微地形，至少应满足大于1%的排水要求。但要避免在平地进行过大工程量的地形改造，因为既不经济，也无必要。同时配合丰富多彩的植物种植设计和变化多端的发球台、果岭及各种障碍的设计，弥补地形上的不足。

五、沙坑设计

在早期的高尔夫球场设计中，沙坑主要作为打球障碍设置在果岭周围和球道两侧，用以惩罚不正确的击球。随着高尔夫球场设计理念的不断变化和设计师对沙坑的认识不断加深，沙坑成为高尔夫球场中应用最为普遍的障碍，也是高尔夫球场设计中最能表现球洞的设计理念以及球场美学的重要手段。

1. 沙坑的组成。沙坑一般由沙坑前缘和后缘、沙坑边唇、沙坑面以及沙坑底等几部分组成。沙坑边唇是沙坑与草坪衔接的部分，沙坑沙的下部一般要铺装能透水的沙坑垫，将沙坑沙和原状土隔开，以延长沙坑沙的使用年限，并保持沙坑的清洁。在沙坑的较低部位需要埋设渗水排水管。

2. 沙坑的形状。沙坑作为一种打球障碍，始终与球道和果岭相配合，并且具有空间的立体造型。沙坑的位置不同，平面形状也不同。

（1）果岭沙坑。果岭周边空间有限，沙坑相对较小、较深，是沙坑杆的主要用场。果岭沙坑主要有圆点状沙坑、梨形沙坑、肾形沙坑、花生形沙坑、蚯蚓形沙坑、海星形沙坑、复合型沙坑、毛边沙坑几种形状。

（2）球道沙坑。球道沙坑的形状离不开球道的打球路线设计和布局。由于球道多为带状地形并且比较开阔，其沙坑形状的变化更为丰富多彩，大致可分为两种：

①独立沙坑。这种沙坑与球道结合比较紧密，尺度较小，每个沙坑独立存在，起障碍或至少方向的作用。

②连片沙坑。这种沙坑面积较大，连成一片，主要构成球道的战略性或冒险性设计区域，并作为球场的沙坑景观，但其建设费用较高，因此不宜过分使用。

3. 沙坑的设计要点。在设计沙坑时首先考虑沙坑的障碍性功能，做到形式服从功能。在设计时，要重点考虑设置沙坑的必要性、沙坑位置的选择，其次要确定沙坑的形状和风格，再次要注意沙坑沙的选择。

在沙坑的设计中应注意以下几点：

（1）打球功能与造景相结合，在构成打球策略的同时使其具有较高的景观价值。

（2）从实用功能上考虑，沙坑与果岭之间的距离应不小于3米，以利于草坪修剪机械的通行及防止沙坑中的沙子被风吹到果岭之上。

（3）沙子的颜色以白色为最上，尽量避免使用土黄色，因为土黄色的沙子与泥土颜色过于接近，容易给人以脏的感觉。

（4）沙坑的造型应灵活多变，精雕细琢，形成自然流畅的效果，与周围的起伏地形自然地融合在一起。在现代高尔夫球场的建设过程中，各种推土机、挖掘机等大型机械基本取代了人工，使建设速度大大加快，但同时也容易忽略精致性。如果在沙坑设计和施工中粗制滥造，则会给人以生硬、虚假的感觉，影响景观效果。

六、水景设计

在传统高尔夫球场中，水景设计主要结合各种形式的水体进行球道的布局和考虑打球策略，并满足排水、灌溉需要，但在现代高尔夫球场中，水景也是构成高尔夫球场丰富景观的重要手段之一。

1. 作为障碍的水域设计。

（1）水域障碍。水域是最为严重的球场障碍，在高尔夫球场中，水障碍与球道的相互关系可以总结为以下几类：

①水障碍与球道相邻型：侧面水障碍，球道与水域边界几乎平行。这种水域既可以是人工湖，也可以是溪流。

②水障碍与球道交合型：与侧面水障碍相比更进一步深入球道，与水域边界形成凹凸相间的球道。这种水障碍打球难度较大。

③水障碍横穿球道型：水障碍进一步深入球道，穿过球道飞行线或中心线，甚至穿过整个球道将球道隔开。依据水域穿越球道的角度分为横穿型水障碍和斜穿型水障碍。横穿型水障碍球道有可能对某种击球距离构成惩罚，一般不宜用。斜穿型水障碍球道有可能成为战略性球道或冒险性球道。

（2）大海、湖泊水障碍。如果球场濒临大海，则可以把球洞设计得开合有度：有时面向大海完全敞开，有时又被密林或土丘围得严严实实。这样设计可以充分借用海景并增加景观的变化。如果球场与湖泊相临，可以将湖面独立设置于单个球洞中，也可以几个球洞共用一个湖面，有时也会把果岭设计在水边的半岛上甚至水中全岛上，以增加情趣。

（3）溪流水障碍。溪流可以将高程不同的湖面连接起来，蜿蜒曲折地穿过球道，球手在打球时想要通过必须走小桥或汀步，这些都可以使球道充满趣味，激发球手的情绪。条件优越的球场还可以设置瀑布或跌水，使球场变得更加生机勃勃。在高尔夫球场上，可以利用的溪流是最好的球场景观与障碍。在中国的高尔夫球场中，会经常见到假山石点缀于湖岸或溪流两侧，使球场具有一种中国园林之美。

2. 作为景观的水景设计。在满足水障碍的功能下，水系要水出有源，不可死水一潭。为凸显水景的美化功能，水景设计中的水岸设计尤为重要。水岸应曲折有致，球场水域湖岸讲究曲线艺术，不宜成角、对称、成圆弧和直线。湖岸形式常见的有自然式缓坡式和挡土墙式两类。

（1）自然式缓坡式湖岸。主要分草坪湖岸、自然叠石湖岸和水生湿地植物湖岸。草坪湖岸比较平缓，工程造价低，水域向陆地的过渡平稳自然，是球场内最为常见的水岸形式。自然叠石湖岸显得柔中带刚，增强了水岸的视觉效果，而且湖岸稳定性好，特别适合具有岩石地质条件的球场；水生湿地植物湖岸形式自然、生态环保，根据湖水水位的变化及水深情况，选择乡土植物形成植物群落带，展现了自然生态和野生植物之美。岸边植物还可以有效地减缓径流、阻滞泥沙、降解污染物。

（2）挡土墙式湖岸。具有较好的防风消浪的效果，但由于过分强调人工化，溪流、水塘被完全人工化、渠道化、空地减少，致使富有情趣的水边开发空间消失，淡化了水域湖岸的生态功能，破坏了天然湿地生态链。在水面涨落高差较大的水域或者空间受限的区域，多采用这种方式。

七、高草区设计

在高尔夫球场的障碍类型中，高草区是一类比较重要的障碍。但在高尔夫规则中并没有关于高草区的严格定义。高草区的设计有两方面的内容：一是高草区的修剪高度使球道轮廓分明；二是高草区作为一个障碍，在球道不同的位置、不同的宽度以及与球道衔接关系对球员打球的影响不同，所以不同的草种、修剪高度、草坪密度等构成高草区障碍的动态特征。作为障碍的高草区的设计，主要有以下几种表现形式：

1. 增加落球区的宽度。高草区相对于其他障碍来讲，是一种比较轻微的打球障碍，虽然球落入草中会给击球带来一定困难，但是当滚动的球遇到高草区时，球速会降下来，从而避免球穿过高草区冲入深草区。所以，在球道外围根据地形条件设置适当宽度的高草区是有必要的，但并非一定要布置高草区，比较繁忙的公众球场可以选择减小高草区的宽度甚至取消高草区来相应扩大球道区的宽度。

2. 作为战略性球道的障碍。高草区与沙坑、水障碍一样可以作为战略性球道设计的元素。

3. 使球道障碍多元化。高草区的草坑作为球场障碍的一种，使球场更具趣味性。根据草坑所处的位置、草坑与果岭或球道的相对深度、草坑边坡的陡度、草坑中长草的种类以及修剪高度等情况，草坑可能是比较严厉的障碍，也可能是一般性的障碍或仅仅是为了增加球道起伏，获得景观效果。草坑没有固定的形状，与周围自然结合即可。草坑与山丘基本上是相伴出现的，有下凹的草坑就会有上凸的山丘，尤其在果岭周围山包与洼地相间，为相对平坦的果岭提供了一个山峦起伏的背景效果。

草坑中不一定只有高草，也有深草甚至不修剪的极高草，深草的草坑对打球的障碍作用显著，可作为战略性球道的设计要素。从球场建造技术方面看，草坑比较适宜建在汇水的低洼地，为了排除草坑中汇集的雨水，草坑中需要设置雨水排水井及地下排水管道系统。草沟作为草坑的变态形态，也是障碍的一种，在球场中适宜地段运用也具有特殊的球道障碍和景观效果。

课题四　掌握高尔夫球场的草坪建造与植物选择

高尔夫球场草坪包括多种类型，如精细强化管理的果岭草坪、近似于运动场草坪管理水平的球道区和发球区草坪，以及类似于设施草坪的障碍区草坪等。高尔夫球场草坪的建植及养护管理水平，也在很大程度上体现了草坪科学的发展程度。

一、高尔夫球场草坪的建植方案

正规高尔夫球场类型有 18 个洞穴、27 个洞穴、36 个洞穴等，由于使用土地面积非常大，而球场的地基和土壤的质量直接影响草坪植物的生长，因此地基的整理和土壤的改良较为重要，这些工作应及早动手进行，以便于顺利进行播种或栽植等。

1. 场地整理与土壤改良。在进行土壤改良前期，通常完成以下工作：整理场地，使场地表面平坦；草坪植物根群周围 30 厘米以内的树根、杂草、砾石、砖瓦和杂物必须彻底清除，质地差的土壤应进行换土；换土时应注意把下层质地良好的土壤堆置在一边，避免优质土壤与劣质土混在一起；换入的土壤应尽量采用离地面 1 米以下的土壤，以防杂草种子带入场地；物理性和化学性不好的土壤应进行改良，使之通气透水，同时具有保持水分的能力；养分不足的土壤应施入经过腐熟的饼肥和含磷、钾的化肥。

2. 草坪建植的注意事项。草坪的质量是一个关键问题，关系到高尔夫球场是否能顺利进行文娱、比赛和训练等活动。

建立草坪时应注意以下事项：

（1）掌握草坪植物种类及其利用条件；

（2）正确选择适应当地气候、土壤等自然条件的草种；

（3）各种草的播种量应适当，达到标准；

（4）熟悉各种草的生长习性、适应性和抗病虫害能力等；

（5）了解各种草的养护管理技术；

（6）掌握各类草坪机械、用具、车辆的使用、养护等有关知识；

（7）观察气温、地温、空气相对湿度、雨量、日照、风、霜、雪等气象因子，探讨它们与草坪植物生长的关系；

（8）建立草坪植物繁殖苗圃，以供补给草坪之用。

3. 草种的选择。高尔夫球场草坪可以划分为发球区草坪、球道区草坪、果岭区草坪和障碍高草区等，不同区域选用的草种不同。

（1）发球区草坪。发球区草坪要求抗践踏，耐低剪，再生力强，表面较其他更细致、密实，叶丛低矮，渗水排水通畅，呈干燥状态，无海绵状突起。适宜的草坪草有草地早熟禾（5%~75%）、紫羊茅（20%~90%）、苇状羊茅（60%~95%）、多年生黑麦草（20%~60%）；另外，还要采用草地早熟禾、加拿大早熟禾、紫羊茅、苇状羊茅等进行混合播种。冷凉地区广泛采用匍茎剪股颖和细弱剪股颖，较热地区采用狗牙根改良品种、沟叶结缕草、结缕草、假俭草等。活动时，草坪高度要求为7~10毫米，每周必须剪草两次。

（2）球道区草坪。球道区草坪的质量好坏直接影响停球效果，要求草坪表层细致、密实、平扣，叶丛低矮，叶片稍硬，耐修剪，再生力强，覆盖度在98%以上，停球性能良好，无海绵状突起，无杂草。适宜的草坪草有细弱剪股颖、匍茎剪股颖、草地早熟禾、加拿大早熟禾、紫羊茅等，较热地区有沟叶结缕草、半细叶沟叶结缕草、狗牙根、假俭草、地毯草等。可采用草地早熟禾50%、紫羊茅40%和匍茎剪股颖10%的混合草种。混合草种的播种量为18~20克/米^2。在含水量少的沙质土上建高尔夫球场时，混合草种中应增加紫羊茅的比例，减少草地早熟禾的比例，原因是紫羊茅的抗旱能力优于草地早熟禾。除混合草的播种外，还可以采用结缕草铺草块法，使之迅速形成草坪。

（3）果岭草坪。果岭是高尔夫球场的核心部分，果岭草坪要求平坦整齐、耐低剪、覆盖度大、无海绵状突起，草坪表面具有相当弹性，有停球的性能，球的滚动要在直线上，不受阳光影响，背向和面向阳光都能击球。在温带、寒带及某些亚热带地区，韧性剪股颖是果岭草坪最适宜的草种；在热带和亚热带地区用作果岭的草坪有普通狗牙根、绒毛和细弱剪股颖及结缕草等。

（4）障碍区草坪。障碍区草种的要求不严格，早熟禾、多年生黑麦草、高羊茅及结缕草均可以用在障碍区草坪。障碍区高草草丛呈自然状态，较高，竞争力强，无杂草，抗病虫害，无病虫菌害。草丛应适当稀疏，以便击球人员容易找到击落在草丛中的球。适宜的草种有苇状羊茅、鸭茅、猫尾草等。较热地区可采用毛花雀稗、邵氏雀稗、结缕草、狗牙根等草种。

4. 草坪的建植方法。高尔夫球场草坪的建植对场地和土壤条件的要求很严格。尤其是果岭区需要有良好的排水系统和地表优质的沙原土。建植时多采用种子直播或铺设草皮卷的方法。

5. 高尔夫球场草坪的养护管理方案：

（1）主要管理措施：修剪、施肥和灌溉。

①修剪对于果岭区尤其重要，经常维持草坪高度在 0.5 厘米左右。由于修剪频繁，灌溉和施肥必须与之相适应。

②施肥是用来保证草坪正常生长和保持一定密度的措施。由于土壤质地、大气条件、草坪品种、肥沃类型不同，果岭草坪的施肥量和施肥次数也难以确定。一般来说，一个生长季节 26 周内，平均每公顷施用 30~38 千克纯氮。

③由于修剪频繁，水肥条件较好，增加了果岭区草坪感染病虫害的机会，必须经常施用杀菌剂。高尔夫球场草坪的杂草一般采用化学除草剂来控制病虫害。

（2）辅助养护措施：用表层覆土来控制果岭区枯草层的形成。此外，打孔、垂直修剪和补播等都是高尔夫球场草坪常用的养护措施。

二、高尔夫球场绿化种植的设计

千姿百态的植物是自然的重要组成部分，更是高尔夫球场中的重要角色，在高尔夫球场中种植设计以乔木为主，辅之灌木和草本花卉，起点缀作用。高尔夫球场的绿化种植主要在会所、球道之间及障碍区。绿化种植可以扩展丰富空间，增加娱乐性，形成挡风墙或起到降低噪声、增加自然美感及遮阴的作用。合理的绿化设计可以使各球洞之间互不干扰，并为人在运动的同时创造一个远离都市喧闹、饱览大自然风光的乡村自然氛围。但高尔夫球场自诞生至今，树木设计仍处于发展阶段，还不成熟。高尔夫球场树木设计应补充球场设计的不足，设计时应考虑到功用性原则、自然性原则及差异性原则。

1. 高尔夫球场不同区域的树木选择及配置要点：

（1）果岭。果岭是高尔夫球场的核心，对草坪质量要求很高，一般不宜种树木，以免影响到草坪的生长，但也可以考虑在果岭后面种植一些高大树木，能大大加强外观和击球准确度，有利于指示击球路线，判断距离，使球员在击球时能有一个好的视觉效果。树木成熟后其外层的树叶距果岭的边缘至少达 10 米，以便阳光在一天中大部分时间能照射到果岭。果岭是球手在打球的过程中停留时间最长的区域，所以在其附近区域配置植物时应进行重点设计。可以选择树形优美、观赏价值较高的乔木作为背景，前面配以花灌木和草本花卉，营造适于远观近赏的丰富景观。

（2）发球台。发球台的后方或两侧可以设置低矮的树木，造成一种宜人气氛，并能遮阴休息、掩盖视线、防止不准确击球，但不能影响发球方向。发球台是球场的安全区，因此这里常设有亭台等休息设施，供球员驻足休息，休息的凳子最好设在树荫下，同时可以完全看清球道的情况。发球台也是球手在打球过程中停留时间较长的区域，所以发球台的植物种植设计也很重要，应营造宜人的自然景观。

（3）球道。球道区是指发球台和果岭之间的区域，这里有管理粗放的大面积草坪，草坪高度 4~6 米。球道上的树木一般种植在高草区内，通常选择较高大且树形较好、根系深、寿命长、抗病虫害的树种。同时要考虑灌溉喷水器之间的关系，以避免由于树枝遮挡而造成有些区域过于干燥。为便于机械行走和修剪护养，树木应栽植紧凑。树木的配置应注意林缘线和林冠线的变化，避免平直呆板，同时注意将树叶颜色、浓淡不同的树种穿插布置，以增加变化。

另外，树木在球道中还可以起到标志距离的作用，一般将距离发球台 50 米、100 米、150 米和 200 米等处的靠近球道的两侧孤植乔木作为标志树，50 米和 150 米处可种植一棵，100 米和 200 米处可种植两棵。球手可以根据标志树的位置估测距离。在球道中部落球点附近，可以在球道外围种植灌木丛或草本花卉，代替沙坑作为击球障碍，惩罚不正确地击球。在不同球洞的球道两侧，可以采用不同的骨干树种和种植形式，使各球洞在植物景观上各具特色，以增加球洞的可识别性。

（4）其他区域的种植。在缓坡地可以利用起伏地形设置模纹花坛和大面积的色块、色带植物景观，与大环境相协调，在林缘、色带中巧妙地点缀几块山石，都可以增加景观特色。

①防护种植。为达到防护的目的，可以在高尔夫球道的四周进行防护林带的种植。一般布置 10 米左右的防护林带。防护林带以密植高大树木为主，可以将常绿树和落叶树相结合种植，使林冠线有所起伏变化。在防护林的内侧，可种植大片的花灌木形成前景，这样构成高尔夫球场周边景观，并起到防风、防沙及阻挡人们穿越的作用。

②会馆周围绿化。会馆是高尔夫球场的入口，是绿化的重点地带，它直接影响着高尔夫球场的形象，因此，这里的绿化必须做重点布局，种植一些观赏价值较高的植物品种，在面积较大时，可以修建小花园。这里也是绿化管理的重点地区。

2. 树木选择要求。树木选择与设计会对草坪的生长、修剪，管线的布置等产生很大的影响。因此，精心地选择与配置树木至关重要。

在进行高尔夫球场树木选择时应考虑以下因素：

（1）树冠的形状和树荫状况。不同的树冠类型可进行造景，但树荫也会对草坪草造成影响，因此要根据树木栽种的不同目的来决定树冠类型。例如：冠型较窄，树干笔直的树木可用来起屏障作用，浓密树冠的树木可起遮阴作用；而在球道或高草区，则选择阴影较小且树枝较少而较粗的树木当作增加击球技巧的障碍物。

（2）根部性质。因根系表面大、具有气生根的树种不利于修剪和树下击球，故根系表面积大、需肥多，具有气生根、呼吸根和浅根系的树木不应考虑。浅根系的树木易与草坪争肥，也不在选择范围之内。因此，柳树、榕树、山毛榉、桉树等不适于栽培。

（3）树木明显的特征。除了吸引人的花朵和果实外，在球场上栽种的树木还可以考虑其他特征，包括叶子的形状或结构、颜色，树枝的形状，树的高度，抗病虫害能力，等等。但落叶型植物每年秋天引起的落叶层应立即消除，以免对球员击球造成影响和破坏草坪质量。

（4）树木的适应性。在树木选择上，单纯为了美学效果选择植物，会带来很大的经济负担，而选择本地乡土植物，则宜于生存，同时也减少了水和化学药剂的使用量，所以应以在当地生长良好的乡土树种为主。在可能的情况下，场地上现存的植物是应该保留的。

课题五　熟知高尔夫球场的总体规划步骤

进行高尔夫球场的总体规划，在明确球场发展定位和目标的前提下，需要设计师对现场条件和基础资料有充分的认识和理解，把握球场目标、自然条件、区位特点以及未来发展等方面的关系。设计师首先要确定规划内容及各部分功能分区，综合安排球场、会所、管理、地产、景观等用地，确定会所及进出场主干道的位置及其主要控制点的坐标，规划布置球洞路线、水系、球车道路等主要组成部分的位置，综合协调球场功能与环境、景观方面的关系。在充分利用已有条件的基础上，建造出于最适宜的高尔夫球场。在规划设计时，大体按以下几个步骤进行。

一、地形分析

地形分析是球场规划设计的基础，从球场选址、布局、功能区组织到更小尺度的造型、排水、球车道路、球洞景观等都受到地形地貌的影响。在高尔夫球场设计中，要注重四要素的分析：高程、坡度、坡向和通视。通过地形分析，可进行高尔夫球场用地布局和球洞布局，可研究自然生态景观的规划及其在球场景观中的表达和体现，可初步确定球场景观植物的配置规划。地形分析还应以估算球场土石放量为基础。

在山地球场规划中，地形分析对球洞布局有重要的影响，主要用于调整球洞布局中的朝向；进行地形分析有利于认清球场区域内外水系分布、流域范围、江湖河海水位和水量，以及洪水淹没界限，这对于球场水域规划设计和防洪减灾的规划都具有重要意义。地形分析的两个基本途径是：依据球场规划地形图和现场勘察。

二、现场勘察

勘察，就是在施工前，根据球场建设项目的要求，对地形、地质、环境等情况进行实地调查，查明、分析、评价球场建设场地地理环境特征和水文、地质、土壤、植被等条件，并对球场建设所需要的技术、经济、资源、环境等条件进行综合分析、论证。要坚持先勘察、后设计、再施工的原则。

1. 勘察内容。球场设计师进入现场勘察，可以从地形地貌、山形水系、植被土壤以及传统文化等入手，所有的现场亲身感受和发现都有可能帮助设计师发现最有特色的果岭、景观最为优美的球洞，乃至最有潜力的球场，寻求最佳的球场布局。

现场勘察从观察地势、水系入手，在规划设计时，要对原有地形的要素进行充分的利用；在勘察中，也会发现一些地形图上没有表达的信息，设计师的目的就是在设计中将这些潜在的信息释放出来，以使球场设计方案更加完美。

此外，勘察内容还包括：察看地表及土壤剖面，观察土质，判断土壤类型，查验土层厚度；勘察水系，查验洪水流过的痕迹，了解降水量、暴雨强度、地下水资源等情况；调查场地植被情况；了解现场野生动物种类及习性；摸清场地沙、石料的品质及数量；等等。

2. 勘察方法。一般勘察分两个阶段进行。第一阶段，以确定球洞路线作为主要勘察目的的，主要任务是会所现场选址、球洞路线的现场初步确定。现场观察时，尽可能收集一些不易在地形图、文字材料中获得的第一手资料，可用摄像、照片等做详细记录，使之成为球场路线规划中的参考。第二阶段，以复核球洞路线规划方案为目的进行路线复核勘察，勘察的主要任务是有针对性地将地形图上的布局进行实地放线，并收集一些气象、水文、地质、植被、土壤等资料，进行分析。

三、路线规划

路线规划就是在地形图上确定高尔夫球场的 18 个球洞的路线。

1. 确定会所位置。路线规划的第一步就是确定路线的起点和终点，即俱乐部会所的位置，同时需要考虑会所与外界的联系通道。

2. 确定路线循环结构。路线规划的第二步就是确定打球路线。

3. 确定具体球洞位置。球洞的路线规划就是将球洞的起点（发球台）、中间落点和球洞的终点（果岭中点）连接起来，该路线也是该球洞上以设计状态击球的理论飞行线在平面上的投影。在选择球洞控制点及球洞路线的时候要注意设定：

（1）球洞的标准杆；

（2）球洞的长度；

（3）上下球洞的距离；

（4）球洞的方向与视线。

4. 在路线规划中，用于 1∶2 000 比例尺的地形图的规划路线制作的有三种模板，运用规划模板可以在地形图上直接摆放球洞的路线、位置，可以构思和选择各种可能的路线布置方案。

四、详细规划

路线规划仅仅是概略规划，需要多次现场复核，反复修改，直到找到一个最后的球洞布局路线，后续工作就是在球洞布局的基础上完成的。详细规划主要内容包括：

1. 发球台的位置及布置；

2. 果岭的形状；

3. 球洞及其障碍规划；

4. 球车道规划；

5. 中途休息亭；

6. 场地管理区及苗圃。

五、规划成果

球场规划的成果主要以总平面规划图来体现，为了使规划图直观和富有感染力，也要提供色彩效果图，并配以规划说明。

1. 简述高尔夫球场设计与选址原则。
2. 简述球道功能与景观设计要点。
3. 简述果岭功能与景观设计要点。
4. 简述障碍物功能与景观设计要点。
5. 简述草坪建造与植物选择。

任务二　高尔夫球地形图的比例尺

活动情景

高尔夫球场

任务要求

1. 掌握比例尺的含义；
2. 了解如何选择合适的比例尺；
3. 掌握高尔夫球场的地形特点；
4. 掌握地形图上比例尺的表示方法。

能力训练

通过了解比例尺的含义并结合具体场地的地形特点，可以为地形图选择合适的比例尺，用恰当的方法在地形图上标注比例尺，最终使地形图表现得更清楚、更精确。

基本任务

课题一　比例尺的含义

一、什么是比例尺

比例尺表示图上距离比实地距离缩小或扩大的程度。公式为：比例尺=图上距离：实际距离。此即图上某一线段的长度与实地相应水平距离之比（即图上长与实地长之比）。比如，图上甲、乙两点间长 1 厘米，该两点间在实地的水平距离为 5 万厘米，地图比例尺就是五万分之一；实地为 10 万厘米，比例尺就是十万分之一。

地图按比例尺分为大比例尺地图、中比例尺地图、小比例尺地图三类，用以区别地图内容详略、精度高低、可解决问题的程度，是人们常用的一种分类方法。国家测绘部门将 1∶5 000、1∶1 万、1∶2.5 万、1∶5 万、1∶10 万、1∶25 万、1∶50 万和 1∶100 万八种比例尺地形图规定为国家基本比例尺地形图，简称"基本地形图"，亦称"国家基本图"，以保证满足各部门的基本需要。其中：

大比例尺地形图为 1∶5 000 至 1∶10 万的地形图；

中比例尺地形图为 1∶25 万和 1∶50 万地形图；

小比例尺地形图为 1∶100 万地形图。

二、比例尺的精度

一般认为，人的肉眼能分辨的图上最小距离是 0.1 毫米，因此通常把图上 0.1 毫米所表示的实地水平长度称为比例尺的精度。根据比例尺的精度，可以确定在测图时量距应准确到什么程度。另外，当设计规定需在图上能量出实地最短长度时，根据比例尺的精度，可以确定测图比例尺。

地形图上比例尺的常见表示形式有三种：数字表示、直线比例尺、经纬线比例尺。

用数字表示时，也有两种：一种是分式，用分子"1"表示图上长，分母表示实地相应水平距离，如 1/5 000、1/100 000；另一种是比式，如 1∶5 万、1∶10 万。也有用文字表示的，如五万分之一，十万分之一。

为便于直接在地图上量测距离，免除计算的麻烦，地图上都绘有图解式的比例尺。因为这种比例尺是用直线表示的，所以称为直线比例尺。直线比例尺的制作方法，是在一直线上，以 1 厘米或 2 厘米为基本单位，作为尺头；截取若干与尺头相等的线段作为尺身；再将尺头等分十小格，然后以尺头与尺身的接合点为零，分别注记相应实地的水平距离，即成直线比例尺。

比例尺小于百万分之一的地图，在图例中都绘有经纬线比例尺。同时还注有数字比例尺。数字比例尺也叫主比例尺，它是表示没有变形地方的比例尺，也就是标准纬线上的比例尺。

课题二　地形图的含义

一、地形图的概念

地形图（topographic map）指的是地表起伏形态和地物位置、形状在水平面上的投影图。具体来讲，将地面上的地物和地貌按水平投影的方法（沿铅垂线方向投影到水平面上），并按一定的比例尺缩绘到图纸上形成的图称为地形图。图上只有地物、不表示地面起伏的图称为平面图。

二、地形图的内涵

地形图是指比例尺大于1∶100万的着重表示地形的普通地图（根据经纬度进行分幅，常用有1∶100万，1∶50万，1∶25万，1∶15万，1∶10万，1∶5万等）。由于制图的区域范围比较小，因此能比较精确而详细地表示地面地貌水文、地形、土壤、植被等自然地理要素，以及居民点、交通线、境界线、工程建筑等社会经济要素。地形图是根据地形测量或航摄资料绘制的，误差和投影变形都极小。地形图是经济建设、国防建设和科学研究中不可缺少的工具，也是编制各种小比例尺普遍地图、专题地图和地图集的基础资料。不同比例尺的地形图，具体用途也不同。

地形图是详细表示地表上居民地、道路、水系、境界、土质、植被等基本地理要素且用等高线表示地面起伏的一种按统一规范生产的普通地图。

三、地形图的等高线

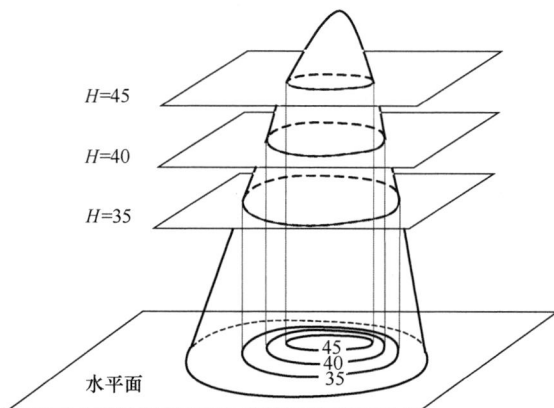

图 3-2-1　等高线原理

　　等高线在图上不仅能表达地面起伏变化的形态，而且还具有一定的立体感。如图 3-2-1 所示，设有一座小山头的山顶被水恰好淹没时的水面高程为 50 米，水位每退 5 米，坡面与水面的交线即为一条闭合的等高线，其相应高程为 45 米、40 米、35 米。将地面各交线垂直投影在水平面上，按一定比例尺缩小，从而得到一簇表现山头形状、大小、位置以及起伏变化的等高线。所以我们得到等高线的定义：地面上高程相等的各相邻点相连接的闭合曲线。用等高线表示地貌时，等高距选择过大，就不能精确显示地貌；反之，选择过小，等高线密集，则失去了图面的清晰度。因此，应根据地形和比例尺选用等高距（见表 3-2-1）。

表 3-2-1　地形图的基本等高距

地形类别	比例尺				备　注
	1：500	1：1 000	1：2 000	1：5 000	
平地	0.5 米	0.5 米	1 米	2 米	等高距为 0.5 米时，特征点高程可注至厘米，其余均为注至分米
丘陵	0.5 米	1 米	2 米	5 米	
山地	1 米	1 米	2 米	5 米	

课题三　地形图比例尺的选择

一、大小不同的比例尺有什么作用

　　地图比例尺的大小是按比值的大小来衡量的，而比值的大小则是依比例尺分母（后项）确定的。分母越大，则比值越小，比例尺就越小；分母越小，则比值越大，比例尺也就越大。它有以下几点作用：

　　1. 地图比例尺的大小决定着实地范围在地图上缩小的程度。例如，1 平方千米面积的居民地，在 1：5 万地形图上为 4 平方厘米，可以表示出居民地的轮廓和细貌；在 1：10 万图上为 1 平方厘米，有些细貌就表示不出来了；在 1：20 万图上，只有 0.25 平方厘米，仅能表示出一个小点。这就说明，当地图幅面大小一样时，对不同比例尺来说，表示的实地范围是不同的。比例尺大，所包括的实地范围就小；反之，比例尺小，所包括的实地范围就大。

　　2. 地图比例尺的大小，决定着图上量测的精度和表示地形的详略程度。由于正常人的眼睛只能分辨出图上大于 0.1 毫米的距离，图上 0.1 毫米的长度，在不同比例尺地图上的实地距离是不一样的，如 1：5 万图为 5 米，1：10 万图为 10 米，1：20 万图为 20 米，1：50 万图为 50 米。由此可见，比例尺越大，图上量测的精度越高，表示的地形情况就越详细；反之，比例尺越小，图上量测的精度越低，表示的地形情况就越简略。

二、用比例尺计算距离的方法

1. 依直线比例尺量取距离。用直线比例尺量取距离时，先用两脚规（或纸条、草棍等）量出两点间的长度，并保持此长度，再到直线比例尺上比量，使两脚规的一端对准一个整千米数，另一端放在尺头部分，即可读出两点间的实地距离。

2. 依数字比例尺计算距离。根据比例尺的意义，可以得出图上长、相应实地水平距离和比例尺三者之间的关系式：

$$实地距离 = 图上长 \times 比例尺分母$$

这是我们计算距离的基本公式。具体计算时，先用直尺在图上量取两点间的厘米数，然后将该厘米数代入公式，就得出两点间实地距离。如在 1 : 5 万图上量得甲、乙两点为 3.4 厘米，则实地距离为：

$$3.4 \times 50\,000 \div 100 = 1\,700 \text{（米）}$$

训练检测

1. 简述比例尺的精度。
2. 叙述地形图的内涵。
3. 如何用比例尺计算距离？

任务三　高尔夫球地形图的分幅与编号

活动情景

多媒体教室

任务要求

1. 了解地形图分幅和编号的基本概念和原则；
2. 掌握梯形地形图的分幅和编号方法；
3. 掌握矩形地形图的分幅和编号方法；
4. 能够熟练识别和运用地形图的分幅和编号。

能力训练

通过地形图的分幅与编号的基本概念，能够对地形图的分幅和编号有整体上的认知，并通过对两种分幅和编号方法的学习，能够基本掌握不同比例尺地形图分幅和编号的基本方法，能够更好地识别和编制地形图编号。

基本任务

课题一　地形图分幅概述

一、地形图分幅的重要性

为便于测绘、保管、检索和使用，所有的地形图均须按规定的大小进行统一分幅。对于一个国家或世界范围来讲，测制成套的各种比例尺地形图时，分幅和编号尤其必要。因此，应进行有系统的编号。通常这是由国家主管部门制定统一的分幅和编号系统。

二、我国主要应用的地形图分幅方案

目前，我国采用的地形图分幅方案，以 1 : 100 万地形图为基准，按照相同的经差和纬差定义更大比例尺地形图的分幅。

1. 每幅百万分之一内各级较大比例尺地形图的划分，按规定的相应经纬差进行。其中，1 : 50 万、1 : 20 万、1 : 10 万三种比例尺地形图，以 1 : 100 万的地图为基础直接划分，如表 3-3-1 所示。

表 3-3-1　基本比例尺地形图的图幅大小及其图幅间的数量关系

比例尺（万）	图幅大小		图幅间的数量关系						
	经度	纬度							
1 : 100	6 度	4 度	1						
1 : 50	3 度	2 度	4	1					
1 : 20	1 度	40 分	36	9	1				
1 : 10	30 分	20 分	144	36	4	1			
1 : 5	15 分	10 分	576	144	16	4	1		
1 : 2.5	7.5 分	5 分	2 304	576	64	16	4	1	
1 : 1	3 分 45 秒	2.5 分	9 216	2 304	256	64	16	4	

（1）一幅 1∶100 万的地形图划分为 4 幅 1∶50 万地形图，每幅为经差 3°，纬差 2′；

（2）一幅 1∶100 万地图划分为 36 幅 1∶20 万地形图，每幅为经差 1°，纬差 40′；

（3）一幅 1∶100 万地形图划分为 144 幅 1∶10 万地形图，每幅为经差 30′，纬差 20′。

2. 每幅大于 1∶10 万比例尺的地形图，则以 1∶10 万图为基础进行逐级划分。

（1）一幅 1∶10 万地形图划分为 4 幅 1∶5 万地形图；

（2）一幅 1∶5 万地形图划分为 4 幅 1∶2.5 万地形图；

（3）在 1∶10 万地形图的基础上划分为 64 幅 1∶1 万地形图；

（4）一幅 1∶1 万地形图又划分为 4 幅 1∶5 000 地形图。

三、地形图分幅的主要方法

为了便于管理和使用地形图，需要将各种比例尺的地形图进行统一分幅和编号。地形图分幅和编号的方法分为两类：

1. 按经纬线分幅的梯形分幅法（又称国际分幅）。

2. 按坐标格网分幅的矩形分幅法。

课题二　地形图的梯形分幅与编号

一、分幅与编号原则

国家基本比例尺地形图（1∶100 万~1∶5 000）采用梯形分幅，均以 1∶100 万地形图为基础，按规定的经差和纬差划分图幅。在分幅与编号时，要遵守以下几个原则：

1. 以投影带为基础，依经纬线划分。

2. 幅面大小适中，各比例尺图幅幅面大小基本一致。

3. 编号简捷明了，规律性强，富于联想。

4. 考虑制图编绘系列，不能肢解图幅。

二、1∶100 万比例尺图的梯形分幅与编号

如图 3-3-1 所示：

1. 每幅 1∶100 万比例尺地形图，按照经差 6°、纬差 4°划分。

2. 从赤道起，每纬差 4°划分为 22 横行，各列依次用 A，B，…，V 等（字符码）表示其相应行号。

3. 从 180°经线起，自西向东每经差 6°划为 60 纵列，各列依次用阿拉伯数字（数字码）1，2，3，…，60 表示其相应列号。

4. 由于南北两半球的经度相同，规定在南半球的图号前加一个 S，北半球的图号前不加任何符号。

5. 一般来讲，把列数的字母写在前，行数的数字写在后，中间用一条短线连接。例如，北京某地的经度为东经 118°24′20″，纬度为 39°56′30″，则所在的 1∶100 万比例尺图的图号为 J-50（见图 3-3-2）。

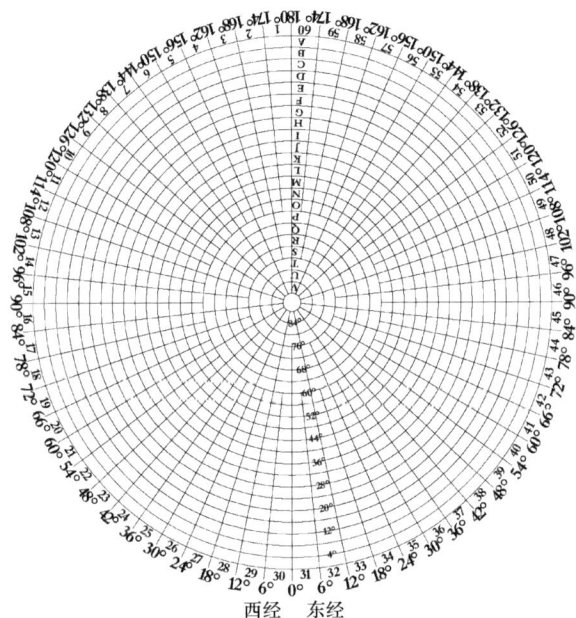

图 3-3-1　1∶100 万比例尺图的梯形分幅

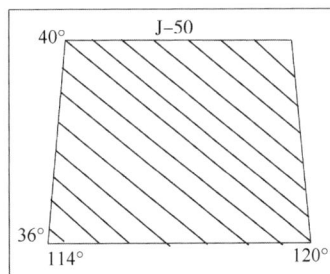

编号为 J-50

图 3-3-2　1∶100 万比例尺图的梯形分幅与编号

三、以 1：100 万比例尺为基础的 1：50 万、1：20 万、1：10 万比例尺图的分幅和编号

如图 3-3-3 所示：

1. 1：50 万。

一幅 1：100 万地图，划分为 4 幅 1：50 万地图，分别用甲、乙、丙、丁表示，其编号是在 1：100 万地形图的编号后加上它本身的序号，如 J-50-乙。

2. 1：20 万。

一幅 1：100 万地图，划分为 36 幅 1：20 万地图，分别用带括号的数字（1）~（36）表示，其编号是在 1：100 万地形图的编号后加上它本身的序号，如 J-50-（27）。

3. 1：10 万。

一幅 1：100 万地图，划分为 144 幅 1：10 万地图，分别用数字 1~144 表示，其编号是在 1：100 万地形图的编号后加上它本身的序号，如 J-50-29。

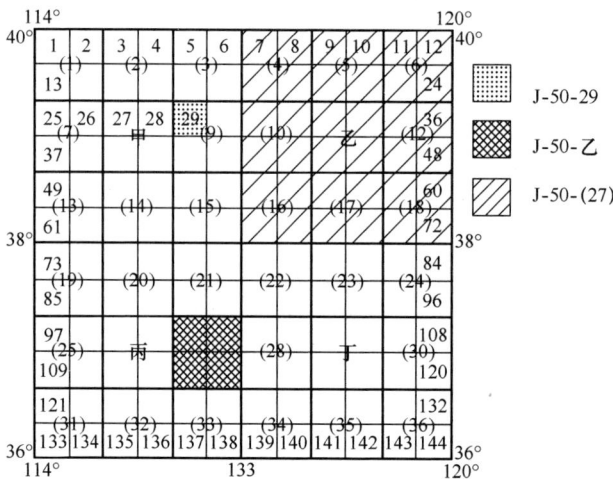

图 3-3-3 以 1：100 万比例尺为基础的比例尺图的分幅和编号

四、以 1：100 万比例尺为基础的 1：5 万、1：2.5 万、1：1 万比例尺图的分幅和编号

如图 3-3-4 所示：

1. 1：5 万。

每幅 1：10 万的图，划分为 4 幅 1：5 万的图，分别在 1：10 万的图号后写

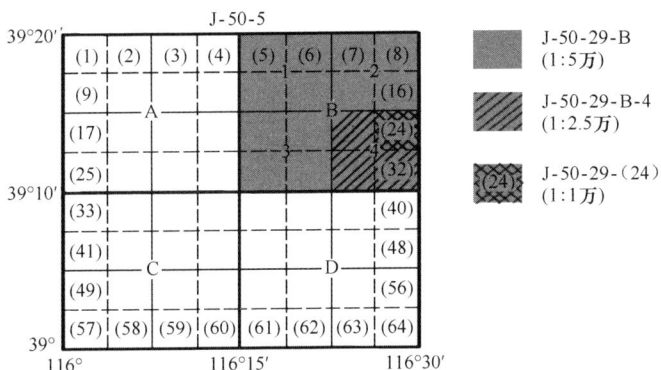

图 3-3-4　以 1∶100 万比例尺为基础的比例尺图的分幅编号

上各自的代号 A、B、C、D，如 J-50-29-B。

2. 1∶2.5 万。

每幅 1∶10 万的图，划分为 16 幅 1∶2.5 万的图，分别以 1、2、3、4 编号，如 J-50-29-B-4。

3. 1∶1 万。

每幅 1∶10 万的图，划分为 64 幅 1∶1 万的图，分别以（1）（2）…（64）表示，如 J-50-29-(24)。

五、1∶5 000 和 1∶2 000 比例尺图的分幅编号

如图 3-3-5 所示：

1. 1∶5 000。

每幅 1∶1 万的图，可划分为 4 幅 1∶5 000 的图，分别在 1∶1 万的图号后面写上各自的代号 a、b、c、d，如 J-50-5-(24)-a。

2. 1∶2 000。

每幅 1∶5 000 的图，可划分成 9 幅 1∶2 000 的图，分别以 1，2，…，9 表示图幅的大小及编号，如 J-50-5-(24)-b-9。

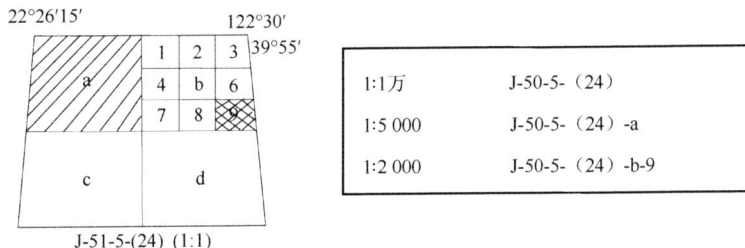

1∶1万	J-50-5-（24）
1∶5 000	J-50-5-（24）-a
1∶2 000	J-50-5-（24）-b-9

图 3-3-5　1∶5 000 和 1∶2 000 比例尺图的分幅编号

六、新梯形分幅与编号方法

为适应计算机管理和检索，1992 年国家标准局发布了新的《国家基本比例尺地形图分幅和编号》（GB/T 13989-92）国家标准。

1. 分幅方法。

1∶100 万图幅分幅、编号方法不变，其他比例尺地形图均直接以 1∶100 万图幅为基础划分，经差纬差不变，等分为若干行列，并自上而下，自左而右，从 1 开始编号，如图 3-3-6 所示。

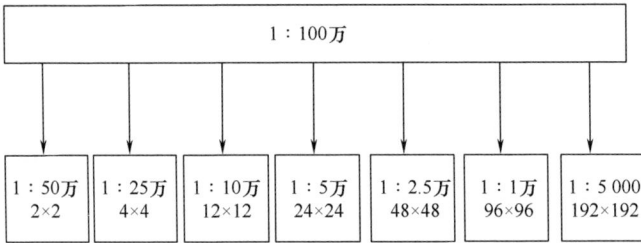

图 3-3-6　分幅方法图

2. 1∶50 万~1∶5 000 地形图的分幅与编号。

（1）以 1∶100 万比例尺地形图为基础，采用行列编号方法，按其所在 1∶100 万比例尺地形图的图号、比例尺代码和图幅的行列号共十位码组成编号，如图 3-3-7 所示。

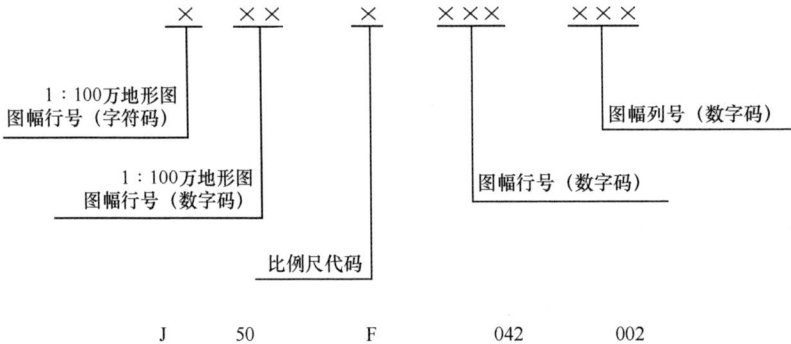

图 3-3-7　行列编号方法原理图

（2）编号方法：在 1∶100 万图幅编号后，依次追加比例尺代码、行号和列号，形式如图 3-3-8 及图 3-3-9 所示。

1:100万行号	1:100万列号	比例尺代码	横行号（3位数）	纵行号（3位数）

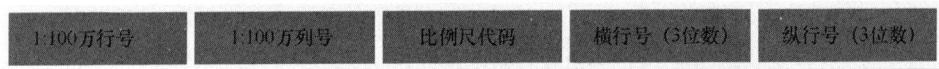

比例尺代码表

比例尺	1：50	1：25万	1：10万	1：5万	1：2.5万	1：1万	1：5 000
代码	B	C	D	E	F	G	H

图 3-3-8　编号方法原理图

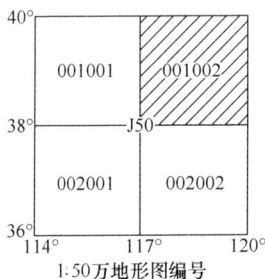

1:50万地形图的编号
斜线所示图号为J50B001002

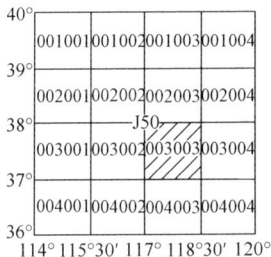

1:50万地形图编号

1:25万地形图的编号
斜线所示图号为J50C003003

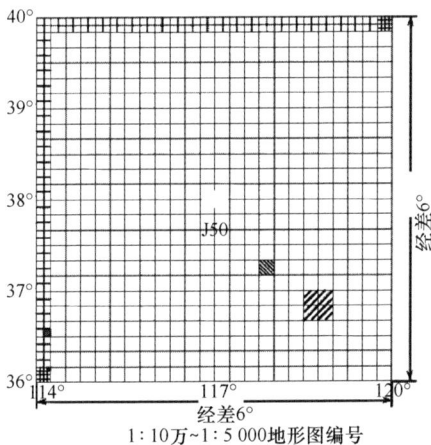

1:10万J50D010010

1:5万J50E017016

1:2.5万J50F042002

1:1万J50G093004

1:5 000J50H192192

1:10万~1:5 000地形图编号

图 3-3-9　编号方法原理图

课题三 地形图的矩形分幅与编号

一、矩形分幅的基本原理

大比例尺地形图大多采用矩形分幅法，它按统一的直角坐标，以平行于坐标轴的直角坐标格网线为图廓线，以整千米（或百米）坐标进行分幅。

图幅大小：40 厘米×40 厘米、40 厘米×50 厘米、50 厘米×50 厘米。

二、矩形分幅编号的基本方法

1. 按图廓西南角坐标编号。采用矩形分幅时，大比例尺地形图的编号，一般采用图幅西南角坐标千米数编号法，如图 3-3-10 所示。

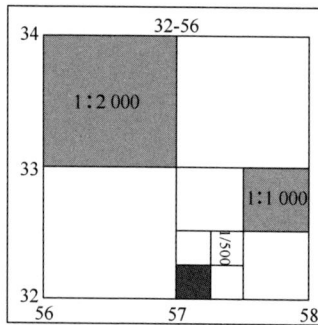

图 3-3-10 按图廓西南角坐标编号

编号时，比例尺 1∶1 000 的地形图，坐标值取至 1 000 米；比例尺为 1∶500 地形图，坐标值取至 0.01 千米；而 1∶1 000、1∶2 000 地形图取至 0.1 千米。

例 1：某幅 1∶1 000 比例尺地形图，西南角图廓点的坐标 $x = 83\ 500$ 米、$y = 15\ 500$ 米，则该图幅编号为 83.5-15.5。

例 2：某 1∶5 000 图幅西南角的坐标值 $x = 20$ 千米，$y = 10$ 千米，则其图幅编号为 20-10。

2. 按流水号编号。按测区统一划分的各图幅的顺序号码，从左到右，从上到下，用阿拉伯数字编号，如图 3-3-11 所示。

3. 按行列号编号。将测区内图幅按行和列分别单独排出序号，再以图幅所在的行和列序号作为该图幅图号，如图 3-3-12 所示。

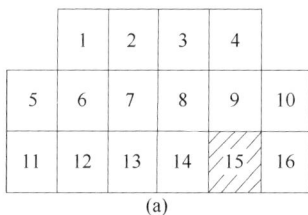

图 3-3-11　按流水号编号　　　　　图 3-3-12　按行列号编号

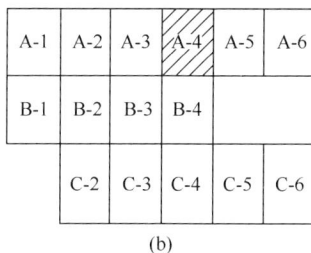

4. 以 1 : 5 000 比例尺图为基础编号，如图 3-3-13 所示。

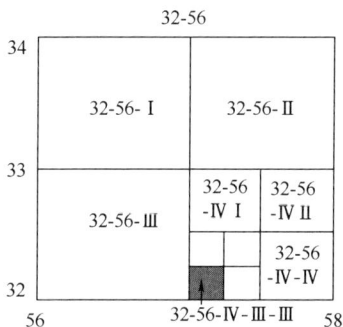

图 3-3-13　以 1 : 5 000 比例尺图为基础编号

训练检测

1. 地形图是如何分幅的？
2. 简述地形图的梯形分幅与编号。
3. 简述地形图的矩形分幅与编号。

任务四　高尔夫球地形图图外注记

活动情景

多媒体教室

1. 了解地形图图外注记的几种形式；

2. 掌握地物符号的分类方法和基本地物符号的绘制；

3. 掌握地貌的基本表示方法，能够熟练识别和运用等高线法进行地貌的绘制。

通过地形图的地物符号和地貌符号的基本概述，充分理解地物符号和地貌符号的内涵。掌握地物符号的分类原则并熟练绘制基本的地物符号；通过学习等高线的形成原理，能够灵活的运用等高线法描绘地貌特征，并准确标注不同的地形地貌。

课题一　地物符号

一、地物符号的定义

地面上的物体，天然或人工形成的，种类繁多，千姿百态，因受比例尺的限制，测图时不可能按照它们的形状全部描绘在图纸上，为了使地图简明、美观，便于识别物体、判定方位和图上量测计算，制定了一些图形和注记，分别来表示实地某种物体，这些图形和注记就叫地物符号。

二、地物符号的分类

按国家测绘总局颁发的《地形图图式》中规定的符号表示规则，所用的符号主要有下列几种：

1. 比例符号。根据测图比例尺按地物的实际形状和大小，可用符号缩绘到图纸上，有些地物的轮廓较大，如居民地、森林、江河、房屋、稻田和湖泊等，它们的形状和大小可以按测图比例尺缩小，并用规定的符号绘在图纸上，这种符号称为比例符号，这类符号可以在图上量取其长、宽和面积，了解其分布和形状。

2. 非比例符号。有些地物面积较小，无法将其根据形状和大小按比例绘到图上，如亭子、独立房、路标、三角点、水准点、独立树、烟囱等，则不考虑其实际大小，而采用规定的符号表示，这类符号只能表明物体的性质和位置，这种符号称为非比例符号。但符号的中心位置与该地物实地的中心位置有关系，也随各种不同的地物而异，在测图和用图时应注意下列几点：

（1）规则的几何图形符号（圆形、正方形、三角形等），以图形几何中心点为实地地物的中心位置。

（2）底部为直角形的符号（独立树、路标等），以符号的直角顶点为实地地物的中心位置。

（3）宽底符号（烟囱、岗亭等），以符号底部中心为实地地物的中心位置。

（4）几种图形组合符号（路灯、消火栓等），以符号下方图形的几何中心为实地地物的中心位置。

（5）下方无底线的符号（山洞、窑洞等），以符号下方两端点连线的中心为实地地物的中心位置。各种符号均按直立方向描绘，即与南图廓垂直。

3. 半比例符号。一些带状延伸地物（如道路、通信线、小的溪流、管道、围墙等地物）的长度可按比例尺缩绘，而宽度无法按比例尺表示，这种情况下采用的符号称为半比例符号。这种符号的中心线一般表示其实地地物的中心位置，而城墙和垣栅等的地物中心位置在其符号的底线上。这类符号在图上只能量取其相应实地的长度，而不能量取它们的宽度和面积。

三、地物注记

比例符号、半比例符号、非比例符号，只能表示地物的形状、位置、大小和种类，但不能表示其质量、数量和名称，如地物的名称、河流的流速及深度、路的铺装材料、森林的树种等，因此需用注记来说明。为了补充符号本身无法显示的内容，用文字、数字或特有符号对地物加以说明者，称为地物注记[①]。注记和说明符号的形式有三种：

1. 地理名称的注记。如市、镇、村、山、河、湖、水库，各类道路和行政区的名称等，是用各种不同大小的字体来表示的。

2. 说明地物质量特征的文字注记。如井水的咸淡，公路路面质量，桥梁性质，渡场、森林种类，塔形建筑的性质，等等，均用细等线体以略注形式配在符号的一旁。

[①] 此外，有些地物的分布较零乱，如沙地、石块地、梯田坎、疏林、行树、果树等，很难表示它们的具体位置和数量，就采取均匀配置的图案形式表示，所以叫作配置符号。这种符号，只表示分布范围，不代表具体位置。但是，当等高距过于小时，图上的等高线过于密集，将会影响图面的清晰醒目。因此，在测绘地形图时，等高距的大小是根据测图比例尺与测区地形情况来确定的。

3. 说明地物数量特征的数字注记。如三角点、土堆、断崖的高度，森林密度和树的平均高、粗，道路的宽度，河流的宽、深和流速，等等，均用大小不同的数字表示。

四、常用的地标符号

表 3-4-1 为常用的地标符号。

表 3-4-1 常用的地标符号

序号	名称	图例	序号	名称	图例
1	房屋		13	栅栏、栏杆	
2	在建房屋		14	篱笆	
3	破坏房屋		15	铁丝网	
4	窑洞		16	矿井	
5	蒙古包		17	盐井	
6	悬空通廊		18	油井	
7	建筑物下通道		19	露天采掘场	
8	台阶		20	塔形建筑物	
9	围墙		21	水塔	
10	围墙大门		22	油库	
11	长城及砖石城堡		23	粮仓	
12	长城及砖石城堡		24	打谷场（球场）	

续表

序号	名称	图例	序号	名称	图例
25	饲养场（温室、花房）	牲(温室、花房)	37	纪念碑	
26	高于地面的水池	水　水	38	碑、柱、墩	
27	低于地面的水池	水	39	亭	
28	有盖的水池	水	40	钟楼、鼓楼、城楼	
29	肥气池		41	宝塔、经塔	
30	雷达站、卫星地面接收站		42	烽火台	烽
31	体育场	体育场	43	庙宇	
32	游泳池	泳	44	教堂	
33	喷水池		45	清真寺	
34	假山石		46	过街天桥	
35	岗亭、岗楼		47	过街地道	
36	电视发射塔	TV	48	地下建筑物的地表入口	

续表

序号	名称	图例	序号	名称	图例
49	窑		61	乡村小路	
50	独立大坟		62	高架路	
51	群坟、散坟		63	涵洞	
52	一般铁路		64	隧道、路堑与路堤	
53	电气化铁路		65	铁路桥	
54	电车轨道		66	公路桥	
55	地道及天桥		67	人行桥	
56	铁路信号灯		68	铁索桥	
57	高速公路及收费站	收费站	69	漫水路面	
58	一般公路		70	顺岸式固定码头	码头
59	建设中的公路		71	堤坝式固定码头	
60	大车路、机耕路		72	浮码头	

续表

序号	名称	图例	序号	名称	图例
73	架空输电线		81	消失河段	
74	埋式输电线		82	常年湖	青湖
75	电线架		83	时令湖	
76	电线塔		84	池塘	
77	电线上的变压器		85	单层堤沟渠	
78	有墩架的架空管道	热	86	双层堤沟渠	
79	常年河		87	有沟埂的沟渠	
80	时令河				

课题二　地貌符号

一、地貌的概述及其表示方法

地球表面是起伏不平的，有高山，有深海，有丘陵和平原，有沙漠和草原，还有江河和湖泊，等等，地貌就是指地球表面的高低起伏状态，它包括山地、丘陵和平原等。在图上表示地貌的方法很多，而人们在实践中不断积累经验，逐渐完善和丰富起来的用等高线表示地貌的方法，是人们在测量工作中通常使用的。

用等高线表示地貌，不仅能表示地面的起伏形态，并且还能表示出地面的坡度和地面点的高程。但这种方法存在的主要问题是缺乏立体感。随着科学的发展，人们对地图的要求提高了，希望能一目了然地看出广大区域的地势总貌，迅速得到高程分布和高差对比的印象，于是，在等高线的基础上又出现了分层设色和晕渲表示地貌的方法。

二、地貌表示方法的原理

等高线法，即假设把一座山从底到顶，按相等的高度，用一水平面横截该山，则山的表面便会留下一条一条的弯曲截口痕迹线，将这些痕迹线垂直投影到一个平面上，便呈现出一圈套一圈的曲线图形。因为每条曲线上各点的高度都相等，所以这种曲线叫等高线；各相邻的两条等高线之间的垂直距离相等，叫等高距。地形图就是根据这个道理来表示地貌的。如图 3-4-1 所示，等高线法包括：

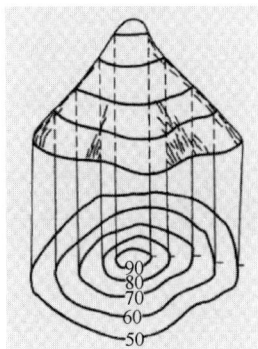

图 3-4-1　等高线法原理图

分层设色法：在等高线法的基础上，每层普染以不同的颜色。用图时就可以根据颜色迅速判别高度。我们常见的地图册以及航空图、小比例尺图，多是采用这种方法。

晕渲法：按一定的光源方向和地形起伏，用青钢色（或彩色），在坡或背光坡上涂绘暗影，以构成地势起伏的立体形象，给用图者在视觉上以生动形象、蜿蜒起伏、景观自然的感觉。地貌图、游览图多是采用这种方法。

三、等高线的识别与绘制

1. 等高线的种类。在地形图上，我们所看到的等高线，为何有细的，有粗的，还有断续的？这是为了更好地表示地形和用图的方便而规定的，如图 3-4-2 所示。

（1）首曲线。凡是按规定的等高距测绘的等高线，都叫基本等高线，又称首曲线，是用细实线表示的。

（2）计曲线。为了便于计算高程，把首曲线每逢五条或十条加粗描绘一条，叫作加粗等高线，又称计曲线。

（3）间曲线。因为地貌起伏变化多端，用首曲线往往不能详细表示地貌的细部特征，就在首曲线的中间加绘长虚线，表示其细部，这叫半距（基本等高距的二分之一）等高线，也称间曲线。

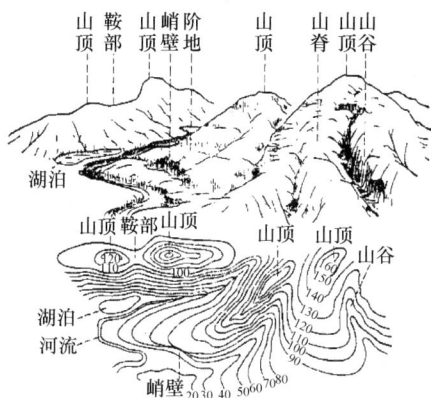

图 3-4-2

（4）助曲线。有些地方的细貌，用间曲线仍然显示不出来时，就在四分之一等高距的位置上用短虚线表示其细貌，补助间曲线的不足，所以叫作补助等高线，又称助曲线。

2. 通过等高线识别地貌。

（1）山顶。根据等高线表示地貌的原理可知，凡是最小的闭合小圆圈都是山顶。根据这些圆圈的大小和形状，还能分辨出是尖顶山、圆顶山或平顶山（如图 3-4-3 所示）。

（2）凹地。凹地也是闭合的小圆圈。为区别山顶与凹地，要在圆圈上加上个垂直小短线，它是指示下方向的，叫作示坡线。如果你看到示坡线在圆圈的外面，就是山顶；示坡线在圆圈的里面，就是凹地了（如图 3-4-4 所示）。

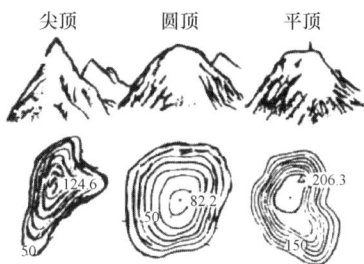

图 3-4-3　山顶示意图

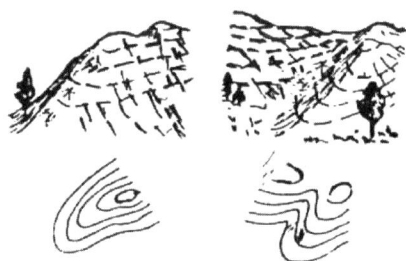

图 3-4-4　凹地、山脊和山谷示意图

（3）山背、山谷。以山顶为准，等高线向外凸出的是山背；等高线向里凹入的，就是山谷。两个山顶之间，两组等高线凸弯相对的是鞍部，若干个山顶与鞍部连接的凸起部分就是山脊（如图 3-4-4 所示）。

3. 通过等高线判定高程和高差。

（1）高程的判定。点位恰在等高线上时，该等高线的高程，就是这个点位的高程；点位在两条等高线之间时，先查出下边一条等高线的高程，再按该点在两条等高线间隔中的位置估出高度；点位在没有高程注记的山顶时，一般应先判定最上边一条等高线的高程，然后再加上半个等高距。

（2）高差的计算。知道了两点的高程后相减，所得结果，就是两点的高差。

4. 通过等高线判定斜面形状和坡度。

（1）等齐斜面。坡度基本上一致，站在斜面顶部可以看到全部，便于发扬火力的称为等齐斜面。在图上，各等高线的间隔大致相等。

（2）凸形斜面。在实地，上面缓，下面陡，站在斜面顶部看不见下部，形成观察射击的死角，称为凸形斜面。在图上，等高线的间隔上面稀，下面密。

（3）凹形斜面。与凸形斜面相反，上面陡，下面缓，站在斜面的顶部能看到斜面的全部，便于发扬火力，称为凹形斜面。在图上，等高线的间隔是上面密，下面稀。

实地的斜面，多数是凸凹互相交错的形状，但是，总离不开上面说的三种形状。使用地图时，只要注意等高线间隔的疏密情况，就能很容易判明斜面的形状。

5. 斜面坡度的量取。量取坡度时，要先用两脚规量取两条（或六条）等高线间的宽度，再到坡度尺上比量，在相应的垂线下边就可以读出它的坡度。

训练检测

1. 地物符号是如何分类的？高尔夫球场常见的地物符号有哪些？

2. 地貌符号表示的原理？你能准确地识别等高线地图吗？

任务五 测绘前的准备工作

活动情景

实验室

任务要求

1. 熟识进行测绘所用到的工具；

2. 掌握测绘仪的基本使用方法；

3. 能够精准地进行坐标格网的绘制；

4. 学会展会控制点。

能力训练

　　能够掌握测绘前准备工作的基本步骤，在测绘前能对以后的资料进行认真的收集，并能够精准地绘制坐标格网，学会展绘控制点。通过本节的学习和练习，能对测绘前的准备工作的重要性有良好的认知，能积极地进行测绘前的准备工作。

基本任务

课题一　资料收集和准备

一、了解什么是地形图的测绘

　　地形图测绘：以测量控制点为依据，按照一定的步骤和方法将地物和地貌测定在图纸上，并用规定的比例尺和符号绘制成图。

二、所测量区域资料的收集和准备

　　收集测区平面高程控制点及既有地形图的资料，并进行实地核实。收集有关的测量规范细则，以及图式符号等，进行仪器工具的准备和检校。

三、图纸准备

　　按规定图幅的需要准备图纸，地形图测绘一般选用一面打毛的聚酯薄膜作图纸，其厚度约为 0.07～0.1 毫米，经过热定型处理，其伸缩率小于 0.3%。聚酯薄膜具有透明度好、伸缩性小、不怕潮湿、牢固耐用等特点，沾污后可洗，方便和简化成图工序。聚酯薄膜图纸坚韧耐湿，便于野外作业，在图纸上着墨后，可直接复晒蓝图，但聚酯薄膜易燃，有折痕后不能消失，故在使用保管过程中应注意防火防折。一般将图纸固定在图板上进行测绘。

课题二　绘制坐标网格

一、需要用到的仪器

　　1. 坐标仪、坐标格网尺、计算机、直尺、图纸等。

2. 坐标网格纸，可以到测绘仪器用品商店去购买印制好的坐标格网，免去自己绘制的麻烦。

二、绘制坐标网格

为了准确地把各等级的控制点包括图根控制点展绘在图纸上，首先要精确地绘制直角坐标方格网，每个方格大小为 10 厘米×10 厘米。基本采用以下两种方法：

1. 对角线法绘制格网。如图 3-5-1 所示，沿图纸的四个角，用坐标格网尺绘出两条对角线交于 O 点，以交点 O 为圆心沿对角线量取四段相等长度，得出 A、B、C、D 四点，并连线，即得矩形 ABCD。从 A、B 两点起沿 AD 和 BC 向上每隔 10 厘米截取一点；再从 A、D 两点起沿 AB 和 DC 向右每隔 10 厘米截取一点。然后连接相应各点，即得到由 10 厘米×10 厘米正方形组成的坐标格网。

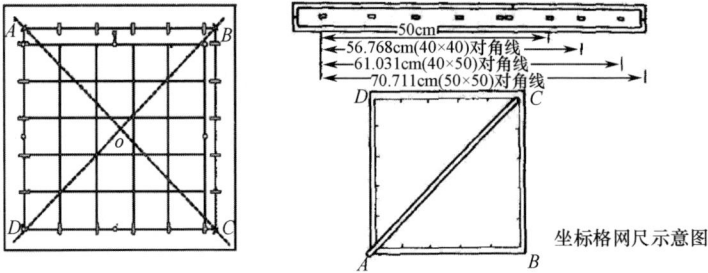

图 3-5-1 对角线法绘制格网原理图

小贴士：

坐标格网尺是精度较高的金属直尺，尺上有六个方孔，相邻方孔间的长度为 10 厘米，起始孔是直线，中间刻一细指标线表示零点，其他各孔的弧段是以零点为圆心、以 10 厘米为半径的圆弧。

2. 绘图仪法。在计算机中用 AutoCAD 软件编辑好坐标格网图形，然后把图形通过绘图仪绘制在图纸上。

坐标格网纸是绘制图纸的最基础工具，所以它的精度一定要满足一定的要求，否则在绘制地形图时会产生很大的误差，故绘制坐标格网是最基础和最重要的一步。在绘制完坐标格网以后，检查就成了必不可少的步骤。通常要求：格网交点应在一条直线上，偏离不应大于 0.2 毫米。每格长度误差也不应超过 0.2 毫米。方法是：

（1）将直尺边沿方格的对角线方向放置，各方格的角点应在一条直线上，偏离不应大于 0.2 毫米。

（2）检查各个方格的对角线长度，应为 14.14 厘米，允许误差为±0.2 毫米；图廓对角线长度与理论长度之差的允许值为±0.3 毫米。超过允许值时，应将格网进行修改或重绘。

（3）在坐标格网外边注记坐标值，格网线的坐标是按照地形图分幅确定的。

课题三　展绘控制点

在展绘控制点时，首先要确定控制点所在的方格。

如图 3-5-2 所示，控制点 A 的坐标为：

$$x_A = 764.30 \text{ 米}, \quad y_A = 566.15 \text{ 米}$$

一、确定控制点所在的方格

确定控制点所在的方格，按比例尺展出（如图 3-5-2 所示）。

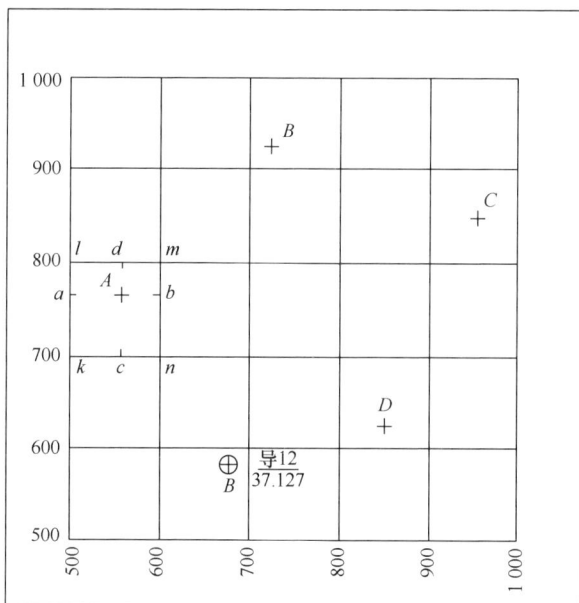

图 3-5-2　展绘控制点原理图

1. 确定其位置应在 $klmn$ 方格内。从 k 点和 n 点向上用比例尺量 64.30 米，得出 a、b 两点，再从 k 点和 l 点向右量 66.15 米，得出 c、d 两点。

2. 连接 c 点和 d 点，其交点即为控制点 A 在图上的位置。

3. 用同样方法将其他控制点展绘在图纸上。

二、校对

用比例尺量取相邻控制点之间的图上的距离，与已知距离进行比较，作为展绘控制点的检核，最大误差不应超过图上±0.3 毫米，否则控制点应重新展绘。

三、标注

当控制点的平面位置展绘在图纸上以后，按图式要求绘导线点符号并注记点号和高程，高程注记到毫米，以此作为铅笔原图。

训练检测

如何进行绘图前的准备？

任务六 视距测量

活动情景

多媒体教室、外业测量

任务要求

1. 掌握视距测量的基本原理；
2. 掌握进行外业视距测量的基本工具及使用方法；
3. 能够在场地中熟练进行视距测量；
4. 能够对外业工作做详细的记录，并可独立进行内业分析。

能力训练

通过图示和讲解领悟视距测量的原理，初步掌握视距测量的理论基础。能够熟练并正确运用测量所需的各种仪器，熟悉视距尺的刻划和注记形式，练习用十字丝横丝在视距尺上读数。经过外业的实地测量训练，掌握用普通视距测量法观测水平距离、高差的作业程序和计算方法。

基本任务

课题一　视距测量原理

一、在测绘地形图时，普遍采用视距测量方法

视距测量，即利用测量仪器望远镜中的视距丝并配合视距尺，根据几何光学及三角学原理，同时测定两点间的水平距离和高差的一种方法。

其特点为：此法操作简单，速度快，不受地形起伏的限制，但测距精度较低，一般可达 1/200，故常用于地形测图。

二、视距测量的基本环节

1. 工具：经纬仪、图板、塔尺、小钢尺、量角器、三棱尺、计算器、铅笔、橡皮等。

2. 人员：观测员、记录计算员、绘图员各 1 人，立尺员 2 人。

3. 步骤：

（1）安仪：在控制点 A 安置经纬仪，量取仪器高，精确到厘米，整半仪器。

（2）定向：后视（盘左瞄准）控制点 B，度盘置零。

（3）立尺：立尺员把塔尺立到地形、地貌特征点上。

① "地物" 取 "轮廓转折点"（如图 3-6-1 所示）。

② "地貌" 取 "地形线上坡度或方向变化点"。

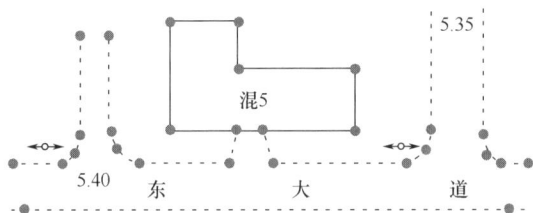

图 3-6-1　视距测量实例图

4. 观测：瞄准点 1 的塔尺，按下补偿器分别读取上、下丝之差，中丝读数，竖盘读数 L，水平角。

5. 记录、计算：记录上述观测值，按视距测量公式计算出点 1 的水平距离 D 和高程 H（如图 3-6-2 所示）。

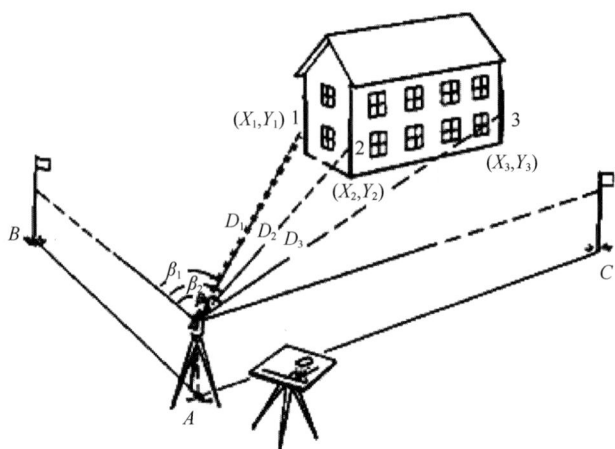

图 3-6-2 计算原理图

6. 展碎部点：在图纸上，按 β 和 D 定出点 1 的位置。

三、视距测量时的注意事项

首先，每次读数之前都要按下补偿器。

其次，读取上、中、下三丝读数时，要注意消除视差，视距尺要立直并保持稳定，上下丝估读到毫米、中丝读到厘米即可。

课题二　视线水平和倾斜测量的基本原理

视距测量如图 3-6-3 所示。

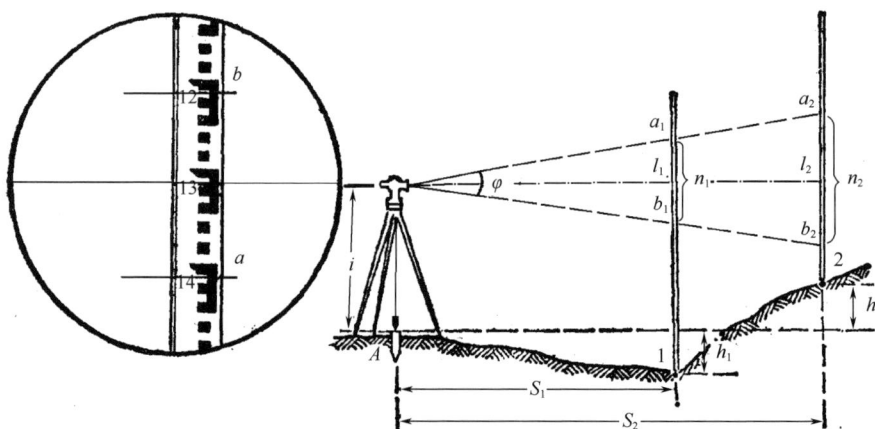

图 3-6-3　视距测量原理图

一、视线水平测量的基本原理

视线水平测量原理如图 3-6-4 所示。

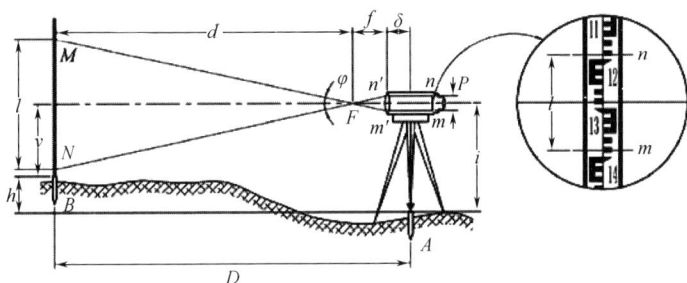

图 3-6-4 视线水平测量原理图

相关公式如下：

$$\begin{cases} D = K \cdot (n - m) \\ h_B = h_A + i - v \end{cases}$$

式中：K 取 100；$(n-m)$ 为上、下丝读数之差；i 为仪器高；v 为中丝读数。

测量方法：

第一，在地面上选定具有一定坡度且距离为 50~70 米的 A 和 B 两点。

第二，将水准仪安置于 A 点，量取仪器高 i，精确到厘米，整平仪器。

第三，瞄准视距尺，消除视差，按下补偿器读取上丝读数 n、下丝读数 m、中丝读数 v 并记载在记录本上。

第四，根据视距测量公式，计算 AB 之间的水平距离 $D = K \mid n - m \mid$ 其中 $K=100$，高差公式为 $h = i - v$。

第五，将仪器搬至 B 点安置，瞄准 A 点上的视距尺，以同样的方法观测和计算。

第六，若 A、B 往、返测距离的相对误差 $K \leqslant 1/300$，取平均值作为最后结果。否则，应重新观测。

二、视线倾斜测量的基本原理

视距公式：

因为

$$n' = n\cos\alpha$$

所以

$$S' = kn\cos\alpha$$

则

$$D = S'\cos\alpha = kn\cos^2\alpha$$

高差公式为

$$h_{AB} = D\tan\alpha + i - v$$

在地面起伏较大的地区进行视距测量时，必须使视线倾斜才能读取视距间隔，如图 3-6-5 所示。由于视线不垂直于视距尺，故不能直接应用上述公式。如果能将视距间隔 mn 换算为与视线垂直的视距间隔 $m'n'$，这样就可按公式计算倾斜距离 L，再根据 L 和竖直角 α 算出水平距离 D 及高差 h。因此，解决这个问题的关键在于求出 mn 与 $m'n'$ 之间的关系。

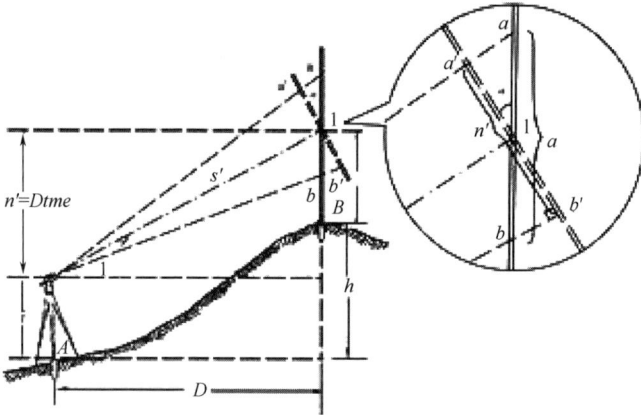

图 3-6-5 视线倾斜测量原理图

课题三 视距测量误差及其注意事项

一、视距尺分划误差

视距尺分划误差一般为 ±0.5 毫米，引起距离误差为 0.071 米。

二、常数 K 值的误差

K 值应在 100±0.1 之内，否则应该改正。

三、竖直角测量误差

略。

四、视距丝读数误差

视距丝读数误差是影响视距测量精度的重要因子，它与视距成正比，视距越远，误差越大。因此，视距测量中要根据测图对精度的要求限制最远视距。

五、外界气象条件对视距测量的影响

1. 大气折光。视线穿过大气时会产生折射，其光程由直线变成曲线，造成误差，由于视线靠近地面时折光大，所以规定视线应高出地面 1 米以上。

2. 大气湍流的影响。空气的湍流使视距成像不稳定，造成视距误差。此外，风和大气能见度对视距也会产生影响。

训练检测

1. 如何进行视距测量？
2. 视距测量的基本原理是什么？

任务七　果岭测量的方法

活动情景

高尔夫球场　外业测量

任务要求

1. 了解果岭测量的要点；
2. 掌握测量果岭速度的基本方法；
3. 能够分析在果岭速度测量时产生误差的原因；
4. 了解果岭测速仪的发展。

能力训练

掌握测量果岭的重要指标及基本单位；通过实地的实验讲解，掌握用果岭测速仪对果岭进行速度测量的方法，并学会分析计算实验结果；通过果岭速度测量的指标，能够对果岭质量进行有效的判定；通过果岭测速仪误差分析，能够在实验中加以修正，减少误差的产生。

课题一　果岭速度

一、果岭速度

果岭是高尔夫球场的核心，果岭的好坏直接影响球场品质，果岭速度则是衡量果岭质量的重要标准。果岭速度（green speed）指示了球在经过推击后，在果岭上所应该行进的速度。果岭速度是用 Stimp Rating（斯蒂姆指数或简称"斯蒂姆"）来衡量的。这个指数最早是由爱德华·斯蒂姆森（Edward Stimpson）开始使用的。不管是高尔夫球员，还是高尔夫球场管理者都应该认识到果岭球速是衡量球场质量的重要指标之一，而且是应该公布给打球者的。

二、为什么需要果岭测速仪

USGA 在介绍斯蒂姆果岭测速仪使用方法时有如下说明："无论是对不同的果岭，还是同一果岭的不同区域，若球的滚动速度有差异，将比粗糙的球道和杂乱的沙坑更削弱球员的打球能力。"换句话说，如果球在球场各个果岭上以不同的速度滚动，那么推击成功与否将更多取决于运气而非球员的技能。无论是草坪管理委员会、球场草坪总监，还是职业球员或普通业余球员，都希望球能在所有果岭上顺畅稳定地滚动，且速度能与果岭的形态和比赛的水平相当。1936 年以来，用斯蒂姆果岭测速仪测试是唯一的测量和验证上述果岭品质的方法。随着养护技术的提高，果岭的速度也在加快。目前，高尔夫球场的果岭速度在 7~10，举办赛事的球场果岭速度在 10~12，而举行大满贯赛（美国名人赛、美国公开赛、英国公开赛、美国 PGA 锦标赛）的球场果岭速度一般都在 13 以上，有的甚至超过 15。这些数字的得出就是依靠果岭测速仪。

三、果岭速度测量器的发明

1. 果岭速度测量器的起源。简单来讲，果岭速度测量器就是一个带"V 形"槽的铝合金体，长 91.44 厘米，通常呈绿色或灰白色，由爱德华·斯蒂姆森发明。他采用带凹槽的油画外框，并在上部制作了一个槽口，来放置高尔夫球。测速时，将其置于果岭较平坦的部分，然后以恒定的速度抬升带凹槽的一端，直到球从槽口滚下，然后以球滚动的距离来衡量果岭速度。采用测量球在果岭上滚动距离的方式，来比较不同果岭的相对速度和质量。滚动距离就是代表果岭速度的

"斯蒂姆值"。例如，滚动了 10 英尺，果岭速度就是 10。这种方法一直延续到现在。

2. 果岭测速仪的发展。多年后，爱德华认识了福兰克·托马斯（Frank Thomas）——美国高尔夫球协会（USGA）高级技术主管。福兰克以爱德华的发明为蓝本，将木制测速仪改为铝制，将滚动的槽道改为"V 形"槽，以增加稳定性，并将测量滚动距离改为英寸。

3. 斯蒂姆果岭测速仪测速原理。目前国内许多高尔夫球场都使用斯蒂姆果岭测速仪，常见的测试方式是在果岭的某个点上，向 2 个、4 个甚至多个方向滚动小球，计算其平均值（换算成英尺），得出果岭速度。此种方法在某些情况下能够相互抵消误差，得出更精确的数值。但在更多时候，因坡度、弹跳等原因，也会导致产生更大的误差。

课题二　果岭速度的测量

一、测定果岭球速所用的器材

测定果岭球速所用器材包括一个果岭测速器、三个高尔夫球、三个球座或小计分钉、一张记录纸和 3.7~4.6 米的测量尺。

二、测定步骤

1. 在果岭上选择一个 3 米×3 米见方的平坦区域。用一个简单的方法测试选择的区域是否平坦：将斯蒂姆果岭测速仪平放在果岭上，将高尔夫球放在"V 形"槽上，如果球滚动则说明该区域不平坦。

2. 斯蒂姆果岭测速仪的测量步骤：

（1）将一个球座插入选定区域的边缘，作为一个出发点。

（2）把测速器的底端放在斯蒂姆果岭测速仪带槽口的一端，将锥形端放置于球座旁，并将它对准球要滚动的方向。

（3）将球放在测速器上端的"V 形"槽中，测速器的底端固定不动，慢慢地抬起测速器上端，直至球开始从凹槽上滚落。一旦球开始滚落，保持测速仪不动，直至球滚到果岭表面上停止时，在该点插上球座作标记。

（4）拿尺量其长度，记录数据。

（5）再找两个球重复此项程序，注意保持锥形端在同一个点上。

（6）三个球滚动的距离差异不得超过 20 厘米，如果超过 20 厘米，则说明测试不准确，测速仪在测试过程中移动，高尔夫球损坏或质量较差，或其他存在的异常情况。无论出现哪种情况，都应重新进行测试。

（7）如果球滚动的距离差异在 20 厘米以内，则在三个停球的平均点上插入第二根球座，两个球座之间的长度则是第一次球滚动的平均距离。

（8）将第二根球座作为起点，第一根球座作为目标瞄准点，重复步骤（2）~（7），沿着相同的路线滚动三个球，但方向完全相反。

（9）重复步骤（6）和（7），测出第二次球滚动的平均距离。

（10）将这两次距离取平均值，换算成英尺，换算值即为该果岭的速度。

（11）记录测定的结果和计算情况，同时记录测定的时间、风向风速、天气和果岭的状况。

> 小贴士：
>
> 　　测定中选择平坦的果岭表面非常重要，但当在果岭上很难找到平坦的地方时，要测定有一定坡度的果岭的球速时，可采用如下方法：选择坡度均一的斜面，不能有凹凸；用果岭测速仪分别沿下坡和上坡两个方向各滚动高尔夫球三次，测量记录滚动的长度；用下列数学公式进行坡度偏差修正：
>
> $$GS(斜坡校正的果岭速度) = 2(Su \times Sd)/(Su + Sd)$$
>
> 式中：Su 为上坡向的球滚动距离；Sd 为下坡向的球滚动距离。

课题三　果岭测速的发展

一、斯蒂姆果岭测速仪存在的问题

近年来，在高尔夫技术领域工作的人员，感到斯蒂姆果岭测速仪越来越难以满足人们对精确测量果岭速度的需要，发现斯蒂姆测速仪在以下四个方面存在明显的问题：

1. 球表面圆形小凹口的作用。斯蒂姆果岭测速仪是一个直的、表面带有"V形"凹槽的长条铝棒，在靠顶端一侧表面有一个小的凹口；测量时将一粒球放在凹口上，然后将铝棒自同一末端缓缓抬起，直到球沿凹槽滚落到果岭表面。该仪器在设计时假定所有的高尔夫球都是圆的，且球面圆形小凹之间的部分是光滑平整的。球由于重力作用从凹口滚出时，铝棒抬起的高度和与地面的角度应该是相同的，这样它们离开铝棒滚上果岭的速度也是相同的。

随着高尔夫球的不断进化（在飞行状态和距离上不断得到改进），球表面圆形小凹口的面积不断增大，使得球表面没有小凹口的部分变得越来越窄，甚至消失。目前常用的高尔夫球放在斯蒂姆果岭测速仪上时，大多是靠表面小凹口（其边缘或是横过边缘的平点），而不是球形表面接触凹口的边缘。再加上小凹口的大小和形状不同，当球滚落时，测速仪被抬起的高度和角度由于球在凹口上的摆放位置不同而有所差异。

2. 弹跳。通常球开始滚落时斯蒂姆测速仪与地面的角度大约呈 20°，使得球不能顺滑地滚上果岭，而是在接触到果岭时弹跳一下。根据果岭的不同状况，球的弹跳会造成测量结果不一致，而且与真实的滚动速度无关。

3. 轨迹。斯蒂姆果岭测速仪需要在同一地点、同一方向连续测试三个球的滚动距离，首先滚过的球会在草皮表面轻微地划出一个轨迹，就像为后面的球铺出了一条路径。当下一个球沿该路径滚过后其滚动距离会略微长于前者，这也是导致测量出错误果岭速度的原因。

4. 坡度。使用斯蒂姆测速仪测量时，要求处在水平的果岭区域，但事实上任何果岭都不存在完全水平的区域，因为果岭需要利用坡度来达到排水的目的。从理论上讲，产生的误差彼此之间可以相互抵消，斯蒂姆果岭速度仍可以是精确的。但要真正做到这一点几乎是不可能的，同时使用斯蒂姆果岭测速仪的人们也不会意识到，各种各样的可能性会影响测量结果。

二、佩尔兹果岭测速仪的诞生

随着斯蒂姆果岭测速仪的广泛应用，它的一些缺陷也开始暴露，如球滚落的速度不一，球从"V形"槽滚到果岭时会弹跳，测试斜坡时误差较为明显等。

针对这些问题，前 NASA（美国航空航天局）雇员戴夫·佩尔兹（Dave Pelz）发明了佩尔兹果岭测速仪（Pelzmeter），避免或削弱了这些影响因素，使精确度大大提高。即使在斜坡上，通过内置的计算机芯片，也可以精确计算出果岭速度，误差仅为 1 英寸左右。

相比较而言，佩尔兹果岭测速仪精确度较高，但较为笨重，价格也较高，不如斯蒂姆果岭测速仪方便快捷，也尚未得到 USGA 的正式认可，美巡、欧巡等大型赛事的果岭速度仍以斯蒂姆果岭测速仪测试为准，国内球场可以根据不同的需要选择。

运用两种不同的方法测试果岭速度，同一果岭同一方法测试结果误差不超过 10%。

学习检测

运用两种不同的方法测试果岭速度，同一果岭同一方法测试结果误差不超过 10%。

任务八　高尔夫球场地形图绘制

多媒体教室

1. 掌握地形图绘制的要点；
2. 掌握地形图中地物、地貌的表示方法；
3. 掌握地形图的勾绘方法；
4. 学会地形图的拼接、检查与整饰。

通过学习地形图中地物、地貌的表示方法，能够准确地表现出高尔夫球场的地形地貌。根据地形图勾绘方法及拼接、检查与整饰方法，能够提高地形图绘制的准确度与清晰度。

课题一　地形图的勾绘

一、地形图的概念

地形图是按一定的比例尺，用规定的符号表示地物、地貌平面位置和高程的正射投影图。在地形图的勾绘中，地物、地貌的表示很重要。

二、地物注记

用文字、数字或特有符号对地物加以说明者，称为地物注记。

三、地貌符号——等高线

地貌是指地表面的高低起伏状态，包括山地、丘陵和平原等。测量工作中通常用等高线表示。

四、等高线的描绘

1. 首曲线。在同一幅图上，按规定的等高距描绘的等高线称首曲线，也称基本等高线。它是宽度为 0.15 毫米的细实线。

2. 计曲线。为了读图方便，凡是高程能被 5 倍基本等高距整除的等高线加粗描绘，称为计曲线。

3. 间曲线和助曲线。当首曲线不能显示地貌的特征时，按二分之一基本等高距描绘的等高线称为间曲线，在图上用长虚线表示。有时为显示局部地貌的需要，可以按四分之一基本等高距描绘等高线，称为助曲线，一般用短虚线表示。

五、等高线的特性

等高线具有以下特性：

第一，同一条等高线上各点的高程都相等。

第二，等高线是闭合曲线，如不在本图内闭合，则必在图外闭合。

第三，除在悬崖或绝壁处外，等高线在图上不能相交或重合。

第四，等高线的平距小表示坡度陡，平距大表示坡度缓，平距相等则表示坡度相等。

第五，等高线与山脊线、山谷线成正交。

课题二　地形图的绘制、拼接、检查与整饬

一、地物描绘

地物要用地形图图式规定的符号表示。房屋轮廓需用直线连接起来，而道路、河流的弯曲部分则逐点连成光滑的曲线。不能依比例描绘的地物，应用规定的非比例符号表示。

二、等高线勾绘

勾绘等高线时，首先用铅笔轻轻描绘出山脊线、山谷线等地形线，再根据碎部点的高程勾绘等高线。不能用等高线表示的地貌，如土堆、冲沟、雨裂等，应按图式规定的符号表示。

勾绘等高线时，要对照实地情况，先画计曲线，后画首曲线，并注意等高线通过山脊线、山谷线的走向。地形图等高距的选择与测图比例尺和地面坡度

有关。

三、地形图的拼接

地形图的拼接如图 3-8-1 所示。

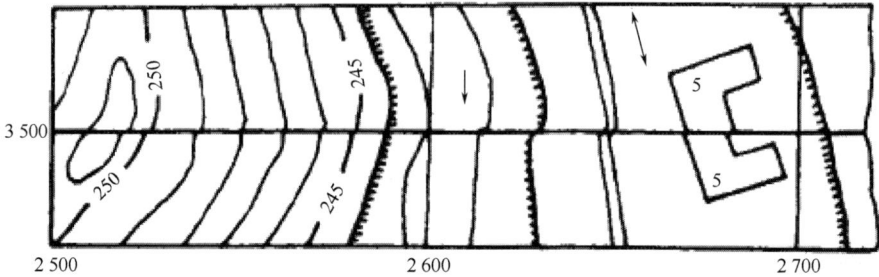

图 3-8-1　地形图的拼接

四、地形图的检查

1. 室内检查。室内检查的内容有：图上地物、地貌是否清晰易读；各种符号注记是否正确；等高线与地形点的高程是否相符，有无矛盾可疑之处；图边拼接有无问题；等等。如发现错误或疑点，应到野外进行实地检查修改。

2. 野外检查。在进行巡视检查时，应根据室内检查的情况，有计划地确定巡视路线，进行实地对照查看。主要检查：地物、地貌有无遗漏，等高线是否逼真合理，符号、注记是否正确，等等。

根据室内检查和巡视检查发现的问题，到野外设站检查，除对发现的问题进行修正和补测外，还要对本测站所在地形进行检查，看原测地形图是否符合要求。仪器检查量每幅图一般为 10% 左右。

五、地形图的整饬

整饬的顺序是先图内后图外，先地物后地貌，先注记后符号。图上的注记、地物以及等高线均按规定的图式进行注记和绘制。最后，应按图式要求写出图名、图号、比例尺、坐标系统及高程系统、施测单位、测绘者及测绘日期等。

示例：

中国沃尔沃预选赛第四站——秦皇岛阿那亚球场地形图如图 3-8-2 所示。北京市开赛决赛轮洞位图如图 3-8-3 所示。

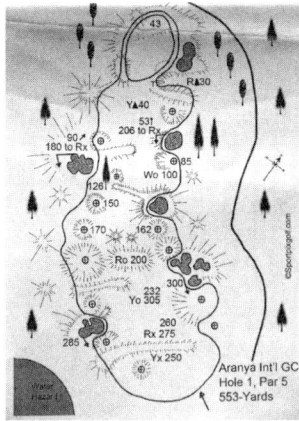

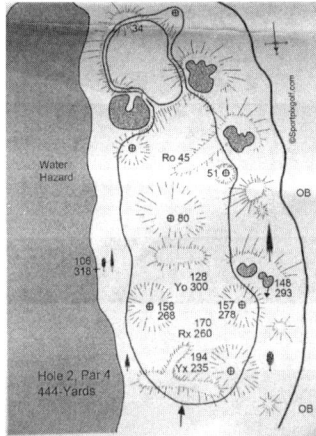

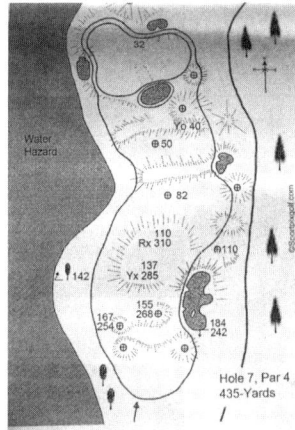

二、码数本图例认识

图 3-8-2 秦皇岛阿那亚球场地形图

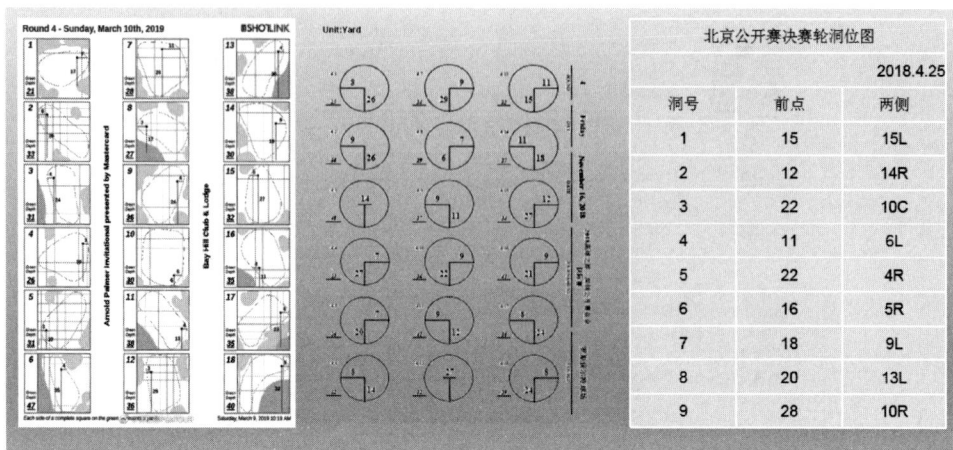

图 3-8-3　北京市开赛决赛轮洞位图

训练检测

给 3 杆、4 杆、5 杆洞各绘制一张地形图。

项目四　通晓裁判规则

❖ **项目描述**

通晓高尔夫球规则是每个球童必备的素质。如何能够更好地为球员服务？如何更好地利用规则提供帮助？如何避免无谓的处罚？这些问题是球童做好球员助手需着重考虑的问题，因此必须努力学习高尔夫球规则。本项目为学习者提供 2019 版本的《高尔夫球规则》。

❖ **学习目标**

掌握规则的全部内容，达到初级裁判员水平。

❖ **能力目标**

能够运用所学知识协助球员比赛，并指导球员进行高尔夫球运动。

任务一 达到初级裁判员的能力

活动情景

　　多媒体教室、高尔夫球场

任务要求

　　1. 掌握高尔夫球规则；
　　2. 了解当地规则。

能力训练

　　掌握高尔夫规则，达到初级裁判员的能力。

基本任务

课题一 球场礼仪

一、介绍

　　本章是为打高尔夫球过程中应当遵循的行为规范而制定的指导性规划。在高尔夫球场上，首要原则是任何时候都要为他人着想。

二、高尔夫球运动精神

　　绝大多数情况下，高尔夫球运动是在没有裁判员监督的情况下进行的。这项运动有赖于每一个参与者的诚实——具体表现为替其他球员着想和自觉遵守规则。不论比赛多么激烈，所有球员都应当自觉约束自己的行为，随时表现出礼貌谦让和良好的运动精神。这就是高尔夫球运动的精神。

三、安全

　　球员在击球或练习挥杆时，应确保旁边或球杆、球、石块、小石子、树枝等可能打到的地方无人站立。
　　在前面的球员还没有走出射程之前，球员不应当打球。

在击球可能会危及附近或前方的球场工作人员时，球员应及时对其进行提醒。

如果打球后球飞向可能击中别人的地方，球员应当立即高声喊叫进行警告。在该场合警告的惯用词是"看球！"（Fore！）

四、为其他球员着想

1. 不要干扰或影响他人。球员在球场上要始终为其他球员着想，不应以走动、讲话或制造不必要的声音等方式干扰他人打球。

球员应当确保自己带到球场的任何电子用品不会对其他球员造成干扰。

在发球区上，球员不应在轮到自己之前先行架球。

当其他人准备打球时，球员不应站在太靠近球的地方、球的正后方或球洞的正后方。

2. 在球洞区上。在球洞区上，球员不应站在其他球员的推击线上；当其他球员击球时，注意不要让自己的身影投射到其推击线上。

球员应当站在球洞区上或球洞区附近，直到本组其他球员全部击球进洞之后再离开。

3. 记分。比杆赛中，如有必要，为其他球员记分的球员应当在前往下一发球区的途中核对相关球员在刚打完的球洞的成绩并记录下来。

五、打球速度

1. 快速打球、跟上前组。球员应当保持良好的打球速度。委员会可以制定所有球员都应遵守的打球速度指南。

一组球员有责任跟上前组。如果他们落后前组一个球洞且耽误了后组，不论后组有几名球员，该组球员都应当请后组先行通过。即使一组球员没有落后前组一个球洞，但如果后组的打球速度明显更快，他们也应邀请打球速度较快的组先行通过。

2. 做好打球准备。在轮到自己打球时，球员应当尽快做好准备。在球洞区附近或在球洞区上打球时，球员应当把自己的球包或球车停放在适当的位置，使自己能够快速离开球洞区并尽快前往下一个球洞的发球区。当一个球洞的打球结束后，球员应当立即离开球洞区。

3. 遗失球。如果球员相信自己的球可能在水障碍区外遗失或出界，为了节省时间，他应当打一个暂定球。

一旦发现不太容易找到球，寻找球的球员应尽快发出信号，让后组球员先行通过。他们应在找球没有超过 5 分钟之前发出信号。允许后组先行通过后，在该组通过并走出球的射程之前，本组球员不应继续打球。

六、球场上的优先权

除非委员会另有规定，球场上的优先权由一组球员的打球速度决定。任何要打完全部一轮的组有权超越不打完全部一轮的组。"一组球员"包括单独一名球员。

七、对球场的保护

1. 沙坑。在离开沙坑前，球员应仔细平整好他在沙坑内造成的所有坑穴和足迹，以及其他人在附近造成的坑穴和足迹。如果沙坑附近有沙耙，应当使用沙耙进行平整。

2. 修复打痕、球痕和钉鞋造成的损伤。球员应认真修复任何由其造成的打痕和因球的冲击对球洞区造成的损伤（不论损伤是否由球本人造成）。在本组所有球员都完成一个球洞后，应当修复由高尔夫球钉鞋对球洞区造成的损伤。

3. 避免不必要的损伤。无论出于生气还是其他原因，球员都应避免在练习挥杆时削起草皮或把杆头砸入地面而对球场造成损伤。

在放置球包或旗杆时，球员应确保不对球洞区造成损伤。

为了避免对球洞区造成损伤，球员和球童不应站在离球洞过近的地方，在扶持旗杆或将球从球洞中取出时应小心谨慎。不应使用球杆的杆头从洞中取球。

在球洞区上，球员不应将身体倚在球杆上，在从球洞中取球时更应对此特别注意。

球员在离开球洞区之前应将旗杆小心地放回到球洞中。

4. 球员应严格遵守当地有关驾驶高尔夫球车的注意事项。

八、对违规的处罚

如果球员按照本章的指导行事，会使每个人都享受高尔夫球运动带来的乐趣。

如果有球员在一轮比赛过程中或者在一段时间内一直无视这些指导方针并损害了他人的利益，建议委员会考虑对违规球员采取适当的惩处措施。例如，可以在限定的时间内禁止其在该球场打球，或不允许他参加某些赛事。由于要保护大多数愿意按照上述原则行事的球员的利益，这种惩处措施是合理的。

在出现严重违反礼仪的行为时，委员会可以按照规则取消相关球员的比赛资格。

课题二　定义词汇

异常球场状况（*Abnormal Course Condition*）

"*异常球场状况*"指的是以下四种规则定义的状况之一：

动物的洞穴；

整修地；

不可移动妨碍物；或

临时积水。

助言（*Advice*）

"*助言*"指的是意图在以下几个方面影响球员的任何口头评论或行为（如展示刚才*击球*使用的球杆），包括：

选择球杆；

击球；

决定一洞或一*轮*比赛过程中如何打球。

但是*助言*不包括公开的信息，例如：

物体（如*球洞*、*推杆果岭*、*球道*、*罚杆区*、*沙坑*或其他球员的球）在*球场*上的位置；

从某一点到另一点的距离；或

规则。

动物（*Animal*）

"*动物*"指的是动物界任何活着的成员（人除外），包括哺乳动物、鸟、爬行动物、两栖动物和无脊椎动物（如蠕虫、昆虫、蜘蛛和甲壳动物等）。

动物的洞穴（*Animal Hole*）

"*动物的洞穴*"指的是由*动物*在地里所挖的任何洞穴，但同时被定义为*散置障碍物*的*动物*(如蠕虫或昆虫）所挖的洞穴除外。

*动物的洞穴*这个术语包括：

*动物*从洞里挖出的松散物体；

任何通往该洞穴的旧有足迹或痕迹；以及

任何因为*动物*在地下挖洞而导致地面产生的凸起或变化的区域。

球场区域（*Areas of the Course*）

"*球场区域*"指的是由规则划分的构成*球场*的以下五种区域：

普通区；

球员开始其比赛球洞时必须从其中打球的*发球区*；

所有的*罚杆区*；

所有的*沙坑*；以及

球员正比赛球洞的*推杆果岭*。

球标（Ball-Marker）

"球标"指的是拿起一个球之前用来*标记*此球所在位置的人工物品，例如球座、硬币、制作成*球标*的物品或其他小型装备。

当某条规则提及一个被移动的*球标*时，指的是放置在*球场*上*标记*一个已被拿起但尚未*放置*回原位的球的位置的*球标*。

界外标志（Boundary Object）

"界外标志"指的是标定或指示*界外*的人工物体，如墙壁、栅栏、立桩和栏杆。规则不允许从这里采取免罚补救。

*界外标志*包括界外栅栏的任何底座和立柱，但是不包括以下物体：

连接在墙壁或栅栏上的倾斜的支架或绳索；和

用来跨越该墙壁或栅栏的任何台阶、桥或类似的建筑物。

*界外标志*被视为不可移动的，即使它们可以移动，或者任何部分可以移动（参见规则8.1a）。

*界外标志*不是*妨碍物*，也不是*基本组成物*。

沙坑（Bunker）

"沙坑"指的是一个经过特别整理的、由沙子构成的区域。该区域多呈凹状，经去除草皮或泥土而成。

以下这些地方不属于*沙坑*：

位于整理区域边沿并由泥土、草、码放的草皮或人工物体构成的内缘或侧壁；

整理区域边沿以内的泥土或任何生长着的或连接着的自然物体（如草、灌木或树木）；

溢出或位于整理区域边沿之外的沙子；以及

球场上不在整理区域边沿内的其他所有由沙子构成的区域（如沙漠、其他自然沙地或有时被视为荒地的区域）。

"沙坑"是规则划分的五种*球场区域*之一。

委员会可以把一片整理过的由沙子构成的区域定义为*普通区*的一部分（这意味着它不是*沙坑*），也可以把一片未经整理的由沙子构成的区域定义为*沙坑*。

当某个*沙坑*正在修理而且委员会把它整个定义为*整修地*时，该*沙坑*被视为*普通区*的一部分（这意味着它已不是*沙坑*）。

本定义和规则12中使用的"沙子"一词包含任何用来作为*沙坑*材料的类似

沙子的物体（如碎贝壳），以及任何与沙子混合在一起的泥土。

球童（Caddie）

"球童"指的是一轮比赛中用以下方式帮助球员的人：

携带、运送或管理球杆：在比赛过程中携带、运送（如使用球车或手推车）或管理球员球杆的人是该球员的球童，即使他/她未被球员指定为其球童，但把球员的球杆、球包或球车挪开或出于礼貌而移动上述物品时（如拿球员落下的球杆）除外。

提供助言：除伙伴或伙伴的球童外，球员的球童是球员唯一可以征询助言的人。

球童也可以按照规则允许的其他方式帮助球员（参见规则10.3b）。

球杆长度（Club-Length）

"球杆长度"指的是球员在一轮比赛中［根据规则4.1b（1）的允许］所拥有的14支（或更少支）球杆里最长的那支球杆的长度，但推杆除外。

例如，如果某球员在一轮比赛中的最长的球杆（除了推杆外）是43英寸（109.22cm）的一号木，则该球员在这一轮比赛中的一个球杆长度就是43英寸。

球杆长度用来确定球员在各个球洞的发球区的范围，以及按照某条规则补救时确定球员补救区的范围。

委员会（Committee）

"委员会"指的是负责比赛或球场的一个人或一组人。

参见委员会的处置程序，第1部分（解释委员会的作用）。

影响击球的环境（Conditions Affecting the Stroke）

"影响击球的环境"（简称"击球环境"）指的是球员的静止中球的球位、预计站位区域、预计挥杆区域、打球线和球员将要抛球或放置球的补救区。

"预计站位区域"既包括球员将要摆放其双脚的位置，也包括可能适度影响球员准备和实施这次预计击球时摆放身体的方式和地点的整片区域。

"预计挥杆区域"包括可能适度影响预计击球动作的上杆、下杆或收杆部分的整片区域。

"球位"、"打球线"和"补救区"这些术语都有其各自的定义。

球场（Course）

"球场"指的是委员会设定的任何边界线以内的全部比赛区域：

位于边界线以内的所有区域都在界内，属于球场的一部分。

位于边界线以外的所有区域都在界外，不属于球场的部分。

边界线向地面上空和地面下方两个方向延伸。

球场由规则划分的五个球场区域构成。

抛（球）（Drop）

"抛（球）"指的是出于让一个球进入*比赛状态*的意图，用手持球并松手使其经过空中落下。

如果球员松手让一个球落下但却无意使其进入*比赛状态*，则他/她没有*抛球*，这个球也没有进入*比赛状态*(参见规则 14.4)。

各条补救规则均指出了特定的*补救区*，球必须被*抛*在并静止在其中。

采取补救时，球员必须从其膝盖高度的位置松手，以便让这个球：

垂直落下，但球员不得扔掷、转动或滚动这个球，也不得使用其他可能影响这个球静止地点的动作；而且在碰到地面之前不触及该球员身体的任何部位和装备(参见规则 14.3b)。

陷入地面（Embedded）

"陷入地面"指的是球员的球位于他/她上一次*击球*造成的落痕内，并且球体有一部分低于地面高度。

一个球不一定非要触及泥土才能被视为*陷入地面*(例如在球和泥土之间可能会夹有草和*散置障碍物*)。

装备（Equipment）

"装备"指的是球员或其*球童*使用、穿着、手持或携带的任何物品。

用于维护球场的物品，例如沙耙，只有当它们被球员或*球童*持在手中或携带时，才属于装备。

装备规则（Equipment Rules）

"装备规则"指的是球员在一轮比赛中允许使用的球杆、球以及其他装备的规格和其他规定。有关*装备规则*可以在网址 RandA. Org/Equipment Standards 查询。

旗杆（Flagstick）

"旗杆"指的是委员会提供的一根可移动的杆子，它插在*球洞*中用来向球员指示*球洞*的位置。旗杆包括旗布和任何其他连接在这根杆子上的材料或物品。

*装备规则*里指出了对*旗杆*的规定。

四球赛（Four-Ball）

"四球赛"是一种赛制，每一方均由两名*伙伴*组成参赛，但每名球员只打自己的球。一个球洞中，两名*伙伴*中杆数较少的那个人的成绩就是这一方在这个洞的成绩。

四球赛可以是两名*伙伴*组成的一方与另两名*伙伴*组成的另一方之间的*比洞赛*，也可以是两名*伙伴*组成的多方之间的*比杆赛*。

四人两球赛（也称作轮换击球赛）（Foursomes / Alternate Shot）

"四人两球赛"是一种赛制，由两名*伙伴*组成一方参与比赛，在各球洞两人以轮换顺序打一个球。

四人两球赛可以是两名*伙伴*组成的一方与另两名*伙伴*组成的另一方之间的*比洞赛*，也可以是两名*伙伴*组成的多方之间的*比杆赛*。

普通区（General Area）

"普通区"指的是除了以下四种规则划分的*球场区域*之外的所有*球场*部分：

球员开始各比赛球洞时必须从其中打球的*发球区*；

所有的*罚杆区*；

所有的*沙坑*；

球员正比赛球洞的*推杆果岭*。

普通区包括：

球场上除*发球区*以外的所有其他开球位置；以及

所有的*错误果岭*。

一般性处罚（General Penalty）

"一般性处罚"指的是*比洞赛*中的该洞负或*比杆赛*中的罚2杆。

整修地（Ground Under Repair）

"整修地"指的是*委员会*标定为*整修地*的任何*球场*部分（无论是通过标记还是其他方式）。任何被标定的*整修地*均包括：

该标定区域边沿内的所有地面；以及

生根于该标定区域内的任何草、灌木、树，或其他生长着的或连接着的自然物体，包括这些物体延伸至地面上空并处在该标定区域边沿之外的任何部分，但不包括任何连接于或低于该标定区域边沿之外的地面部分（如树根）。

即使*委员会*没有如此标定，*整修地*也包括：

*委员会*或草坪人员在以下场合制造的任何洞穴：

▶设置球场(如移走立桩后留下的洞穴，或双果岭上为另一个球洞的比赛而设的*球洞*)；或

▶维护球场(如移走草皮或树桩、或铺设管道时造成的洞穴，但不包括透气孔)。

▶堆积起来打算以后移走的草屑、树叶或任何其他物体。但是：

▶任何堆积起来打算移走的自然物体同时也是*散置障碍物*；而且

▶如果*委员会*没有如此标定，弃置在球场上不打算移走的任何物体都不是*整修地*。

靠近球员的球以至该球员的*击球*或*站位*可能将其毁坏的任何*动物*的栖息场所（如鸟巢），但是被定义为*散置障碍物*(例如蠕虫或昆虫）的*动物*所制造的栖

息场所除外。

*整修地*的边沿应当用立桩、线或客观特征予以标定：

立桩：当用立桩标定时，*整修地*的边沿由这些立桩在地面高度外侧点之间的连线决定，这些立桩本身位于*整修地*内。

线：当用地面上的喷线标定时，*整修地*的边沿就是这条线的外侧边缘，这条线本身位于*整修地*内。

客观特征：当用客观特征（例如花坛或苗圃）标定时，委员会应当指出如何标定这个*整修地*的边沿。

当用线或客观特征标定*整修地*的边沿时，可以使用立桩指示*整修地*的位置，但这些立桩没有其他意义。

球洞（Hole）

"*球洞*"指的是正比赛球洞的*推杆果岭*上的结束地点：

*球洞*的直径必须为 $4\frac{1}{4}$ 英寸（108mm），深度至少为 4 英寸（101.6mm）。

如果使用衬筒，衬筒的外壁直径不得超过 4.25 英寸（108mm）。除非土质状况要求衬筒距离表面更近一些，否则它必须至少沉入*推杆果岭*表面以下 1 英寸（25.4mm）。

在规则中，当不用斜体字的形式表示定义时，"*球洞*"（或洞）一词表示把特定的*发球区*、*推杆果岭*和*球洞*联系在一起的*球场*的一个部分。一个*球洞*的比赛开始于*发球区*，当球在*推杆果岭*上进洞后（或者规则另行规定该洞已完成后）结束。

进洞（Holed）

当一个球在*击球*后静止在*球洞*内，并且整体都在*推杆果岭*表面以下时，这个球即"*进洞*"。

当规则里提及"*击球进洞*"时，其意思是球员的球*进洞*。

球倚靠*球洞*内的*旗杆*静止的特殊状况，参见规则 13.2c（如果球的任何一部分低于*推杆果岭*表面以下，这个球即被视为*进洞*）。

优先权（Honour）

"*优先权*"指的是一名球员首先从*发球区*打球的权利（参见规则 6.4）。

不可移动妨碍物（Immovable Obstruction）

"*不可移动妨碍物*"指的是符合以下条件的任何*妨碍物*：

不过分费力或不造成该妨碍物或球场的损坏即无法移动；并且

在其他方面不符合*可移动妨碍物*的定义。

任何*妨碍物*，即使它符合*可移动妨碍物*的定义，委员会也可将其定义为*不可移动妨碍物*。

改善（Improve）

"改善"指的是改变一种或多种*击球环境*，或改变影响打球的其他客观环境，使球员的*击球*获得潜在的利益。

比赛状态/比赛中（In Play）

"比赛状态/比赛中"指的是球员的球位于*球场*上并且正在一洞比赛过程中被使用的状态：

以下情况下，球在一个球洞开始进入*比赛状态*：

▶球员从*发球区*内*击打*这个球；或

▶*比洞赛*中，球员从*发球区*外*击打*这个球，但是*对手*没有按照规则6.1b取消这次*击球*。

这个球在*进洞*之前一直处于*比赛状态*。但发生以下情况之一后，它即脱离*比赛状态*：

▶它被人从*球场*拿起；

▶它*遗失*(即使静止在球场上)或静止在*界外*；或

▶它被另一个球替换(即使规则不允许)。

没有处于*比赛状态*的球是*错球*。

球员在任何时间都不得有多于一个*比赛中球*。（关于球员可以在同一时间于一个球洞打多个球的有限状况，参见规则6.3d。）

当规则提及一个静止中球或运动中球时，其意思是这个球处于*比赛状态*。

当用*球标*标记一个*比赛中球*的地点时：

如果这个球尚未被拿起，它仍处于*比赛状态*；此外

如果这个球被拿起并放置回原位，即使还未移走*球标*，它也处于*比赛状态*。

基本组成物（Integral Object）

"基本组成物"指的是被*委员会*界定为球场挑战性的一部分而不允许从此处采取免罚补救的人工物体。

*基本组成物*被视为不可移动的（参见规则8.1a）。但是，如果某个*基本组成物*的一部分（如一扇大门、门或被固定缆线的一部分）符合*可移动妨碍物*的定义，这部分即被视为*可移动妨碍物*。

被*委员会*定义为*基本组成物*的人工物体既不是*妨碍物*，也不是*界外标志*。

知道或几乎肯定（Known or Virtually Certain）

"知道或几乎肯定"指的是判定球员的球发生过什么的标准。例如，这个球是否进入并静止在*罚杆区*内，它是否*移动*了或什么导致了它的*移动*。

"知道或几乎肯定"意味着比可能或大概更加肯定。它的意思是以下两种情形之一：

有确凿的证据表明所涉及的事件发生在球员的球上，例如球员或其他证人看到了该事件发生；或

尽管仍存有非常小的不确定性，但所有可以合理获得的信息都显示所涉及的事件至少有95%的可能发生了。

"所有可以合理获得的信息"包括球员知道的所有信息和他/她通过适当努力并且无须过度延误即能获得的所有其他信息。

球位（Lie）

"球位"指的是一个球静止的位置，以及任何触及或紧靠这个球的生长着的或连接着的自然物体、不可移动妨碍物、基本组成物或界外标志。

散置障碍物和可移动妨碍物不属于球位的一部分。

打球线（Line of Play）

"打球线"指的是球员希望击球之后这个球运动的线路，包括该线路向地面上空及其两侧延伸的适当距离所构成的区域。

打球线不一定是两点之间的直线（例如，根据球员希望球运动的路线，它可能是一条曲线）。

散置障碍物（Loose Impediment）

"散置障碍物"指的是任何没有与其他物体相连的自然物体，例如：

石头、散落的草、树叶、树枝和树杈；

死去的动物和动物的粪便；

蠕虫、昆虫和类似的可以被轻易移走的动物，以及它们制造的土堆或结下的网（如蠕虫的排泄物和蚁丘）；以及

结实的土块（包括透气作业产生的泥芯）。

上述自然物体在以下情况下不是散置的：

仍与某物体连接着的或正在生长着的；

牢固地嵌入了地面（也就是不能被轻易取出）；或

粘附在球上。

特殊情况：

沙子和松散的泥土不是散置障碍物。

露水、霜和水不是散置障碍物。

雪和自然冰（不包括霜）可以是散置障碍物，当其位于地面上时也可以是临时积水，球员具有选择权。

蜘蛛网是散置障碍物，即使与其他物体相连也仍然如此。

遗失（Lost）

"遗失"指的是一个球在球员或其球童(或球员的伙伴或伙伴的球童)开始

找球后 3 分钟内未找到它的状态。

如果找球过程开始后又因合理原因而临时中断（例如比赛暂停后球员停止找球，或球员需要站在一边等待另一名球员打球），或者球员误认了一个*错球*，则：

从中断找球到恢复找球的这段时间不计入其中；而且

把中断前和恢复后的找球时间合起来，允许找球的时间总计 3 分钟。

标记（Mark）

"*标记*"指的是通过以下两种方式之一指示一个球静止后的位置：

在紧靠这个球后或球旁边放置一个*球标*；

将球杆置于紧靠这个球后或球旁边的地面上。

*标记*是为了指示一个球被拿起后必须*放置*回原位的位置。

记分员（Marker）

"*记分员*"指的是*比杆赛*中负责在球员的*记分卡*上记录成绩并证明该*记分卡*的人员。*记分员*可以是另一名球员，但不能是*伙伴*。

*委员会*可以指明谁是球员的*记分员*，也可以告诉球员如何选择一名*记分员*。

比洞赛（Match Play）

"*比洞赛*"是一种赛制，由一名球员或一方在一轮或数轮面对面的比赛中直接对抗一名*对手*或另外一方。在这种赛制中：

一名球员或一方如果用较少的杆数（包括*击球*次数和罚杆）完成一洞，即赢得该洞；以及

一名球员或一方如果领先*对手*或另外一方的洞数多于尚未打的洞数，即赢得该场比赛。

*比洞赛*有个人赛（一名球员直接对抗一名*对手*）、三球赛或两方（每一方两名*伙伴*）之间的*四人两球赛*或*四球赛*形式。

封顶赛（Maximum Score）

"*封顶赛*"是一种*比杆赛*赛制，*委员会*为一名球员或一方在一洞的杆数（包括*击球*次数和任何罚杆）设定了上限（封顶杆数），如两倍标准杆，某个固定的杆数或净杆双波基等。

可移动妨碍物（Movable Obstruction）

"*可移动妨碍物*"指的是不费力即可移动而且不会损坏该*妨碍物*或球场的*妨碍物*。

如果一个*不可移动妨碍物*或*基本组成物*有一部分（如一扇大门、门或被固定缆线的一部分）符合上述两个标准，这一部分被视为*可移动妨碍物*。

但是，如果一个*不可移动妨碍物*或*基本组成物*的可移动部分不打算被人移

动，上述规定即不适用（如原属石墙一部分的一块松动的石头）。

即使某个*妨碍物*是可移动的，委员会也可以将其定义为*不可移动妨碍物*。

移动（*Moved*）

"*移动*"指的是一个静止中球离开其初始位置并静止在任何其他位置，而且肉眼可以看到这个现象（无论是否有任何人实际看到）。

无论这个球是从初始位置上升、下降，还是在任何方向上水平移开，上述解释均适用。

如果这个球只是摇晃，但仍停在其初始位置或者又回到其初始位置，则这个球没有*移动*。

自然力（*Natural Forces*）

"*自然力*"指的是诸如风、水或者因重力而使一些事情没有明显原因就发生了的自然效应。

最近完全补救点（*Nearest Point of Complete Relief*）

"*最近完全补救点*"指的是从*异常球场状况*（规则 16.1）、*危险动物情景*（规则 16.2）、*错误果岭*（规则 13.1f）或*禁打区*（规则 16.1f 和 17.1e）采取免罚补救，或者按照某当地规则采取补救时的参考点。

它是一个估计点，如果球在该点将符合以下所有条件：

离球的初始位置最近，但是不比初始位置更靠近*球洞*；

位于规定的*球场区域*内；以及

用假设该状况不存在时球员将从球的初始位置使用的*击球*方式进行衡量，该状况不再对这次*击球*构成妨碍。

估计这个参考点要求球员确认这次*击球*原本要选择使用的球杆、*站位*、挥杆和*打球线*。

球员不必实际*站位*并用所选择的球杆挥杆来模拟这次*击球*，尽管通常建议他/她这样做以便准确估计参考点。

*最近完全补救点*仅与采取补救的具体状况相关，它所在的位置可能会存在其他妨碍，此时要按照以下方式处理：

如果球员采取补救后又受到另一个允许采取补救的状况的妨碍，他/她可以再次采取补救，从这个新的状况再确认一个新的*最近完全补救点*。

对各个状况必须分开采取补救，除非从各个状况都采取独立补救之后可以合理地得出结论——继续这样做将导致这两种状况持续相互构成妨碍，此时球员可以针对这两种状况确定*最近完全补救点*，然后在此基础上同时从两种状况采取补救。

禁打区（*No Play Zone*）

"*禁打区*"指的是委员会禁止打球的*球场部分*。禁打区必须被标定为*异常球*

*场状况*或*罚杆区*的一部分。

委员会可以出于任何原因使用*禁打区*，例如：

保护野生动物、动物栖息地，以及环境敏感区域；

防止损毁幼树、花坛、苗圃、重铺草皮区域或其他种植区域；

保护球员免遭危险；以及

保护历史或文化古迹。

委员会应当用线或者立桩标定*禁打区*的边沿，这些线或立桩（或这些立桩的顶端）应当辨别*禁打区*不同于不含*禁打区*的常规*异常球场状况*或*罚杆区*。

妨碍物（*Obstruction*）

"*妨碍物*"指的是除*基本组成物*和*界外标志*之外的任何人工物体。

*妨碍物*的例子：

人工表面的道路和通道，包括其人工边缘；

建筑物和避雨亭；

喷灌头、排水道、灌溉箱或控制箱；

立桩、墙、栏杆和栅栏（但用以标定或指示*球场*的边界线时，它们属于*界外标志*而非*妨碍物*）；

高尔夫球车、剪草机、汽车和其他车辆；

垃圾箱、路标和长凳；

球员的*装备*、*旗杆*和沙耙。

*妨碍物*包括*可移动妨碍物*和*不可移动妨碍物*两种形式。如果一个*不可移动妨碍物*有一部分（例如一扇大门、门或被固定缆线的一部分）符合*可移动妨碍物*的定义，这一部分被视为*可移动妨碍物*。

参见委员会的处置程序，第8部分；当地规则范本F-23（委员会可以采用当地规则，把某些*妨碍物*定义为临时不可移动*妨碍物*并执行专门的补救处置程序）。

对手（*Opponent*）

"*对手*"指的是一场比赛中球员对抗的另一个人。"*对手*"这个术语仅用在*比洞赛*中。

外部因素（*Outside Influence*）

"*外部因素*"指的是以下任何对球员的球、*装备*或*球场*产生影响的人或物体：

任何人（包括其他球员），除了球员本人、球员的*球童*、球员的*伙伴*或*对手*或他们的*球童*；

任何*动物*；以及

任何自然的或人工的物体，或者任何其他物体（包括另一个运动中球），但自然力除外。

界外（出界）(Out of Bounds)

"*界外*"指的是位于委员会标定的*球场*边界线以外的所有区域。在该边界线以内的所有区域均属于界内。

球场的边界线既向地面上空延伸，也向地面下方延伸：

这意味着在边界线以内的所有地面和任何其他物体（例如任何自然的或人工的物体），无论其在地表面上、地表面上空还是地表面下方，都位于界内。

如果某物体同时位于边界线之内和之外（例如搭在界外栅栏上的台阶，或者根部在边界线之外但一些枝干伸进了边界线之内（或者相反）的树），只有位于边界线以外的部分才位于*界外*。

应该用*界外*标志或线标定边界线：

界外标志：当用立桩或栅栏标定时，边界线由这些立桩或栅栏立柱（不包括倾斜的支架）在地面高度*球场*一侧的点之间的连线决定，这些立桩或栅栏立柱本身位于*界外*。

当用诸如墙等其他物体标定时，或者当委员会希望用其他方式处理界外栅栏时，委员会应当标定边界线。

线：当用地面上的喷线标定时，边界线就是这条线在*球场*一侧的边缘，这条线本身位于*界外*。

当用地面上的线标定边界线时，可以使用立桩指示边界线的位置，但这些立桩没有其他意义。

界外立桩或边界线应当是白色的。

标准杆比赛/波基比赛 (Par/Bogey)

"*标准杆比赛/波基比赛*"是一种*比杆赛*赛制，它以*比洞赛*的记分方式记录成绩：

球员或一方完成一洞的杆数（包括*击球次数*和任何罚杆），少于或多于委员会为这个洞设定的固定目标杆数时，他/她相应地在该洞胜或负；以及

球员或一方胜的洞数和负的洞数之差（即胜的洞数再减去负的洞数）最高者赢得比赛。

伙伴 (Partner)

"*伙伴*"指的是在*比洞赛*或*比杆赛*中，与另一名球员作为一方一起比赛的球员。

罚杆区 (Penalty Area)

"*罚杆区*"指的是球员的球静止在其中后允许罚1杆补救的区域。

*罚杆区*包括：

*球场*上的任何水域（无论是否被*委员会*标记），包括海、湖、池塘、河、沟渠、地表排水沟或其他公开水域（即使其中没有水）；以及

任何其他被*委员会*标定为*罚杆区*的*球场*部分。

*罚杆区*是规则划分的五种*球场区域*之一。

*罚杆区*分为两种，可以用标记的颜色进行区分：

黄色*罚杆区*（用黄线或黄桩标记）为球员提供了两种补救选项［规则 17.1d（1）和（2）］。

红色*罚杆区*（用红线或红桩标记）在黄色*罚杆区*可用的两种补救选项的基础上，又增加了额外的一个侧面补救选项［规则 17.1d（3）］。

如果*委员会*没有标记或指出某个*罚杆区*的颜色，该*罚杆区*被视为红色*罚杆区*。

*罚杆区*的边沿既向地面上空延伸，也向地面下方延伸：

这意味着在边沿以内的所有地面和任何其他物体（如任何自然的或人工的物体），无论其在地表面上、地表面上空还是地表面下方，都是*罚杆区*的一部分。

如果某物体同时位于边沿之内和之外［如*罚杆区*上方的桥，或者根部在边沿之内但一些枝干伸出了边沿之外（或者相反）的树］，只有位于边沿以内的部分才是这个*罚杆区*的一部分。

*罚杆区*的边沿应当用立桩、线或客观特征予以标定：

立桩：当用立桩标定时，*罚杆区*的边沿由这些立桩在地面高度外侧点之间的连线决定，这些立桩本身位于*罚杆区*内。

线：当用地面上的喷线标定时，*罚杆区*的边沿就是这条线的外侧边缘，这条线本身位于*罚杆区*内。

客观特征：当用客观特征（如海滩、沙漠或挡土墙）标定时，*委员会*应当指出如何标定这个*罚杆区*的边沿。

当用线或客观特征标定*罚杆区*的边沿时，可以使用立桩指示*罚杆区*的位置，但除此之外这些立桩没有其他意义。

如果*委员会*没有标定某片水域的边沿，这个*罚杆区*的边沿由其自然边界决定（即地面向下倾斜形成蓄水凹陷的地方）。

如果某片公开水域涵盖没有水（如除雨季外平时保持干润的排水沟或径流区），*委员会*可以将这片区域标定为普通区的一部分（这意味着它不是*罚杆区*）。

最大可用补救点 (Point of Maximum Available Relief)

"*最大可用补救点*"指的是对*沙坑*内的*异常球场状况*（规则 16.1c）或*推杆果岭*上的*异常球场状况*（规则 16.1d）采取免罚补救时，当没有*最近完全补救点*

时的一个参考点。

它是一个估计点，如果球在该点将符合以下所有条件：

离球的初始位置最近，但是不比初始位置更靠近*球洞*；

位于规定的*球场区域*内；以及

用假设该状况不存在时球员将从球的初始位置使用的*击球*方式进行衡量，此*异常球场状况*对这次*击球*构成的妨碍最小。

估计这个参考点要求球员确认这次*击球*原本要选择使用的球杆、*站位*、挥杆和*打球线*。

球员不必实际*站位*并用所选择的球杆挥杆来模拟这次*击球*，尽管通常建议他/她这样做以便准确估计参考点。

可以通过比较对*球位*、球员的预计*站位*区域和预计挥杆区域以及*打球线*（仅适用于*推杆果岭*上）的相对妨碍程度找到*最大可用补救点*。以从*临时积水*采取补救为例：

*最大可用补救点*可能是这样一个位置：如果在这里补救，球所在位置的水比球员站立所在位置的水更浅（对*站位*的影响大过对*球位*和挥杆的影响）；或，球所在位置的水比球员站立所在位置的水更深（对*球位*和挥杆的影响大过对*站位*的影响）。

在*推杆果岭*上，*最大可用补救点*可能要根据这样一条*打球线*进行确定：在这里补救，球需要滚过*临时积水*最浅或最短的地方。

暂定球 *(Provisional Ball)*

"暂定球"指的是球员刚打的球可能出现以下状况之一时打的另一个球：

出界；或

在*罚杆区*外遗失。

除非暂定球按照规则 18.3c 的规定成为*比赛中球*，否则它不是球员的*比赛中*球。

推杆果岭 *(Putting Green)*

"*推杆果岭*"指的是球员正比赛球洞的一片区域，该区域：

特别为推击准备；或

被委员会标定为*推杆果岭*（例如使用临时果岭的场合）。

一个球洞的*推杆果岭*包含了球员试图把球打进去的*球洞*。

*推杆果岭*是规则划分的五个*球场区域*之一。所有其他球洞（球员此时不在此打球）的推杆果岭都是*错误果岭*，属于*普通区*的一部分。

*推杆果岭*的边沿由这个特别准备的区域可以看到的起始处决定（例如此处的草已经明显被剪至可以指示边沿的程度），但委员会用其他方式（例如使用线

或点）标定边沿时除外。

如果两个不同的球洞使用双果岭：

打每个洞时，整个这片包含两个*球洞*的准备区域被视为*推杆果岭*。

但是，*委员会*可以标定一条边沿，将这个双果岭分为两个不同的*推杆果岭*。这样一来，当球员打其中一个球洞时，这个双果岭为另一个球洞所使用的部分就是一个*错误果岭*。

裁判员（*Referee*）

"*裁判员*"指的是*委员会*指定判定事实问题并执行规则的官员。

参见委员会的处置程序，第 6C 部分（解释*裁判员*的职责和授权）。

补救区（*Relief Area*）

"*补救区*"指的是球员按照某条规则采取补救时必须在其中*抛球*的区域。每条补救的规则都要求球员使用一个特定的*补救区*，其范围和位置根据以下三个因素确定：

参考点：从这个点开始测量的*补救区*范围。

从参考点测量的补救区范围：*补救区*是从参考点开始的一个或两个*球杆长度*，但有以下限制：

补救区的位置限制：*补救区*的位置可能受到一个或多个方面的限制，例如：

● 它只能在某些规则划分的*球场区域*，例如只能在*普通区*，或者不能在*沙坑*和*罚杆区*内；

● 它不能比参考点更靠近球洞，或者它必须在正从中采取补救的*罚杆区*或*沙坑*之外；或

● 此处不再受到正从中补救的状况的妨碍（按照相应规则的规定）。

使用*球杆长度*决定*补救区*的范围时，球员可以直接穿越沟渠、洞穴或类似物体进行测量，也可以直接穿越或穿过某个物体（如树、栅栏、墙壁、涵洞、排水道或喷灌头）进行测量，但不允许穿过自然起伏的地面进行测量。

参见委员会的处置程序，第 2I 部分（委员会可以选择允许或要求球员在采取某些补救时使用抛球区作为*补救区*）。

放置回（原位）（*Replace*）

"*放置回（原位）*"指的是把一个球放下然后松手，其意图是使这个球进入*比赛状态*。

如果球员把一个球放下，但是并没有使其进入*比赛状态*的意图，则这个球没有被*放置回*原位，亦没有处于*比赛状态*（参见规则 14.4）。

任何时候，当某条规则要求把一个球*放置回*原位时，由这条规则指出必须把这个球*放置回*原位的具体位置。

（一）轮（*Round*）

"（一）轮"指的是按照委员会设定的顺序所打的 18 个或更少数目的球洞。

记分卡（*Scorecard*）

"记分卡"指的是*比杆赛*中记录球员各洞成绩的文件。

记分卡可以用委员会批准的任何纸质或电子形式，但要具有以下功能：

可以记录球员在各洞的成绩；

如果是差点比赛，可以记录球员的差点；并且

经委员会批准，通过物理签名或者电子确认的方式，*记分员*和球员可以证明卡上的成绩，差点比赛中球员可以证明他/她的差点。

*比洞赛*不要求使用*记分卡*，但是球员可以用它帮助自己记录比赛的成绩。

严重违规（*Serious Breach*）

"严重违规"指的是*比杆赛*中当球员从*错误的地方*打球后，与在正确的地方*击球*相比，他/她获得了重大利益。

在进行比较以决定是否存在*严重违规*时，要考虑的因素包括：

这次*击球*的难度；

球和*球洞*之间的距离；

打球线上的障碍物存在的影响；以及

*击球*环境。

*严重违规*的概念不适用于*比洞赛*，因为*比洞赛*中如果球员从*错误的地方*打球，他/她将在该洞负。

（一）方（*Side*）

"（一）方"指的是在一轮*比洞赛*或*比杆赛*中作为单一组合参加比赛的两名或更多名*伙伴*。

无论每一位*伙伴*是打他/她自己的球（*四球赛*），还是*伙伴*们只打一个球（*四人两球赛*），每一组*伙伴*均为一方。

一方不同于一支队伍（团队）。*团体赛*中，各支队伍由多名球员组成，这些球员可单独参赛，或者组成若干方参赛。

定分式比赛（*Stableford*）

"定分式比赛"是一种*比杆赛*赛制，它具有以下特点：

一名球员或一方在一个洞的成绩按照得分计算，该得分通过比较球员或一方在该洞的杆数（包括*击球*次数和罚杆）和委员会为该洞所设定的固定目标杆数而得出；并且

以最多的分数完成所有*轮次*的球员或一方在该比赛中获胜。

站位（Stance）

"*站位*" 指的是球员在准备*击球*和*击球*时双脚和身体摆放的位置。

击球/击打（Stroke）

"*击球/击打*" 指的是为击打球而使球杆向前的运动。

但以下情况不算作一次*击球*：

如果球员在下杆过程中决定不击打这个球，并在杆头到达球之前有意将其停住，或者在无法停下来的时候有意错过球，以避免击中这个球。

如果球员在试挥或准备*击球*时不小心击中了这个球。

当规则提及"打球（playing a ball）"时，其意思等同于"*击球*（making a *stroke*）"。

球员在一洞或一轮的成绩用击球的次数（中文也常称作"杆数"）描述，它既包括*击球*次数，也包括任何罚杆（参见规则 3.1c）。

一杆加距离（Stroke and Distance）

"*一杆加距离*" 指的是球员按照规则 17、18 或 19 采取补救时从上一次*击球*的地方打一个球的处置程序和处罚（参见规则 14.6）。

一杆加距离这个术语的意思是球员要同时：

被罚 1 杆；并且

损失从上一次向*球洞*方向*击球*所获得的任何距离上的利益。

比杆赛（Stroke Play）

"*比杆赛*" 是一种赛制，由一名球员或一方对抗比赛中所有其他的球员或参赛方。

在常规*比杆赛*赛制中（参见规则 3.3）：

一名球员或一方在一轮比赛的成绩是其在各个球洞击球*进洞*所用的杆数（包括*击球*次数和任何罚杆）的总和；以及

用最少的总杆杆数完成所有*轮次*的球员或一方是获胜者。

其他记分形式不同的*比杆赛*赛制有*定分式比赛*、封顶赛和标准杆比赛/波基比赛(参见规则 21）。

所有的*比杆赛*赛制都可以分为个人比赛（各球员单独参赛）和由*伙伴*组成的参赛方的比赛（四人两球赛或四球赛）。

替换（Substitute）

"*替换*" 指的是通过使另一个球成为*比赛中球*的方式更换球员在某个球洞比赛中正使用的球。

当球员用任何方式把另一个球而不是其初始球投入*比赛状态*后（参见规则 14.4），他/她就已经用这个球进行了*替换*，无论初始球处于以下哪种状况：

处于*比赛状态*；或

因为已从*球场*上被拿起、遗失或*出界*而脱离*比赛状态*；

*替换球*是球员的*比赛中球*，即使：

把它*放置*回原位、*抛*或*放置*时使用了错误的方式或*错误的地方*；或

规则要求球员把*初始球*重新投入*比赛状态*而非*替换*另一个球。

球座（Tee）

"*球座*"指的是用来把球架离地面以便从*发球区*把它击出的一种物品。它不得长于 4 英寸（101.6mm），并且必须符合*装备规则*的规定。

发球区（Teeing Area）

"*发球区*"指的是球员开始各比赛球洞时必须从其中打球的区域。

*发球区*是一个纵深为两个*球杆长度*的长方形区域：

它的前端由*委员会*摆放的两个发球区标志的最前端的点的连线决定；以及

它的两侧由这两个发球区标志的外侧点向后的连线决定。

*发球区*是规则划分的五种*球场区域*之一。

*球场*上所有其他的开球位置（无论是否在同一个球洞或任何其他球洞）都属于*普通区*的一部分。

临时积水（Temporary Water）

"*临时积水*"指的是地表面上任何临时性的积水（例如下雨或灌溉造成的水洼，或从一片水域中溢出来的水）。它：

不在*罚杆区*内；并且

在球员*站位*前或*站位*后（没有用脚过度向下踩）是可见的。

仅仅是地面湿润、泥泞、松软，或者球员踩到地面上的瞬间方可以看到水是不够的，必须在球员*站位*前或*站位*后仍然存在积水。

特殊情况：

露水和霜不是*临时积水*。

雪和自然冰（不包括霜），可以是*散置障碍物*，当其位于地面上时也可以是*临时积水*，球员具有选择权。

人造冰是*妨碍物*。

三球赛（Three-Ball）

"*三球赛*"是一种*比洞赛*赛制：

三名球员中每一名球员都同时在与另外两名球员打个人*比洞赛*；并且

每一名球员在这两场*比洞赛*中只打一个球。

错球（Wrong Ball）

"*错球*"指的是除球员的以下球之外的任何球：

比赛中球（无论是初始球还是*替换球*）；

暂定球(在其按照规则 18.3c 被放弃之前)；或

*比杆赛*中按照规则 14.7b 或 20.1c 打的第二个球。

*错球*的例子有：

另一名球员的*比赛中*球；

被遗弃的球；或

球员已经*出界*的球，*遗失*的球，或者被拿起后尚未投入*比赛状态*的球。

错误果岭（Wrong Green）

"错误果岭"指的是*球场*上除了球员正比赛球洞的*推杆果岭*外的任何果岭。

*错误果岭*包括：

球员当时没有正在比赛的所有其他球洞的推杆果岭；

在某个球洞使用临时果岭时，该球洞的正常推杆果岭；以及

所有用于推杆、切杆或劈杆的练习果岭，除非委员会在当地规则中将它们排除在外。

*错误果岭*是*普通区*的一部分。

错误的地方（Wrong Place）

"错误的地方"指的是*球场*上除规则要求或允许球员打自己的球的地方以外的任何其他地方。

从*错误的地方*打球的例子有：

规则要求把一个球*放置*回原位时，球员将其*放置*回到错误的地点或没有*放置*回原位并打了这个球。

在规定的*补救区*之外打了*抛*下去的球。

按照错误的规则采取补救，因此把球*抛*在了按照规则不允许的地方并打了这个球。

从*禁打区*内或者当禁打区妨碍球员的预计*站位*区域或预计挥杆区域的情况下打了球。

开始一洞的比赛时从*发球区*外打球，或者在试图纠正该错误时从*发球区*外打球，不属于从*错误的地方*打球（参见规则 6.1b）。

课题三　比赛规则[*]

规则 1　高尔夫球运动、球员的行为和规则

目的：

规则 1 向球员介绍了以下几条高尔夫球运动的核心原则：

---

[*]　为准确反映高尔夫球规则，课题三的内容参照 2019 年版的《高尔夫球规则》，因此本部分的标题层级、序号、图号等与本书其他章节不同，完全依照 2019 年版《高尔夫球规则》。

在球场的现有状况打球和在球的现有位置打球。

遵照规则打球，尊重这项运动的精神。

如果你违反了某条规则，你有责任对自己施加处罚，从而使自己不会得到任何高于比洞赛对手或比杆赛其他球员的潜在利益。

1.1 高尔夫球运动

高尔夫球是在*球场*上用球杆击打一个球，完成一轮18个（或更少）球洞的运动。

每个球洞的比赛均从发球区的*击球*开始，当球在*推杆果岭*上进洞后（或者规则另行规定该洞已完成后），这个球洞的比赛即结束。

每次*击球*，球员都要：

- 在球场的现有状况打球；以及
- 在球的现有位置打球。

但是，规则有时也会允许球员改变*球场*上的状况并要求或允许他/她从另一个地方而非现有位置打这个球。

1.2 球员的行为标准

a. 所有球员都应展现的行为

规则期望所有球员都能尊重本项运动的精神，按照以下方式打球：

- 诚信自律——例如遵守规则，严格实施处罚，真诚坦荡。
- 为他人着想——例如快速打球，顾及他人安全，不干扰其他球员打球。
- 悉心保护球场——例如铺回铲起的草皮，平整沙坑，修理球痕，以及不使球场遭到无谓的损伤。

对于不按照上述方式行事的球员，规则本身并没有处罚。但是，如果委员会认为某球员的行为严重不当，他/她可以因行为有悖本项运动的精神而被取消比赛资格。

取消资格以外的处罚，只有当其被纳入规则1.2b里的"行为准则"时，才会施加。

b. 行为准则

委员会可以制定自己的球员行为标准，将其写入"行为准则"并纳入当地规则。

- 该准则可以包含违反其标准的处罚，如罚1杆或一般性处罚。
- 如球员的行为不符合该准则的标准，委员会也可以因严重行为不当而取消该球员的资格。

参见委员会的处置程序，第5H部分（解释可以制定的球员的行为标准）。

1.3 遵照规则打球

a. "规则"的含义；竞赛规程

"规则"的意思是：

- 本规则1-24和定义；以及

●委员会为比赛或球场采取的任何"当地规则"。

球员还有责任遵守委员会制定的所有的"竞赛规程"（如报名要求、赛制、比赛日期、比赛轮次以及一轮比赛的球洞数目和顺序等）。

参见委员会的处置程序，第5C部分和第8部分（当地规则和获批的完整当地规则范本）；第5A部分（竞赛规程）。

b. 执行规则

（1）*球员执行规则的责任*。球员有责任自觉执行规则：

●违反了规则后，球员应当认识到这一点并诚实地对自己施加处罚。

　▶如果球员知道自己已经违反某条规则并受到处罚，但却故意不施加处罚，该球员要被取消资格。

　▶如果两名或更多名球员故意协商无视任何他们明知适用的规则或处罚，并且他们中的任何一人已经开始这一轮比赛，这些球员要被取消资格（即使他们尚未按照该协议行动）。

●需要决定事实问题时，球员不仅有责任考虑自己了解到的事实情况，还有责任考虑其他可以合理获知的有用信息。

●球员可以向裁判员或委员会寻求规则方面的帮助，但是，如果无法在合理的时间内得到帮助，球员必须继续比赛，以后再寻机将问题反映给裁判员或委员会(参见规则20.1)。

（2）*执行规则时接受球员在决定位置方面的"合理判断"*。

●许多规则要求球员按照规则决定一个地点、一条线、一片区域或其他位置，例如：

　▶估计球最后穿越罚杆区边沿的点；

　▶在抛球或放置球以采取补救时的估计或测量；或

　▶把球放置回其初始位置（这个点可能是已知的，也可能需要估计）。

●决定这些位置需要快速、谨慎，但常常没有办法做到精确。

●只要球员在当时的情况下尽其所能做了准确的决定，其合理判断就将被接受，即使击球后有视频证据或其他信息显示此前的决定是错误的也依旧如此。

●如果球员在击球前意识到自己的决定是错误的，必须予以纠正（参见规则14.5）。

c. 处罚

（1）*招致处罚的行为*。当球员本人或其球童的行为违反规则时，将施加处罚（参见规则10.3c）。

以下情况下，也将施加处罚：

●某种行为由球员或球童做是违规的，但另一个人却在球员的要求下或者在

得到球员准许后做了这种行为；或

●球员看到另一个人正要对球员自己的球或装备采取行动，而且球员知道如果自己或球童采取该行动的话是违规的，但是他/她却没有采取合理的措施提出反对或制止此事发生。

（2）*处罚的级别*。处罚的本意是抵消球员获得的潜在利益。共有三种主要的处罚级别：

●*罚 1 杆*。无论比洞赛还是比杆赛，当按照某些规则发生如下状况之一时，即施加这种处罚：违规所获的潜在利益微小；球员进行罚杆补救，在初始球所在位置以外的地方打一个球。

●*一般性处罚（比洞赛该洞负，比杆赛罚 2 杆）*。大多数违规情况下，球员所获的潜在利益比罚 1 杆更大，此时要施加一般性处罚。

●*取消资格*。无论比洞赛还是比杆赛，当球员的某些行为或违规涉及严重行为不当（参见规则 1.2），或者所获潜在利益过大以至无法认定其成绩有效时，该球员可能被取消此次比赛的资格。

（3）*不得擅自更改处罚*。处罚只能根据规则的规定予以施加：

●无论球员还是委员会，都无权另行施加处罚；以及

●只有时限已过而无法纠正的情况下［参见规则 20.1b（2）－（4）、20.2d 和 20.2e］，才可维持错罚和未罚的结果。

*比洞赛*中，球员和对手可以协商决定某个规则事项的处理方式，但不得故意协商用错误的方式执行规则［参见规则 20.1b（1）］。

（4）*对多重违规施加处罚*。如果球员在另一事件（如击打一杆或意识到违规）发生之前，违反了多条规则或多次违反同一条规则，施加的处罚取决于球员当时的行为：

●*无关行为导致违规*。球员就各个违规行为分别受到处罚。

●*单一行为或多个关联行为导致违规*。球员仅受一种处罚；但是，如果该行为所违反的规则涉及不同的处罚，则应用较高级别的处罚。例如：

　　▶*多重程序违规*。在关于标记球、拿起球、擦拭球、抛球、把球放置回原位、放置球等规则中，违反程序上的规定的处罚是罚 1 杆，如果球员的单一行为或多个关联行为违反了多条程序上的规定（例如没有标记位置就拿起球，同时还在规则不允许的情况下擦拭了这个球），该球员总计被罚 1 杆。

　　▶*从错误的地方打错误替换的球*。在比杆赛中，如果球员违反规则 6.3b 在规则不允许时打了替换球，同时他/她还违反规则 14.7a 在错误的地方打了这个球，该球员总计被罚 2 杆。

▶*程序违规和替换球/错误的地方违规的结合*：比杆赛中，如果球员的单一行为或多个关联行为违反了一条或多条程序上的规定（相应的处罚是罚1杆），同时还违反了打错误的替换球和从错误的地方打球中的一条或全部两条规则，该球员总计被罚2杆。

但是，任何球员因采取补救而得到的罚杆（如规则17.1、18.1和19.2的1杆罚杆），都将附加在任何其他处罚之上。

规则2 球场

目的：

规则2介绍了一些关于球场的基本概念，每一位球员对此都应了解：

● 球场被划分为五种*球场区域*；

● 球场里有几种被规则定义的物体和状况，它们可能对打球造成妨碍。

了解球所在位置及任何妨碍打球的物体和状况的属性十分重要，因为它们经常会影响到球员打球或采取补救的选择。

2.1 球场的边界和界外

高尔夫比赛在委员会设定了边界的*球场*上进行。不在*球场*上的区域属于*界外*。

2.2 规则划分的球场区域

共有五种*球场区域*。

a. 普通区

"*普通区*"指的是除规则2.2b描述的四种特定的*球场区域*之外的所有*球场*部分。

它被称为"*普通区*"是因为以下原因：

● 它包含了大部分*球场*。在球到达*推杆果岭*之前，*普通区*是球员最经常打球的地方。

● 它包括了各种地面，以及在该区域生长着的或连接着的物体，如球道、长草和树木。

b. 四种特定区域

在*普通区*之外有以下四种*球场区域*，在这些地方要运用特定的规则：

● 球员开始其比赛球洞时必须使用的*发球区*(规则6.2)；

● 所有的*罚杆区*(规则17)；

● 所有的*沙坑*(规则12)；和

● 球员正比赛球洞的*推杆果岭*(规则13)。

c. 决定球所在位置的球场区域

球所在的*球场区域*影响着打球或采取补救时要执行的规则。

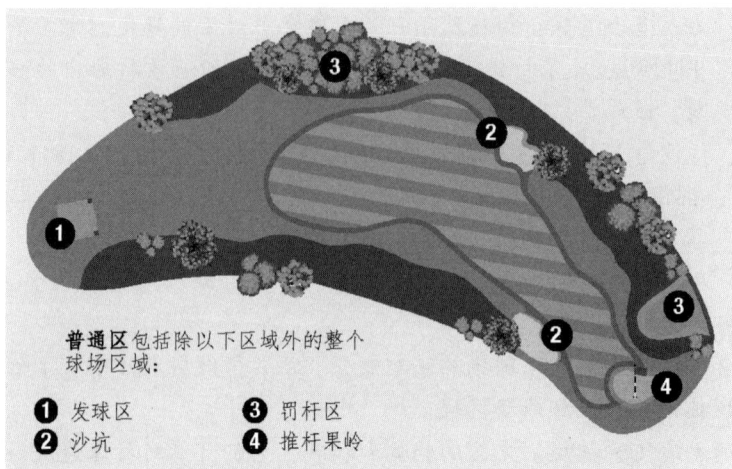

图 2.2 划分的球场区域

一个球只能被视为位于一种*球场区域*内：

● 如果球有一部分同时位于*普通区*和另外四种特定*球场区域*之一，则按照这个球位于该特定*球场区域*进行处理。

● 如果球有一部分同时位于两种特定*球场区域*内，则按照这个球位于下列顺序靠前的特定区域进行处理：*罚杆区*、*沙坑*、*推杆果岭*。

2.3 可能妨碍打球的物体或状况

对于某些被定义的物体或状况所造成的妨碍，一些规则可能会提供免罚补救措施，如：

● *散置障碍物*(规则 15.1)；

● *可移动妨碍物*(规则 15.2)；以及

● *异常球场状况*，即动物的洞穴、整修地、不可移动妨碍物和临时积水(规则 16.1)。

但是，对于*界外标志*或*基本组成物*对打球造成的妨碍，规则不提供免罚补救。

2.4 禁打区

"*禁打区*"是被划定的一部分*异常球场状况*(参见规则 16.1f)或*罚杆区*(参见规则 17.1e)，这里不允许打球。

以下情况下，球员必须补救：

● 他/她的球位于*禁打区*内；或

● *禁打区*对他/她在*禁打区*之外打球的预计站位区域或预计挥杆区域造成妨

碍（参见规则 16.1f 和 17.1e）。

参见委员会的处置程序，第 5H（1）部分（行为准则可以告诉球员完全避开禁打区）。

规则 3　高尔夫球比赛

目的：
规则 3 阐述了所有高尔夫球比赛的三个核心要素，即：
- 比洞赛或比杆赛；
- 个人参赛或与其他伙伴结成一方参赛；以及
- 用总杆成绩（不运用差点杆数）计分或用净杆成绩（运用差点杆数）计分。

3.1　所有比赛的核心要素

a. 赛制：比洞赛或比杆赛

（1）*比洞赛或常规比杆赛*。它们是两种差异很大的赛制：

- *比洞赛中*（参见规则 3.2），一名球员和一名对手以各洞的结果（胜、负、平）相互竞争。

- *常规比杆赛中*（参见规则 3.3），所有球员根据自己的总杆成绩相互竞争。总杆成绩就是各球员在其所有轮次中完成各洞的杆数（包括击球次数和罚杆）之和。

大多数规则同时适用于这两种赛制，但是也有一些规则仅适用于其中的一种。

参见委员会的处置程序，第 6C 部分（在单轮比赛中，委员会运作结合两种赛制的比赛时需要考虑的因素）。

（2）*其他比杆赛赛制*。规则 21 阐述了其他一些使用不同计分方法的*比杆赛*赛制（*定分式比赛、封顶赛和标准杆比赛/波基比赛*）。规则 1-20 仍适用于这些赛制，但是规则 21 对此进行了适度调整。

b. 球员参赛的方式：个人或伙伴

高尔夫比赛中，球员要么单独参赛，要么结成*伙伴*作为一方参赛。

尽管规则 1-20 主要阐述的是个人赛，但它们同时也适用于以下比赛：

- 涉及伙伴的比赛（*四人两球赛和四球赛*），但规则 22 和 23 进行了适度调整；以及

- *团体赛*，但规则 24 进行了适度调整。

c. 球员计分的方式：总杆成绩和净杆成绩

（1）*无差点比赛*。在无差点比赛中：

●球员在一个球洞或一轮比赛中的"总杆成绩"指的是其杆数的总和（包括*击球次数*和*罚杆*）。

●球员的差点不予计算。

（2）*差点比赛*。在差点比赛中：

●球员在一个球洞或一轮比赛中的"净杆成绩"指的是按照其差点杆数校正后的总杆成绩。

●这种方式使得不同水平的球员可以一起公平地比赛。

3.2 比洞赛

目的：

因为以下原因，比洞赛有一些特定的规则（尤其是在关于认可/认输和提供已打杆数的信息方面）：

●各个球洞都只是球员与其对手相互之间的对抗；

●球员和对手可以看到相互之间的比赛；并且

●球员和对手可以保护自己的利益。

a. 一洞和一场比赛的结果

（1）*赢一洞*。球员在以下情况下赢一洞：

●该球员用比对手更少的杆数（包括*击球次数*和*罚杆*）完成该洞；

● 对手在该洞认输；或

● 对手受到一般性处罚(该洞负)。

如果*对手*的运动中球需要*进洞*才能在这个洞打平，当这个球几乎没有*进洞*的可能时（例如这个球已经滚过球洞而且不会再滚回来），此时它被任何人在任何时间故意变向或停止，那么该洞的结果即已确定，球员在该洞获胜（参见规则11.2a 的例外）。

（2）*平一洞*。以下情况下，双方在一洞打平：

●球员和对手用相同的杆数（包括*击球次数*和*罚杆*）完成该洞；

●球员和对手同意双方在该洞打平（但是，只有双方至少有一人已经进行了一次*击球*以开始该洞的比赛后才允许这样做）。

（3）*赢一场*。以下情况下，球员在一场比赛中获胜：

●该球员领先对手的洞数多于尚未打的洞数；

● 对手认输该场比赛；或

● 对手被取消资格。

（4）*延长平局*。如果最后一洞过后比赛仍是平局：

●该场比赛将逐洞延长直至产生获胜者。参见规则 5.1（延长赛是同一轮比赛的延续，而非新的一轮）。

● 除非委员会另行规定，否则延长赛用这一轮比赛各球洞的原有顺序进行。但是竞赛规程可以规定比洞赛以平局结束，无须延长。

（5）*确定最终结果的时机*。一场比赛的最终结果要按照委员会公布的方式予以确定（应当在竞赛规程中对此予以说明），例如：

当结果被记录在官方成绩板上或其他指定的地方后；或

当结果被报告给委员会指定的人员后。

参见委员会的处置程序，第 5A（7）部分（有关确定最终比赛结果方式的建议）。

b. 认可/认输

（1）*球员可以认可一次击球、认输一洞或一场比赛*。球员可以认可对手的下一杆、向对手认输一洞或一场比赛：

● *认可下一次击球*。对手进行下一次击球之前，任何时候都允许这样做。

▶做出认可后，对手已经完成该洞，其成绩包括被认可的这次击球，任何人均可以移走这个球。

▶当对手的球在上一次击球后还在运动时做出的认可适用于对手的下一杆，除非这个球进洞(这种情况下的认可没有意义)。

▶球员可以用变向或停止对手的运动中球的方式认可其下一次击球，但只有专门为了认可下一次击球并且这个球几乎没有进洞的可能才可以这样做。

● *认输一洞*。完成一洞之前（参见规则 6.5），包括球员开始该洞之前，任何时候都允许认输该洞。

● *认输一场比赛*。一场比赛的结果确定之前［参见规则 3.2a（3）和（4）］，包括球员开始该场比赛之前，任何时候都允许认输该场比赛。

（2）*认可/认输的方式*。只有清晰的沟通才能构成认可/认输：

● 可以通过言语或行为做出认可/认输，但该言语或行为要明确表示球员认可下一次击球、认输一洞或一场比赛的意图（如使用手势）。

● 如果对手出于可以理解的原因误认为球员的言语或行为是认可下一次击球、认输该洞或该场比赛并因此而违规拿起自己的球，不受处罚，但是这个球必须被放置回初始位置（如果不知道必须估计）（参见规则 14.2）。

认可/认输是最终的，不得拒绝，也不得撤回。

c. 在差点比洞赛中运用差点

（1）*宣布差点*。比赛开始前，球员和对手应互相告知自己的差点。

如果球员在这场比赛开始前或进行中宣布了错误的差点，并且在对手进行下一次击球之前没有纠正此错误，按照以下方式处理：

● 宣布的差点过高。如果影响到球员给予或接受的杆数，该球员被取消资格。否则，不受处罚。

宣布的差点过低。不受处罚，该球员必须用已宣布的过低的差点完成比赛。

（2）运用差点杆数的球洞。

● 差点杆数按照球洞分配，净杆成绩较低者在该洞获胜。

● 如果延长平局，差点杆数仍然按照球洞进行分配，方式与这一轮比赛一致（除非委员会规定了其他分配方式）。

每名球员都有责任知晓他/她在哪些球洞给予或接受差点杆数，这取决于委员会设定的让杆分配表（通常写在记分卡上）。

如果球员们在某个球洞错误地运用了差点杆数，那么除非他们及时对错误进行纠正［参见规则 3.2d（3）］，否则已经同意的该洞的结果有效。

d. 球员和对手的责任

（1）告诉对手已打杆数。一洞比赛期间或完成这个洞后的任何时候，对手都可以向球员询问他/她已经在该洞打的杆数（包括击球次数和罚杆）。

这是为了允许对手决定如何进行下一次击球和打该洞的剩余部分，或者确定刚完成的球洞的结果。

当被问及已打杆数时，或者虽未被问及但主动提供此信息时：

● 球员必须提供正确的已打杆数。

● 不回复对手请求的球员被视为提供了错误的已打杆数。

如果球员向对手提供错误的已打杆数，他/她要受到一般性处罚（该洞负），除非该球员按照以下方式及时纠正了这个错误：

● 一洞比赛期间提供错误的已打杆数。该球员必须在对手进行另一次击球或采取类似的行动（如认可球员的下一次击球或认输该洞）之前，提供正确的已打杆数。

● 完成一洞后提供错误的已打杆数。该球员必须在下列时间提供正确的已打杆数：

▶两名球员中任何一人击球以开始另一个球洞的比赛或采取类似的行动（如认输下一个球洞或这一场比赛）之前；或

▶如果是该场比赛的最后一洞，则在比赛结果被最终确定之前［参见规则 3.2a（5）］。

例外——对该洞结果没有影响时不予处罚：如果球员在完成一洞后提供了错误的已打杆数，但是并没有影响到对手对该洞胜、负或平局结果的理解，则不受处罚。

（2）告诉对手所受处罚。当球员受到处罚后：

●他/她必须在条件允许时尽快告诉对手自己所受的处罚，此时要考虑球员和对手之间的距离以及其他一些现实因素。

●即使球员不知道所受的处罚，本规定同样适用（因为球员应当认识到自己已经违反了规则）。

如果球员没有这样做，并且在*对手*进行下一次*击球*或采取类似行动（如认可球员的下一次*击球*或认输这个球洞）之前没有纠正错误，他/她要受到*一般性处罚*(该洞负)。

例外——对手已经知道球员的处罚：如果*对手*已经知道球员受到了处罚，例如看到球员明显正在进行罚杆补救，则不会因未告知这一点而受到处罚。

（3）*了解本场比赛成绩*。球员应该了解本场比赛的成绩，即他们中的某人是否领先一定的洞数（比赛中"几洞领先"），还是比赛现在是双方打平的局面（也称作"平局"）。

如果球员们误就错误的本场比赛成绩达成一致：

●他们可以在任何一名球员*击球*以开始另一个洞的比赛之前纠正本场比赛的成绩。如果是最后一洞，则可以在比赛结果最终确定之前予以纠正［参见规则3.2a（5）］。

●如果没有在上述时限内纠正，则错误的比赛成绩成为实际比赛成绩。

例外—球员及时请求判决：如果球员及时请求判决（参见规则20.1b），并且发现*对手*提供了错误的已打杆数，或者没有告诉球员自己所受的处罚，则必须纠正错误的本场比赛成绩。

（4）*保护自身的权利和利益*。球员应当按照规则保护他们自身在比赛中的权利和利益：

●如果球员知道或认为对手违反了某条规则并因此而受到处罚，该球员可以按照对手违规采取行动，也可以选择不予理会。

●但是，如果球员和对手故意协商不理会某个他们知道适用的违规或处罚，双方都要按照规则1.3b被取消资格。

●如果球员和对手就其中一人是否违规有不同意见，任何一人均可按照规则20.1b请求判决，以保护自身的权利。

3.3　比杆赛

目的：

比杆赛有一些特定的规则（尤其是在记分卡和击球进洞方面）。这是因为在比杆赛中：

●每一名球员都在对抗比赛中所有的其他球员；并且

●所有球员都需要按照规则受到平等对待。

一轮比赛结束后，球员和记分员（记录球员成绩的人）必须证明球员各洞成绩的正确性，此后球员必须将记分卡提交给委员会。

a. 比杆赛的获胜者

用最少的总杆数（包括*击球次数*和*罚杆*）完成所有*轮次*的球员是获胜者。

在差点比赛中，这指的是最少的总的净杆数。

参见委员会的处置程序，第5A（6）部分（竞赛规程应该指出如何决定平局）。

b. 比杆赛的记分

球员的成绩由*记分员*记录在球员的*记分卡*上。*记分员*可以由*委员会*指定，也可以按照委员会批准的方式由球员选择。

整个一轮比赛中，球员必须使用同一个*记分员*，除非*委员会*事先或事后批准更换。

（1）*记分员的责任：填写和证明记分卡上的各洞成绩*。一轮比赛中，结束各个球洞后，*记分员*应当与球员确认球员在该洞的杆数（包括*击球次数*和*罚杆*）并将总杆成绩填入*记分卡*。

一轮比赛结束后：

● 记分员必须证明*记分卡*上各洞的成绩。

●如果球员有一个以上的*记分员*，每个*记分员*都必须证明他/她担任记分员时所负责的球洞的成绩。

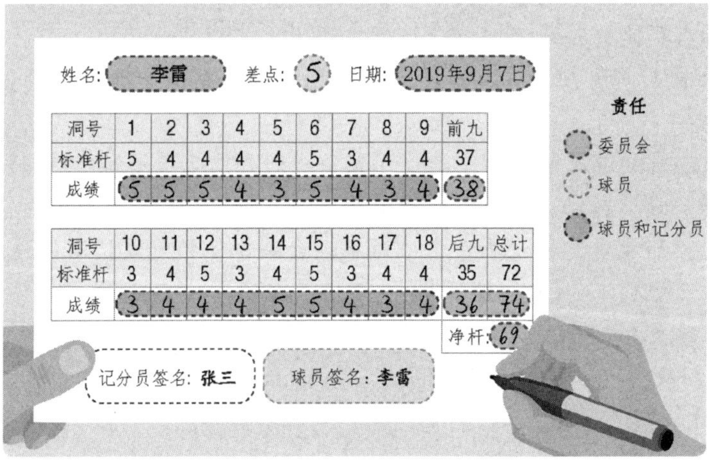

洞号	1	2	3	4	5	6	7	8	9	前九
标准杆	5	4	4	4	4	5	3	4	4	37
成绩	5	5	5	4	3	5	3	4	4	38

洞号	10	11	12	13	14	15	16	17	18	后九	总计
标准杆	3	4	5	3	4	5	3	4	4	35	72
成绩	3	4	4	4	5	5	4	3	4	36	74

姓名：李雷　差点：5　日期：2019年9月7日

净杆 69

记分员签名：张三　球员签名：李雷

责任
○ 委员会
○ 球员
○ 球员和记分员

图3.3b　差点比杆赛记分卡和相关者责任

（2）*球员的责任：证明各洞成绩并提交记分卡*。一轮比赛过程中，球员应当掌握自己各洞的成绩。

该轮比赛结束后，球员：

- 应当仔细检查记分员填写的各洞成绩，如有问题，及时向委员会提出；
- 必须确保记分员证明了记分卡上各洞的成绩；
- 不得更改记分员填入的各洞成绩，但得到记分员的同意或委员会的批准时除外；并且
- 必须证明记分卡上各洞的成绩并迅速将其提交给委员会，此后球员不得再更改这张记分卡。

如果球员违反规则 3.3b 的上述任何一条规定，要被取消资格。

例外——因记分员未能履责产生的违规不予处罚：如果委员会发现球员违反规则 3.3b（2）是由于*记分员未能履行其职责*所致（如*记分员*带着球员的*记分卡*离开，或者没有证明*记分卡*就已离开），因为此事脱离了球员的控制，所以委员会将不对球员施加处罚。

参见委员会的处置程序，第 5A（5）部分（关于如何确定已经提交*记分卡*的时间的建议）。

（3）*一洞的成绩错误*。如果球员提交了*记分卡*，但是上面有任何球洞的成绩是错的，按照以下方式处理：

- *提交的杆数高于实际杆数*。所提交的该洞较高的杆数有效。
- *提交的杆数低于实际杆数或者没有提交杆数*。该球员被取消资格。

例外——未包括不知道的处罚：如果球员有一洞或几洞的杆数低于实际杆数的原因，是没有包括自己受到的一个或多个处罚，而且在提交*记分卡*之前不知道自己受到过这些处罚，则：

- 该球员不被取消资格。
- 取而代之的是，如果在比赛结束之前发现这个错误，委员会将修改球员在相关球洞的成绩。具体做法是，按照规则在原来的基础上加上那些本应包括进去的罚杆。

这条例外不适用于以下情形：

- 球员没有包括进去的处罚是取消资格；或
- 在提交*记分卡*之前，球员已被告知他/她可能受到了处罚，或者他/她已对自己是否受到处罚存有疑虑，但是却没有向委员会提出此问题。

（4）*差点比赛的记分*。球员有责任确保*记分卡*上含有其差点。如果球员提交的*记分卡*上没有正确的差点，按照以下方式处理：

- *记分卡上的差点过高或没有差点*。如果这影响到球员接受的杆数，该球员在这次差点比赛中要被取消资格。否则，不受处罚。
- *记分卡上的差点过低*。不受处罚，该球员使用的较低差点计算的净杆成绩

有效。

（5）*球员对杆数相加或差点运用不负责任*。委员会负责相加球员各洞的杆数，以及在差点比赛中负责运用球员的差点杆数。

如果球员提交了*记分卡*，但是在杆数相加或差点杆数运用方面出现错误，不受处罚。

c. 未击球进洞

一轮比赛中，球员必须在所有球洞都*击球进洞*。如果球员在任何一洞没有*击球进洞*：

●该球员必须在*击球*以开始另一个球洞的比赛之前纠正此错误。如果事情发生在该轮的最后一个球洞，则必须在提交记分卡之前纠正此错误。

●如果没有按照上述时限纠正错误，该球员要被取消资格。

参见规则21.1、21.2和21.3（其他*比杆赛赛制（定分式比赛、封顶赛和标准杆比赛/波基比赛）*的规则规定了不同的计分方式，球员没有*击球进洞*不会被取消资格）。

规则4　球员的装备

目的：

规则4阐述了球员在一轮比赛中可能使用的装备。高尔夫球运动是一项充满挑战性的运动，成功应当取决于球员的判断、技术和能力——这是本项运动的原则，为此：

●球员必须使用合规的球杆和球；

●球员所使用的球杆数量被限定在14支（含）以内，而且正常情况下不得替换损坏的或者丢失的球杆；并且

●规则就球员使用对其比赛提供人工协助的其他装备也做了限制。

有关球杆、球和其他装备的详细规定，以及咨询和提交装备进行合规审查的过程，请参见《装备规则》。

4.1　球杆

a. 允许用来击球的球杆

（1）*合规的球杆*。击球时，球员必须使用符合《装备规则》规定的球杆：

●用来击球的球杆，不仅在新的时候必须合规，而且当其以任何方式被故意或意外改变后仍然必须合规。

●但是，如果一支合规球杆的打球性能因正常使用过程中的磨损而改变，它仍是一支合规的球杆。

"打球性能"指的是球杆任何影响*击球效果*的部分，如握柄、杆身、杆头、

着地角或杆面倾角（包括可调节球杆的着地角或杆面倾角）。

（2）*使用或修理一轮比赛中损坏的球杆*。如果合规球杆在一轮比赛中，或按照规则 5.7a 中止比赛期间遭到损坏，正常情况下，球员不得用其他球杆进行更换。［对于有限的非球员导致损坏的例外情形，参见规则 4.1b（3）。］

但是，无论损坏的性质或缘由，损坏的球杆在该轮比赛的剩余部分仍然被视为合规球杆（但*比杆赛*的附加赛属于新的一轮比赛，因而不包括在内）。

在该轮比赛的剩余部分，球员可以按照下列方式之一处理：

- 继续用这支损坏的球杆*击球*；或
- 修理这支球杆，尽量将它恢复成在该轮比赛中或中止比赛期间损坏前的状况，同时继续使用原有的握柄、杆身和杆头。但这样做时：

　　▶球员不得过度延误比赛（参见规则 5.6a）；并且

　　▶不得修理该轮比赛开始前已有的任何损坏。

"一轮比赛中损坏"指的是一轮比赛中（包括按照规则 5.7a 中止比赛期间）球杆的打球性能因任何行为而被改变，无论该行为：

- 由球员引起（如用这支球杆*击球*或*试挥*，把球杆插入球包或从球包中取出，球杆掉落或球员倚靠在球杆之上，球员扔或摔打球杆等）；或
- 由任何其他人、外部因素或自然力引起。

但是，如果球员在一轮比赛中故意改变一支球杆的打球性能，如规则 4.1a（3）所示，这支球杆就不属于"一轮比赛中损坏"。

（3）*一轮比赛中故意改变球杆的打球性能*。球员不得使用他/她一轮比赛中（包括按照规则 5.7a 中止比赛期间）以如下方式故意改变过打球性能的球杆*击球*：

- 使用可调节配置或用物理方式改变球杆［但按照规则 4.1a（2）允许修理损坏时除外］；或
- 在杆头上施加任何物质（擦拭球杆除外）以影响*击球*效果。

例外——把可调节球杆恢复至原有位置：如果通过使用可调节配置改变了一支球杆的打球性能，但是在使用这支球杆*击球*前把该配置调回去，使这支球杆尽量恢复至其原有位置，则不予处罚。这支球杆可以用来*击球*。

对违反规则 4.1a *击球*的处罚：取消资格。

- 如果一轮比赛中只是携带了违规的或打球性能被故意改变的球杆（但没有用其*击球*），则不按照本规则予以处罚。
- 但是，这支球杆仍然算在规则 4.1b（1）规定的 14 支球杆限度之列。

b. 14 支球杆的限度；一轮比赛中共用、补充或更换球杆

（1）*14 支球杆的限度*。球员不得有以下行为：

- 用超过 14 支球杆开始一轮比赛；或
- 在一轮比赛中超过 14 支球杆。

如果球员用少于 14 支球杆开始一轮比赛，他/她可以在该轮比赛中将球杆数量补充至最多 14 支的限度 [有关这样做的一些限制，参见规则 4.1b（4）]。

当球员发现自己有超过 14 支球杆而违反了本规则时，他/她必须立即使用规则 4.1c（1）的程序放弃使用超量球杆：

- 如果球员以超过 14 支球杆开始比赛，他/她可以选择放弃哪支（些）球杆。

- 如果球员在一轮比赛中补充了超量球杆，则必须放弃那些补充的球杆。

球员的一轮比赛开始后，如果他/她拾捡了其他球员落下的球杆，或者有球杆在他/她不知情的情况下被误放入其球包内，出于应用 14 支球杆限度的目的，这支球杆不被视为球员的球杆之一（但是不得使用这支球杆）。

（2）*不得共用球杆*。球员使用的球杆仅限于他/她开始比赛时的球杆或上述第（1）款的规定允许补充的那些球杆：

- 球员不得使用正在球场上打球的任何其他人所使用的球杆*去球*（即使那名球员属于另一组别或正在打另一个比赛）。

- 当球员发现自己因为用其他球员的球杆*去球*而违反了本规则时，他/她必须用规则 4.1c（1）规定的程序立即放弃那支球杆。

参见规则 22.5 和 23.7（在有*伙伴*参与的赛制中，个别情况下，如果*伙伴*两人的球杆加起来没有超过 14 支，允许*伙伴*之间共用球杆）。

（3）*不得更换丢失或损坏的球杆*。如果球员用 14 支球杆开始比赛，或者已将球杆数量补充到 14 支的最高限度，但此后在该轮比赛中或按照规则 5.7a 中止比赛期间丢失或损坏了一支球杆，他/她不得用其他球杆更换这支球杆。

例外——非球员造成损坏时更换损坏的球杆：如果球员的球杆在一轮比赛中（包括中止比赛期间）被*外部因素*、*自然力*或除球员或其球童之外的任何其他人损坏 [参见规则 4.1a（2）]，按照以下方式处理：

- 该球员可以按照规则 4.1b（4）的规定用任何球杆更换这支损坏的球杆。

- 但是，这样做时该球员必须按照规则 4.1c（1）规定的程序立即放弃这支损坏的球杆。

（4）*补充或更换球杆的限制*。按照上述第（1）款或第（3）款的规定补充或更换球杆时，球员不得有以下行为：

- 过度延误比赛（参见规则 5.6a）；
- 补充或借用正在球场上打球的任何其他人的任何球杆（即使那名球员属于另一组别或正在打另一个比赛）；或

●在一轮比赛期间用任何人为该球员携带的部件组装成球杆。

违反规则4.1b的处罚：处罚取决于球员何时发现自己的违规：

●*球员在一洞比赛中发现违规*。在比赛球洞结束时施加处罚。比洞赛中，球员必须完成这个球洞，把这个球洞的结果算在该场比赛的成绩里，然后再施加处罚以调整该场比赛的成绩。

●*球员在两洞比赛之间发现违规*：在刚完成的球洞（而非下一个球洞）结束时施加处罚。

比洞赛的处罚——用扣除球洞修改比赛成绩，最多扣除2洞：

●这是一种调整比赛状态的处罚——它与该洞负的处罚不同。

●在正比赛球洞或刚完成的球洞结束时，通过在发生违规的球洞各扣除1洞的方式修改该场比赛的成绩，但一轮比赛最多扣除2洞。

●例如，一名球员用15支球杆开始比赛，打到第3洞时才发现违规，此后他/她赢了这个洞并使自己在该场比赛中领先3洞。这种情况下将最多扣除该球员2洞，也就是说他/她现在是1洞领先。

比杆赛的处罚——罚2杆，最多罚4杆：在发生违规的各个球洞，该球员都受到*一般性处罚*(罚2杆)，但是该轮比赛中最多罚4杆（在发生违规的前两个洞，每洞各罚2杆）。

c. 放弃球杆的程序

（1）*一轮比赛中*。一轮比赛中，当球员发现他/她因为有超过14支球杆或用其他球员的球杆*击球*而违反了规则4.1b（1）、4.1b（2）或4.1b（3）时，该球员必须立即采取行动，清楚地指出自己要放弃的各支球杆。

他/她可以通过以下方式之一做到这一点：

●向比洞赛的对手，或比杆赛的记分员或同组的另一位球员，宣布此决定；或

●采取其他明确的行动（如把这支球杆反着放进球包，将其放在球车的地板上，或者把这支球杆交给另一个人）。

球员不得在该轮比赛的剩余部分使用已经放弃的球杆*击球*。

如果放弃的球杆属于另一名球员，那名球员可以继续使用这支球杆。

违反规则4.1c（1）的处罚：取消资格。

（2）*一轮比赛之前*。如果球员在即将开始一轮比赛前发现他/她意外地有超过14支球杆，他/她应尽量留下任何超量球杆。

但是作为一个不受处罚的选项：

●该球员可以使用上述第（1）款规定的程序，在开始这轮比赛之前放弃超量球杆；并且

●该球员可以在该轮比赛期间留有（但不得使用）这些超量球杆，它们不计入 14 支球杆的限度。

如果球员故意带着超过 14 支的球杆到达第 1 洞*发球区*，并且没有留下超量球杆就开始该轮的比赛，则不允许使用这个选项，此时规则 4.1b（1）适用。

4.2　球

a. 一轮比赛中允许使用的球

（1）*必须使用合规的球*。球员进行每一次*击球*时，都必须使用符合《*装备规则*》规定的球。

球员可以从任何人处获得合规球，包括*球场*上的其他球员。

（2）*不得使用被故意改变的球*。如果一个球的打球性能通过摩擦、加热或施加其他物质（擦拭球除外）等手段被故意改变，则球员不得对此进行*击球*。

违反规则 4.2a *击球*的处罚：取消资格。

b. 一洞比赛过程中球碎裂成片

如果球员的球在*击球*后碎裂成片，不受处罚，并且此次*击球*无效。

球员必须在该次*击球*的地方打另一个球（参见规则 14.6）。

违反规则 4.2b 从*错误的地方打球*的处罚：按照规则 14.7a 进行一般性处罚。

c. 一洞比赛过程中球变得有切痕或破裂

（1）*拿起球查看是否有切痕或破裂*。如果球员有合理理由认为他/她的球在一洞比赛过程中变得有切痕或破裂：

●该球员可以拿起这个球查看；但是：

●必须首先*标记球的地点*，而且不得擦拭这个球（球在*推杆果岭*上时除外）（参见规则 14.1）。

如果球员没有合理的理由就拿起球（*推杆果岭*上除外，球员可以按照规则 13.1b 拿起球），拿起球之前没有*标记球的地点*，或者在不允许擦拭球的时候擦拭了这个球，该球员要被罚 1 杆。

如果单一行为或多个关联行为导致违反多条罚 1 杆的规则，参见规则 1.3c（4）。

（2）*何时可以替换另一个球*。只有可以清楚看到初始球变得有切痕或破裂，并且该损坏发生于正比赛球洞，球员才可以*替换*另一个球。但是，如果球上只是有划痕或擦痕，或只是涂漆损坏或褪色，球员不得*替换*另一个球。

●如果初始球变得有切痕或破裂，球员必须把另一个球或者初始球放置回初始地点（参见规则 14.2）；

●如果初始球没有变得有切痕或破裂，球员必须把它放置回初始地点（参见规则 14.2）。

本规则里没有任何规定禁止球员按照任何其他规则*替换*另一个球或在两洞比

赛之间更换用球。

违反规则 4.2c 击打错误*替换的球或从*错误*的地方打球的处罚*：按照规则 6.3b 或 14.7a 进行*一般性处罚*。

如果单一行为或多个关联行为违反了多条规则，参见规则 1.3c（4）。

4.3　装备的使用

规则 4.3 适用于球员可能在一轮比赛中使用的所有类型的装备，但是有关使用合规的球杆和球的规定除外，它们由规则 4.1 和 4.2 涵盖，不包括在本规则内。

本规则仅关注使用装备的方式，它并不限制球员在一轮比赛中可以携带的装备。

a. 允许的和禁止的装备使用方式

球员可以在一轮比赛中使用装备帮助自己打球，但是不得以下方式之一制造潜在利益：

●使用那些人为消除或减少构成高尔夫运动挑战性所必需的技术或判断的装备(球杆和球除外)；或

●击球时用异常的方式使用装备(包括球杆和球)。"异常方式"指的是与本意有实质性不同的使用方式，而且一般被认为不属于高尔夫比赛的一部分。

有些规则对球员使用球杆、球或其他装备所采取的行为做出了限制［如放置球杆或其他物品以帮助自己校准，参见规则 10.2b（3）］，本规则不影响执行任何这样的规则条款。

以下是按照本规则规定，一轮比赛期间常见的允许和不被允许的装备使用方式的例子：

（1）*有关距离和方向的信息*。

●*允许的方式*。获取距离或方向方面的信息（如使用测距仪或指南针）。

●*不被允许的方式*。

▶测量高度变化；或

▶解释距离或方向信息（如使用设备，根据球员的球所在位置获取打球线或球杆选择方面的建议）。

参见委员会的处置程序，第 8 部分：当地规则范本 G-5（委员会可以采用当地规则，禁止使用测距仪）。

（2）*有关风和其他天气状况的信息*。

●*允许的方式*。

▶获取通过天气预报即可获知的任何类型的天气信息（包括风速）；或

▶测量球场的温度和湿度。

●*不被允许的方式*。

▶测量球场的风速；或

▶使用人工物体获取其他与风有关的信息（如使用粉末评估风向）。

（3）一轮比赛之前或之中收集的信息。

● 允许的方式。

▶使用一轮比赛之前收集的信息（如以前轮次的比赛信息、挥杆要点或球杆方面的建议等）；或

▶记录本轮的比赛或生理信息（以备这一轮比赛后使用）（如球杆打出的距离、比赛统计数据或心率等）。

● 不被允许的方式。

▶处理或解释本轮的比赛信息（如基于当前轮次距离的球杆建议）；或

▶使用本轮比赛期间记录的任何生理信息。

（4）音频和视频。

● 允许的方式。

▶收听音频或观看视频，但内容与正在进行的比赛无关（如新闻报道或背景音乐）。

▶但是，这样做时必须顾及其他人（参见规则1.2）。

● 不被允许的方式。

▶收听音乐或其他音频，以消除干扰或帮助控制挥杆节奏；或

▶观看视频，内容是本人或其他球员在这次比赛期间的表现，以帮助球员在该轮比赛中选择球杆、击球或决定如何比赛。

参见委员会的处置程序，第8部分：当地规则范本G-8（委员会可采用当地规则，禁止或限制在一轮比赛中使用音频和视频设备）。

（5）手套和握杆材料。

● 允许的方式。

▶使用符合《装备规则》规定的普通手套；

▶使用松脂、粉末和其他保湿剂或干燥剂；或

▶在握柄上缠绕毛巾或手帕。

● 不被允许的方式。

▶使用不符合《装备规则》规定的手套；或

▶使用对手的位置或握杆压力提供过度帮助的其他装备。

（6）拉伸设备和训练或挥杆辅助器材。

● 允许的方式。

▶使用任何装备进行一般性拉伸（但试挥除外），无论该装备的设计目的是为了拉伸、打高尔夫时使用（如把校准杆横在双肩上），还是出于其他与高尔夫无关的目的（如使用橡胶棒或一根管子）。

- *不被允许的方式*。

▶使用任何类型的高尔夫训练或挥杆辅助器材（如校准杆、加重杆头套或加重圈）或违规球杆进行试挥，或者用任何其他方式帮助球员在准备*去球*或*击球*时制造潜在的利益（如在挥杆平面、握杆、校准、球位或站姿等方面提供帮助）。

关于使用上述装备和其他类型的装备(如服装和鞋) 的进一步说明，请查阅《装备规则》。

如果球员不确定自己是否可以用某种特殊方式使用某装备，应当向委员会请求判决（参见规则20.2b）。

参见委员会的处置程序，第8部分：当地规则范本G-6（委员会可以采用当地规则，禁止在一轮比赛中使用机动运输工具）。

b. 出于医学原因使用的装备

（1）*医学例外*。满足以下条件时，球员使用装备以帮助应对某种医学状况不违反规则4.3：

- 该球员出于医学原因而使用该装备；并且
- 委员会判定，球员使用该装备不会获得超越其他球员的不公平优势。

（2）*绷带或类似覆盖物*。球员可以出于任何医学原因（如防止受伤或帮助治疗现有伤病）使用黏性绷带或类似的覆盖物，但是该绷带或覆盖物不得：

- 被过度使用；或
- 帮助球员的程度超出必要的医学原因（例如，它不得固定某个关节以帮助球员挥杆）。

如果球员不确定可以使用绷带或类似覆盖物的部位或方式，应当向委员会请求判决。

违反规则4.3的处罚：

- 由单一行为或多个关联行为导致的首次违规的处罚：一般性处罚。
- 与首次违规无关的第二次违规的处罚：取消资格。即使违规的性质与导致首次处罚的违规完全不同，也要实施本处罚。

规则5　一轮比赛

目的：

规则5阐述了一轮比赛进行的方式，例如在一轮比赛之前或之中球员可以在球场上进行练习的区域和时间，一轮比赛何时开始和结束，中止或恢复比赛时需要做什么等。球员应当：

- 准时开始各轮比赛；并且

● 在各洞比赛期间连续、快速打球，直至该轮比赛结束。

轮到某位球员打球时，建议他/她完成该次击球的时间不超过 40 秒，通常还应更快一些。

5.1 "轮"的含义

一"轮"指的是按照委员会规定的顺序所打的 18 个或更少数目的球洞。

如果一轮比赛以平局结束，并且需要继续进行直至产生获胜者，则：

● *比洞赛逐次延长一洞*。这是同一轮比赛的继续，而非新的一轮。

● *比杆赛打附加赛*。这是新的一轮比赛。

球员的一轮比赛开始后，直到其结束之前，该球员都在打他/她的这一轮比赛（参见规则 5.3），但比赛按照规则 5.7a 被中止时除外。

当某条规则提及"一轮比赛中"采取的行动时，不包括比赛按照规则 5.7a 被中止的时段，除非该规则另有规定。

5.2 一轮比赛之前或两轮比赛之间在球场上练习

出于应用本规则的目的：

● "在球场上练习"指的是打球、通过滚动球或擦抹表面的方式测试任何球洞的*推杆果岭*表面；并且

● 对一轮比赛之前或两轮比赛之间在球场上练习的限制，仅适用于球员自己，不适用于球员的球童。

a. 比洞赛

*比洞赛*的一轮比赛之前或两轮比赛之间，球员可以在*球场*上练习。

b. 比杆赛

在*比杆赛*的比赛日：

● 球员不得于一轮比赛之前在球场上练习，但是可以在其第一个发球区上或附近练习推击或短切，也可以在任何练习区练习。

● 完成其当日最后一轮比赛后，球员可以在球场上练习。

参见委员会的处置程序，第 8 部分；当地规则范本 I-1（在任一赛制中，委员会均可以采用当地规则，禁止、限制或允许一轮比赛之前或两轮比赛之间在球场上练习）。

违反规则 5.2 的处罚：

● 首次违规的处罚：一般性处罚(应用于球员的第一个球洞)。

● 第二次违规的处罚：取消资格。

5.3 开始和结束一轮比赛

a. 一轮比赛开始的时间

当球员*击球*以开始其第一个球洞的比赛后，他/她的这一轮比赛即开始。

（参见规则6.1a）

球员必须在其出发时间开始比赛，不得提前：

●这意味着球员必须在委员会设定的出发时间和出发地点做好打球准备。

●委员会设定的出发时间被视为精确时间（例如，上午9点的意思是上午9：00，而非上午9：01之前的任何时间）。

如果出发时间因任何原因被推迟（如天气、其他组别慢打或需要等待裁判员判决等），只要球员在其所在组别能够出发的时候到场并做好打球准备，就不违反本规则。

违反规则5.3a的处罚：取消资格，但有以下三种情况例外：

●例外1——球员抵达出发地点并做好打球准备，迟到时间不超过5分钟：该球员在其第一洞受到*一般性处罚*。

●例外2——球员提前出发但不超过5分钟：该球员在其第一洞受到*一般性处罚*。

●例外3——委员会判定有特殊情况致使球员没能准时在其出发时间开始比赛：不违反本规则，不受处罚。

b. 一轮比赛结束的时间

以下情况下，球员的一轮比赛结束：

●*比洞赛*中，当该场比赛的结果按照规则3.2a（3）或（4）的规定决定后。

●*比杆赛*中，当该球员在最后一洞*击球*进洞（包括根据规则6.1或14.7b等纠正错误）后。

参见规则21.1e、21.2e、21.3e和23.3b（在其他*比杆赛*赛制以及*四球赛*中一轮比赛开始和结束的时间）。

5.4 按组别比赛

a. 比洞赛

一轮比赛中，球员和*对手*必须在同一个组别内打各个球洞。

b. 比杆赛

一轮比赛中，球员必须在*委员会*设定的组别内打球，除非*委员会*事先或事后批准改变分组。

违反规则5.4的处罚：取消资格。

5.5 一轮比赛中或中止比赛期间练习

a. 一洞比赛中禁止练习击球

一洞比赛中，球员不得在*球场*上或*球场*外进行任何练习*击球*。

以下不属于练习*击球*：

●无意击打球的试挥。

- 球员单纯出于礼貌把球打回练习区域或打向另一名球员。
- 一个球洞的结果已经决定后球员继续完成该洞的*击球*。

b. 两洞比赛之间对练习击球的限制

两个球洞的比赛之间，球员不得练习*击球*。

例外——允许球员练习推击或短切的地点：球员可以在以下区域或其附近练习推击或短切：

- 刚完成的球洞的*推杆果岭*和任何练习果岭（参见规则 13.1e）；以及
- 下一球洞的*发球区*。

但是，上述练习*击球*不得在*沙坑*内进行，也不得过度延误比赛（参见规则 5.6a）。

参见委员会的处置程序，第 8 部分；当地规则范本 I-2（委员会可以采用当地规则，禁止在刚完成的球洞的*推杆果岭*上或其附近练习推击或短切）。

c. 暂停比赛或以其他方式中止比赛期间的练习

按照规则 5.7a 暂停比赛或以其他方式中止比赛期间，球员不得练习*击球*，但以下情况除外：

- 按照规则 5.5b 允许的方式练习；
- 在*球场*以外的任何地方练习；以及
- 在委员会允许的*球场*上的任何地方练习。

如果双方球员协商中止了一场*比洞赛*并且不在同一天恢复该场比赛，在该场比赛恢复之前，这些球员可以不受限制地在这个*球场*上练习。

违反规则 5.5 的处罚：*一般性处罚*。

如果违规发生在两洞比赛之间，处罚施加于下一个球洞。

5.6　过度延误；快速打球

a. 过度延误比赛

无论是在一洞比赛过程中，还是在两洞比赛之间，球员均不得过度延误比赛。

规则允许球员可以出于某些原因有短暂的延误，例如：

- 寻求*裁判员*或*委员会*的帮助；
- 受伤或生病；或
- 有其他合理的理由。

违反规则 5.6a 的处罚：

- 首次违规的处罚：罚 1 杆。
- 第二次违规的处罚：*一般性处罚*。
- 第三次违规的处罚：取消资格。

如果球员在两洞之间过度延误比赛，处罚施加于下一个球洞。

b. 快速打球

一轮高尔夫含有快速、按时完成比赛的意思。

每一名球员都应认识到，自己的打球速度可能影响到其他球员（包括本组和后续组别的球员在内）用多长时间完成一轮比赛。

规则提倡球员们让更快的组别先行通过。

（1）*打球速度的建议*。球员应该快速、按时完成一轮比赛，这包括用于以下行为的时间：

- *每一次准备击球和击球*；
- *两次击球之间的移动*；以及
- *完成一洞后移动到下一个发球区*。

球员应该提前为下一次*击球*进行准备，轮到他/她打球时，立即准备打球。

轮到球员打球时：

- 建议球员在其可以（或应当可以）不受妨碍或干扰地打球后40秒内*击球*，而且
- 通常还应打得更快，规则也提倡他/她这样做。

（2）*不按顺序打球以加快打球速度*。根据不同的赛制，有时候球员可以不按顺序打球以加快打球速度：

- 比洞赛中，球员之间可以同意让其中一人不按顺序打球以节省时间（参见规则6.4a）。
- 比杆赛中，球员们可以以安全和负责任的方式使用"快打高尔夫"（参见规则6.4b的例外）。

（3）*委员会的打球速度政策*：为了鼓励和执行快速打球，委员会应采用当地规则，制定打球速度方面的政策。

这项政策可以设定完成一轮、一洞或几洞以及一次*击球*的最长时间，还可以对不遵守该政策的行为制定处罚措施。

参见委员会的处置程序，第5G部分（关于打球速度政策的内容方面的建议）。

5.7 中止比赛；恢复比赛

a. 球员可以或必须中止比赛的场合

一轮比赛中，球员不得中止比赛，但下列场合除外：

- *委员会暂停比赛*。如果委员会暂停比赛，所有球员必须中止比赛（参见规则5.7b）。
- *比洞赛中双方协商中止比赛*。比洞赛中，球员们可以出于任何原因协商

中止比赛,但这样做将延误整体赛事时除外。如果球员之间同意中止比赛,但此后其中一人想要恢复比赛,则之前的约定即中止,另一名球员必须恢复比赛。

●**球员因雷电中止比赛**。如果球员有合理的理由认为存在雷电危险,他/她可以中止比赛,但必须尽快向委员会报告。

离开球场本身并不构成中止比赛。球员延误比赛的情形由规则 5.6a 涵盖,不包括在本规则内。

如果球员出于本规则不允许的任何原因中止比赛,或者在被要求向委员会报告时没有这样做,他/她要被取消资格。

b. 委员会暂停比赛时球员必须要做的事项

委员会暂停比赛分为两种类型,他们对球员必须中止比赛的时间有不同的规定。

(1)*立即暂停(如危险即将来临)*。如果委员会宣布立即暂停比赛,所有球员必须立刻中止比赛,而且在委员会恢复比赛之前不得再次*击球*。

委员会应该使用清晰的方式告诉球员立即暂停比赛。

参见委员会的处置程序,第 8 部分;当地规则范本 J-1(建议委员会向球员指出立即暂停比赛和正常暂停比赛的方式)。

(2)*正常暂停(如因为天黑或球场无法使用)*。如果委员会出于正常原因暂停比赛,下一步如何做取决于各组球员所处的位置:

●在两洞比赛之间:如果一组中的所有球员都处在两洞比赛之间,他们必须中止比赛,而且在委员会恢复比赛之前不得击球以开始另一个球洞。

●在一洞比赛中:如果一组中有任何球员已经开始一洞的比赛,这些球员可以选择中止比赛或完成该洞。

▶规则允许球员们用短暂的时间(通常不超过 2 分钟)决定是中止比赛还是完成该洞。

▶如果球员们继续该洞的比赛,他们可以完成该洞,也可以在完成该洞之前中止比赛。

▶一旦球员们完成了该洞或者在此之前中止了比赛,在委员会按照规则 5.7c 恢复比赛之前,他们不得再次击球。

如果球员之间无法就此达成一致:

▶*比洞赛*。如果对手中止比赛,球员也必须中止比赛。在委员会恢复比赛前,两名球员都不得再次打球。如果球员不中止比赛,他/她要受到一般性处罚(该洞负)。

▶*比杆赛*。无论本组其他球员如何决定,一组中的任何球员均可以选择中止比赛或继续该洞的比赛。但是,只有球员的记分员留在现场记录其成绩，他/她才可继续比赛。

违反规则 5.7b 的处罚：取消资格。

例外——如果委员会判定不中止比赛的理由充分，不受处罚：如果委员会判定，当时的状况使球员有充分理由不中止比赛，则他/她不违反本规则，也不受处罚。

c. 恢复比赛时球员必须要做的事项

（1）*恢复比赛的地点*。球员必须从之前中止一洞比赛的地方恢复比赛。如果中止比赛的地方在两洞之间，他/她必须在下一个*发球区*恢复比赛。即使恢复比赛的时间是其后的一天，也要按上述规定执行。

（2）*恢复比赛的时间*。球员必须：

● 在委员会规定的恢复比赛的时间抵达上述第（1）款规定的地点并做好打球准备；并且

● 球员必须在该规定时间恢复比赛，不得提前。

如果出于任何原因（如前组球员需要先打球并走出射程）致使球员不得不推迟恢复比赛，只要他/她在本组可以恢复比赛的时候到场并做好打球准备，就不违反本规则。

违反规则 5.7c 的处罚：取消资格。

因未按时恢复比赛而取消资格的例外：规则 5.3a 的例外 1、2 和 3，以及规则 5.7b 的例外也适用于此处。

d. 中止比赛时拿起球；恢复比赛时把球放置回原位和替换球

（1）*中止比赛时或恢复比赛前拿起球*。按照本规则中止一洞的比赛时，球员可以*标记*自己的球的地点并拿起这个球（参见规则 14.1）。

在恢复比赛前或恢复比赛时：

● *如果中止比赛时球员的球被拿起*。球员必须把初始球或另一个球放置回其初始位置（如果不知道，必须估计）（参见规则 14.2）。

● *如果中止比赛时球员的球未被拿起*。球员可以在现有位置打这个球，也可以标记这个球的地点，拿起它（参见规则 14.1），然后把它或另一个球放置回其初始位置（参见规则 14.2）。

在以上任意一种情况下：

● 如果球位因拿起这个球被改变，球员必须按照规则 14.2d 的规定把这个球或另一个球放置回原位。

● 如果球位在球被拿起后，但在放置回原位之前被改变，规则 14.2d 不适用，此时按照以下方式处理：

▶必须把初始球或另一个球放置回其初始位置（如果不知道，必须估计）（参见规则 14.2）。

　　▶如果在此期间*球位*或其他*击球*环境遭到恶化，规则 8.1d 适用。

　　（2）*中止比赛期间球或球标被移动的处理方式*。如果球员的球或*球标*在比赛恢复前以任何方式被*移动*（包括被*自然力移动*），该球员必须按照以下两种方式之一处理：

　　●把初始球或另一个球放置回初始地点（如果不知道，必须估计）（参见规则 14.2）；或

　　●放置一个*球标*以标记初始地点，此后把初始球或另一个球放置回该地点（参见规则 14.1 和 14.2）。

　　如果球员的*击球*环境在比赛中止期间遭到恶化，参见规则 8.1d。

　　违反规则 5.7d 从错误的地方打球的处罚：按照规则 14.7a 进行*一般性处罚*。

　　如果单一行为或多个关联行为导致违反多条规则，参见规则 1.3c（4）。

规则 6　一洞比赛

目的：

　　规则 6 阐述了一洞比赛的进行方式，如开球以开始一洞比赛的特定规则、整个一洞比赛中使用同一个球的规定（允许替换球的场合除外）、打球的顺序（这一点在比洞赛中较比杆赛中更为重要），以及完成一洞比赛等。

6.1　开始一洞的比赛

a. 一洞比赛开始的时间

　　当球员为开始一洞比赛而*击球*后，他/她即已开始了这个球洞的比赛。

　　即使该次*击球*是在*发球区*之外进行的（参见规则 6.1b），或者该次*击球*按照某条规则被取消，这个球洞的比赛也已开始。

　　b. 必须在发球区内打球

　　开始各球洞的比赛时，球员必须按照规则 6.2b 从*发球区*内的任何地方打一个球。

　　如果球员开始一洞比赛时从*发球区*之外（包括从相同或不同球洞为其他开球位置而摆放的错误的发球区标志处）打了一个球，要按照以下方式处理：

　　（1）*比洞赛*。不受处罚，但是对手可以取消这次*击球*：

　　●对手必须在任何一名球员进行下一次*击球*之前迅速做出取消的决定。对手取消这次*击球*后，他/她不能撤回该决定。

　　●如果对手取消这次*击球*，球员必须在*发球区*之内打另一个球，而且现在仍然轮到他/她打球。

　　●如果对手不取消这次*击球*，则此次*击球*有效，此球处于*比赛状态*，此后

必须在现有位置继续打球。

（2）*比杆赛*。该球员受到*一般性处罚*（罚 2 杆），而且必须从*发球区*内打一个球以纠正错误：

- 从*发球区*之外打的那个球不在*比赛状态*。
- 从*发球区*之外进行的*击球*，以及纠正该错误之前打的任何杆数（包括*击球次数*和单纯因打那个球而受到的罚杆），均不予计算。
- 如果球员在*击球*以开始另一个球洞的比赛之前没有纠正此错误，或者当事情发生在该轮比赛的最后一个球洞时，在提交*记分卡*之前没有纠正此错误，他/她要被取消资格。

6.2　从发球区打球

a. 发球区规则适用的场合

任何时候，当球员被要求或被允许从*发球区*打一个球时，规则 6.2b 里有关*发球区*的规则即适用。这包括以下场合：

- 球员正在开始一洞的比赛（参见规则 6.1）；
- 球员按照某条规则将要再次从*发球区*打球（参见规则 14.6）；或
- *击球*后或者采取补救后，球员的球在*发球区*进入*比赛状态*。

本规则仅适用于球员开始其正比赛球洞时必须从其中打球的*发球区*，不适用于*球场*上任何其他的开球位置（无论是否在同一个球洞或在不同球洞）。

b. 发球区规则

（1）*球何时位于发球区内*。

- 当球有任何一部分触及*发球区*的任何一部分，或者位于*发球区*任何一部分的上空，这个球即在*发球区*内。
- 球员可以站在*发球区*外对*发球区*内的球进行*击球*。

（2）*可以架球，也可以从地上打球*。必须从以下两种地方之一打球：

- 插在地面内或放在地面上的*球座*；或
- 地面。

出于应用本规则的目的，"地面"包括堆放在一起以便将*球座*或球置于其上的沙子或其他自然物质。

球员不得击打置于违规*球座*上的球，也不得击打用本规则不允许的方式架起来的球。

违反规则 6.2b（2）的处罚：

- 因单一行为或多个关联行为首次违规的处罚：*一般性处罚*。
- 与首次违规无关的第二次违规的处罚：取消资格。

（3）*可以改善发球区内的某些环境*。*击球*前，球员可以在*发球区*内采取以

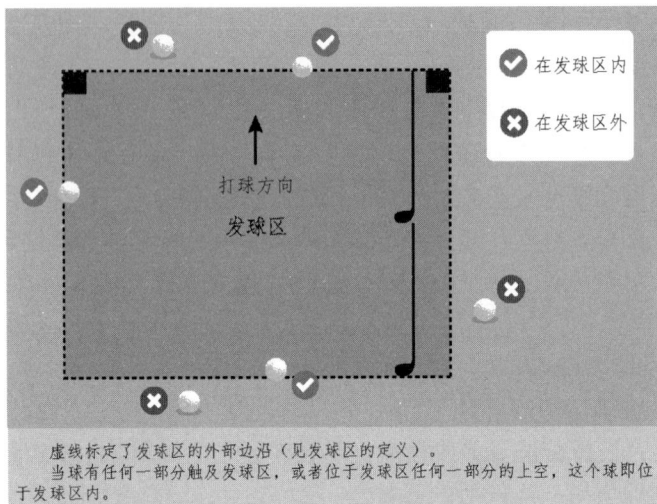

虚线标定了发球区的外部边沿（见发球区的定义）。
当球有任何一部分触及发球区，或者位于发球区任何一部分的上空，这个球即位
于发球区内。

图 6.2b　球何时位于发球区内

下行为以*改善击球环境*［参见规则 8.1b（8）］：
- ●改变发球区内的地表面状况（如用球杆或脚制造凹陷）；
- ●移动、弯曲或折断与发球区内的地面连接着的或生长着的草、杂草和其他自然物体；
- ●移走或向下按压发球区内的沙子和泥土；以及
- ●移除发球区内的露水、霜和水。

　　但是，如果球员违反规则 8.1a，采取任何其他行为以*改善击球环境*，他/她要受到一般性处罚。

　　（4）*从发球区打球时对移动发球区标志的限制*。

　　●发球区标志的位置由委员会设定，以此决定各发球区的准确位置。对于从某个发球区打球的所有球员而言，发球区标志应当处于同样的位置。

　　●从发球区打球前，如果球员通过移动该发球区的任何一个发球区标志而*改善击球环境*，他/她要因为违反规则 8.1a（1）受到一般性处罚。

　　在所有其他情况下，这些发球区标志被视为常规的*可移动妨碍物*，可以根据规则 15.2 的规定将其移走。

　　（5）*击球前球未处于比赛状态*。无论球被架起还是置于地面，开始一洞比赛时或按照某条规则从发球区内再次打球时：

- ●在球员*击球*之前，这个球不在比赛状态；并且
- ●击球前，这个球可以被拿起或*移动*，不予处罚。

在球员*击球*前，如果架起的球从*球座*掉落，或者被球员从*球座*上敲落，可以在*发球区*内的任何地方重新架球，不受处罚。

但是，如果当球正在掉落时或者掉落后球员进行了*击球*，虽然不受处罚，但本次*击球*有效，这个球进入*比赛状态*。

（6）*当比赛中球位于发球区内时*。如果球员的*比赛中球*在*击球*后位于*发球区*内（例如*击球*后没有击中架起的球），或者补救后位于*发球区*内，他/她可以按照以下方式处理：

● 免罚拿起或*移动*这个球（参见规则 9.4b 的例外 1）；并且

● 按照上述第（2）款的规定，在*发球区*内的任何地方，从*球座*或地面打这个球或另一个球，这包括在现有位置继续打这个球。

违反规则 6.2b（6）从错误的地方打球的处罚：按照规则 14.7a 进行一般性处罚。

如果单一行为或多个关联行为违反了多条规则，参见规则 1.3c（4）。

6.3　一洞比赛中使用的球

目的：

一洞比赛是从发球区开始连续击球，将球打上推杆果岭并打进球洞内的过程。发球区开球后，通常球员应击打同一个球直至完成该洞。如果球员击打了错球，或者在规则不允许替换的情况下击打了替换球，他/她要受到处罚。

a. 用从发球区打的同一个球击球进洞

从*发球区*开始一洞比赛时，球员可以打任何一个合规的球，并且可以在两洞比赛之间换球。

球员必须用从*发球区*打的同一个球*击球进洞*，但以下情况除外：

● 这个球遗失或静止在界外；或

● 球员*替换*了另一个球（无论规则是否允许这样做）。

球员应当在要打的球上做一个识别标记（参见规则 7.2）。

b. 一洞比赛期间替换另一个球

（1）*允许和不允许球员替换另一个球的场合*。有些规则允许球员*替换*另一个球作为其*比赛中球*，以更换他/她正在一洞比赛时使用的球，但另一些规则却不允许这样做：

● 按照某条规则采取补救时，包括抛或放置一个球时（例如球没有停在*补救区*内，或者在推杆果岭上采取补救），球员可以使用初始球或另一个球（规则 14.3a）；

● 从上一次击球的地点再次打球时，球员可以使用初始球或另一个球（规则 14.6）；以及

● 把一个球放置回某个地点时，规则不允许球员替换球，他/她必须使用初始球，不过也有一些例外（规则 14.2a）。

（2）*替换球成为比赛中球*。当球员替换另一个球作为其*比赛中球*时（参见规则 14.4）：

● 初始球不再处于比赛状态，即使它静止在球场上亦如此。

● 即使球员有以下行为，仍不能改变上述结果：

　　▶虽然规则不允许，但球员仍然用另一个球替换了初始球（无论球员自己是否意识到他/她正在替换另一个球）；或

　　▶放置回、抛或放置替换球时，将它放在了*错误的地方*，使用了*错误的方式*，或者使用了*不适用的程序*。

● 有关如何在击打替换球之前纠正错误，参见规则 14.5。

如果没有找到球员的初始球，而后球员把另一个球投入*比赛状态*以进行一杆加距离的补救后（参见规则 17.1d、18.1、18.2b 和 19.2a），或者，当知道或几乎肯定这个球发生了什么的情况下按照某条适用的规则允许的方式把另一个球投入*比赛状态*后（参见规则 6.3c、9.6、11.2c、15.2b、16.1e 和 17.1c）：

● 该球员必须用这个替换球继续比赛；并且

● 即使球员在 3 分钟找球时间结束之前在球场上找到了初始球，也不得击打［参见规则 18.2a（1）］。

（3）*击打错误替换的球*。如果球员*击打*了*错误替换的球*，按照以下方式处理：

● 该球员受到*一般性处罚*。

● *比杆赛*中，该球员此后必须用这个错误替换的球完成该洞。

如果单一行为或多个关联行为违反了多条规则，参见规则 1.3c（4）。

c. 错球

（1）*击打错球*。球员不得*击打错球*。

例外——击打在水中运动的球。如果球员对正在*罚杆区*的水中或*临时积水*中运动的*错球*进行*击球*，不受处罚：

● 这次*击球*无效；并且

● 该球员必须按照规则纠正错误，从初始地点*击打*正确的球，或者按照规则采取补救。

违反规则 6.3c（1）打错球的处罚：*一般性处罚*。

*比洞赛*中：

● 如果一洞比赛过程中球员和对手互相打了对方的球，首先对*错球*进行*击球*的人受到*一般性处罚*(该洞负)。

●如果不知道谁首先打了*错球*，不受处罚，双方必须用互换后的球完成该洞。

*比杆赛*中，该球员必须纠正错误，在初始球的现有位置继续打球，或者按照规则补救：

●球员对*错球*进行的*击球*，以及纠正该错误之前打的其他任何杆数（包括击球次数和单纯因打那个球而受到的罚杆），均不予计算。

●如果球员*击球*以开始另一个球洞的比赛之前没有纠正错误，或者当事情发生在该轮最后一个球洞时，在提交其记分卡之前没有纠正此错误，他/她要被取消资格。

（2）*球员的球被其他人作为错球击打后的处理方式*。如果知道或几乎肯定球员的球已被另一名球员作为*错球*击打，该球员必须把初始球或另一个球*放置回其初始位置*（如果不知道，必须估计）（参见规则14.2）。

无论是否找到初始球，上述规定均适用。

d.　球员可以在同一时间打多个球的场合

只有以下情况，球员才可以在同一时间打多个球：

●打*暂定球*（按照规则18.3c规定，此后这个球要么成为比赛中球，要么被放弃）；或

●*比杆赛*中，为了纠正从*错误的地方*打球可能导致的*严重违规*（参见规则14.7b），或者对正确的处置程序不确定时［参见规则20.1c（3）］打两个球。

6.4　一洞比赛期间的打球顺序

目的：

规则6.4阐述了整个一洞比赛期间的打球顺序。发球区的打球顺序取决于谁拥有优先权，此后的打球顺序依据谁的球距离球洞最远而定。

●*比洞赛*中，打球顺序十分重要。如果球员不按顺序打球，对手可以取消这次击球，让该球员重打。

●*比杆赛*中，球员不会因不按顺序打球而受到处罚。规则允许和提倡球员"快打高尔夫"，也就是以安全和负责任的方式不按顺序打球。

a.　比洞赛

（1）*打球顺序*。球员和对手必须用规定的以下顺序打球：

●*开始第一个球洞时*。在第一个球洞，优先权由委员会设定的抽签顺序决定。如果没有抽签，则可以用协商或随机的方式（如抛硬币）决定。

●*开始所有其他球洞时*。

▶一洞获胜的球员在下一个发球区拥有优先权。

▶如果这个球洞打平，则上一个发球区有优先权的球员继续拥有此

权利。

　　▶如果球员及时提出了判决请求（参见规则20.1b），但委员会尚未就此做出判定，而且判决可能影响到谁在下一个球洞拥有*优先权*，则*优先权*通过协商或使用随机方式决定。

●*两名球员都开始一洞后*。

　　▶哪个球距离球洞更远，就先打哪一个。

　　▶如果两球至球洞的距离相同，或者不知道相应的距离，则用协商或随机方式决定先打哪一个球。

（2）*对手可以取消球员不按顺序的击球*。轮到对手打球时，如果球员打了球，不受罚，但是对手可以取消这次击球：

●对手必须在任何一名球员进行下一次*击球*之前迅速做出取消的决定。对手取消*击球*后，他/她不能撤回这个决定。

●如果对手取消这次*击球*，球员必须在轮到自己打球时，从之前这次*击球*的地点打一个球（参见规则14.6）。

●如果对手不取消这次*击球*，则此次*击球*有效，此球处于比赛状态，此后必须在现有位置继续打球。

　　例外——协商不按顺序打球以节省时间：为节省时间：

●球员可以邀请对手不按顺序打球，或者同意对手不按顺序打球的请求。

●如果此后对手不按顺序打了球，球员即放弃了取消这次*击球*的权利。

参见规则23.6（*四球赛中的打球顺序*）。

b. 比杆赛

（1）*正常的打球顺序*。

●*开始第一个球洞时*。第一个发球区上的*优先权*由委员会设定的抽签顺序决定。如果没有抽签，则可以用协商或随机的方式（如抛硬币）决定。

●*开始所有其他球洞时*。

　　▶一组球员中，一洞总杆成绩最低的球员在下一个发球区拥有*优先权*，总杆成绩第二低的球员应该进行下一个打球……以此类推。

　　▶如果两名或更多名球员在一洞的成绩相同，他们应按照上一个发球区相同的顺序打球。

　　▶*优先权*由总杆成绩决定，即使在差点比赛中亦如此。

●*所有球员都开始一洞后*。

　　▶哪个球距离球洞最远，就先打哪一个。

　　▶如果两个或更多个球至球洞的距离相同，或者不知道相应的距离，则应该用协商或随机方式决定先打哪一个球。

如果球员不按顺序打球，不受罚，除非有两名或更多名球员协商不按顺序打球以便为他们中的某人牟利，这种情况下，他们每个人都要受到一般性处罚（罚2杆）。

（2）*以安全和负责任的方式不按顺序打球（"快打高尔夫"）*。规则允许并提倡球员以安全和负责任的方式不按顺序打球，如以下场合：

- 两名或更多名球员为方便或节省时间而同意这样做；
- 球员的球静止在距球洞很近的地方，他希望击球进洞；或
- 虽然按照上述第（1）款的规定的正常打球顺序轮到另一名球员打球，但如果此前已有某个球员做好准备并可以打球时，只要没有危及、干扰或妨碍任何其他球员，该球员就可以不按顺序打球。

但是，如果按照上述第（1）款的规定轮到其打球的球员已经做好准备可以打球，而且指出自己想要先打，一般而言其他球员应当等候其先打。

球员不应为获得对其他球员的优势而不按顺序打球。

c. 当球员从发球区打暂定球或另一个球时

这种情况下的打球顺序是，在球员从*发球区*打*暂定球*或另一个球之前，本组所有其他球员都已完成在该洞的第一次*击球*。

如果有多于一名球员从*发球区*打*暂定球*或另一个球，其打球顺序与之前的顺序相同。

关于不按顺序打*暂定球*或另一个球的规定，参见规则6.4a（2）和6.4b。

d. 当球员补救或从发球区以外的任何地方打暂定球时

这两种情况下规则6.4a（1）和6.4b（1）里的打球顺序如下：

（1）*从现有位置以外的其他地方打球采取补救*。

- *当球员发现规则要求他/她进行一杆加距离的补救时*。球员的打球顺序由其上一次*击球*的地点决定。
- *当球员可以选择在现有位置打球或补救时*。
  - ▶球员的打球顺序由初始球所在的地点决定（如果不知道，必须估计）（参见规则14.2）。
  - ▶即使球员早已决定进行一杆加距离的补救或从初始球所在地点以外的其他地方打球（例如初始球在*罚杆区*内或者将视为不可打之球），本规定仍然适用。

（2）*打暂定球*。此时的打球顺序是，球员进行了上一次*击球*后，在任何其他人打球之前立刻打*暂定球*，但以下情况除外：

- 从发球区开始一洞的比赛时（参见规则6.4c）；或
- 当球员等着决定自己是否要打一个暂定球时（这种情况下，一旦球员决

定打*暂定球*，他/她的打球顺序就将由其上一次*击球*的地点决定)。

6.5　完成一洞比赛

以下情况下，球员已完成一洞比赛：

● *比洞赛中*，一洞比赛在以下情况下完成：

　　▶球员*击球进洞*，或者其下一杆被认可；或

　　▶该洞的结果已经决定［例如对手已经认输该洞，对手在该洞的杆数低于球员可能达到的杆数，或者球员或对手受到*一般性处罚*(该洞负)］。

● *比杆赛中*，当球员按照规则3.3c*击球进洞*后。

参见规则21.1b（1）、21.2b（1）、21.3b（1）和23.3c（在其他*比杆赛*赛制或*四球赛*中球员何时完成一洞）。

规则7　寻找球：找到和辨认球

目的：

规则7允许球员在每一次击球后用合理的行为适度寻找自己的*比赛中球*。

● 但球员仍须谨慎，因为如果其行为过分并导致改善了影响下一杆的击球环境，将受到处罚。

● 如果球在球员试图找到或辨认时被意外移动，球员不会受罚，但此后必须把这个球放置回初始地点。

7.1　适度寻找球的方式

a. 球员可以采用合理的行为找到和辨认球

每次*击球*后，球员有责任找到自己的*比赛中球*。

球员可以采用合理的行为适度寻找自己的球，以便找到并辨认它，例如：

● 移动沙子和水；以及

● 移动或弯曲草、灌木、树枝以及其他生长着的或连接着的自然物体，此外，也可以折断上述物体，但是折断仅为找到或辨认球时所采用其他合理的行为所致。

如果适度找球时采用上述合理行为*改善*了*击球*环境，按照以下方式处理：

● 如果*改善*因适度寻找所引起，不会按照规则8.1a予以处罚。

● 但是，如果适度寻找球的行为超出合理范围并导致*改善*，球员将因违反规则8.1a受到*一般性处罚*。

在试图找到和辨认球时，球员可以按照规则15.1的规定移走*散置障碍物*，也可以按照规则15.2的规定移走*可移动妨碍物*。

b. 如果试图找到或辨认球时移动了影响球位的沙子该如何处理

● 球员必须在沙子中恢复初始球位，但如果之前球完全被沙子覆盖，可以在

恢复时露出这个球的一小部分。

- 如果球员没有恢复初始球位就打了这个球，他/她要受到一般性处罚。

7.2　辨认球的方式

可以用以下任何一种方式辨认球员的静止中球：

- 球员或任何其他人看到球静止在某环境中，并且知道位于此处的球就是球员的球。
- 看到球员在球上做的识别标记（参见规则 6.3a）。
- 在球员的球期望到达的区域找到一个和球员的球品牌、型号、号码和状况都一样的球（但如果在同一区域还有另一个完全相同的球并且没有办法分辨出哪一个是球员的球时，本方式不适用）。

如果无法区分球员的暂定球和初始球，参见规则 18.3c（2）。

7.3　拿起球辨认

如果一个球可能是球员的球，但无法在其现有位置辨认时：

- 球员可以拿起这个球进行辨认（包括在原地转动球）；但是
- 必须首先标记球的地点，并且不得将球擦拭至超出辨认所需的程度（在推杆果岭上除外）（参见规则 14.1）。

如果被拿起的球是球员的球或另外一名球员的球，必须将其放置回初始位置（参见规则 14.2）。

如果球员在没有必要辨认球时按照本规则拿起自己的球（在推杆果岭上可以按照规则 13.1b 拿起球时除外），拿起球之前没有标记球的地点，或在不允许擦拭球时擦拭了球，要被罚 1 杆。

违反规则 7.3 击打错误替换的球或从错误的地方打球的处罚：按照规则 6.3b 或 14.7a 进行一般性处罚。

如果单一行为或多个关联行为违反了多条规则，参见规则 1.3c（4）。

7.4　试图找到或辨认球时意外移动了球

在试图找到或辨认球员的球时，如果球员本人、对手或任何其他人意外移动了这个球，不受处罚。

若发生这种情况，必须把这个球放置回初始位置（如果不知道，必须估计）（参见规则 14.2）。这样做时：

- 如果球之前位于任何不可移动妨碍物、基本组成物、界外标志或生长着的或连接着的自然物体之上、之下，或与其倚靠，那么把这个球放置回初始位置时也必须将其放置在这些物体之上、之下或与其倚靠的位置（参见规则 14.2c）。
- 如果球之前被沙子覆盖，必须恢复初始球位并且必须把这个球放置回该球位［参见规则 14.2d（1）］。但是，这样做时球员可以露出球的一小部分。

同时参见规则 15.1a（把球*放置回原位*前有关故意移走某些*散置障碍物*的限制）。

违反规则 7.4 的处罚：*一般性处罚*。

规则 8　在球场的现有状况打球

目的：

规则 8 阐述了高尔夫球运动的一项核心原则："在球场的现有状况打球。"当球员的球静止后，他/她通常必须接受影响其击球的环境，并且在打球前不得改善这些环境。然而，球员可以采取某些合理的行为，即便这些行为改善了击球环境。此外，在某些少数情况下，有些环境在其被改善或破坏后可以得到恢复，从而不予处罚。

8.1　球员改善击球环境的行为

为了支持"在球场的现有状况打球"的原则，本规则严格限制了球员（在球场上或球场外的任何地方）为下一次*击球*而改善任何一种受保护的"*击球环境*"，它包括：

- 球员的静止中球所在的*球位*；
- 球员的预计*站位*区域；
- 球员的预计挥杆区域；
- 球员的*打球线*；以及
- 球员要抛或放置一个球的*补救区*。

本规则对于发生在一轮比赛中及按照规则 5.7a 中止比赛期间的行为均适用。

本规则不适用于以下情况：

- 在规则 15 允许的范围内移走*散置障碍物*或*可移动妨碍物*；或
- 当球员的球处于运动中时所采取的行为，涵盖在规则 11 中。

a. 规则不允许的行为

除规则 8.1b、c 和 d 中允许的有限几种方式之外，球员不得通过任何以下行为*改善击球环境*：

（1）移动、弯曲或折断任何：

- 生长着的或连接着的自然物体；
- *不可移动妨碍物*，基本组成物或*界外标志*；或
- 要从某*发球区*击球时该发球区的*发球区标志*。

（2）将一个*散置障碍物*或*可移动妨碍物*移动到某特定位置（例如以此来制造*站位*或改善*打球线*）

（3）通过以下手段改变地表面状况：

●将铲起的草皮放回到打痕里；

●移走或向下按压已被放回原处的铲起的草皮或已放置好的其他切割草皮；或

●制造或消除洞穴、凹痕以及不平整的表面。

（4）移走或向下按压沙子或松散的泥土。

（5）移走露水、霜或水。

违反规则 8.1a 的处罚：*一般性处罚*。

b. 规则允许的行为

在准备*击球*或*击球*时，球员可以采取以下任何行为而不受处罚，即使这样做*改善了击球环境*：

（1）采用合理的行为适度寻找自己的球，以便找到和辨认它（参见规则7.1a）。

（2）采用合理的行为移走*散置障碍物*(参见规则 15.1) 和*可移动妨碍物*(参见规则 15.2)。

（3）按照规则 14.1 和 14.2，采用合理的行为*标记球的地点、拿起这个球和将它放置回原位*。

（4）把球杆紧靠球前或球后轻放在地上。

但是这并不意味着允许：

●在地面上按压球杆；或

●当一个球在*沙坑*内时，触碰紧靠球前或球后的沙子［参见规则 12.2b（1）］。

（5）*站位*时稳固地放置双脚，包括在合理的范围内把双脚拧入沙子或松散的泥土中。

（6）合理*站位*时，采用合理的行为接近球并进行*站位*。

但是这样做时，球员：

●不享有正常站位或挥杆的权利；并且

●必须用对周边环境影响最小的行为方式来处理所处的特定情形。

（7）*击球*，或为*击球*而上杆并且随后完成了此次*击球*。

但当球在*沙坑*内时，规则 12.2b（1）不允许在上杆时触碰沙坑内的沙子。

（8）在*发球区*内：

●在地面内插入或在地面上放置球座[参见规则 6.2b（2）]；

●移动、弯曲或折断任何生长着的或连接着的自然物体 ［参见规则 6.2b（3）］；以及

●改变地表面状况，移走或向下按压沙子和泥土，或移走露水、霜或水 ［参

见规则 6.2b（3）］。

（9）从沙坑内把球打到该沙坑外后，为了保护球场而平整沙子［参见规则12.2b（3）］。

（10）在推杆果岭上，移走沙子和松散的泥土，以及修理损伤（参见规则13.1c）。

（11）移动自然物体，以查看它是否是散置的。

但是，如果发现该物体是生长着的或连接着的，必须保持其连接着的状态并尽可能将其放回至初始位置。

c. 通过恢复因违反规则 8.1a（1）或 8.1a（2）而导致改善的环境以避免处罚

如果球员已经违反规则 8.1a（1），移动、弯曲或折断了某个物体，或违反规则 8.1a（2），将某个物体移到一个特定位置，因而改善了击球环境，则按照以下方式处理：

●如果在下一次击球前球员使用以下第（1）款和第（2）款的规定允许的方式恢复了原先的环境，消除了之前造成的改善，则不受处罚。

●但是，如果球员采用规则 8.1a（3）—（5）中涵盖的任何其他行为改善了击球环境，他/她无法通过恢复原先的环境避免处罚。

（1）如何恢复因移动、弯曲或折断某个物体而造成改善的环境。击球前，球员可以将原来的物体尽量恢复至初始位置，消除违规造成的改善，以此避免因违反规则 8.1a（1）而受罚，例如：

●把已被移走的界外标志(如一根界桩）放回原位，或把一个已被推到不同角度的界外标志移动回其初始位置；或

●把已被移动的树枝、草或不可移动妨碍物放回到其初始位置。

但是以下情形中球员无法避免处罚：

●导致的改善没有被消除（如一个界外标志或树枝被严重弯曲或折断，以至无法被放回到初始位置）；或

●在试图恢复环境时使用原来的物体以外的任何其他物体，例如：

▶使用不同的或附加的物体（例如，在移走界桩留下的洞中插入一根不同的立桩，或把一根被移动的树枝捆在某个位置）；或

▶使用其他材料修理原来的物体（例如，使用胶带修复被折断的界外标志或树枝）。

（2）如何恢复因移动一个物体到某特定位置而导致改善的环境。击球前，球员可以移走之前被移动到某特定位置的物体，以此避免因违反规则 8.1a（2）而受罚。

d. 恢复球静止后被破坏的环境

如果球员的球静止之后，*击球环境*遭到破坏，按照以下方式处理：

（1）*允许恢复被破坏的环境的场合*。如果*击球环境*被除球员本人以外的任何人、动物或人工物体破坏，球员可以按照规则 8.1a 用以下方式处理，不受处罚：

- 尽量恢复原有环境。

- 当环境遭到破坏时，如果为了恢复原有环境而有理由这样做，或有东西停在球上时，可以标记球的地点，然后将球拿起、擦拭，再将它*放置*回其初始位置（参见规则 14.1 和 14.2）。

- 如果被破坏的环境无法轻易恢复，可以拿起球，然后把它*放置*回最近的地点（不能更靠近球洞），这个点须符合以下要求：有最相似的*击球环境*，在其初始位置一个球杆长度内，并且和初始地点位于同一种球场区域内。

例外—当球被拿起或移动时或此后，但在该球被放置回原位之前，球位遭到破坏：这种情况涵盖在规则 14.2d 中。但是，如果*球位*在比赛中止期间且球已被拿起后遭到破坏，本规则适用。

（2）*不允许恢复被破坏环境的场合*。如果*击球环境*被球员、自然物体或诸如风或水等*自然力*破坏，球员不得违反规则 8.1a 改善被破坏的环境〔但规则8.1c（1）、8.1c（2）和规则 13.1c 中允许的行为除外〕。

违反规则 8.1d 击打错误*替换*的球或从*错误的地方*打球的处罚：按照规则6.3b 或 14.7a 进行*一般性处罚*。

如果单一行为或多个关联行为违反了多条规则，参见规则 1.3c（4）。

参见规则 22.2（在*四人两球赛*中，任何一名*伙伴*均可代表本方采取行动，并且该*伙伴*的行为被视为球员本人的行为）；23.5（在*四球赛*中，任何一名*伙伴*均可代表本方采取行动，并且该*伙伴*涉及球员的球或装备的那些行为被视为球员本人的行为）。

8.2　球员为影响自己的静止中球或后续击球而故意改变其他客观环境的行为

a. 规则 8.2 适用的场合

本规则仅涵盖球员为影响其静止中球或后续*击球*而故意改变其他客观环境的行为。

本规则不适用于球员的以下行为：

- 故意变向或停止自己的球，或故意改变任何客观环境以影响球可能静止的位置（这部分内容涵盖在规则 11.2 和 11.3 中）；或

- 改变球员的*击球环境*（这部分内容涵盖在规则 8.1 中）。

b. 被禁止的改变其他客观环境的行为

球员不得故意采用规则 8.1a 列举的任何行为（但规则 8.1b、c 或 d 中允许

的行为除外）以改变其他任何客观环境，从而影响：

• 球员在其下一杆或再后来的*击球*后，他/她的球有可能去到或静止的地方；或

• 如果球员的静止中球在*击球*之前发生*移动*，它有可能去到或静止的地方（例如，当球停在一个陡坡上，球员担心它可能会滚进灌木中）。

例外——出于保护球场目的的行为：如果球员改变上述任何其他客观环境的行为是出于保护*球场*的目的（如平整*沙坑*内的脚印或把铲起的草皮放回打痕里），不会按照本规则予以处罚。

违反规则 8.2 的处罚：一般性处罚。

参见规则 22.2（在*四人两球赛*中，任何一名*伙伴*均可代表本*方*采取行动，并且该*伙伴*的行为被视为球员的行为）；23.5（在*四球赛*中，任何一名*伙伴*均可代表本*方*采取行动，并且该*伙伴*涉及球员的球或装备的那些行为被视为球员的行为）。

8.3　球员为影响另一名球员的静止中球或后续击球而故意改变客观环境的行为

a. 规则 8.3 适用的场合

本规则仅涵盖球员故意改变客观环境以影响另一名球员的静止中球或由该球员将要进行的后续*击球*的行为。

对于球员故意变向或停止另一名球员的运动中球，或故意改变任何客观环境以影响该球可能静止的地方的行为，本规则不适用（这部分内容涵盖在规则 11.2 和 11.3 中）。

b. 被禁止的改变其他客观环境的行为

球员不得故意采用规则 8.1a 列举的任何行为（但规则 8.1b、c 或 d 中允许的行为除外）：

• 改善或破坏另一名球员的*击球环境*；或

• 改变任何其他客观环境从而影响：

▶另一名球员在其下一次或再后来的*击球*后，他/她的球有可能去到或静止的地方；或

▶如果另一名球员的静止中球在*击球*之前发生*移动*，它有可能去到或静止的地方。

例外——出于保护球场目的的行为：如果球员改变上述任何其他客观环境的行为是出于保护*球场*的目的（如平整*沙坑*内的脚印或把铲起的草皮放回打痕里），不会按照本规则予以处罚。

违反规则 8.3 的处罚：一般性处罚。

参见规则 22.2（在*四人两球赛*中，任何一名*伙伴*均可代表本*方*采取行动，

并且该*伙伴*的行为被视为*球员*的行为）；23.5（在*四球赛*中，任何一名*伙伴*均可代表本方采取行动，并且该*伙伴*涉及*球员*的球或*装备*的那些行为被视为*球员*的行为）。

规则 9　在球的现有位置打球；静止中球被拿起或移动

目的：

规则9阐述了高尔夫球运动的一项核心原则："在球的现有位置打球"。

● 如果*球员*的球静止后被诸如风或水等自然力移动，*球员*通常情况下必须从新的地点打球。

● 如果静止中球在击球前被任何人或任何*外部因素*拿起或移动，该球必须被放置回其初始位置。

● 当*球员*位于任何静止中球附近时，都应小心谨慎。通常情况下，如果*球员*导致自己的球或对手的球移动，他/她将受到处罚（推杆*果岭*上除外）。

规则9适用于静止在*球场*上的*比赛中球*。而且，本规则既适用于一轮比赛中，也适用于按照规则5.7a中止比赛期间的场合。

9.1　在球的现有位置打球

a. 从球静止的地方打球

*球员*必须在现有位置击打其静止在*球场*上的球，但规则要求或允许*球员*按以下方式处理时除外：

● 从*球场*上的另一个地方打一个球；或

● 把一个球拿起，然后将它*放置*回其初始位置。

b. 当球在上杆或击球过程中发生移动该如何处理

如果*球员*的静止中球在其已开始*击球*后，或为了*击球*已开始上杆后发生移动，并且此后该*球员*完成了该次*击球*，按照以下方式处理：

● 无论什么原因导致球*移动*，都不得把这个球*放置*回原位。

● 相反，*球员*必须从该次*击球*后球静止的地点打球。

● 如果*球员*导致球*移动*，参见规则9.4b以确定是否有处罚。

违反规则9.1击打错误*替换*的球或从*错误的地方*打球的处罚：按照规则6.3b或14.7a进行*一般性处罚*。

如果单一行为或多个关联行为违反了多条规则，参见规则1.3c（4）。

9.2　决定球是否移动以及导致其移动的原因

a. 决定球是否移动

只有*知道或几乎肯定**球员*的静止中球已发生*移动*，该静止中球才能被视为*移动*。

如果球员的球只是有可能*移动*，但无法*知道或几乎肯定*，则该球被视为没有*移动*，必须在这个球的现有位置打球。

b. 判定导致球移动的原因

当球员的静止中球*移动*后：

● 必须判定是什么导致了球的*移动*。

● 这将决定球员是否必须将此球放置回原位，还是在其现有位置打球，以及是否有处罚。

（1）*四种可能的原因*。当一个静止中球在球员*击球*前发生*移动*，规则只承认四种可能的原因：

● 诸如风或水等*自然力*（参见规则 9.3）；

● 球员，包括球员的球童（参见规则 9.4）；

● 比洞赛中的对手，包括对手的球童（参见规则 9.5）；或

● 外部因素，包括比杆赛中的任何其他球员（参见规则 9.6）。

参见规则 22.2（在*四人两球赛*中，任何一名伙伴均可代表本方采取行动，并且该伙伴的行为被视为球员的行为）；23.5（在*四球赛*中，任何一名伙伴均可代表本方采取行动，并且该伙伴涉及球员的球或装备的那些行为被视为球员的行为）。

（2）*决定导致球移动的原因时的"知道或几乎肯定"的标准*。

● 只有在*知道或几乎肯定*是球员、对手或某种外部因素导致了球的*移动*时，才能视为球因上述原因发生*移动*。

● 如果无法*知道或几乎肯定*上述三种因素中至少有一种是导致球*移动*的原因，则视为球的*移动*由*自然力*导致。

执行这个标准时，必须考虑所有可以合理获得的信息，这指的是所有球员知道的、经过适当努力并且无须过度延误比赛即可获得的信息。

9.3 球被自然力移动

如果*自然力*（诸如风或水）导致球员的静止中球*移动*：

● 不予处罚；并且

● 必须从球新的地点打球。

例外——如果推杆果岭上的球之前已被拿起并放置回原位，但此后发生*移动*，则必须将其放置回原位（参见规则 13.1d）；如果球员之前已经在*推杆果岭*上拿起自己的球并将其*放置回原位*，但此后这个球从该点发生*移动*，则按照以下方式处理：

● 必须把这个球放置回其初始位置（如果不知道，必须估计）（参见规则 14.2）。

● 无论导致球*移动*的原因是什么（包括*自然力*），本规定均适用。

违反规则 9.3 击打*错误替换*的球或从*错误的地方*打球的处罚：按照规则 6.3b 或 14.7a 进行*一般性处罚*。

如果单一行为或多个关联行为违反多条规则，参见规则 1.3c（4）。

9.4 球被球员拿起或移动

本规则仅适用于*知道或几乎肯定*球员（包括其*球童*）拿起自己的*静止中球*或导致球*移动*的场合。

a. 被拿起或被移动的球必须被放置回原位的场合

如果球员拿起自己的*静止中球*或导致它*移动*，这个球必须被*放置*回其初始位置（如果不知道，必须估计）（参见规则 14.2），但以下情况除外：

● 当球员按照某条规则拿起这个球采取补救，或把这个球*放置*回不同的地点时（参见规则 14.2d 和 14.2e）；或

● 球员已经*开始击球*，或为了*击球*已经*开始上杆*后，球才发生*移动*，并且此后该球员继续挥杆完成了该次*击球*(参见规则 9.1b)。

b. 拿起或故意触碰球，或导致球移动的处罚

如果球员拿起或故意触碰其*静止中球*，或导致它*移动*，该球员要被罚 1 杆。

但是有以下四种例外情况：

例外 1——规则允许球员拿起或移动球：当球员按照某条满足以下条件之一的规则拿起球或导致它*移动*时，不受处罚：

● 该规则允许拿起这个球并随后将它*放置*回初始位置；

● 该规则要求把被*移动*的球*放置*回初始位置；或

● 该规则要求或允许球员重新抛或放置一个球，或从不同的地点打一个球。

例外 2——找到球之前意外移动：当球员在试图找到或辨认球的过程中意外导致这个球*移动*时，不受处罚（参见规则 7.4）。

例外 3——推杆果岭上意外移动：当球位于*推杆果岭*上，球员无论以何种方式意外导致其*移动*时，不受处罚（参见规则 13.1d）。

例外 4——在除推杆果岭以外的任何地方执行规则时意外移动：如果球员在除*推杆果岭*以外的任何地方采用以下合理行为时意外导致球*移动*，不受处罚：

● 当规则允许时，标记球的地点，拿起球或把球*放置*回原位（参见规则 14.1 和 14.2）；

● 移走*可移动妨碍物*(参见规则 15.2)；

● 当规则允许时，恢复被破坏的环境（参见规则 8.1d）；

● 按照某一规则采取补救，包括确定是否可以按照规则获得补救（例如挥动球杆查看是否受到某状况的妨碍），或确定在哪里采取补救（如确定最近完全补

救点）；或

● 按照某条规则进行测量（如按照规则 6.4 决定打球顺序）。

违反规则 9.4 击打错误替换的球或从错误的地方打球的处罚：按照规则 6.3b 或 14.7a 进行一般性处罚。

如果单一行为或多个关联行为违反了多条规则，参见规则 1.3c（4）。

9.5 比洞赛中球被对手拿起或移动

本规则仅适用于知道或几乎肯定对手(包括对手的球童) 拿起球员的静止中球或导致它移动的场合。

如果对手击打了作为错球的球员的球，按照规则 6.3c（1）而非本规则进行处理。

a. 被拿起或被移动的球必须被放置回原位的场合

如果对手拿起或移动了球员的静止中球，该球必须被放置回初始位置（如果不知道，必须估计）（参见规则 14.2），但以下情况除外：

● 当对手认可球员下一次击球，或在一洞或整场比赛认输时（参见规则 3.2b）；

● 球员打算执行某条规则采取补救或把球放置回一个不同的地点时，对手应球员的要求拿起或移动了这个球。

b. 拿起或故意触碰球，或导致球移动的处罚

如果对手拿起或故意触碰球员的静止中球，或导致它移动，对手要被罚 1 杆。

但是有以下几种例外情况：

例外 1——规则允许对手拿起球员的球：对手在以下情况拿起球员的球时，不受处罚：

● 认可球员的击球、在一洞或整场比赛认输；或

● 应球员的要求。

例外 2——在推杆果岭上误标记并拿起球员的球：如果对手把球员在推杆果岭上的球误认为是自己的球，因而标记了此球的地点并将它拿起，不予处罚。

例外 3——与球员拿起球或导致球移动相同的例外情况：对手在采取规则 9.4b 中的例外 2、3 或 4 所涵盖的任何行为时，如果意外导致球移动，不受处罚。

违反规则 9.5 击打错误替换的球或从错误的地方打球的处罚：按照规则 6.3b 或 14.7a 进行一般性处罚。

如果单一行为或多个关联行为违反了多条规则，参见规则 1.3c（4）。

9.6 球被外部因素拿起或移动

如果知道或几乎肯定某种外部因素(包括比杆赛中的另一名球员，或另外一

个球）拿起或*移动*了球员的球，按照以下方式处理：

- 不予处罚；并且
- 这个球必须被*放置回初始位置*（如果不知道，必须估计）（参见规则14.2）。

无论球员的球是否已被找到，本规则均适用。

但是，如果无法*知道或几乎肯定*这个球被某种*外部因素*拿起或*移动*，并且球*遗失*，球员必须按照规则18.2采取*一杆加距离*的方式补救。

如果作为*错球*的球员的球被另一名球员击打，按照规则6.3c（2）而非本规则进行处理。

违反规则9.6击打错误*替换*的球或从*错误的地方*打球的处罚：按照规则6.3b或14.7a进行*一般性处罚*。

如果单一行为或多个关联行为违反了多条规则，参见规则1.3c（4）。

9.7　球标被拿起或移动

本规则阐述了如果一个*球标*正被用于*标记*一个被拿起的球的地点，但在球被*放置回*原位之前，这个*球标*被拿起或移动了的处理办法。

a. 球或球标必须被放置回原位

如果球员的球被*放置回*原位前，他/她的*球标*被拿起或以任何形式（包括*自然力*）被移动，球员必须按照以下两种方式之一处理：

- 把这个球*放置回初始位置*（如果不知道，必须估计）（参见规则14.2）；或
- *放置*一个*球标*以*标记初始位置*。

b. 拿起球标或导致它移动的处罚

如果球员，或他/她在*比洞赛*的*对手*，拿起了球员的*球标*或导致它移动，（当球已被拿起并尚未*放置回*原位时），该球员或*对手*要被罚1杆。

例外——规则9.4b和9.5b中的例外适用于拿起球标或导致它移动的情况：球员或*对手*拿起球员的球或意外导致球员的球*移动*而不受处罚的所有情形，同样适用于拿起或意外移动了球员的*球标*的情况。

违反规则9.7击打错误*替换*的球或从*错误的地方*打球的处罚：按照规则6.3b或14.7a进行*一般性处罚*。

如果单一行为或多个关联行为违反了多条规则，参见规则1.3c（4）。

规则10　准备击球与击球；助言与帮助；球童

目的：

规则10阐述了如何准备及进行击球，包括球员可以从其他人（包括球童）那里获得的助言和其他的帮助，其潜在的原则是，高尔夫球运动是一项需要技巧

和充满个人挑战的运动。

10.1 击球

目的：

规则 10.1 阐述了如何击球以及在此过程中被禁止的几种行为。击球是指用一支球杆的杆头正确击打一个球，其根本的挑战，是在不固定球杆的基础上，通过自由挥动来引导和控制整支球杆的运动。

a. 正确击球

*击球*时：

●球员必须用球杆的杆头正确击打这个球，使球杆与球之间仅有瞬间接触，并且不得采用推带、拨扫或舀的动作。

●如果球员的球杆意外击到球一次以上，只算作一次击球，不受处罚。

b. 固定球杆

*击球*时，球员不得通过以下两种方式之一固定球杆：

●直接地，用球杆或握杆手抵住身体的任何部位予以固定（但球员可以用球杆或握杆手抵住手或前臂）；或

●间接地，用前臂抵住身体的任何部分，使握杆手作为一个稳定点以便另一只手围绕该点挥动球杆。通过使用这样一个"支点"予以固定。

如果球员的球杆、握杆手或前臂在*击球*过程中仅触碰其身体或衣服，并没有抵住身体，则不构成对本规则的违反。

出于运用本规则的目的，"前臂"指的是手臂肘关节以下的部位，包括手腕。

c. 跨立或站在打球线上击球

球员不得采用故意将脚置于*打球线*或该线在球后方的延长线两侧，或用任何一只脚故意触碰*打球线*或该线在球后方的延长线的*站位*方式*击球*。

仅对本规则而言，*打球线*不包括向两侧延伸适当的距离。

例外——如果采用这样的站位出于无意，或是为了避开另一位球员的打球线，不受处罚。

d. 打正在运动的球

球员不得对正在运动的球进行*击球*：

●如果一个比赛中球尚未静止在某一个地点，它即"正在运动"。

●如果一个已经静止的球正在摇晃，但是仍停在或又回到其初始位置，它将被视为处于静止状态而非正在运动的球。

但有以下三种例外情形不予处罚：

例外 1——球员为了击球而开始上杆后球才开始移动：这种情况下对正在运动的球进行*击球*按照规则 9.1b 而非本规则进行处理。

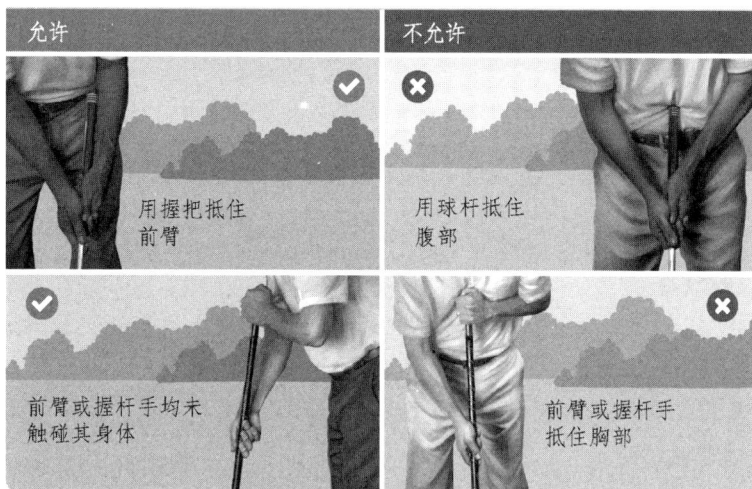

图 10.1b　固定球杆

例外 2——球从球座上掉落：对正从*球座*上掉落的球进行*击球*按照规则 6.2b（5）而非本规则进行处理。

例外 3 ——正在水中运动的球：当球正在*临时积水*中或*罚杆区*内的水中运动时：

* 球员可以对这个正在运动的球进行*击球*，不受处罚；或
* 球员可以按照规则 16.1 或 17 采取补救并拿起这个正在运动的球。

无论在上述任一种情况下，球员均不得为了让风或水流将球移动到一个更好的地方而过度延误比赛（参见规则 5.6a）。

违反规则 10.1 的处罚：*一般性处罚*。

*比杆赛*中，违反本规则的*击球*有效，然后球员再被罚 2 杆。

10.2　助言与其他帮助

目的：

为自己的打球制定策略与战术是对球员的一项根本挑战。因此，规则对球员在一轮比赛中可以获得的助言与其他帮助做出了一些限制。

a. 助言

一轮比赛中，球员不得有以下行为：

* 向正在球场上打球的任何参加比赛的人提供*助言*；
* 向除球员的球童以外的任何人征询*助言*；或
* 触碰另一名球员的装备，以了解一些如果由另一名球员直接给出或向其询问即构成*助言*的信息（例如触碰其他球员的球杆或球包以查看哪支球杆正在被

使用)。

该规则不适用于一轮比赛开始前,按照规则 5.7a 中止比赛期间或两轮比赛之间。

参见规则 22、23 和 24 (在有*伙伴*参与的比赛赛制中,球员可以向他/她的*伙伴*或*伙伴*的*球童*提供*助言*,也可以向*伙伴*或*伙伴*的*球童*征询*助言*)。

b. 其他帮助

(1) *当球在推杆果岭以外的地方时指出打球线*。球员可以通过以下方式指出他/她的打球线:

● 让他/她的*球童*或任何其他人站在球员的*打球线*上或附近的地方来指出其所在,但是那个人必须在球员*击球*前离开。

● 将某物体 (例如球包或毛巾) 放置在球场上以指示打球线,但是该物体必须在*击球*前被移走。

(2) *当球在推杆果岭上时指出打球线*。

在*击球*前,仅球员和他/她的*球童*可以指出球员的*打球线*,但要受到以下限制:

● 球员或*球童*可以用手、脚或任何他/她手中持有的物体触碰到*推杆果岭*,但不得因*改善击球环境*而违反规则 8.1a;并且

● 球员或*球童*不得在推杆果岭之上或之外的任何地点放置物体来指示打球线。即便该物体在*击球*前被移走也不被允许。

正在*击球*时,*球童*不得故意站在球员的*打球线*上或其附近的地方,或做任何其他事情 (例如在*推杆果岭*上指出一个点或制造一个影子) 以指出球员的*打球线*。

例外——照管旗杆的球童:*球童*可以站在球员的*打球线*上或其附近来照管*旗杆*。

(3) *不允许放置物体以帮助球员采取站位*。球员不得通过使用已经被球员或为球员放置好的任何物体来为*击球*采取*站位*,以达到帮助其双脚或身体瞄准方向的目的。例如,将一支球杆放置在地面上以指示*打球线*。

如果球员在采取站位时违反了本规则,他/她不能通过从*站位*中退回然后移走该物体而避免处罚。

(4) *对于球童站在球员后面的限制*。当球员为了*击球*而开始采取*站位*时,并且直到*击球*完成:

● 球员的*球童*不得故意站在打球线在球后方的延长线上或其附近的地方。

● 如果球员采取站位时违反了本规则,他/她不能通过退回的方式避免处罚。

例外——球在推杆果岭上:当球员的球位于*推杆果岭*上时,如果球员从*站位*中退回并且直到*球童*移出该位置前都没有重新开始采取*站位*,不会受到本规

则的处罚。

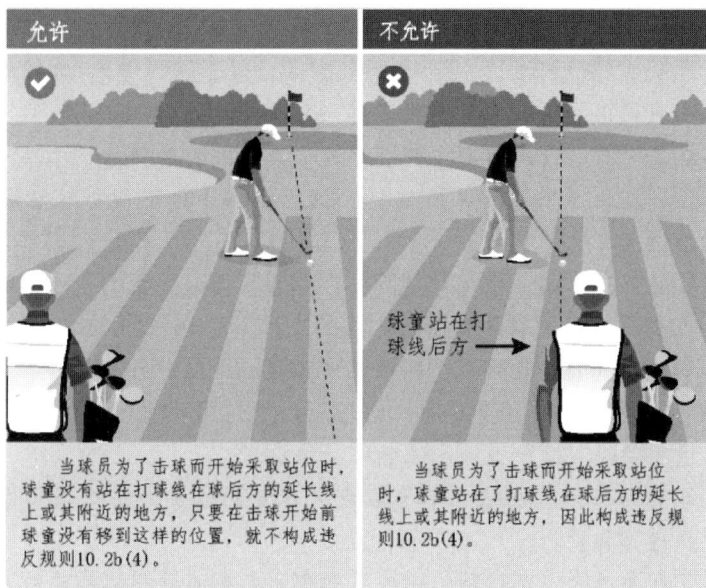

图 10.2b 球童站在打球线在球后方的延长或其附近的地方

参见规则 22、23 和 24 ［在有*伙伴*参与的比赛赛制中，球员的*伙伴*以及*伙伴*的*球童*可以按照规则 10.2b（2）和（4）采取和球员的*球童*同样的行为（受到同样的限制）］。

（5）*物理协助和对自然因素的防护*。球员在以下场景中不得进行*击球*：

● 正在从他/她的*球童*或任何其他人那里获得物理上的协助时；或

● 由他/她的*球童*或任何其他人或故意放置好的物体来为球员提供对阳光、雨、风或其他自然因素的防护。

在*击球*前，这样的协助或防护是被允许的，但规则 10.2b（3）和（4）中被禁止的行为除外。

本规则不禁止球员在*击球*时由他/她本人采取行为对自然因素进行防护，例如穿着具有防护功能的衣服或在他/她自己的头顶打伞。

违反规则 10.2 的处罚：*一般性处罚*。

10.3 球童

目的：

一轮比赛中，球员可以让一名球童携带球员的球杆并提供助言和其他帮助，但关于球童被允许做什么还有一些限制。在一轮比赛中球员要对球童的行为负责并且如果球童违反规则球员要受到处罚。

a. 球童可以在一轮比赛中帮助球员

（1）*球员在同一时间只能有一名球童*。

在一轮比赛中球员可以让一名*球童*来携带、运输和管理他/她的球杆，提供*助言*以及通过其他被允许的方式来帮助他/她，但要受到以下限制：

- 球员在任何同一时间都不能拥有超过一名以上的*球童*。
- 球员在一轮比赛中可以更换*球童*，但不能单纯为了从新*球童*那里获得*助言*而临时这样做。

无论球员是否有*球童*，任何其他同球员一起步行或骑行的人或为球员携带着其他物品（如雨衣、雨伞或食物和饮料）的人都不是球员的*球童*，除非他/她被球员指定为*球童*或同时也携带、运输或管理球员的球杆。

（2）*两个或多个球员可以共用一名球童*。当共用球童的某一特定行为引发规则问题并且需要决定该行为应由哪名球员负责时：

- 如果*球童*的行为是按照其中一名共用*球童*的球员的特定指示做出的，该共用者应对此行为负责。
- 如果没有共用者指示该特定行为，则哪一名*球童*共用者的球涉及其中，那名球员应对该行为负责。

参见委员会的处置程序，第8部分；当地规则范本 H-1（委员会可以采用当地规则*禁止*或要求使用*球童*或限制球员对*球童*的选择）。

违反规则 10.3a 的处罚：

- 球员在任何同一时间内得到超过一名球童帮助的每一个球洞，各洞都要受到*一般性处罚*。
- 如果违规发生在或继续存在于两个球洞的比赛之间，球员在下一洞要受到*一般性处罚*。

b. 球童可以做什么

以下是*球童*被允许和不被允许的行为的示例：

（1）*总是被允许的行为*。规则总是允许球童采取以下行为：

- 携带、运输并管理球员的球杆及其他装备(包括驾驶球车或拉手推车)。
- 寻找球员的球（规则 7.1）。
- 在击球前提供信息、助言及其他帮助（规则 10.2a 和 10.2b）。
- 平整沙坑或为了保护球场而采取的其他行为［规则 8.2 例外，8.3 例外和规则 12.2b（2）和（3）］。
- 移走推杆果岭上的沙子和松散的泥土以及修理推杆果岭上的损伤（规则 13.1c）。

- 移走或照管旗杆(规则13.2b)。
- 在推杆果岭上标记球员的球的地点以及拿起和把球放置回原位（规则14.1b 例外和14.2b)。
- 擦拭球员的球（规则14.1c)。
- 移走散置障碍物及可移动妨碍物(规则15.1 和15.2)。

（2）*仅当在得到球员授权后才被允许做的行为*。以下的行为仅当规则允许球员去做并且仅在得到球员授权（必须是每次特别指出而不能对这一轮比赛做出一次通用性授权)，*球童*才可以去做：

- 恢复球员的球静止后被破坏的环境（规则8.1d)。
- 当球员的球位于*推杆果岭*以外的任何地方时，按照需要把拿起的球放置回原位的规则拿起球员的球，或在球员决定按照规则采取补救之后拿起球员的球（规则14.1b)。

（3）*不被允许的行为*。球童不得为球员采取以下的行为：

- 认可对手下一次击球、向对手认输一洞或整场比赛或者与对手协商比洞赛成绩（规则3.2)。
- 当球员为了*击球*开始采取站位并且直到*击球*完成前，故意站在球员的打球线在球后方的延长线上或者其附近的地方［规则10.2b (4)］，或采取其他被规则10.2b 禁止的行为。
- 把一个球放置回原位，除非球童之前拿起或*移动*了这个球（规则14.2b)。
- 在*补救区*内抛或放置一个球（规则14.3)。
- 决定按照某一条规则采取补救（例如按照规则19 将一个球视为不可打或按照规则16.1 或17 对*异常球场状况*或从*罚杆区*采取补救)；球童可以建议球员这样做，但必须由球员来决定。

c. 球员对球童的行为以及违反的规则负责

在一轮比赛中以及按照规则5.7a 中止比赛期间，球员对他/她的*球童*的行为负责，但一轮开始前或结束后不适用。

如果*球童*的行为违反了规则或如果*球童*的行为由球员来做将构成违规，则球员要根据那一条规则受到处罚。

当执行一条规则需要取决于球员是否已经意识到某些事实的时候，球员的认知被视为包括他/她的*球童*已经知道的所有情况。

规则11　运动中球意外撞到人、动物或物体；影响运动中球的故意行为

目的：

规则11 阐述了如果球员的运动中球撞到了人、动物、装备或球场上的任何

其他物体该如何处理。当这种情况是意外发生的，不管利弊如何，通常情况下球员必须接受该结果，并且要在球静止的地点继续打球，不受处罚。规则 11 还同样限制球员通过故意采取行动以影响任何运动中球可能静止的地点。

本规则在任何时候都适用于一个处于运动中的*比赛中球*（无论是*击球*后还是其他原因造成的运动），除了当一个球被*抛*在一个*补救区*内并且尚未静止的时候。该状况被规则 14.3 所涵盖。

11.1　运动中球意外撞到人或外部因素

a. 对任何球员均不处罚

如果球员的运动中球意外地撞到任何人或*外部因素*：

- 对任何一名球员均不予处罚。
- 即便该球撞到球员本人、对手或任何其他球员或他们的*球童*或装备也不罚杆。

例外——比杆赛中从推杆果岭上击出的球：如果球员的运动中球撞到另外一个在*推杆果岭*上的静止中球，并且在*击球*前两个球都位于*推杆果岭*之上，球员要受到*一般性处罚*(罚 2 杆)。

b. 必须在球的现有位置打球

如果球员的运动中球意外地撞到任何人或*外部因素*，必须在球的现有位置打球，但以下两种情形除外：

例外 1——当从推杆果岭以外的任何地方打出的球静止在任何人、动物或移动的外部因素上时：球员不得在球的现有位置打球。相反，球员必须采取补救：

- <u>当球位于推杆果岭以外的任何地方时</u>。球员必须将初始球或另一个球*抛*在这样的*补救区*内（参见规则 14.3）：
  - ▶ *参考点*：在球最初静止在人、动物或移动的外部因素上的位置正下方估计一个点。
  - ▶ *从参考点测量的补救区的范围*：一个球杆长度，但要受到以下限制：
  - ▶ *补救区位置的限制*：
    - ·必须和参考点位于同一种球场区域内；并且
    - ·不得比参考点更靠近球洞。
- <u>当球位于推杆果岭上时</u>。球员必须将初始球或另一个球放置在球最初静止在人、动物或移动的外部因素上的位置正下方的一个估计的点，按照规则 14.2b(2) 和 14.2e 中把一个球放置回原位的程序处置。

例外 2——当从推杆果岭上击出的球意外撞到在推杆果岭上的任何人、动物或可移动妨碍物（包括另外一个运动中球）：该次*击球*无效并且必须将初始球或另一个球*放置*回其初始位置（如果不知道，必须估计），有两种情形除外：

● *运动中球撞到推杆果岭上的另一个静止中球或球标*。该次*击球*有效并且必须在球的现有位置打球（参见规则 11.1a 以判断*比杆赛*中是否有处罚）。

● *运动中球意外撞到旗杆或照管旗杆的人*。该状况由规则 13.2b（2）涵盖，而不是本规则。

违反规则 11.1 击打*错误替换*的球或从*错误的地方*打球的处罚：按照规则 6.3b 或 14.7a 进行*一般性处罚*。

如果单一行为或多个关联行为违反了多条规则，参见规则 1.3c（4）。

11.2　运动中球被人故意变向或停止

a. 规则 11.2 适用的场合

本规则仅在*知道或几乎肯定*球员的运动中球被人故意变向或停止时才适用，这也就意味着：

● 任何人故意触碰了运动中球；或

● 运动中球撞到了由球员故意放置或留在某一特定位置的*装备*或其他物体（在球被击打或通过其他方式进入运动状态之前已有的*球标*或另一个静止中球除外）或任何人（如球员的*球童*），从而该*装备*、物体或人可能变向或停止这一运动中球。

例外——在*比洞赛*中当球几乎没有*进洞*的可能时被故意变向或停止：*对手*的运动中球在几乎没有*进洞*的可能时被故意变向或停止，并且这种情况发生在认可下一次*击球*或当球需要*进洞*才能在该洞打平时，该内容由规则 3.2a（1）或 3.2b（1）所涵盖，而不是本规则。

如果有合理的理由认为一个球或*球标*可能会帮助或妨碍他/她打球，球员有权利在*击球*前让这个球或*球标*被拿起，关于这部分内容参见规则 15.3。

b. 对球员施加处罚的场合

● 如果球员故意变向或停止任何运动中球，他/她要受到*一般性处罚*。

● 无论该球是球员本人的球还是*对手*或*比杆赛*中的另一名球员打的球，处罚均适用。

例外——正在水中运动的球：如果球员在按照规则 16.1 或 17 采取补救时拿起他/她的正在*临时积水*中或*罚杆区*内的水中运动的球，不受处罚（参见规则 10.1d 例外 3）。

参见规则 22.2（在*四人两球赛*中，任何一名*伙伴*均可代表本方采取行动，并且该*伙伴*的行为被视为球员的行为）；23.5（在*四球赛*中，任何一名*伙伴*均可代表本方采取行动，并且该*伙伴*涉及球员的球或*装备*的那些行为被视为球员的行为）。

c. 必须从哪里打故意被变向或停止的球

如果*知道*或*几乎肯定*球员的运动中球被人故意变向或停止（无论球是否被找到），不得在球的现有位置打球。相反，球员必须采取以下补救：

（1）*当击球在除推杆果岭以外的任何地方进行*。球员必须基于球如果没有被变向或停止时本应该静止的估计的地点而采取补救：

• *当球本应该静止在球场上除推杆果岭以外的任何地方时*。球员必须将初始球或另一个球抛在这样的补救区内（参见规则 14.3）：

▶ *参考点*：估计球本应该静止的地点。

▶ *从参考点测量的补救区的范围*：一个球杆长度，但要受到以下限制：

▶ *补救区位置的限制*：

· 必须和参考点位于同一种球场区域内；并且

· 不得比参考点更靠近球洞。

• *当球本应该静止在推杆果岭上时*。球员必须将初始球或另一个球放置在球本应该静止的估计的位置上，按照规则 14.2b（2）和 14.2e 中把一个球放置回原位的程序处置。

• *当球本应该静止在界外时*。球员必须按照规则 18.2 采取一杆加距离的补救方式。

（2）*当击球在推杆果岭上进行时*。该次*击球无效*，并且必须将初始球或另一个球*放置回其初始位置*（如果不知道，必须估计）（参见规则 14.2）。

违反规则 11.2 击打*错误替换的球*或从*错误的地方*打球的处罚：按照规则 6.3b 或 14.7a 进行*一般性处罚*。

如果单一行为或多个关联行为违反了多条规则，参见规则 1.3c（4）。

11.3 故意移动物体或改变环境以影响运动中球

当球在运动中时，球员不得故意采取任何以下行为来影响球（无论是球员自己的球还是另一名球员的球）可能静止的地方：

• 通过采用规则 8.1a 中列举的任何行为（例如将铲起的草皮放置回原处或向下按压草皮翘起的部分）以改变客观环境；或

• 拿起或移动：

▶一个*散置障碍物*(参见规则 15.1a，例外 2)；或

▶一个*可移动妨碍物*(参见规则 15.2a，例外 2)。

例外——移动旗杆、在推杆果岭上静止的球和球员的其他装备：本规则不禁止球员拿起或移动：

• 一支被移走的旗杆；

• 一个在推杆果岭上静止的球；或

● 任何球员的其他装备(在推杆果岭以外任何地方静止的球或球场上任何地方的球标除外)。

当一个球在运动中时从*球洞*中移走*旗杆*(包括照管它) 由规则 13.2 涵盖，而不是本规则。

违反规则 11.3 的处罚：一般性处罚。

参见规则 22.2 (在*四人两球赛*中，任何一名*伙伴*均可代表本方采取行动，并且该*伙伴*的行为被视为球员的行为)；23.5 (在*四球赛*中，任何一名*伙伴*均可代表本方采取行动，并且该*伙伴*涉及球员的球或装备的那些行为被视为球员的行为)。

规则 12　沙坑

目的：

规则 12 是一条针对沙坑的特定规则。沙坑指的是一个经过特别整理的区域。设沙坑的目的是测试球员从沙子里打球的能力。为了确保球员能面对这样的挑战，在沙坑内对球员击球前触碰沙子和可以采取补救的地点都有一些限制。

12.1　什么时候球位于沙坑内

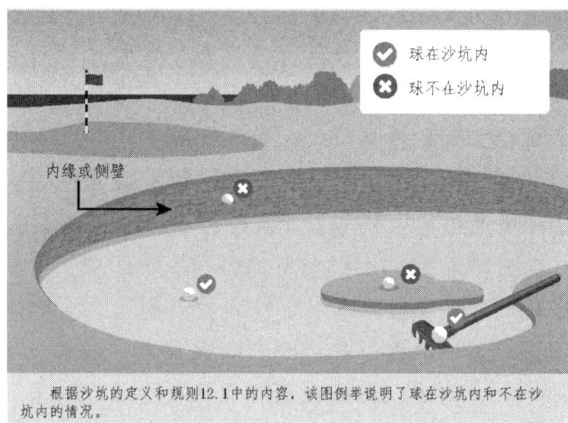

图 12.1　什么时候球位于沙坑内

当球的任何一部分满足以下条件时，球即位于*沙坑内*：

● 触及*沙坑*边沿以内地面上的沙子；或

● 在*沙坑*边沿以内并且静止在：

　▶通常会有沙子存在的地面上 (例如在沙子被风吹跑或被水冲刷走的地方)；或

　▶*散置障碍物*、*可移动妨碍物*、*异常球场状况*或*基本组成物*之内或之上，并且以上这些物体触及了*沙坑*内的沙子或在通常会有沙子存在的地面上。

如果一个球位于*沙坑边沿*以内的泥土、草或其他生长着的或连接着的物体之上而且没有触及到任何沙子，不属于*沙坑内的球*。

如果球的一部分同时位于*沙坑*和另外一种*球场区域*内，参见规则 2.2c。

12.2 打位于沙坑内的球

本规则同时适用于一轮比赛中和按照规则 5.7a 中止比赛期间。

a. 移走散置障碍物和可移动妨碍物

在打*位于沙坑内的球*之前，球员可以按照规则 15.1 移走*散置障碍物*和规则 15.2 移走*可移动妨碍物*。

这包括在此过程中发生的任何合理的触碰或移动*沙坑内*沙子的行为。

b. 在沙坑内触碰沙子的限制

（1）*触碰沙子会受到处罚的场合*。在对*沙坑内的球*进行*击球*前，球员不得：

●故意用手、球杆、沙耙或其他物体测试该*沙坑*内的沙子的状况从而为下一次*击球*获取信息；或

●在以下场合用球杆触碰该*沙坑*里的沙子：

　　▶在紧靠球前或球后的区域内（但按照规则 7.1a 在适度寻找球时或按照规则 12.2a 在移走*散置障碍物*或*可移动妨碍物*时除外）；

　　▶在试挥杆的时候；或

　　▶在为了*击球*上杆的时候。

（2）*触碰沙子不会受到处罚的场合*。除了上述第（1）款规定中涵盖的内容，本规则不禁止球员通过任何其他方式触碰*沙坑*内的沙子，包括：

●为了试挥杆或*击球*而采取站位时将双脚拧入沙子中；

●出于保护球场的目的平整*沙坑*；

●把球杆、装备或其他物体放在*沙坑*内（无论是通过扔或放下去的方式）；

●测量、标记球、拿起球、把球放置回原位或按照规则采取其他行为；

●休息时、保持平衡时或防止摔倒时倚靠球杆；或

●沮丧或愤怒时击打沙子。

但如果球员触碰沙子的行为改善了*击球*环境，他/她将因违反规则 8.1a 而受到*一般性处罚*。（同样参见规则 8.2 和 8.3 关于*改善*或破坏其他影响打球的客观环境的限制。）

（3）*球从沙坑内打出后将不再受到限制*。在对*沙坑内的球*进行击打后并且球位于*沙坑*之外时，球员可以：

●触碰*沙坑*内的沙子而不会受到规则 12.2b（1）的处罚；以及

●出于保护球场的目的平整*沙坑*内的沙子而不会受到规则 8.1a 的处罚。

即使当球静止在该*沙坑*之外并且需要做以下行为时，上述条款依然适用：

• 按照规则球员被要求或被允许采取一杆加距离的补救在*沙坑*内抛一个球；或

• *沙坑*内的沙子位于球员从*沙坑*外打的下一次*击球*的*打球线*上。

但如果从*沙坑*内打的球又回到该*沙坑*内，或球员在采取补救时要把一个球*抛*在该*沙坑*内时，规则12.2b（1）和规则8.1a中的相关限制又再次适用于该*沙坑*内的*比赛中球*。

违反规则12.2的处罚：一般性处罚。

12.3 关于在沙坑内的球采取补救的特定规则

当一个球位于*沙坑*内时，某些特定的补救规则可能适用于以下情形：

• 受到*异常球场状况*的妨碍（规则16.1c）；

• 受到*危险动物情景*的妨碍（规则16.2）；以及

• 不可打之球（规则19.3）。

规则13 推杆果岭

目的：

规则13是一条针对推杆果岭的特定规则。由于推杆果岭是为了沿着地面击球而特别整理的区域并且在每一个推杆果岭上都有插在球洞中的旗杆，因此相较于其他球场区域有一些不同的规则适用于推杆果岭。

13.1 推杆果岭上被允许或被要求的行为

目的：

本规则允许球员做一些在推杆果岭上可以做但通常在推杆果岭以外的地方不可以做的事情，例如允许在推杆果岭上标记、拿起、擦拭球、把球放置回原位、修理损伤以及移走沙子和松散的泥土。在推杆果岭上意外导致球和球标移动也不予处罚。

a. 什么时候球位于推杆果岭上

当球的任何一部分满足以下条件时，球即位于*推杆果岭*上：

• 触及*推杆果岭*；或

• 位于任何物体之上或之内（例如一个*散置障碍物*或*妨碍物*）并且该球的任何一部分在*推杆果岭*边沿以内。

如果球的一部分同时位于*推杆果岭*之上和另外一种*球场区域*内，参见规则2.2c。

b. 标记、拿起和擦拭位于推杆果岭上的球

位于*推杆果岭*上的球可以被拿起并擦拭（参见规则14.1）。

在球被拿起前必须*标记*其位置，并且球必须被*放置回*其初始位置（参见规

则 14.2)。

c. 在推杆果岭上被允许的改善

在一轮比赛中以及按照规则 5.7a 中止比赛期间，无论球位于*推杆果岭之上*还是*推杆果岭之外*，球员在*推杆果岭*上都可以采取以下两种行为：

(1) *移走沙子和松散的泥土*。位于*推杆果岭上*（但不是球场上任何其他地方）的沙子和松散的泥土可以被移走而不受处罚。

(2) *修理损伤*。球员可以通过采取合理行为不受处罚的修理*推杆果岭*上的损伤，令其恢复至尽量接近原来的状况，但仅限于：

● 通过使用他/她的手、脚、身体的其他部位或普通的球痕修理工具、球座、球杆或普通装备中的类似物体来修理；并且

● 没有过度延误比赛（参见规则 5.6a）。

但如果球员恢复*推杆果岭*至其原来的状况的行为超过了合理的限度（例如在朝球洞的方向制造了一条通道或使用了某种不被允许的物体），从而改善了*推杆果岭*的状况，球员将因违反规则 8.1a 受到*一般性处罚*。

"*推杆果岭上的损伤*"指的是由人或*外部因素*造成的任何损伤，例如：

● 球痕、鞋子损伤（如鞋钉印）和由装备或旗杆造成的划伤或压痕；

● 旧洞埋迹、修补草皮、切割草皮的接缝以及由草坪维护工具或车辆造成的划伤或压痕；

● *动物*的足迹或蹄印；以及

● 陷入地面的物体（如石头、橡果或球座）。

但"*推杆果岭上的损伤*"不包括由以下因素造成的损伤或状况：

● 对*推杆果岭*采取正常保养作业时留下的总体状况（如透气孔和垂直修剪时造成的沟痕）；

● 灌溉、雨水或其他自然力；

● 地表面上的自然不完美状况（如杂草、裸地、病态或参差不齐的生长状态）；以及

● 经自然使用而磨损的*球洞*。

d. 当球或球标在推杆果岭上移动时

对于球和*球标*在*推杆果岭*上发生*移动*有两条特定的规则。

(1) *意外导致球移动将不予处罚*。如果球员、*对手*或*比杆赛*中的另一名球员意外地*移动*了球员在*推杆果岭*上的球或*球标*，则不受处罚。

球员必须：

● 把该球*放置*回其初始位置（如果不知道，必须估计）　（参见规则 14.2）；或

● 放一个球标以标记该初始位置。

例外——当球在球员上杆或击球时开始移动并且随后完成了该次击球时，必须在球的现有位置打球（参见规则9.1b）。

如果球员或对手故意拿起球员在推杆果岭上的球或球标，参见规则9.4或9.5以确定是否有处罚。

（2）*被自然力移动的球放置回原位的场合*。如果*自然力*导致了球员在*推杆果岭*上的球*移动*，球员必须从哪里打下一杆取决于该球是否已经被拿起并*放置回*了其初始位置：

● *球已经被拿起并放置回了原位*——即便该球被*自然力*而不是被球员本人、对手或*外部因素移动*（参见规则9.3的例外），也必须被*放置回*其初始位置（如果不知道，必须估计）（参见规则14.2）。

● *球尚未被拿起并放置回原位*——必须在球的新的位置打球（参见规则9.3）。

e. 不得故意测试推杆果岭

在一轮比赛中以及按照规则5.7a中止比赛期间，球员不得故意采取以下任一行为以测试*推杆果岭*或*错误果岭*：

● 擦抹果岭表面；或

● 滚动球。

例外——在两洞打球之间测试果岭：在两洞打球之间，球员可以在刚完成之洞的*推杆果岭*或任何一个练习果岭上擦抹表面或滚动一个球（参见规则5.5b）。

违反规则13.1e测试*推杆果岭*或*错误果岭*的处罚：*一般性处罚*。

如果单一行为或多个关联行为违反了多条规则，参见规则1.3c（4）。

参见委员会的处置程序，第8部分；当地规则范本I-2（委员会可以采用当地规则禁止球员在刚完成之洞的*推杆果岭*上滚动球。）

f. 必须从错误果岭采取补救

（1）*错误果岭构成的妨碍的含义*。在本规则下当符合以下情况时即构成妨碍：

● 当球员的球有任何一部分触及*错误果岭*时或位于任何物体之上或之内（例如一个*散置障碍物*或*妨碍物*），并且该球的任何一部分在*错误果岭*边沿之内；或

● 当*错误果岭*客观妨碍了球员的预计*站位*区域或预计挥杆区域。

（2）*必须采取补救*。当错误果岭的妨碍存在时，球员不得在现有位置打球。

相反，球员必须采取免罚杆的补救将初始球或另一个球*抛*在这样的*补救区*内（参见规则14.3）：

- *参考点*：*最近完全补救点位于初始球静止时所在的同一种球场区域内。*
- *从参考点测量的补救区的范围*：一个球杆长度，但要受到以下限制：
- *补救区位置的限制*：
  ▶必须和参考点位于同一种球场区域内；
  ▶不得比参考点更靠近球洞；并且
  ▶必须从错误果岭构成的所有妨碍获得完全补救。

（3）*当明显不合理时不予补救*。仅当球员的球杆选择、*站位*或挥杆的方式或打球方向在当时的情形中明显不合理时才会构成妨碍，则球员不能按照规则13.1f采取补救。

参见委员会的处置程序，第8部分；当地规则范本D-3（委员会可以采用当地规则以拒绝*错误果岭*仅对预计站位区域构成妨碍的补救）。

违反规则13.1击打*错误替换的球*或从*错误的地方*打球的处罚：按照规则6.3b或14.7a受到*一般性处罚*。

如果单一行为或多个关联行为违反了多条规则，参见规则1.3c（4）。

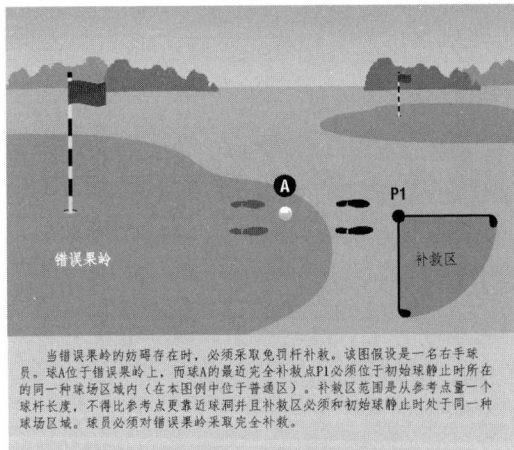

当错误果岭的妨碍存在时，必须采取免罚杆补救。该图假设是一名右手球员。球A位于错误果岭之上，而球A的最近完全补救点P1必须位于初始球静止时所在的同一种球场区域内（在本图例中位于普通区）。补救区范围是从参考点量一个球杆长度，不得比参考点更靠近球洞并且补救区必须和初始球静止时处于同一种球场区域。球员必须对错误果岭采取完全补救。

图 13.1f　对错误果岭采取免罚杆的补救

13. 2　旗杆

目的：

本规则阐述了球员在处理和旗杆相关问题时的选择。球员可以把旗杆留在球洞中或将其移走（包括请他人照管旗杆并且在打球后将其移走），但必须在击球前做出决定。通常情况下如果一个运动中球撞到了旗杆将不予处罚。

本规则适用于从*球场*上任何地方打出的球，无论是从*推杆果岭*之上还是之外。

a. 将旗杆留在球洞中

（1）**球员可以将旗杆留在球洞中**。球员可以在*击球*时将*旗杆*留在球洞中，因此有可能发生运动中球撞到*旗杆*的状况。

球员必须在*击球*之前通过以下任一方式做出决定：

• 将*旗杆*留在其原先位于球洞中的位置或将其*移动*至位于球洞中心的位置并留在其中；或

• 将一支被移走的*旗杆*放回球洞中。

在任何一种情形中：

• 球员不得为了试图获得利益而故意将旗杆移到除了*球洞中心*之外的位置。

• 如果球员这样做了并且其运动中球随后撞到了*旗杆*，他/她要受到*一般性处罚*。

（2）**如果球撞到留在球洞中的旗杆将不予处罚**。如果球员*击球*时将*旗杆*留在球洞中并且球员的运动中球随后撞到了*旗杆*：

• 不受处罚［上述第（1）款规定的情况除外］；并且

• 必须在球的现有位置打球。

（3）**当球处于运动中时关于球员移动或移走球洞中旗杆的限制**。当把*旗杆*留在球洞中时进行了*击球*后：

• 球员和他/她的球童不得故意移动或移走*旗杆*以影响球员的运动中球可能会静止的地方（例如为了避免该球撞到旗杆上）。如果这样做了的话，球员要受到*一般性处罚*。

• 但是如果球员出于任何其他原因将球洞中的*旗杆*移动或移走，例如当他/她有合理的理由认为运动中球在静止之前不会撞到旗杆，将不会受到处罚。

（4）**当球员决定将旗杆留在球洞中后关于其他球员移动或移走旗杆的限制**。当球员把*旗杆*留在球洞中并且没有授权任何人去照管*旗杆*［参见规则13.2b（1）］时，另一名球员不得故意移动或移走*旗杆*以影响球员的运动中球可能会静止的地方。

• 如果另一名球员或他/她的*球童*在球员*击球*前或*击球*时这样做了，并且在球员*击球*时并没有意识到该行为，或在球员*击球*后球仍处于运动中时这样做了，另外这名球员要受到*一般性处罚*。

• 但如果另外一名球员或他/她的*球童*出于任何其他原因移动或移走*旗杆*将不会受到处罚，例如当他/她：

▶有合理的理由认为球员的运动中球在静止之前不会撞到*旗杆*；或

▶没有意识到球员即将要打球或球员的球正处于运动之中。

参见规则22.2（在四人两球赛中，任何一名伙伴均可代表本方采取行动，并且该伙伴的行为被视为球员的行为）；23.5（在四球赛中，任何一名伙伴均可代表本方采取行动，并且该伙伴涉及球员的球或装备的那些行为被视为球员的行为）。

b. 从球洞中移走旗杆

（1）球员可以将旗杆从球洞中移走。球员可以在击球时将旗杆从球洞中移走，这样一来他/她的运动中球不会撞到球洞中的旗杆。

球员必须在击球之前通过以下任一方式作出决定：

● 在打球之前将旗杆从球洞中移走；或

● 授权某人去照管旗杆，也就意味着通过以下方式将其移走：

▶首先在击球前或击球时持握旗杆将其插在球洞中、悬在球洞上方或紧挨着球洞以向球员示意球洞的位置；并且

▶在击球完成后将旗杆移走。

如果满足以下条件，球员被视为已经授权了照管旗杆的行为：

● 当球员击球时，球员的球童正握持旗杆将其插在球洞中、悬在球洞上方或紧挨着球洞，或正站在球洞附近，即便当时球员并没有意识到球童正在这样做；

● 球员要求任何其他人照管旗杆并且那个人照做了；或

● 球员看到任何其他人正在持握旗杆将其插在球洞中、悬在球洞上方或紧挨着球洞或正站在球洞附近，并且球员没有要求那个人移开或将旗杆留在球洞中就进行了击球。

（2）如果球撞到旗杆或正在照管旗杆的人该如何处理。如果球员的运动中球撞到了球员已经按照上述第（1）款规定中决定移走的旗杆，或撞到了正在照管旗杆的人（或该人员所持有的任何物品），该如何处理取决于该行为是意外的还是故意的：

● 球意外撞到旗杆或移走旗杆或正在照管旗杆的人。如果球员的运动中球意外地撞到旗杆或移走旗杆或正在照管旗杆的人（或该人员所持有的任何物品），不受处罚并且要在球的现有位置打球。

● 球被正在照管旗杆的人故意变向或停止。如果正在照管旗杆的人故意变向或停止球员的运动中球，则规则11.2c适用：

▶从哪里打球。球员不得在球的现有位置打球，并且必须按照规则11.2c采取补救。

▶施加处罚的场合。如果故意变向或停止球的人是一名球员或他/她的球童，那名球员因违反规则11.2而受到一般性处罚。

出于应用本规则的目的，"故意变向或停止"指的是和规则 11.2a 中相同的内容，并且包括当球员的运动中球撞到：

●一支被故意放置在或留在地面上某特定地点的已被移走的旗杆，以致它可能变向或停止球；

●照管旗杆的人故意不从球洞中移走或不从球的行进路线上移开的一支被照管的旗杆；或

●故意不从球的行进路线上移开的照管或移走旗杆的人（或该人员所持有的任何物品）。

例外——关于故意移动旗杆以影响运动中球的限制（参见规则 11.3）

参见规则 22.2（在四人两球赛中，任何一名伙伴均可代表本方采取行动，并且该伙伴的行为被视为球员的行为）；23.5（在四球赛中，任何一名伙伴均可代表本方采取行动，并且该伙伴涉及球员的球或装备的那些行为被视为球员的行为）。

c. 球倚靠留在球洞中的旗杆静止

如果球员的球倚靠着留在球洞中的旗杆静止：

●如果在球洞中球的任何一部分位于推杆果岭表面以下，即便该球没有整体都在表面以下，该球也视为进洞。

●如果球没有任何一部分在球洞中位于推杆果岭表面以下：

▶该球没有进洞并且必须在现有位置打球。

▶如果将旗杆移走时球发生移动（无论是掉入球洞中还是向着远离球洞的方向移动），不予处罚并且必须把球放置回球洞边缘（参见规则 14.2）。

违反规则 13.2c 击打错误替换的球或从错误的地方打球的处罚：按照规则 6.3b 或 14.7a 进行一般性处罚。

如果单一行为或多个关联行为违反了多条规则，参见规则 1.3c（4）。

比杆赛中，如果球员未能按照规则 3.3c 的要求完成击球进洞，他/她要被取消资格。

13.3 球悬在球洞边

a. 确认悬在球洞边的球是否会掉入球洞中的等待时间

如果球员的球有任何一部分悬在球洞边缘时：

●球员被允许在合理的时间内到达球洞，然后再加上 10 秒钟以确认球是否会掉入球洞中；

●如果球在这段等待时间内掉入球洞中，视为球员用上一次击球进洞；

●如果球没有在这段等待时间内掉入球洞中：

▶该球被视为已经处于静止状态。

▶如果球随后在打此球前掉入球洞中，则视为球员用上一次击球完成击球进洞，但必须在该洞的成绩上加罚 1 杆。

b. 如果悬在球洞边的球在等待时间结束前被拿起或移动该如何处理

如果悬在球洞边的球在按照规则 13.3a 规定的等待时间结束前被拿起或移动，该球被视为已经处于静止状态：

●该球必须被放置回球洞的边缘（参见规则 14.2）；并且

●按照规则 13.3a 规定的等待时间不再适用于该球。（参见规则 9.3 关于如果被放置回原位的球随后由自然力导致移动该如何处理。）

如果比洞赛中的对手或比杆赛中的另一名球员在等待时间结束前故意拿起或移动球员的悬在球洞边的球：

●比洞赛中，该球员的球被视为用上一次击球完成击球进洞，并且对手不会按照规则 11.2b 受到处罚。

●比杆赛中，拿起或移动该球的球员要受到一般性处罚（罚 2 杆）。球必须被放置回球洞边缘（参见规则 14.2）。

规则 14　球的处置程序：标记、拿起和擦拭球；放置球回原位；在补救区内抛球；从错误的地方打球

目的：

规则 14 阐述了球员标记静止中球所在的位置、拿起和擦拭该球的场合与方式，以及为了从正确的地方打球如何把球重新投入比赛状态。

●把一个被拿起或移动的球放置回原位时，必须把同一个球放置回其初始位置。

●在采取免罚补救或罚杆补救时，必须将一个替换球或初始球抛在特定的补救区内。

打球之前，球员可以纠正运用这些处置程序中出现的错误，不受处罚。但是，如果从错误的地方打了球，球员将受到处罚。

14.1　标记、拿起和擦拭球

本规则适用于球员故意"拿起"的静止中球的情况，包括用手捡起球、转动球或用其他方式故意导致球从所在位置移动。

a. 拿起一个要放置回原位的球之前必须标记其位置

按照某条规则拿起球之前，如果该规则要求把这个球放置回其初始位置，在拿起该球之前球员必须标记它的位置。这指的是：

●在紧靠这个球后或球旁边放置一个球标；或

●将球杆置于紧靠这个球后或球旁边的地面上。

如果用一个球标标记该点，在把球放置回原位以后，球员必须在击球前移

走这个*球标*。

如果球员没有*标记*球的位置就拿起这个球、用错误的方式*标记*位置，或者当*球标*仍留在原位时就进行*击球*，该球员要被罚 1 杆。

如果单一行为或多个关联行为违反了多条规则，参见规则 1.3c（4）。

当按照某条规则拿起一个球采取补救时，规则不要求球员在拿起球之前*标记*它的位置。

b. 可以拿起球的人

仅有以下人员可以按照规则拿起球员的球：

- 球员本人；或
- 任何经球员授权的人。但是必须在每次拿起球之前进行授权，而不能对整轮比赛做出一次通用性授权。

例外—球童可以不经授权拿起球员位于推杆果岭上的球：当球员的球位于*推杆果岭*上时，他/她的*球童*可以不经其授权就拿起这个球。

当球位于*推杆果岭*以外的任何地方时，如果*球童*未经授权就拿起球，该球员要被罚 1 杆（参见规则 9.4）。

c. 擦拭被拿起的球

从*推杆果岭*上拿起的球总是可以被擦拭（参见规则 13.1b）。

从任何其他地方拿起的球，也可以被擦拭，但因以下情况拿起的球除外：

- <u>查看球是否变得有切痕或破裂</u>。不允许擦拭［参见规则 4.2c（1）］。
- <u>辨认球</u>。只有辨认所需时才允许擦拭球（参见规则 7.3）。
- <u>因为该球妨碍打球</u>。不允许擦拭［参见规则 15.3b（2）］。
- <u>查看球是否位于允许补救的状况</u>。除非球员随后按照某条规则采取补救，否则不允许擦拭（参见规则 16.4）。

当不允许擦拭时，如果球员擦拭了拿起的球，则他/她要被罚 1 杆。

如果单一行为或多个关联行为违反了多条规则，参见规则 1.3c（4）。

参见规则 22.2（在*四人两球赛*中，任何一名*伙伴*均可代表本方采取行动，并且该*伙伴*的行为被视为球员本人的行为）；23.5（在*四球赛*中，任何一名*伙伴*均可代表本方采取行动，并且该*伙伴*涉及球员的球或装备的行为被视为球员本人的行为）。

14.2　放置球回原位

任何时候，当一个球被拿起或*移动*并且有规则要求将它*放置回*原位时，本规则均适用。

a. 必须使用初始球

把一个球*放置回*原位时，必须使用初始球。

例外——可以使用另一个球的场合：

● 只要球员不是故意导致初始球变得无法取回，当不能在几秒钟内通过合理努力取回初始球时；

● 当初始球变得有切痕或破裂时（参见规则 4.2c）；

● 当中止的比赛恢复时（参见规则 5.7d）；或

● 当初始球作为错球被另一名球员击打时［参见规则 6.3c（2）］。

b. 必须把球放置回原位的人及必须把球放置回原位的方式

（1）可以把球放置回原位的人：球员的球必须只由以下人员按照规则放置回原位：

● 球员本人；或

● 任何拿起这个球或导致其发生移动的人（即使按照规则不允许此人这样做）。

如果一个球被规则不允许的人放置回原位，并且球员打了这个球，则该球员要被罚 1 杆。

（2）必须把球放置回原位的方式。把球放置回原位时，必须在要求的位置把这个球放下然后松手，以使其停在该位置。

如果球员打了用错误的方式放置回要求的位置的球，则该球员要被罚 1 杆。

c. 球放置回原位

把球放置回原位时，必须将它放置回其初始位置（如果不知道，必须估计），但按照规则 14.2d（2）和 14.2e 当球必须被放置回不同位置时除外。

如果球原先位于任何不可移动妨碍物、基本组成物、界外标志、生长着的或连接着的自然物体之上、之下，或倚靠它们静止，则：

● 球所在的"地点"包括它相对地面的垂直位置。

● 这指的是必须把这个球放置回其在上述物体之上、之下，或倚靠它们时的初始位置。

如果任何散置障碍物因为球被拿起时、移动时或在把球放置回原位前被移走，则无须把它们放置回原位。

关于把一个被拿起或移动的球放置回原位前移走散置障碍物的限制，参见规则 15.1a 的例外 1。

d. 当初始球位被改变时把球放置回原位的地点

如果一个被拿起或移动的球必须放置回原位，但其球位已被改变，则球员必须按照以下方式将它放置回原位：

（1）球在沙子中。无论在沙坑内还是球场的任何其他地方，如果球位于沙子中：

● 将球放置回其初始位置时（如果不知道，必须估计）（参见规则14.2c），球员必须尽可能恢复其初始球位。

● 如果球原先被沙子完全覆盖，球员在恢复球位时可以露出这个球的一小部分。

● 如果球员违反本规则没有恢复球位，则该球员构成从错误的地方打球。

（2）*球在沙子以外的任何地方*。如果球位于沙子以外的任何地方，球员把球放置回原位时必须将它放置在与初始球位最相似且距离最近的地点，该点还要符合以下要求：

● 在其初始位置一个球杆长度范围内（如果不知道，必须估计）（参见规则14.2c）；

● 不得更靠近球洞；并且

● 与初始位置位于同一个球场区域中。

如果球员知道初始球位已被改变但却不知道初始球位原先的状况，则他/她必须对该初始球位进行估计，并按照上述第（1）款或第（2）款的规定将这个球放置回原位。

例外——关于中止比赛期间拿起球后球位被改变的情况，参见规则5.7d。

e. 如果放置回原位的球无法停留在初始位置该如何处理

如果球员试图把一个球*放置回原位*，但它却无法停留在其初始位置，则该球员必须再试第二次。

如果球仍然无法停留在该点，则球员必须把它*放置回*最近的且能使其静止的地点。但是根据球的初始位置所处地点的不同，有以下限制：

● 放置点不得更靠近球洞。

● *初始位置位于普通区*。最近的地点必须在普通区内。

● *初始位置位于沙坑或罚杆区*。最近的地点必须在同一个沙坑或同一个罚杆区内。

● *初始位置位于推杆果岭上*。最近的地点必须在推杆果岭上或普通区内。

违反规则14.2击打错误*替换*的球或从*错误的地方*打球的处罚：按照规则6.3b或14.7a进行*一般性处罚*。

如果单一行为或多个关联行为违反了多条规则，参见规则1.3c（4）。

参见规则22.2（在*四人两球赛*中，任何一名*伙伴*均可代表本方采取行动，并且该*伙伴*的行为将被视为球员本人的行为）；23.5（在*四球赛*中，任何一名*伙伴*均可代表本方采取行动，并且该*伙伴*涉及球员的球或装备的行为被视为球员本人的行为）。

14.3　在补救区内抛球

本规则适用于球员按照某条规则采取补救时必须*抛球*的场合，包括球员必须按照规则 14.3c（2）放置一个球以完成补救的情况。

如果球员在*抛球*前或*抛球*时*改善*了*补救区*，参见规则 8.1。

a. 可以使用初始球或另一个球

球员可以使用初始球或另一个球。

这指的是每当球员按照本规则*抛*或放置球时，他/她都可以使用任何一个球。

b. 必须用正确的方式抛球

球员必须用正确的方式*抛球*，指的是同时符合以下三个要求：

（1）*必须由球员本人抛球*。*抛球*只能由球员本人进行。无论是球员的*球童*还是任何其他人都不可以*抛球*员的球。

（2）*球必须在膝盖高度垂直落下且没有触及球员或装备*。球员必须在膝盖高度的位置松手，使球：

- 垂直落下，不得通过扔掷、翻转、滚动或任何其他动作以影响该球可能静止的地点；并且

- 在触地之前，该球没有触及球员身体或装备的任何一部分。

"膝盖高度"指的是球员站立时膝盖的高度。

（3）*必须把球抛在补救区内*。球必须被*抛*在*补救区*内。*抛球*时，球员可以站在*补救区*内，也可以站在*补救区*外。

如果违反了上述三项规定中的一项或多项而造成用错误的方式*抛球*，则：

- 该球员必须使用正确的方式再次*抛球*，且必须这样做时的次数没有限制。

- 用错误方式进行的*抛球*不算作按照规则 14.3c（2）要求的两次*抛球*后必须放置球中的其中一次*抛球*。

如果球员没有再次*抛球*，相反从以错误的方式*抛球*后球静止的地方对其进行了*击球*，则：

- 如果从*补救区*内打了这个球，该球员要被罚 1 杆（但球员并未构成按照规则 14.7a 从错误的地方打球）。

- 但是，如果从*补救区*外打了这个球，或者在规则要求*抛球*时放置了球并击打了该球（无论从何处击球），球员要受到一般性处罚。

c. 用正确方式抛的球必须静止在补救区内

本规则仅适用于按照规则 14.3b 用正确方式*抛球*的场合。

（1）*当用正确方式抛的球静止在补救区内时，球员已经完成补救*。该球必须静止在*补救区*内。

球触地以后，在其静止之前无论触及任何人、装备或其他*外部因素*都将不再产生影响：

- 如果球静止在*补救区*内，球员已经完成本次补救，并且之后必须在球的现

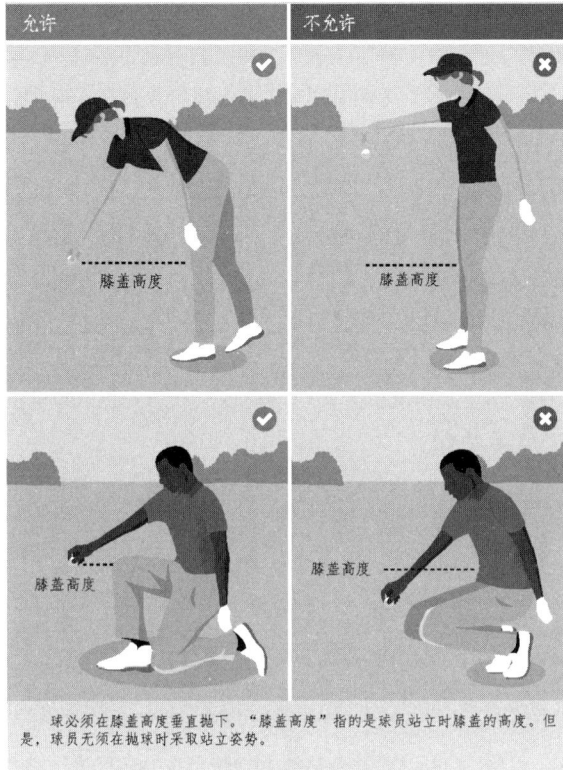

图 14.3b 在膝盖高度抛球

有位置打球。

- 如果球静止在*补救区*外，球员必须执行规则 14.3c（2）中的处置程序。

无论上述哪一种情况，如果用正确方式*抛*的球在静止之前意外撞到任何人、装备或其他*外部因素*，任何球员均不受处罚。

例外——用正确方式抛的球被任何人故意变向或停止：有关抛下去的球在静止之前被任何人故意变向或停止的处理方式，参见规则 14.3d。.

（2）*如果用正确方式抛的球静止在补救区外该如何处理*。如果该球静止在*补救区*外，球员必须用正确的方式第二次*抛*一个球。

如果这个球也静止在*补救区*外，该球员必须执行规则 14.2b（2）和 14.2e 中把球*放置回原位*的处置程序，放置一个球以完成本次补救：

- 球员必须在第二次*抛球*后球首次触及地面的点放置一个球。
- 如果该放置的球没有停留并静止在该点，球员必须在该点第二次放置一个球。

●如果第二次放置的球也没有静止在该点，球员必须在最近的可以停球的地点放置一个球，但要受到规则 14.2e 的限制。

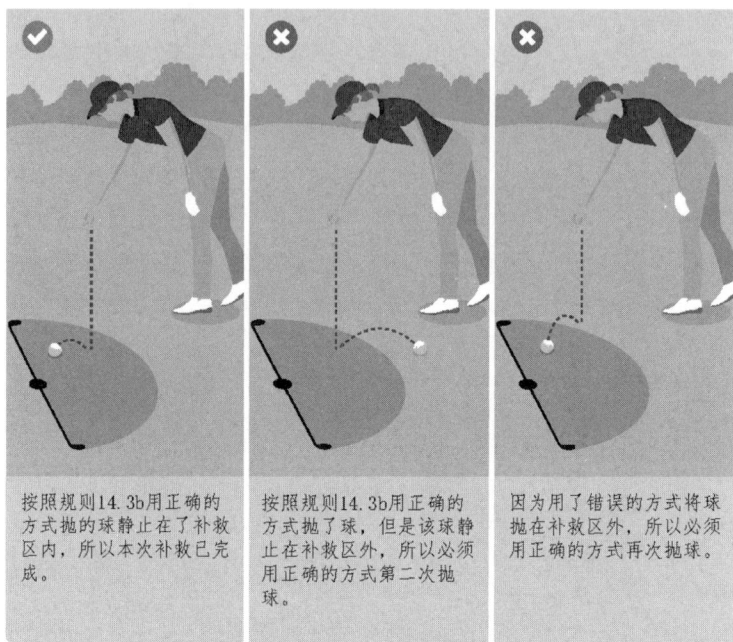

按照规则14.3b用正确的方式抛的球静止在了补救区内，所以本次补救已完成。

按照规则14.3b用正确的方式抛了球，但是该球静止在补救区外，所以必须用正确的方式第二次抛球。

因为用了错误的方式将球抛在补救区外，所以必须用正确的方式再次抛球。

图 14.3c　球必须被抛在并静止在补救区内

d. 如果用正确方式抛的球被人故意变向或停止该如何处理

出于应用本规则的目的，以下情况将被视为*抛*下去的球被人"故意变向或停止"：

●触地后球仍在运动中被人故意触碰；或

●运动中的球撞到了由球员故意摆放或留在某一特定位置的装备或其他物体或任何人（*如球员的球童*），从而该装备、物体或人可能变向或停止这一运动中球。

当一个用正确方式*抛*的球在静止之前被任何人故意变向或停止时（无论发生在补救区内还是补救区外）：

●球员必须按照规则 14.3b 的处置程序再抛一个球［这意味着被故意变向或停止的这次*抛球*不算作按照规则 14.3c（2）要求的两次抛球后必须放置球的其中一次*抛球*］。

●如果球被任何球员或他/她的球童故意变向或停止，则该球员要受到一般*性处罚*。

例外——当球几乎没有可能静止在*补救区*内时：当一个用正确方式*抛*的球几乎没有可能静止在*补救区*内，如果该球被人故意变向或停止（无论在*补救区*内还是*补救区*外）：

- 任何球员均不会受罚；并且
- *抛*下去的球被视为已经静止在*补救区*外，并且这次*抛球*将算作按照规则14.3c（2）要求的两次*抛球*后必须*放置球*的其中一次*抛球*。

违反规则14.3从错误的地方打球或打了本应被*抛*但却被*放置*的球的处罚：按照规则14.7a进行*一般性处罚*。

如果单一行为或多个关联行为违反了多条规则，参见规则1.3c（4）。

参见规则22.2（在*四人两球赛*中，任何一名*伙伴*均可代表本方采取行动，并且该*伙伴*的行为被视为球员本人的行为）；23.5（在*四球赛*中，任何一名*伙伴*均可代表本方采取行动，并且该*伙伴*涉及球员的球或装备的行为被视为球员本人的行为）。

14.4　初始球脱离比赛状态后球员的球何时回到比赛状态

当球员的*比赛中球*从*球场*上被拿起、*遗失*或*出界*时，该球脱离*比赛状态*。

球员只能通过以下方式将一个球再次投入*比赛状态*：

- 从*发球区*内打*初始球*或另一个球；或
- 带着使球进入*比赛状态*的意图，将*初始球*或另一个球*放置回原位*、*抛*或*放置*在球场上。

如果球员有意使一个球进入*比赛状态*并用任何方式将其投入回*球场*，该球即进入*比赛状态*，即使：

- 规则不允许用该球替换*初始球*；或
- 在错误的地方，用了错误的方式，或使用了不适用的处置程序把该球*放置回原位*、*抛*或*放置*。

一个球被*放置回原位*后，即使还未移走标记该球所在地点的*球标*，这个球也已经进入了*比赛状态*。

14.5　纠正替换球、把球放置回原位、抛球或放置球过程中的错误

a. 打球之前球员可以拿起球纠正错误

如果球员在按照规则不允许时用另一个球*替换*初始球，或者球员的*比赛中球*被*放置回*、*抛*或*放置*（时）在错误的地方或静止在错误的地方，使用了错误的方式，或使用了不适用的处置程序：

- 该球员可以拿起这个球纠正错误，不受处罚。
- 但是，只能在打这个球之前才允许纠正。

b. 纠正采取补救过程中的错误时，球员可以更改不同的规则或补救选项的场合

球员在纠正补救过程中的错误时，是必须使用原先采用的规则和补救选项，还是可以更改不同的规则或补救选项，这一点由该错误的性质决定：

（1）*按照不适用的规则将球投入比赛状态*。

●纠正这种错误时，球员可以使用任何适用于其所处状况的规则。

●例如，如果球员错误地采取不可打之球的规则对其在*罚杆区*内的球采取补救（规则19.1并不允许这样做），他/她必须纠正这个错误。该球员可以按照规则9.4将这个球放置回原位（如果它已被拿起），也可以按照规则17中任何一种适用于他/她所处状况的补救选项采取罚杆补救。

（2）*按照适用的规则将球投入比赛状态，但是球被抛或放置在错误的地方*。

●纠正这种错误时，球员必须继续按照同一条规则采取补救，但是可以使用该规则中任何一种适用于他/她所处状况的补救选项。

●例如，如果球员采取了不可打之球的补救，使用侧面补救选项（规则19.2c），但却错误地将球抛在了规定的*补救区*外。纠正该错误时，球员必须继续按照规则19.2采取补救，但是他/她可以使用规则19.2a、b或c中的任何一种补救选项。

（3）*按照适用的规则将球投入比赛状态，并且球被抛或放置在正确的地方，但是规则要求再次抛球或放置球*。

●纠正这种错误时，球员必须继续按照同一条规则并且按照那条规则中的同一个补救选项采取补救。

●例如，如果球员采取了不可打之球的补救，使用了侧面补救选项（规则19.2c），球被抛在正确的*补救区*内，但抛球时使用了错误的方式（参见规则14.3b），或球静止在了*补救区*之外（参见规则14.3c）。纠正该错误时，球员必须继续按照规则19.2采取补救，而且必须使用同一个补救选项（即规则19.2c的侧面补救）。

c. 球被拿起以纠正错误时，不予处罚

当按照规则14.5a拿起一个球纠正错误时：

●在错误发生后直至拿起球纠正错误前，球员不会因为在此期间采取与该球有关的行为而受罚，例如意外导致球移动（参见规则9.4b）。

●但是，如果上述行为同时违反了某条规则，且该规则与为纠正错误而投入比赛状态的那个球（例如这些行为既改善了现在处于比赛状态的球的*击球*环境，也改善了初始球被拿起之前的*击球*环境）有关，则处罚施加于此时处于比赛状态的球。

14.6 从上一次击球的地点进行下一次击球

本规则适用于按照规则要求或允许球员从上一次*击球*的地点进行下一次*击*

球的任何场合（即采取*一杆加距离补救*、因某次*击球*被取消或其他原因导致该次*击球*无效而需要重打的场合）。

- 球员把球投入*比赛状态*的必需方式取决于上一次*击球*时所在的球场区域。
- 上述任何情况下，球员既可以使用初始球，也可以使用另一个球。

a. 上一次*击球*地点在发球区内

必须按照规则 6.2b 从发球区之内的任何地方击打初始球或另一个球（并且可以架球）。

b. 上一次*击球*地点在普通区、罚杆区或沙坑内

必须将初始球或另一个球*抛*在符合以下要求的*补救区*内（参见规则 14.3）：

- *参考点*：上一次*击球*的地点（如果不知道，必须估计）。
- *从参考点测量的补救区范围*：一个球杆长度，但有以下限制：
- *补救区位置的限制*：
  - ▶必须和参考点位于同一个球场区域中；并且
  - ▶不得比参考点更靠近球洞。

c. 上一次*击球*地点在推杆果岭上

必须执行规则 14.2b（2）和 14.2e 把球*放置回原位*的处置程序，把初始球或另一个球放置在上一次*击球*的地点（如果不知道，必须估计）（参见规则 14.2）。

违反规则 14.6 从*错误的地方*打球的处罚：按照规则 14.7a 进行一般性处罚。

如果单一行为或多个关联行为违反了多条规则，参见规则 1.3c（4）。

14.7　从错误的地方打球

a. 必须打球的地点

开始一洞的比赛后：

- 球员必须每次都从他/她的球静止的地点进行*击球*，除非规则要求或允许他/她从另一个地方打球（参见规则 9.1）。
- 球员不得从*错误的地方*打他/她的*比赛中球*。

违反规则 14.7a 从*错误的地方*打球的处罚：*一般性处罚*。

如果单一行为或多个关联行为违反了多条规则，参见规则 1.3c（4）。

b. 比杆赛中从错误的地方打球后如何完成该洞

（1）*球员必须决定，是用从错误的地方打的球完成该洞还是从正确的地方打球以纠正错误*。球员下一步的行动取决于这次是否为*严重违规*，即从*错误的地方*打球是否让球员获得了重大利益：

- *不构成严重违规*。球员必须使用从*错误的地方*打的球完成该洞，无需纠正错误。

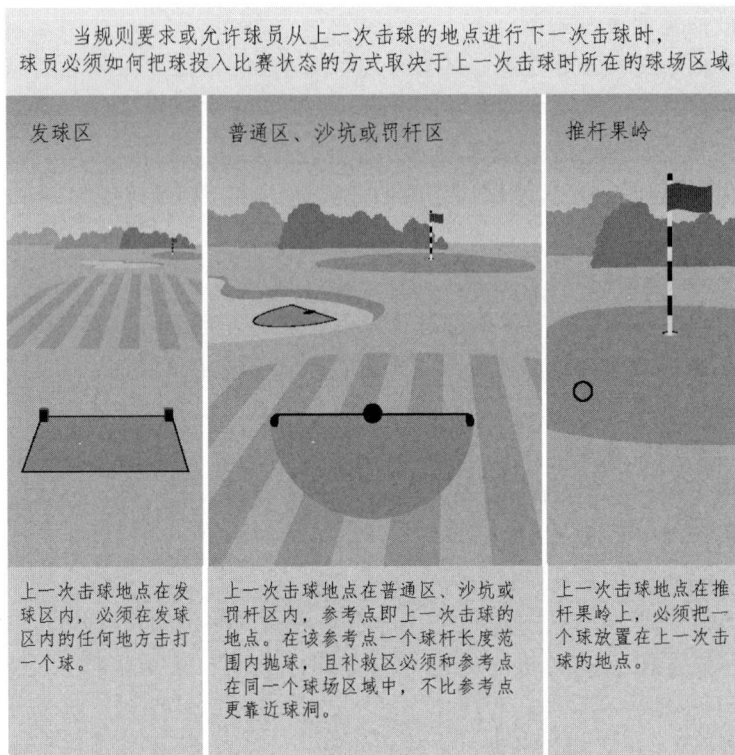

当规则要求或允许球员从上一次击球的地点进行下一次击球时,
球员必须如何把球投入比赛状态的方式取决于上一次击球时所在的球场区域

发球区	普通区、沙坑或罚杆区	推杆果岭
上一次击球地点在发球区内,必须在发球区内的任何地方打一个球。	上一次击球地点在普通区、沙坑或罚杆区内,参考点即上一次击球的地点。在该参考点一个球杆长度范围内抛球,且补救区必须和参考点在同一个球场区域中,不比参考点更靠近球洞。	上一次击球地点在推杆果岭上,必须把一个球放置在上一次击球的地点。

图 14.6 从上一次击球的地点进行下一次击球

● *严重违规*。

　▶球员必须纠正错误,按照规则用一个从正确的地方打的球完成该洞。

　▶如果球员在击球以开始另一个球洞前没有纠正错误,或当错误发生在本轮比赛的最后一个球洞时,没有在提交其记分卡之前纠正错误,则他/她要被取消资格。

● *如果不确定违规是否严重时该如何处理*。球员应该同时使用从错误的地方打的球和按照规则从正确的地方打的第二个球一起完成该洞。

(2) *试图纠正错误的球员必须向委员会报告*。若球员试图按照上述第(1)款的规定从正确的地方打一个球以纠正错误,则:

● 他/她必须在提交计分卡之前向委员会报告这个事实。

● 这适用于不管球员是用从正确的地方打的球完成该洞,还是同时用两个球完成该洞(即使两个球成绩相同也仍然如此)。

如果球员没有向委员会报告这个事实,他/她要被取消资格。

（3）当球员试图纠正错误时，委员会将判定他/她在该洞的成绩。球员在该洞的成绩，取决于委员会是否判定从错误的地方打初始球构成*严重违规*：

- *不构成严重违规*。

  ▶从*错误*的地方打球的成绩有效，但球员要按照规则14.7a受到*一般性处罚*(即在该球成绩上加罚2杆)。

  ▶如果球员打了第二个球，则打这个球所用的杆数均不予计算（包括击球次数和任何能够因击打该球而产生的罚杆)。

- *严重违规*。

  ▶纠正从*错误*的地方打球这一错误所打的那个球的成绩有效，但球员要按照规则14.7a受到*一般性处罚*(即在该球成绩上加罚2杆)。

  ▶从*错误*的地方对初始球进行的这次*击球*，以及随后对该球所打的杆数（包括*击球*次数和单纯因打那个球而受到的任何罚杆）均不予计算。

  ▶如果纠正错误时又从*错误*的地方打了球，则：

  · 如果委员会判定本次*击球*不构成*严重违规*，则球员按照规则14.7a受到*一般性处罚*(额外罚2杆)，即在该球成绩上增加总计罚4杆（从*错误*的地方打初始球罚2杆，以及从*错误*的地方打另一个球罚2杆)。

  · 如果委员会判定本次打球构成*严重违规*，该球员要被取消资格。

规则15　散置障碍物和可移动妨碍物的补救（包括有助于或妨碍打球的球或球标）

目的：

规则15阐述了球员对散置障碍物和可移动妨碍物采取免罚补救的场合及方式。

- 这些可移动的自然和人工物体并不被视为球场打球挑战性的一部分，当它们对打球构成妨碍时，规则通常允许球员移走这些物体。

- 但是，在推杆果岭以外的地方，球员移动他/她的球附近的散置障碍物时需要小心，如果因此导致球移动，球员会受到处罚。

15.1　散置障碍物

a. 移走散置障碍物

球员可以用任何方式（如用手、脚、球杆或其他装备）移走位于*球场*上或*球场*外的散置障碍物，不受处罚。

但是，有以下两个例外：

例外1——在球必须被放置回原位的地方移走散置障碍物：把一个在*推杆果岭*以外的任何地方被拿起或*移动*的球*放置*回原位之前：

● 当球静止时，如果移走*散置障碍物*可能导致静止的球移动，则球员不得故意移走该*散置障碍物*。

● 如果球员这样做，他/她要被罚 1 杆，但无须再将该已被移走的*散置障碍物*放回原处。

本例外适用于一轮比赛中和按照规则 5.7a 中止比赛期间两种场合，但并不适用于因*标记球的地点、拿起球、把球放置回原位*或导致球*移动*而使*散置障碍物*被移走的情况。

例外 2——有关故意移走*散置障碍物*以影响运动中球的限制（参见规则 11.3）。

b. 移走散置障碍物过程中球被移动

如果球员移走*散置障碍物*导致他/她的球*移动*：

● 必须把该球*放置*回其初始位置（如果不知道，必须估计）（参见规则 14.2）。

● 如果被移动的球原本静止在*推杆果岭*(参见规则 13.1d) 或*发球区*［参见规则 6.2b（6）］以外的任何地方，则该球员要按照规则 9.4b 被罚 1 杆，除非规则 7.4（找球过程中球被*移动*，不予处罚）或规则 9.4b 的另外的例外适用。

违反规则 15.1 击打*错误替换*的球或从*错误的地方*打球：按照规则 6.3b 或 14.7a 进行*一般性处罚*。

如果单一行为或多个关联行为违反了多条规则，参见规则 1.3c（4）。

15.2 可移动妨碍物

本规则阐述了如何对符合*可移动妨碍物*定义的人工物体采取免罚补救。

本规则不提供对于*不可移动妨碍物*(规则 16.1 为其提供了不同类型的免罚补救)、*界外标志*或*基本组成物*(不允许免罚补救）的补救。

a. 可移动妨碍物的补救

（1）*移走可移动妨碍物*。球员可以用任何方式移走位于*球场上*或*球场外*任何地方的*可移动妨碍物*，不受处罚。

但是，有以下两个例外：

例外 1——从发球区打球之前，不得移动发球区标志［参见规则 6.2b（4）和规则 8.1a（1）］。

例外 2——有关故意移走*可移动妨碍物*以影响运动中球的限制（参见规则 11.3）。

如果球员的球在他/她移走*可移动妨碍物*的过程中发生*移动*：

● 球员不受处罚；并且

● 必须把这个球*放置*回其初始位置（如果不知道，必须估计）（参见规则

14.2）。

（2）**当球位于球场上除推杆果岭以外的任何地方的可移动妨碍物之内或之上时的补救。**球员可以采取免罚补救，拿起球，移走可移动妨碍物，然后在符合以下要求的*补救区*内抛初始球或另一个球（参见规则14.3）：

- *参考点*：该球静止在可移动妨碍物之内或之上的位置正下方的估计点。
- *从参考点测量的补救区范围*：一个球杆长度，但有以下限制：
- *补救区位置的限制*：
    ▶必须和参考点位于同一个球场区域中；并且
    ▶不得比参考点更靠近球洞。

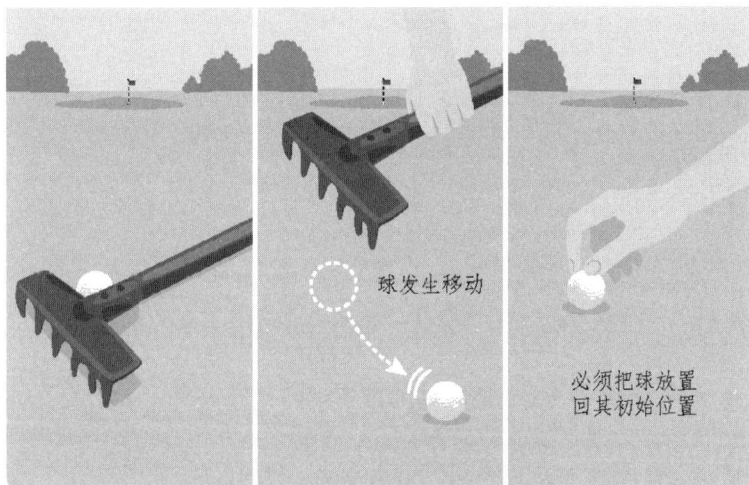

图15.2a（1）　移走可移动妨碍物时，球发生移动（球在妨碍物之内或之上时除外）

（3）**当球位于推杆果岭上的可移动妨碍物之内或之上时的补救。**球员可以按照以下方式采取免罚补救：

- 拿起这个球并移走可移动妨碍物；并且
- 执行规则14.2b（2）和规则14.2e中把一个球放置回原位的处置程序，把初始球或另一个球放置在该球原本静止在可移动妨碍物之内或之上的位置正下方的估计点。

b. 未找到在可移动妨碍物之内或之上的球时的补救

如果未找到球员的球，并且知道或几乎肯定该球静止在球场上的某个可移动妨碍物之内或之上时，球员可以使用以下补救选项，而无需采取一杆加距离的补救方式：

- 球员可以按照规则15.2a（2）或15.2a（3）采取免罚补救，以该球最后

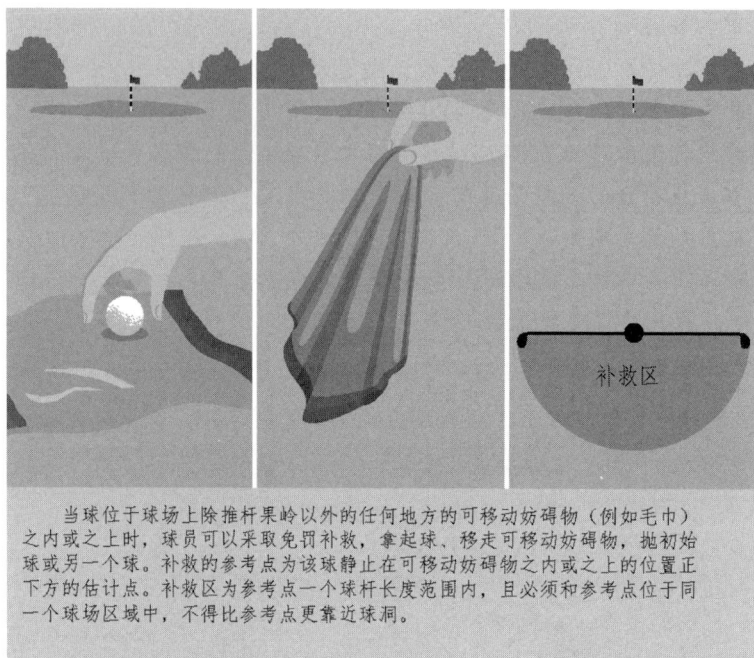

当球位于球场上除推杆果岭以外的任何地方的可移动妨碍物（例如毛巾）之内或之上时，球员可以采取免罚补救，拿起球，移走可移动妨碍物，抛初始球或另一个球。补救的参考点为该球静止在可移动妨碍物之内或之上的位置正下方的估计点。补救区为参考点一个球杆长度范围内，且必须和参考点位于同一个球场区域中，不得比参考点更靠近球洞。

图 15.2a（2）　球位于可移动妨碍物之内或之上

穿越球场上该可移动妨碍物边沿的位置正下方的估计点作为参考点。

- 一旦球员按该方式采取补救而把另一个球投入比赛状态，则：

▶初始球即脱离比赛状态，不得再打。

▶即使在 3 分钟找球时间（参见规则 6.3b）结束之前在球场上找到了初始球，上述条款依然适用。

但是，如果无法知道或几乎肯定该球静止在可移动妨碍物之内或之上，并且该球遗失，则球员必须按照规则 18.2 采取一杆加距离的补救。

违反规则 15.2 击打错误替换的球或从错误的地方打球：按照规则 6.3b 或 14.7a 进行一般性处罚。

如果单一行为或多个关联行为违反了多条规则，参见规则 1.3c（4）。

15.3　有助于或妨碍打球的球或球标

a. 推杆果岭上的球有助于打球

规则 15.3a 仅适用于静止在推杆果岭上的球，不适用于位于球场上任何其他地方的球。

如果球员有理由认为一个位于推杆果岭上的球可能有助于任何人打球（如位于球洞附近可能挡停别人的球），该球员可以：

- 如果是球员自己的球，他/她可以按照规则 13.1b 标记该球的地点并将它拿起；如果是其他球员的球，他/她可以要求该球员标记球的位置并将它拿起（参见规则 14.1）。
- 必须将这个被拿起的球放置回其初始位置（参见规则 14.2）。

仅在比杆赛中：

- 被要求拿起球的球员可以先行击球；此外
- 如果两名或更多名球员之间协商将一个球留在原地以帮助任何一名球员打球，并且那名球员随后在该球仍留在原地时就进行了击球，则每一名参与协商的球员都要受到一般性处罚(罚 2 杆)。

b. 球场上任何地方的球妨碍打球

（1）被另一名球员的球妨碍的含义。当另一名球员的静止中球满足以下条件时，即构成本规则所述的妨碍：

- 该球可能妨碍球员的预计站位区域或预计挥杆区域；
- 该球位于球员的打球线上或其附近，根据球员的预计击球，可以合理推断出其运动中球可能会撞到该球；或
- 该球距离球员太近，以至于会分散他/她击球时的注意力。

（2）允许对妨碍打球的球采取补救的场合。如果球员有理由认为位于球场上任何地方的另一名球员的球可能妨碍自己打球：

- 他/她可以要求那名球员标记位置并拿起这个球（参见规则 14.1），但是不得擦拭（按照规则 13.1b 从推杆果岭上拿起球时除外），并且必须把这个球放置回其初始位置（参见规则 14.2）。
- 如果那名球员在拿起球之前没有标记位置，或在规则不允许时擦拭了被拿起的球，他/她要被罚 1 杆。
- 仅在比杆赛中，按照本规则被要求拿起球的球员可以先行击球。

如果仅因为球员本人觉得自己的球可能妨碍另一名球员打球，则他/她不得按照本规则拿起自己的球。

如果球员未被其他球员要求就拿起了自己的球（按照规则 13.1b 拿起位于推杆果岭上的球时除外），他/她要被罚 1 杆。

c. 有助于或妨碍打球的球标

当一个球标可能有助于或妨碍打球时：

- 如果是球员自己的球标，他/她可以将这个球标移动到一旁；或
- 如果是其他球员的球标，他/她可以要求那名球员把球标移动到一旁，理由与球员可以按照规则 15.3a 和 15.3b 要求拿起一个球相同。

把球标移到旁边一个新的地点时，必须从其所在的初始位置开始测量，如使

用一个或多个杆头的长度。

必须把被拿起的球*放置回其初始位置*（参见规则 14.2），或把球标放置回原位以*标记该地点*。

违反规则 15.3 的处罚：*一般性处罚*

本处罚也适用于如果：

●球员已经意识到另一名球员（1）*有意*要按照本规则拿起或*移动*一个有助于打球的球或球标，或（2）*已经要求*其他人这样做之后，在未等该球或球标被拿起或*移动*时就进行了*击球*；或

●球员的球或球标可能有助于或妨碍另一名球员打球，但当被要求拿起自己的球或*移动*自己的球标时，球员拒绝这样做，随后这一名球员进行了*击球*。

违反规则 15.3 击打错误*替换*的球或从*错误的地方*打球的处罚：按照规则 6.3b 或 14.7a 进行*一般性处罚*。

如果单一行为或多个关联行为违反了多条规则，参见规则 1.3c（4）。

规则 16　异常球场状况（包括不可移动妨碍物）、危险动物情景及陷入地面的球的补救

目的：

规则 16 阐述了当遇到诸如异常球场状况或危险动物情景等的妨碍时，球员可以通过在另一个地方打球采取补救的场合和方式。

●这些状况并不被视为球场挑战性的一部分，除了在罚杆区以外，通常都允许采取免罚补救。

●一般情况下，球员采取补救的方式是根据最近完全补救点的位置把球抛在一个补救区内。

本规则也阐述了球员的球在普通区内陷入自身的落痕中时的免罚补救。

16.1　异常球场状况（包括不可移动妨碍物）

本规则阐述了允许对*动物的洞穴*、*整修地*、*不可移动妨碍物*或*临时积水*构成的妨碍采取免罚补救：

●这些情况被统称为*异常球场状况*，但它们有各自不同的定义。

●本规则不提供对于*可移动妨碍物*（规则 15.2a 为其提供了不同类型的免罚补救）、*界外*标志或*基本组成物*（不允许免罚补救）的补救。

a. 允许补救的场合

（1）*异常球场状况构成妨碍的含义*。当出现以下任何一种情况时，*异常球场状况*即构成妨碍：

●当球员的球触及或位于*异常球场状况*之内或之上；

●当*异常球场状况*客观妨碍了球员的*预计站位区域*或预计挥杆区域；或

●仅当球位于*推杆果岭*上时，该*推杆果岭*之上或之外的*异常球场状况*介于*打球线*上。

如果*异常球场状况*只是距离过近而分散了球员的注意力，但并不满足上述任何一项规定，则不构成本规则所述的*妨碍*。

参见委员会的处置程序，第 8 部分；当地规则范本 F-6（委员会可以采用当地规则，拒绝为仅妨碍球员预计*站位*区域的*异常球场状况*提供补救）。

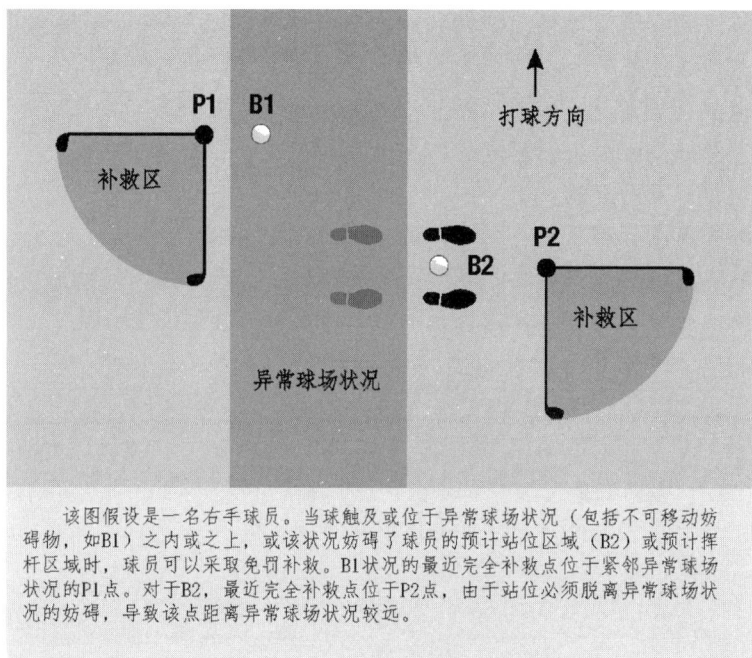

该图假设是一名右手球员。当球触及或位于*异常球场状况*（包括*不可移动妨碍物*，如B1）之内或之上，或该状况妨碍了球员的预计*站位*区域（B2）或预计*挥杆*区域时，球员可以采取免罚补救。B1状况的最近完全补救点位于紧邻*异常球场状况*的P1点。对于B2，最近完全补救点位于P2点，由于*站位*必须脱离*异常球场状况*的妨碍，导致该点距离*异常球场状况*较远。

图 16.1a　对异常球场状况的补救

（2）*除罚杆区外，球位于球场任何地方都允许补救*。只有同时满足以下两个条件，规则 16.1 才允许球员从*异常球场状况*构成的*妨碍*中获得补救：

●*异常球场状况*位于*球场*上（而非*界外*）；并且

●球位于*球场*上的任何地方，但*罚杆区*除外（在该区域内球员只能按照规则 17 采取补救）。

（3）*打球明显不合理时不予补救*。出现以下情形时，不能按照规则 16.1 采取补救：

●当*异常球场状况*以外的其他原因导致球员在现有位置打球明显不合理时（例如当球员站在*临时积水*中或*不可移动妨碍物*上，但却因球位于灌木中而无法击球）；或

●仅当球员的球杆选择、站位方式、挥杆方式或打球方向在当时的情形中明显不合理时，异常球场状况才会构成妨碍。

参见委员会的处置程序，第8部分；当地规则范本F-23（委员会可以采用当地规则，允许对位于球场上或球场外的临时不可移动妨碍物构成的妨碍采取免罚补救）。

b. 球位于普通区内的补救

如果球员的球位于普通区内，并且受到了位于球场上的异常球场状况的妨碍，球员可以采取免罚补救，把初始球或另一个球抛在符合以下要求的补救区内（参见规则14.3）：

● 参考点：最近完全补救点位于普通区内。

● 从参考点测量的补救区范围：一个球杆长度，但有以下限制：

● 补救区位置的限制：

▶必须在普通区内；

▶不得比参考点更靠近球洞；并且

▶此处必须从异常球场状况构成的所有妨碍提供完全补救。

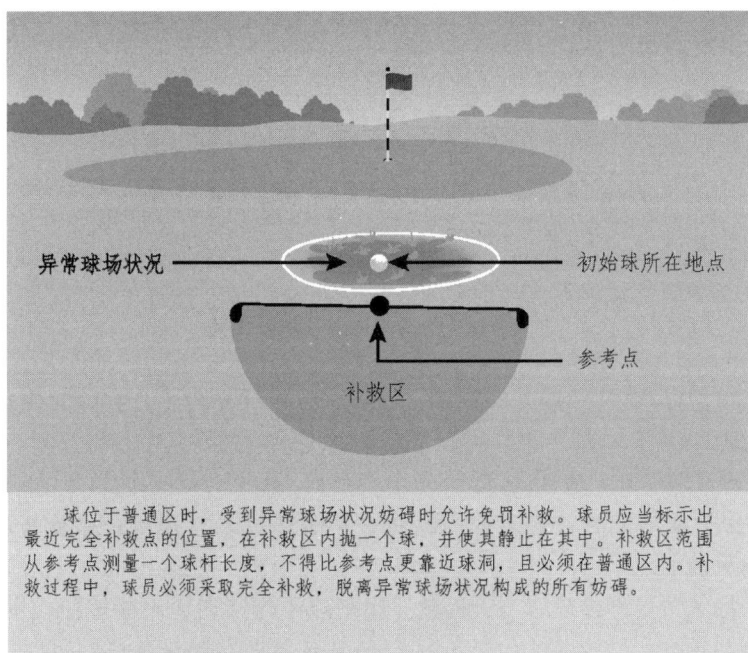

球位于普通区时，受到异常球场状况妨碍时允许免罚补救。球员应当标示出最近完全补救点的位置，在补救区内抛一个球，并使其静止在其中。补救区范围从参考点测量一个球杆长度，不得比参考点更靠近球洞，且必须在普通区内。补救过程中，球员必须采取完全补救，脱离异常球场状况构成的所有妨碍。

图 16.1b 位于普通区的异常球场状况的补救

c. 球位于沙坑内的补救

如果球员的球位于*沙坑内*，并且受到了*球场上的*异常球场状况的妨碍，球员可以按照下面第（1）款的规定采取免罚补救或按照下面第（2）款的规定采取罚杆补救：

（1）*免罚补救：从沙坑内打球*。球员可以按照规则 16.1b 采取免罚补救，但是必须符合以下要求：

● *最近完全补救点和补救区都必须在这个沙坑内*。

● 如果*沙坑内*不存在这样的*最近完全补救点*，球员仍可以使用*沙坑内的最大可用补救点*作为参考点采取补救。

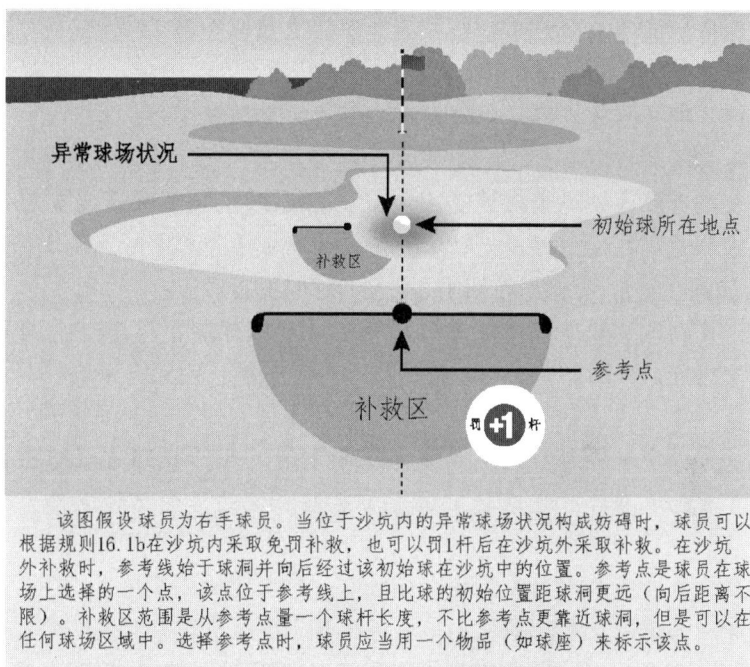

图 16.1c 位于沙坑内的异常球场状况的补救

（2）*罚杆补救：从沙坑外打球（向后连线补救）*。罚 1 杆后，球员可以根据参考线的位置将初始球或另一个球（参见规则 14.3）*抛*在一个补救区内，这条参考线始于*球洞*并向后经过该初始球所在位置：

● *参考点*：是球员在球场上选择的一个点，该点位于参考线上且比球的初始位置距球洞更远（向后距离不限）：

▶选择这个参考点时，球员应该用一个物品（如球座）来标示该点。

▶如果球员没有先选择参考点就抛了球，则参考线上与所抛之球首先触及地面的位置距球洞相等的点将被视为参考点。

- *从参考点测量的补救区范围*：一个球杆长度，但有以下限制：
- *补救区位置的限制*：

▶不得比参考点更靠近球洞；并且

▶可以在任何球场区域；但是

▶如果参考点一个球杆长度范围内存在一种以上的球场区域，则球员在该补救区内抛球时球首先触及哪一种球场区域，该球就必须静止在同一种球场区域的补救区内。

d. 球位于推杆果岭上的补救

如果球员的球位于*推杆果岭*上，并且受到了球场上的异常球场状况的妨碍，球员可以采取免罚补救，执行规则 14.2b（2）和 14.2e 中把一个球放置回原位的处置程序，把初始球或另一个球放置在*最近完全补救点*上。

- *最近完全补救点必须在推杆果岭上或普通区内。*
- *如果不存在这样的最近完全补救点，球员仍可以使用最大可用补救点作为参考点采取免罚补救，但最大可用补救点必须位于推杆果岭上或普通区内。*

e. 未找到在异常球场状况之内或之上的球时的补救

如果未找到球员的球，并且*知道或几乎肯定*该球静止在球场上的某个*异常球场状况*之内或之上时，球员可以使用以下补救选项，而无需采取一杆加距离的补救方式：

- 球员可以按照规则 16.1b、c 或 d 采取补救，出于找到最近完全补救点的目的，球员要把球最后穿越球场上该异常球场状况边沿的估计点作为球所在的地点使用。
- 一旦球员按照本方式采取补救而把另一个球投入比赛状态，则：

▶初始球即脱离比赛状态，不得再打。

▶即使在 3 分钟找球时间（参见规则 6.3b）结束之前在球场上找到了初始球，上述条款依然适用。

但是，如果无法知道或几乎肯定球静止在异常球场状况之内或之上，并且该球遗失，则球员必须按照规则 18.2 采取一杆加距离的补救。

f. 必须对异常球场状况内的禁打区构成的妨碍采取补救

在以下情况中，球员不得在现有位置打球：

（1）*当球位于禁打区内*。如果球员的球位于禁打区内，且该禁打区位于普通区、沙坑或推杆果岭的异常球场状况之内或之上时：

- *禁打区在普通区内*。球员必须按照规则 16.1b 采取免罚补救。

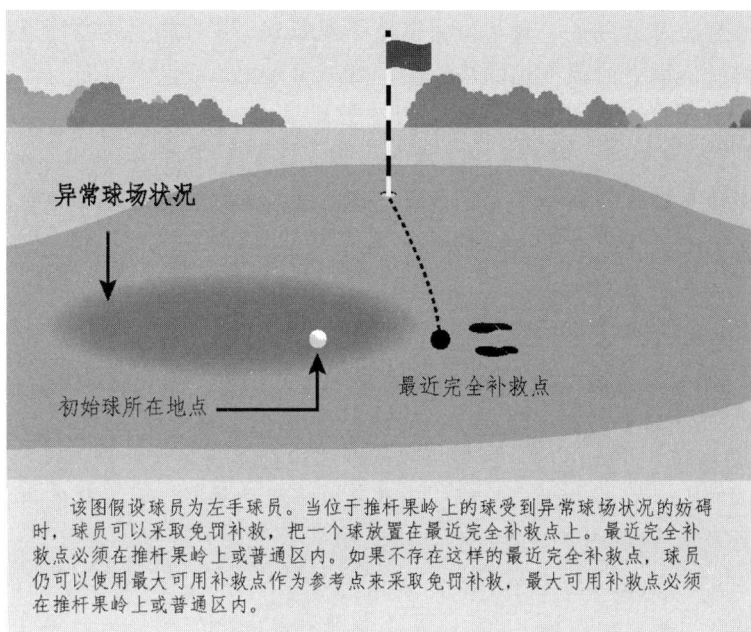

> 该图假设球员为左手球员。当位于推杆果岭上的球受到异常球场状况的妨碍时，球员可以采取免罚补救，把一个球放置在最近完全补救点上。最近完全补救点必须在推杆果岭上或普通区内。如果不存在这样的最近完全补救点，球员仍可以使用最大可用补救点作为参考点来采取免罚补救，最大可用补救点必须在推杆果岭上或普通区内。

图 16.1d 位于推杆果岭上的异常球场状况的免罚补救

● *禁打区在沙坑内*。球员必须按照规则 16.1c（1）或（2）采取免罚补救或罚杆补救。

● *禁打区在推杆果岭上*。球员必须按照规则 16.1d 采取免罚补救。

（2）*当球位于球场上除罚杆区以外的任何地方，禁打区对站位或挥杆构成妨碍*。如果球员的球位于普通区内、沙坑内或推杆果岭上且在某个禁打区之外，但是该禁打区(无论在*异常球场状况*内还是*罚杆区*内)却妨碍了球员的预计*站位*区域或预计挥杆区域，则他/她必须按照以下两种方式之一处理：

● 如果规则允许，根据球所处*普通区*、*沙坑*或*推杆果岭*等区域的不同，按照规则 16.1b、c 或 d 采取补救；或

● 按照规则 19 采取不可打之球的补救。

有关*罚杆区*内的球受到禁打区妨碍时的处理方式，参见规则 17.1e。

违反规则 16.1 从*错误的地方打球*的处罚：按照规则 14.7a 进行*一般性处罚*。

16.2 危险动物情景

a. 允许补救的场合

"危险*动物*情景"指的是当某危险*动物*(例如毒蛇、蜇人蜂、短吻鳄、火蚁或熊)离球很近时，如果球员不得不在现有位置打球，可能导致其受到严重的人

身伤害。

无论球位于球场何处，球员都可以按照规则16.2b对危险动物情景构成的妨碍采取补救，但以下情况不允许补救：

●当危险动物情景以外的其他原因导致球员在现有位置打球明显不合理时（例如球员因球位于灌木中而无法击球）；或

●仅当球员的球杆选择、站位方式、挥杆方式或打球方向在当时的情形中明显不合理时，危险动物情景才会构成妨碍。

b. 危险动物情景的补救

当存在危险动物情景妨碍时：

（1）*当球位于除了罚杆区以外的任何地方*。球员可以根据球所处*普通区*、*沙坑*或*推杆果岭*等区域的不同，按照规则16.1b、c或d采取补救。

（2）*当球位于罚杆区内*。球员可以采取免罚补救或罚杆补救：

●*免罚补救：从罚杆区内打球*。球员可以按照规则16.1b采取免罚补救，但*最近完全补救点*和*补救区*必须位于*罚杆区*内。

●*罚杆补救：从罚杆区外打球*。

▶球员可以按照规则17.1d采取罚杆补救。

▶在*罚杆区*外采取罚杆补救后，如果将要打球的地点存在危险*动物情景*的妨碍，球员可以按照上述第（1）款的规定采取进一步补救，不再追加处罚。

出于应用本规则的目的，*最近完全补救点*指的是不再存在危险*动物情景*妨碍的最近的地点（不更靠近球洞）。

违反规则16.2从*错误的地方*打球的处罚：按照规则14.7a进行*一般性处罚*。

16.3　陷入地面的球

a. 允许补救的场合

（1）*球必须在普通区陷入地面*。只有当球员的球在*普通区*内*陷入地面*时，才允许其按照规则16.3b采取补救。

●球在除了*普通区*以外的任何地方*陷入地面*时，不能按照本规则采取补救。

●但是，如果球在*推杆果岭*上*陷入地面*，球员可以标记球的位置、拿起并擦拭球，处理由该球的冲击力造成的损伤，然后把球放置回其初始位置［参见规则13.1c（2）］。

例外——不允许对*普通区*内*陷入地面*的球采取补救的场合：以下场合不允许按照规则16.3b采取补救：

●球陷入*普通区*的沙子中，且该区域的草没有修剪至与球道草高度相同或更短；或

● 陷入地面以外的其他任何状况的妨碍使这次*去球*明显不合理（例如球员因球位于灌木中而无法*去球*）。

（2）*确定球是否陷入地面*。只有满足以下条件时，球员的球才被视为*陷入地面*：

● 该球位于球员上一次*去球*造成的落痕内；并且

● 球体有一部分低于地面高度。

如果球员无法确定球在自身的落痕中还是在另一个球造成的落痕中，只要根据获得的信息可以合理推断出这个球位于自身的落痕内，他/她就可以视该球为*陷入地面*的球。

如果球低于地面高度是由于球员上一次*去球*以外的其他原因所致，这个球不算作*陷入地面*，例如：

● 当球被某人踩入地面时；

● 当球直接被打入地面，并未在空中飞行时；或

● 当按照某条规则采取补救*抛球*时。

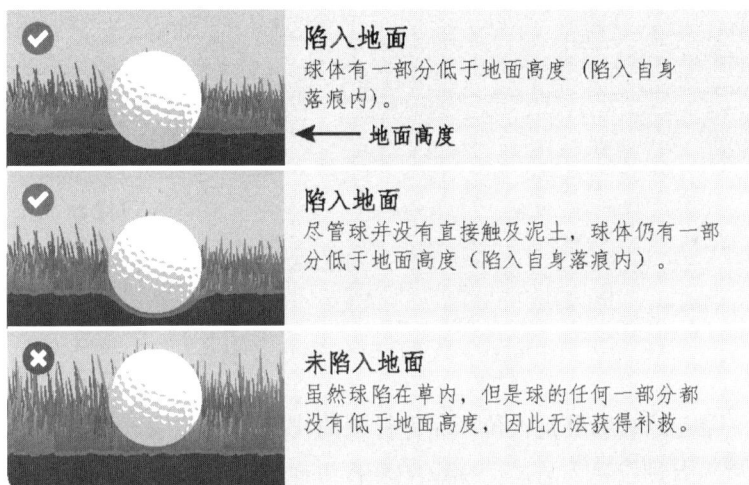

图 16.3a 球是否陷入地面

b. 陷入地面的球的补救

当球员的球在普通区内*陷入地面*并且按照规则 16.3a 允许补救时，该球员可以采取免罚补救，把初始球或另一个球*抛*在符合以下要求的*补救区*内（参见规则 14.3）：

● *参考点*：紧靠球陷入地面所在位置后方的地点。

● *从参考点测量的补救区范围*：一个球杆长度，但有以下限制：

- *补救区位置的限制：*
    ▶*必须在普通区内；并且*
    ▶*不得比参考点更靠近球洞。*

参见委员会的处置程序，第 8 部分；当地规则范本 F-2（委员会可以采用当地规则，规定球只有在草长被修剪至与球道草相同或更短的区域*陷入地面*时才允许补救）。

违反规则 16.3 从错误的地方打球的处罚：*按照规则 14.7a 进行一般性处罚。*

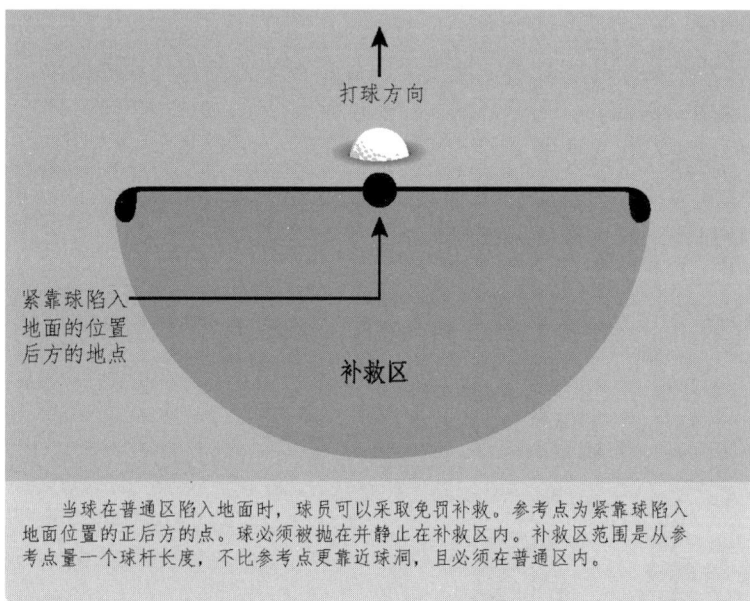

当球在普通区陷入地面时，球员可以采取免罚补救。参考点为紧靠球陷入地面位置的正后方的点。球必须被抛入并静止在补救区内。补救区范围是从参考点量一个球杆长度，不比参考点更靠近球洞，且必须在普通区内。

图 16.3b　陷入地面的球的免罚补救

16.4　拿起球查看其是否位于允许补救的状况

如果球员有理由认为自己的球位于某种可以按照规则 15.2、16.1 或 16.3 允许免罚补救的状况之中，但是只有拿起球才能对此予以确认时：

- 球员可以拿起球以查看是否允许补救，但是：
- 必须先标记这个球的位置，而且不得擦拭被拿起的球（在推杆果岭上除外）（参见规则 14.1）。

如果球员没有合理的理由就拿起了球（在*推杆果岭*上除外，此时可按照规则 13.1b 拿起球），他/她要被罚 1 杆。

如果规则允许补救，且球员采取了补救，即使他/她在拿起球之前没有*标记*球的位置，或者擦拭了被拿起的球，球员也不受处罚。

如果规则不允许补救，或者规则允许但球员选择不补救：

•如果球员拿起球之前没有先标记球的位置，或者在规则不允许的情况下擦拭了被拿起的球，他/她要被罚1杆；并且

•这个球必须被放置回其初始位置（参见规则14.2）。

违反规则16.4击打错误替换的球或从错误的地方打球的处罚：按照规则6.3b或14.7a进行一般性处罚。

如果单一行为或多个关联行为违反了多条规则，参见规则1.3c（4）。

规则17　罚杆区

目的：

规则17是一条针对罚杆区的特定规则。罚杆区是球场上的水域或委员会标定的其他区域，球在其中经常遗失或不可打。球员被罚1杆后，可以使用特定补救选项在罚杆区外打一个球。

17.1　球位于罚杆区内的选项

罚杆区被标定为红色或黄色。这影响了球员的补救选项（参见规则17.1d）。

球员可以站在罚杆区内打一个位于罚杆区外的球，包括从罚杆区采取补救之后。

a. 球位于罚杆区内的场合

当球的任何一部分符合以下条件时，该球即位于罚杆区内：

•位于罚杆区边沿内的地面或任何其他物体（如任何自然或人工物体）之上，或触及上述地面或物体；或

•位于罚杆区边沿或任何其他部分的上空。

如果球有一部分同时位于罚杆区和另一种球场区域，参见规则2.2c。

b. 球员可以在罚杆区内球的现有位置打球或采取罚杆补救

球员可按照以下两种方式之一处理：

•按照球位于普通区时适用的相同的规则（意味着没有特定规则限制球员如何在罚杆区打球），在现有位置打这个球，不予处罚；或

•按照规则17.1d或17.2采取罚杆补救，在该罚杆区外打一个球。

例外——受到罚杆区内禁打区的妨碍时必须采取补救（参见规则17.1e）。

c. 未找到在罚杆区内的球时的补救

如果未找到球员的球，并且知道或几乎肯定该球静止在罚杆区内时，按以下方式处理：

•球员可以按照规则17.1d或17.2采取罚杆补救。

•一旦球员按照本方式采取补救而把另一个球投入比赛状态，则：

▶初始球即脱离比赛状态，不得再打。

▶即使在 3 分钟找球时间（参见规则 6.3b）结束之前在球场上找到了初始球，上述条款依然适用。

但是，如果无法知道或几乎肯定该球静止在*罚杆区*内，并且该球*遗失*，则球员必须按照规则 18.2 采取一杆加距离的补救。

d. 球在罚杆区内的补救

如果球员的球位于*罚杆区*内，包括虽然未找到球但却*知道或几乎肯定*它在*罚杆区*内，该球员有以下这些补救选项，但每种补救都要被罚 1 杆：

（1）*一杆加距离补救*。球员可以从上一次*击球*的地点打初始球或另一个球（参见规则 14.6）。

（2）*向后连线补救*。球员可以根据参考线的位置将初始球或另一个球（参见规则 14.3）*抛*在一个补救区内，这条参考线始于*球洞*并向后经过初始球最后穿越该*罚杆区*边沿的估计点：

● *参考点*：是球员在球场上选择的一个点，该点位于参考线上且比估计点距球洞更远（向后距离不限）：

▶选择这个参考点时，球员应该用一个物品（如球座）来标示该点。

▶如果球员没有先选择参考点就抛了球，则参考线上与所抛之球首先触及地面的位置与球洞距离相等的点将被视为参考点。

● *从参考点测量的补救区范围*：一个球杆长度，但有以下限制：

● *补救区位置的限制*：

▶不得比参考点更靠近球洞；并且

▶可以在除同一个罚杆区以外的任何球场区域；但是

▶如果参考点一个球杆长度范围内存在一种以上的球场区域，则球员在该补救区内抛球时球首先触及哪一种球场区域，该球就必须静止在同一种球场区域的补救区内。

（3）*侧面补救（仅限于红色罚杆区）*。当球最后穿越红色*罚杆区*的边沿时，球员可以将初始球或另一个球*抛*在该侧面补救区内（参见规则 14.3），但要符合以下条件：

● *参考点*：是初始球最后穿越该红色*罚杆区*边沿的估计点。

● *从参考点开始测量的补救区范围*：两个球杆长度，但有以下限制：

● *补救区位置的限制*：

▶不得比参考点更靠近球洞；并且

▶可以在除同一个罚杆区以外的任何球场区域；但是

▶如果参考点两个球杆长度范围内存在一种以上的球场区域，则球员

图 17.1d（1）　黄色罚杆区内球的补救

在该补救区内抛球时球首先触及哪一种球场区域，该球就必须静止在同一
种球场区域的补救区内。

参见委员会的处置程序，第8部分；当地规则范本B-2（委员会可以采用当
地规则，允许球员在红色罚杆区另一侧与球洞距离相等的位置采取侧面补救）。

e. 必须对罚杆区内的禁打区构成的妨碍采取补救

在以下情况中，球员不得在现有位置打球：

（1）*球位于罚杆区内的禁打区*。球员必须按照规则 17.1d 或 17.2 采取罚杆
补救。

（2）*球位于罚杆区内，球场上的禁打区对球员的站位或挥杆构成妨碍*。如
果球员的球位于*罚杆区*之内且在某个*禁打区*之外，但是该禁打区（无论在*异常
球场状况*内还是*罚杆区*内）却妨碍了该球员的预计*站位*区域或预计挥杆区域，则
他/她必须按照以下两种方式之一处理：

● 按照规则 17.1d 或 17.2 在*罚杆区*之外采取罚杆补救；或

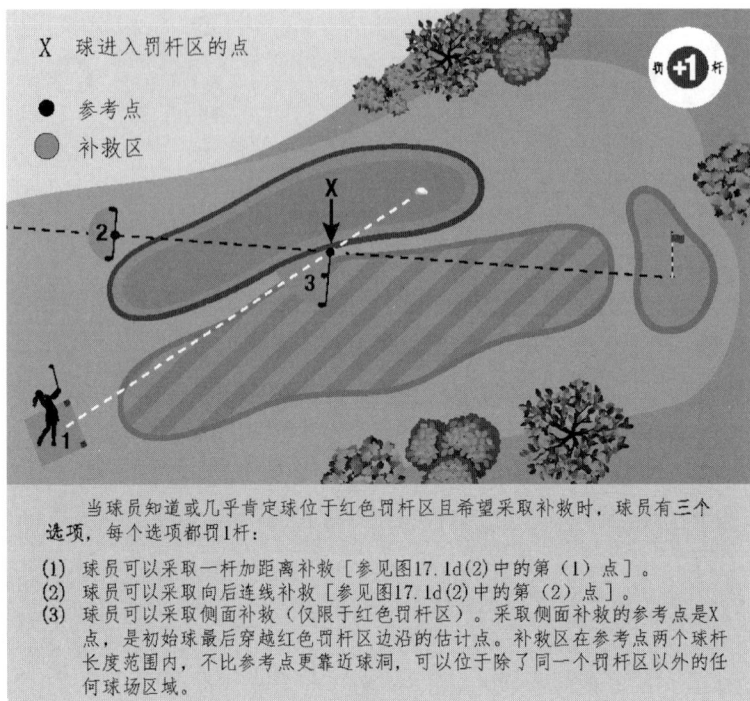

当球员知道或几乎肯定球位于红色罚杆区且希望采取补救时，球员有三个**选项**，每个选项都罚1杆。

(1) 球员可以采取一杆加距离补救［参见图17.1d(2)中的第（1）点］。
(2) 球员可以采取向后连线补救［参见图17.1d(2)中的第（2）点］。
(3) 球员可以采取侧面补救（仅限于红色罚杆区）。采取侧面补救的参考点是X点，是初始球最后穿越红色罚杆区边沿的估计点。补救区在参考点两个球杆长度范围内，不比参考点更靠近球洞，可以位于除了同一个罚杆区以外的任何球场区域。

图 17.1d（1）　红色罚杆区内球的补救

●采取免罚补救，把初始球或另一个球抛在*罚杆区*内的补救区之内（如果存在的话）（参见规则14.3），但要符合以下条件：

▶*参考点*：该禁打区的最近完全补救点。

▶*从参考点开始测量的补救区范围*：一个球杆长度，但有以下限制：

▶*补救区位置的限制*：

·必须和球位于同一个罚杆区中；并且

·不得比参考点更靠近球洞。

但以下情况球员不能按照上述第（2）款的规定对*禁打区*构成的妨碍采取免罚补救：

●当禁打区之外的其他原因导致球员在现有位置打球明显不合理时（例如球员因球位于灌木中而无法击球）；或

●仅当球员的球杆选择、站位方式、挥杆方式或打球方向在当时的情形中明显不合理时，才会构成妨碍。

有关球在除*罚杆区*以外的任何地方受到禁打区妨碍时的处理方式，参见规则 16.1f。

违反规则 17.1 从*错误的地方*打球的处罚：按照规则 14.7a 进行*一般性处罚*。

17.2　从罚杆区打球后的选项

a. 从罚杆区打的球静止在同一个或另一个罚杆区内

如果从*罚杆区*打的球静止在同一个或另一个*罚杆区*内，球员可以在球的现有位置打球（参见规则 17.1b）。

或者，被罚 1 杆后，球员可以按照以下任何一个选项采取补救：

（1）*常规补救选项*。球员可以按照规则 17.1d（1）采取*一杆加距离补救*，或按照规则 17.1d（2）采取*向后连线补救*。对于红色*罚杆区*，还可以按照 17.1d（3）采取*侧面补救*。

按照规则 17.1d（2）或（3），用于确定*补救区*的估计点是初始球最后穿越其当前所在*罚杆区*的边沿的点。

如果球员采取*一杆加距离补救*，在*罚杆区*内*抛*了一个球（参见规则 14.6），随后又决定不在其静止的地点打这个*抛*下去的球，他/她可以按照以下方式处理：

- 该球员可以按照规则 17.1d（2）或（3）（限于红色*罚杆区*），或规则 17.2a（2）在此*罚杆区*外采取进一步补救。
- 如果该球员这样做，他/她要再被罚 1 杆，总计罚 2 杆：其中 1 杆来自*一杆加距离*的补救，另外 1 杆来自在*罚杆区*外采取的补救。

（2）*额外补救选项：从最后一次在罚杆区外击球的地方打球*。该球员可以选择从其最后一次在*罚杆区*外*击球*的地方打初始球或另一个球（参见规则 14.6），而不必使用上述第（1）款规定中的其中一种常规补救选项。

b. 从罚杆区打的球在罚杆区外遗失、出界或不可打

从*罚杆区*打球后，球员有时会因为初始球发生以下两种情况之一而被要求或选择采取*一杆加距离*的补救：

- 在*罚杆区*外出界或遗失(参见规则 18.2)；或
- 在*罚杆区*外不可打（参见规则 19.2a）。

如果该球员采取*一杆加距离补救*，在*罚杆区*内*抛*了一个球（参见规则 14.6），随后又决定不在其静止的地点打这个*抛*下去的球，他/她可以按照以下方式处理：

- 该球员可以按照规则 17.1d（2）或（3）（限于红色*罚杆区*），或规则 17.2a（2）在此*罚杆区*之外采取进一步补救。
- 如果该球员这样做，他/她要再被罚 1 杆，总计罚 2 杆：1 杆是采取了*一杆加距离*的补救，另外 1 杆是在*罚杆区*外采取的补救。

球员可以不用先在*罚杆区*内*抛*一个球而直接在*罚杆区*外采取上述补救，但

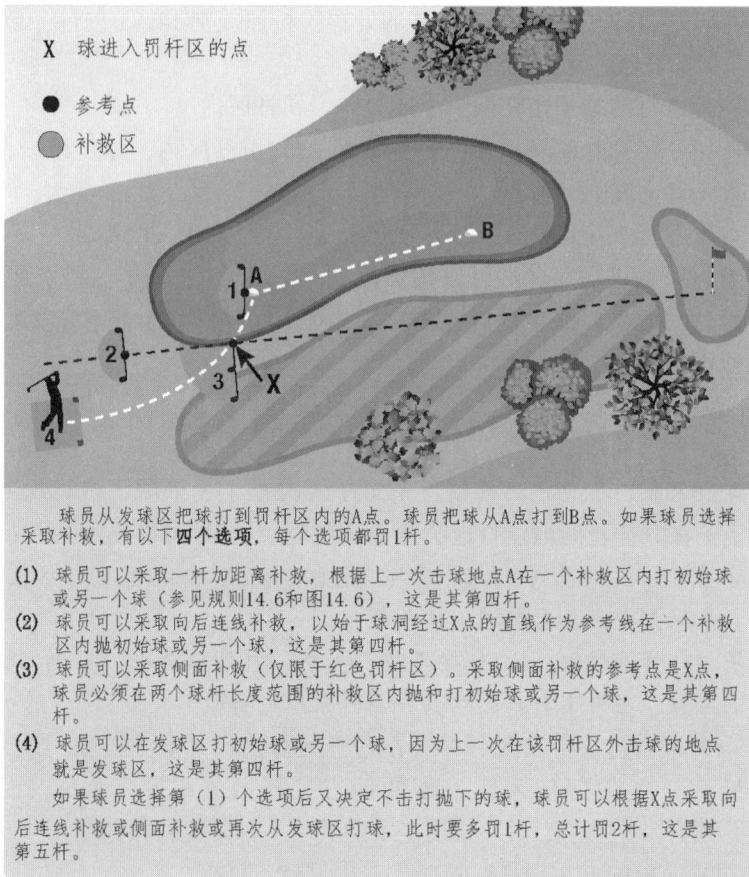

球员从发球区把球打到罚杆区内的A点。球员把球从A点打到B点。如果球员选择采取补救，有以下**四个选项**，每个选项都罚1杆。

(1) 球员可以采取一杆加距离补救，根据上一次击球地点A在一个补救区内打初始球或另一个球（参见规则14.6和图14.6），这是其第四杆。

(2) 球员可以采取向后连线补救，以始于球洞经过X点的直线作为参考线在一个补救区内抛初始球或另一个球，这是其第四杆。

(3) 球员可以采取侧面补救（仅限于红色罚杆区）。采取侧面补救的参考点是X点，球员必须在两个球杆长度范围的补救区内抛和打初始球或另一个球，这是其第四杆。

(4) 球员可以在发球区打初始球或另一个球，因为上一次在该罚杆区外击球的地点就是发球区，这是其第四杆。

如果球员选择第（1）个选项后又决定不击打抛下的球，球员可以根据X点采取向后连线补救或侧面补救或再次从发球区打球，此时要多罚1杆，总计罚2杆，这是其第五杆。

图 17.2a（1） 从罚杆区打的球静止在同一个罚杆区内

仍然总计罚2杆。

违反规则17.2从*错误的地方*打球的处罚：按照规则14.7a进行*一般性处罚*。

17.3 球在罚杆区内不得按照其他一些规则予以补救

当球员的球位于*罚杆区*内时，不得按照以下规则采取补救：

- *异常球场状况*构成的妨碍（规则16.1）；
- *陷入地面的球*（规则16.3）；或
- *不可打之球*（规则19）。

上述情况下，该球员唯一的补救选项是按照规则17采取罚杆补救。

但是，当危险*动物*情景妨碍该球员打位于*罚杆区*内的球时，该球员可以选择在*罚杆区*内采取免罚补救或在*罚杆区*外采取罚杆补救［参见规则16.2b（2）］。

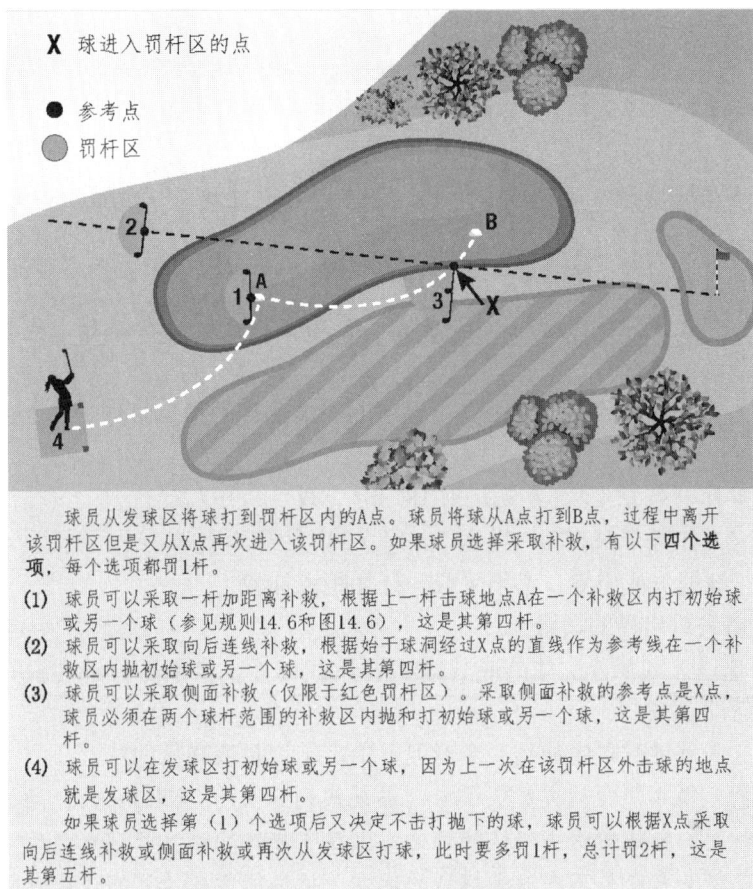

图 17.2a（2）　从罚杆区打的球离开罚杆区后再次进入并静止在同一个罚杆区内

规则 18　一杆加距离补救；球遗失或出界；暂定球

目的：

规则 18 阐述了按照一杆加距离的处罚采取补救的情况。当球在罚杆区之外遗失或静止在界外时，从发球区到球洞的规定打球过程被中断，球员必须从上一次击球的地点再次击球以恢复这个过程。

本规则还阐述了当比赛中球可能出界或在罚杆区外遗失时，球员为了节省时间可以打一个暂定球的方式和场合。

18.1　任何时候都允许按照一杆加距离的处罚采取补救

任何时候，球员都可以采取*一杆加距离*的补救，即加上一杆处罚并在上一次

*击球*的地点打初始球或另一个球（参见规则 14.6）。

该球员总是拥有*一杆加距离*的补救选项：

- 无论该球员的球在球场上的什么地方；并且
- 即使某规则要求他/她按照某种方式采取补救或者从某个位置打一个球也

依然如此。

一旦该球员按照*一杆加距离*的处罚把另一个球投入*比赛状态*（参见规则 14.4），则：

- 初始球即脱离比赛状态，不得再打。
- 即使在 3 分钟找球时间（参见规则 6.3b）结束之前在球场上找到了初始球，上述条款依然适用。

但是，当该球员因以下原因之一要在上一次*击球*的地点打球时，上述条款不适用：

- 宣布打一个*暂定球*（参见规则 18.3b）；或
- 比杆赛中按照规则 14.7b 或 20.1c（3）打第二个球。

18.2 球遗失或出界：必须采取一杆加距离补救

a. 球遗失或出界的场合

（1）*球遗失的场合*。球员或其*球童*开始找球后，如果 3 分钟内没有找到这个球，该球即*遗失*。

如果在 3 分钟时限内找到一个球但不确定是否是该球员的球：

- 球员必须立即尝试去辨认该球（参见规则 7.2）。规则允许他/她为此花一些合理的时间，即使尝试去辨认的行为发生在 3 分钟找球时间结束之后。
- 这包括如果球员不在球被找到的地方，抵达球所在位置的合理时间。

如果球员在这段合理的时间内没有辨认出自己的球，该球即*遗失*。

（2）*球出界的场合*。只有当一个静止的球整体位于*球场边界线*之外时，该球才算*出界*。

当球有任何一部分符合以下条件时，该球即位于界内：

- 位于或触及边界线内侧的地面或任何其他物体（如任何自然的或人工的物体）；或
- 位于边界线或*球场*任何其他部分的上空。

球员可以站在*界外*打位于球场上的球。

b. 球遗失或出界该如何处理

如果*球遗失*或*出界*，球员必须采取*一杆加距离*的补救，即加上一杆处罚并在上一次*击球*的地点打初始球或另一个球（参见规则 14.6）。

例外——当知道或几乎肯定球发生了什么状况时，球员可以按照其他规则替球整体位于球场边界外时为出界。下图显示球何时在界内，何时在界外。

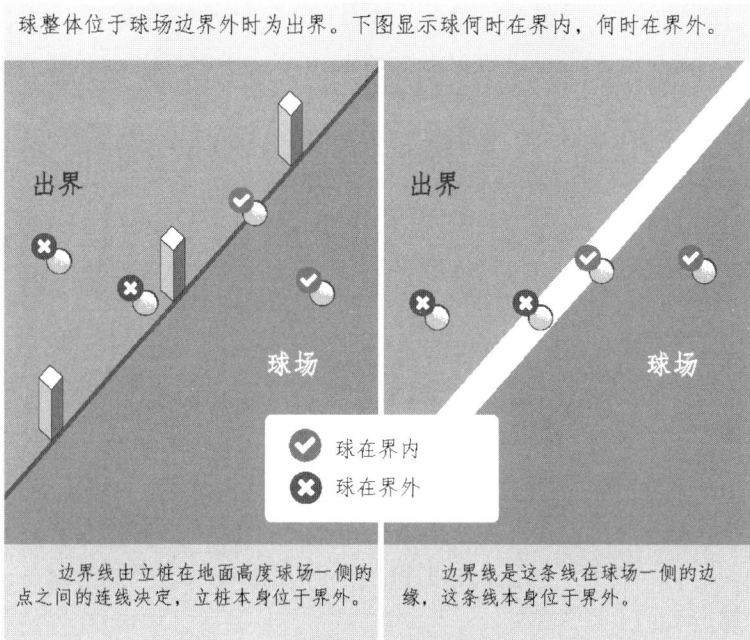

图 18.2a　当球出界

换另一个球：如果没有找到球员的球，但是*知道*或几乎肯定该球符合以下条件之一，球员即可以按照某条适用的规则*替换*另一个球，而不用采取*一杆加距离*的补救：

　　●静止在*球场*上并且被某*外部因素*移动(参见规则 9.6) 或被另一名球员作为*错球*击打［参见规则 6.3c（2）］；

　　●静止在*球场*上的某*可移动妨碍物*之内或之上（参见规则 15.2b）或某*异常球场状况*之内或之上（参见规则 16.1e）；

　　●位于*罚杆区*内（参见规则 17.1c）；或

　　●被任何人故意变向或停止（参见规则 11.2c）。

　　违反规则 18.2 从*错误的地方*打球的处罚：按照规则 14.7a 进行*一般性处罚*。

18.3　暂定球

a. 允许打暂定球的场合

　　如果球可能在*罚杆区*外遗失或可能*出界*，为了节省时间，球员可以暂时按照一杆加距离的处罚打另一个球（参见规则 14.6）。

　　上述规定适用于以下球可能遗失的情况：

　　●初始球还未被找到和辨认出，但仍未遗失；以及

●球可能在*罚杆区*内遗失，但也可能在球场的其他地方遗失。

但是，如果球员意识到初始球只可能在*罚杆区*内遗失，则不允许打*暂定球*。这种情况下，球员从上一次*击球*的地点打的那个球按照一杆加距离的处罚成为他/她的*比赛中球*（参见规则18.1）。

如果*暂定球*可能在*罚杆区*外遗失或可能*出界*，按照以下方式处理：

●球员可以打另一个*暂定球*。

●后打的*暂定球*与第一个*暂定球*的关系等同于第一个*暂定球*与初始球的关系。

b. 宣布打暂定球

*击球*之前，球员必须宣布自己要打一个*暂定球*：

●球员只说自己要打另外一个球或再打一杆是不够的。

●球员必须使用"暂定"一词，或用其他方式清楚表明自己正在按照规则18.3暂时打这个球。

如果球员没有这样宣布（即使他/她的意图是要打一个*暂定球*）就在上一次*击球*的地点打了一个球，那么该球即按照一杆加距离的处罚成为球员的*比赛中球*（参见规则18.1）。

c. 击打暂定球直至其成为比赛中球或被放弃

（1）*不止一次击打暂定球*。只要球员打*暂定球*的地点距*球洞*的距离，与初始球的估计位置距*球洞*的距离相等或更远，球员就可以持续打*暂定球*而不丧失其*暂定球*的性质。

即使多次击打*暂定球*，本条款依然适用。

但是，*暂定球*按照下面第（2）款的规定成为*比赛中球*或按照下面第（3）款的规定被放弃并因此成为*错球*后，便终止了其*暂定球*的性质。

（2）*暂定球成为比赛中球的场合*。在以下两种情况之一发生时，*暂定球*按照一杆加距离的处罚成为球员的*比赛中球*：

●*初始球在除罚杆区以外的球场任何地方遗失或出界*。初始球即脱离*比赛状态*（即使3分钟找球时间结束后在球场上找到该球）并成为*错球*，不得再打（参见规则6.3c）。

●*球员在比初始球的估计位置更靠近球洞的地点打了暂定球*。初始球即脱离*比赛状态*（即使3分钟找球时间结束之前在球场上找到该球，或者在比之前估计的地点更靠近球洞的地点找到该球）并成为*错球*，不得再打（参见规则6.3c）。

如果球员把*暂定球*打到与初始球大致相同的位置并且无法区分两者，按照以下方式处理：

●如果在球场上只找到其中一个球，该球即被视为*暂定球*，现在它处于比赛状态。

●如果两个球都在球场上被找到，球员必须从其中选择一个球视为*暂定球*，现在该球处于*比赛状态*，另一个球被视为*遗失*，不得再打。

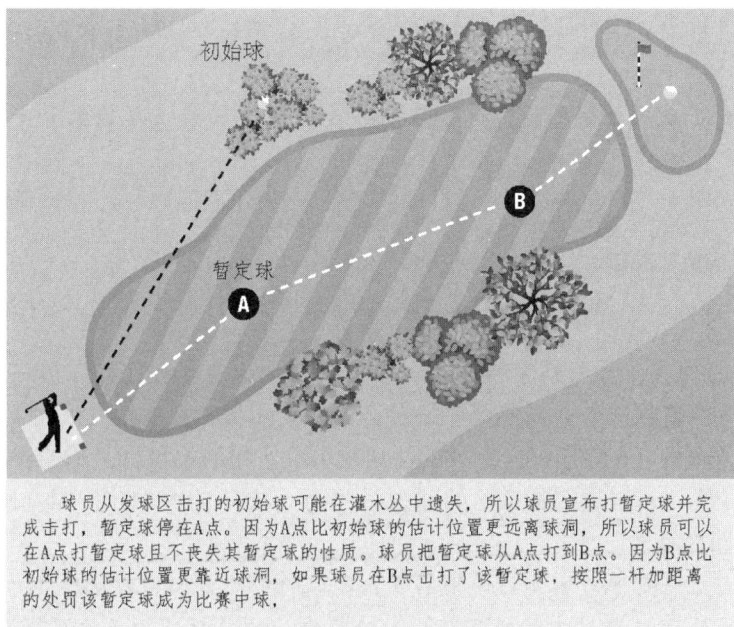

球员从发球区击打的初始球可能在灌木丛中遗失，所以球员宣布打暂定球并完成击打，暂定球停在A点。因为A点比初始球的估计位置更远离球洞，所以球员可以在A点打暂定球且不丧失其暂定球的性质。球员把暂定球从A点打到B点。因为B点比初始球的估计位置更靠近球洞，如果球员在B点击打了该暂定球，按照一杆加距离的处罚该暂定球成为比赛中球，

图18.3c 在比初始球的估计位置更靠近球洞的地点打了暂定球

例外——当知道或几乎肯定球发生了什么状况时，球员可以按照其他规则替换另一个球：如果没有找到球员的球，但是*知道或几乎肯定*该球符合以下条件之一，球员即可以有额外的一个选项：

●静止在球场上并被某外部因素移动（参见规则9.6）；

●静止在球场上的某*可移动妨碍物*之内或之上（参见规则15.2b）或某*异常球场状况*之内或之上（参见规则16.1e）；或

●被任何人故意变向或停止（参见规则11.2c）。

当上述规则之一适用时，球员可以用以下两种方式之一处理：

●按照适用的规则替换另一个球；或

●按照一杆加距离的处罚将*暂定球*视为*比赛中球*。

（3）必须放弃暂定球的场合。当*暂定球*还未成为*比赛中球*时，如果发生以下两种情况之一，球员必须放弃这个暂定球：

●*3分钟找球时间结束之前在球场的罚杆区之外找到初始球*。球员必须在现

有位置继续打初始球。

●*在罚杆区内找到初始球，或知道或几乎肯定它在罚杆区内*。球员必须在现有位置继续打初始球或按照规则 17.1d 采取罚杆补救。

无论上述哪种情况：

●球员均不得再击打*暂定球*，它此时已经是一个*错球*（参见规则 6.3c）；并且

●该*暂定球*被放弃之前所有对其击打的杆数（包括击球次数和单纯因为打这个球而产生的任何罚杆）均不予计算。

违反规则 18.3 从错误的地方打球的处罚：按照规则 14.7a 进行*一般性处罚*。

规则 19 不可打之球

目的：

规则 19 阐述了不可打之球的若干补救选项。这条规则允许球员在球场上的任何地方（罚杆区除外）选择其中一种方式脱离困境，但通常要被罚 1 杆。

19.1 球员可在除罚杆区之外的任何地方决定采取不可打之球的补救

球员是唯一可以决定将自己的球视为不可打之球的人，并按照规则 19.2 或 19.3 采取罚杆补救。

●*球场*上任何地方都允许使用不可打之球的补救，但*罚杆区*除外。

●如果位于*罚杆区*内的球不可打，球员唯一的补救选项是按照规则 17 采取罚杆补救。

19.2 普通区或推杆果岭上不可打之球的补救选项

球员可以使用规则 19.2a、b 或 c 中的三个选项之一采取不可打之球的补救，但都要加上一杆处罚。

●球员可以按照规则 19.2a 采取一杆加距离的补救，即使还未找到并辨认出初始球。

●但是，按照规则 19.2b 采取向后连线补救，或按照规则 19.2c 采取侧面补救时，球员必须知道初始球的位置。

a. 一杆加距离补救

球员可以在上一次*击球*的地点打初始球或另一个球（参见规则 14.6）。

b. 向后连线补救

球员可以根据参考线的位置把初始球或另一个球（参见规则 14.3）*抛*在一个补救区内，这条参考线始于球洞并向后经过初始球的位置：

●**参考点**：是球员在球场上选择的一个点，该点位于参考线上且比初始球位置距球洞更远（向后距离不限）：

▶选择这个参考点时，球员应该用一个物品（如球座）来标示该点。

▶如果球员没有先选定参考点就抛了球，则参考线上与所抛之球首先触及地面的位置与球洞距离相等的点将被视为参考点。

- *从参考点测量的补救区范围*：一个球杆长度，但有以下限制：
- *补救区位置的限制*：

  ▶不得比参考点更靠近球洞；并且

  ▶可以位于任何球场区域；但是

  ▶如果参考点一个球杆长度范围内存在一种以上的球场区域，则球员在该补救区内抛球时球首先触及哪一种球场区域，该球就必须静止在同一种球场区域的补救区内。

c. 侧面补救

球员可以把初始球或另一个球*抛*在符合以下条件的侧面补救区内（参见规则14.3）：

- *参考点*：是初始球所在的地点。
- *从参考点开始测量的补救区范围*：两个球杆长度，但有以下限制：
- *补救区位置的限制*：

  ▶不得比参考点更靠近球洞；并且

  ▶可以位于任何球场区域；但是

  ▶如果参考点两个球杆长度范围内存在一种以上的球场区域，则球员在该补救区内抛球时球首先触及哪一种球场区域，该球就必须静止在同一种球场区域的补救区内。

违反规则19.2从错误的地方打球的处罚：按照规则14.7a进行*一般性处罚*。

19.3　沙坑内不可打之球的补救选项

a. 常规补救选项（罚1杆）

当球员的球位于*沙坑*内时：

- 被罚1杆后，球员可以按照规则19.2规定的任何一个选项采取不可打之球的补救，除了：
- 如果球员采取向后连线补救（参见规则19.2b）或侧面补救（参见规则19.2c），球必须被*抛*在并静止在该*沙坑*内的补救区内。

b. 额外补救选项（罚2杆）

当球位于*沙坑*内时，作为一个额外的补救选项，球员可以按照规则19.2b在*沙坑*外采取向后连线补救，总计罚2杆。

违反规则19.3从*错误的*地方打球的处罚：按照规则14.7a进行*一般性处罚*。

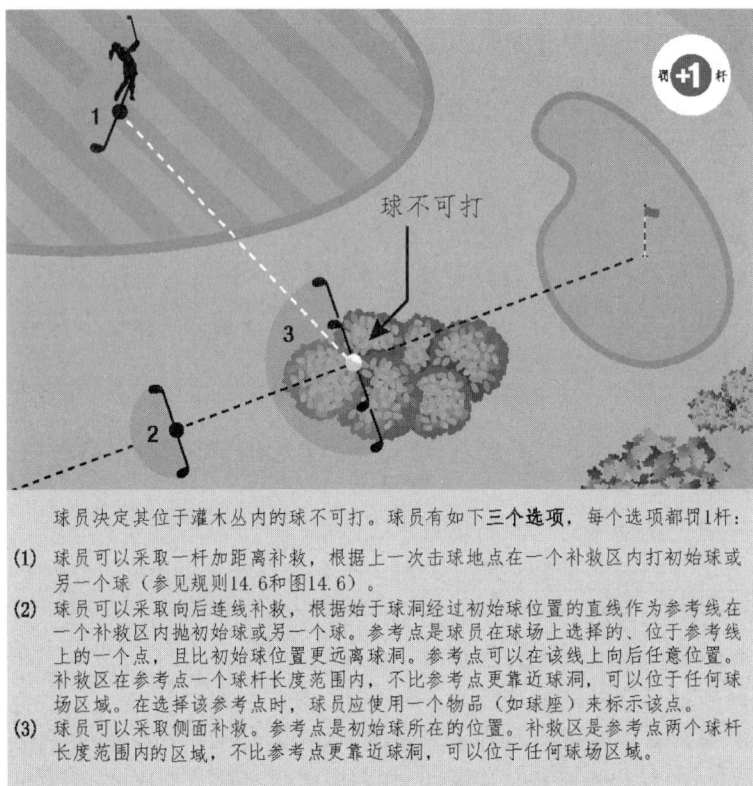

球员决定其位于灌木丛内的球不可打。球员有如下**三个选项**，每个选项都罚1杆：

(1) 球员可以采取一杆加距离补救，根据上一次击球地点在一个补救区内打初始球或另一个球（参见规则14.6和图14.6）。

(2) 球员可以采取向后连线补救，根据始于球洞经过初始球位置的直线作为参考线在一个补救区内抛初始或另一个球。参考点是球员在球场上选择的、位于参考线上的一个点，且比初始球位置更远离球洞。参考点可以在该线上向后任意位置。补救区在参考点一个球杆长度范围内，不比参考点更靠近球洞，可以位于任何球场区域。在选择该参考点时，球员应使用一个物品（如球座）来标示该点。

(3) 球员可以采取侧面补救。参考点是初始球所在的位置。补救区是参考点两个球杆长度范围内的区域，不比参考点更靠近球洞，可以位于任何球场区域。

图19.2 普通区的球不可打时的补救选项

规则20 一轮比赛中解决规则问题；裁判员和委员会的判决

目的：

规则20阐述了球员在一轮比赛中有规则问题时应如何处理，包括允许球员为保护事后获取判决的权利的处置程序（该处置程序在比洞赛和比杆赛中有差异）。

本规则还阐述了裁判员的角色——他们得到授权后可以判定事实问题并执行规则。裁判员或委员会的判决对所有球员均有约束力。

20.1 一轮比赛中解决规则问题

a. 球员必须避免过度延误

球员在一轮比赛中寻求规则方面的帮助时，不得过度延误比赛：

• 如果裁判员或委员会不能在合理时间内到场帮助解决规则问题，球员必

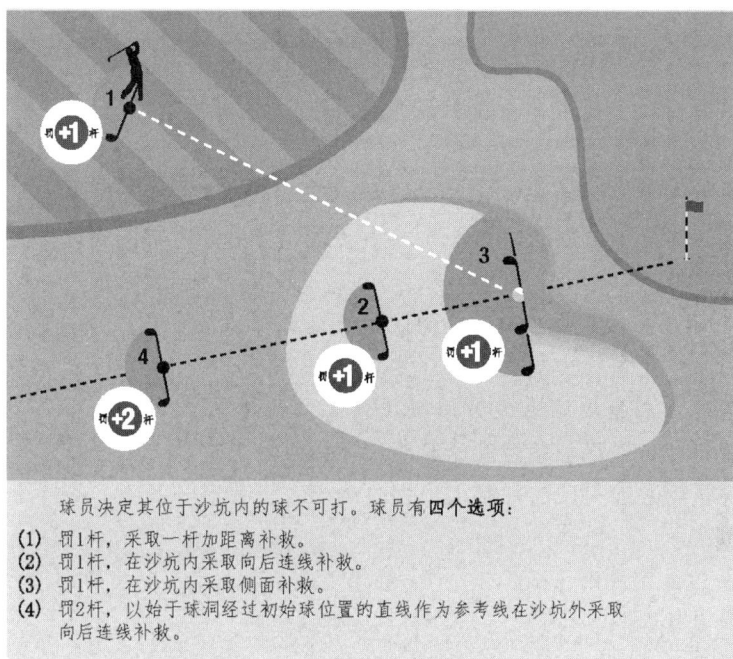

球员决定其位于沙坑内的球不可打。球员有**四个选项**：
(1) 罚1杆，采取一杆加距离补救。
(2) 罚1杆，在沙坑内采取向后连线补救。
(3) 罚1杆，在沙坑内采取侧面补救。
(4) 罚2杆，以始于球洞经过初始球位置的直线作为参考线在沙坑外采取向后连线补救。

图 19.3　沙坑内球不可打时的补救选项

须决定如何处理并继续比赛。

　　● 比洞赛中，球员可以通过请求判决来保护自己的权利 ［参见规则 20.1b (2) ］；比杆赛中，他/她可以用打两个球的方式达到同样的目的 ［参见规则 20.1c (3) ］。

　　b. 比洞赛中的规则问题

　　(1) *通过协商决定*。一轮比赛中，球员之间可以协商决定规则问题。

　　● 只要球员们没有故意协商无视任何他们明知适用的规则或处罚 ［参见规则 1.3b (1) ］，该商议的结果就是最终的，即使事后发现该结果按照规则是错误的。

　　● 但是，如果指定了跟组裁判员，该裁判员必须及时就其注意到的任何问题做出判决，球员必须服从其判决。

　　在没有裁判员的情况下，如果球员之间彼此没有达成一致，或者对如何执行规则存有疑问，任何一名球员都可按照规则 20.1b (2) 请求判决 。

　　(2) *在最终比赛结果确定之前提出判决请求*。当球员需要裁判员或委员会来判定其本人或对手该如何执行规则时，他/她可以提出判决请求。

如果*裁判员*或*委员会*不能在合理时间内到场，*球员*请求判决的方式可以是告知*对手*，他/她将在之后*裁判员*或*委员会*可以到场时再寻求判决。

如果*球员*在最终比赛结果确定之前提出判决请求：

● 只有及时提出请求才会得到判决。是否"及时"取决于*球员*何时意识到造成规则问题的事实：

▶ *球员在其本人或对手开始最后一洞比赛前意识到相关事实。*球员意识到相关事实后，必须在其本人或*对手*击球以开始另一个球洞比赛之前提出判决请求。

▶ *球员在比赛最后一洞期间或结束后意识到相关事实。*球员必须在最终比赛结果确定前提出判决请求［参见规则 3.2a（5）］。

● 如果*球员*未能按照上述时间提出请求，*裁判员*或*委员会*将不给予判决，即便当时规则执行错误，所涉及球洞的结果仍维持不变。

如果*球员*就之前完成的球洞提出判决请求，只有当以下三个条件全都满足时才会得到判决：

● 对手违反了规则 3.2d（1）（提供错误的已打杆数）或规则 3.2d（2）（未告诉*球员*所受处罚）；

● *球员*和*对手*任意一人在*击球以开始正比赛球洞或刚完成的球洞*（两洞之间）前，*球员*并没有意识到请求所基于的事实；并且

● 意识到这些事实后，*球员*及时提出判决请求（如前文所述）。

（3）*最终比赛结果确定后提出判决请求。*如果*球员*在最终比赛结果确定后提出判决请求：

● 只有以下两个条件全部满足，*委员会*才会给出判决：

▶ 该请求基于*球员*在最终比赛结果确定前没有意识到的事实；并且

▶ 对手违反了规则 3.2d（1）（提供错误的已打杆数）或规则 3.2d（2）（未告诉*球员*所受处罚），并且在最终比赛结果确定前就知道该次违规。

● 给出此种判决没有时间限制。

（4）*无权打两个球。比洞赛*中，如果*球员*不确定正确的处置程序，规则不允许他/她用两个球完成该洞。打两个球的处置程序只适用于*比杆赛*（参见规则 20.1c）。

c. 比杆赛中的规则问题

（1）*无权协商决定规则问题。*如果*裁判员*或*委员会*不能在合理时间内到场帮助解决某规则问题：

● 规则鼓励*球员*之间互相帮助以执行规则，但是他们无权通过协商决定规则问题，他们达成的任何此种协议对任何*球员*、*裁判员*或*委员会*均无约束力。

●提交记分卡之前，球员如有任何规则问题，应向委员会提出。

（2）*球员应保护比赛中的其他球员*。为了保护所有其他球员的利益，球员应做到以下几点：

●如果球员知道或认为另一名球员违反了或可能违反了规则，并且这名球员没有意识到或不理会自己的违规，他/她应告知这名违规的球员、其记分员、裁判员或委员会。

●当该名球员意识到问题后，应赶在涉事球员提交记分卡之前立即行动，除非无法做到这一点。

如果球员没有这样做，而委员会又判定其严重行为不当，有悖于本项运动精神，可以按照规则 1.2a 取消其比赛资格。

（3）*不确定如何处理时打两个球*。球员在一洞比赛中如果不确定正确的处置程序，可以按照以下方式用两个球完成该洞，不受处罚：

●球员必须在不确定情况产生之后并且在*击球*之前做出打两个球的决定。

●球员应该选择自己要用哪一个球计算成绩（如果采用的处置程序符合规则要求的话），并在*击球*之前向其记分员或另一名球员宣布其选择。

●如果没有及时做出选择，规则将默认球员首先打的球是其选择用来计算成绩的球。

●即使两个球的杆数相同，球员也必须在提交记分卡之前向委员会报告相关事实情况。如果不这样做，该球员要被取消资格。

●如果球员在决定打第二个球之前进行了*击球*：

▶本规则将完全不适用，并且球员决定打第二个球之前已打的那个球的成绩有效。

▶但是，球员不会因为打第二个球而受到处罚。

按照本规则打的第二个球不同于规则 18.3 中的*暂定球*。

（4）*委员会决定一洞的成绩*。当球员按照上述第（3）款的规定打了两个球时，委员会将按照以下方式决定其在该洞的成绩：

●如果被选择的球使用的处置程序符合规则，则该球成绩有效，无论它是由球员选择的还是由规则默认选择的。

●如果被选择的球使用的处置程序不符合规则，而打的另一个球使用的处置程序符合规则，则另一个球的成绩有效。

●如果两个球使用的处置程序都不符合规则，则被选择的球成绩（无论它是由球员选择的还是由规则默认选择的）有效，但球员因从错误的地方打这个球而构成严重违规时除外，此时另一个球的成绩有效。

●如果两个球都因从错误的地方打球而构成严重违规，该球员要被取消资格。

● 成绩无效的那个球的所有杆数（包括击球次数和单纯因为打这个球而产生的任何罚杆）均不计入球员在该洞的成绩。

"使用的处置程序符合规则"指的是以下两种情况之一：在现有位置击打了初始球而且在此处打球符合规则，或者所击打的球是按照规则以正确的处置程序、正确的方式、在正确的地方投入*比赛状态*的。

20.2 对规则问题的判决

a. 裁判员的判决

*裁判员*是指由委员会指定的判定事实问题并执行规则的官员。

球员必须服从*裁判员*对事实或规则执行方式所做出的判决。

● 球员无权就*裁判员*的判决向委员会上诉。

● *裁判员*在做出判决之前可以寻求委员会的帮助，也可将判决提交给委员会审查，但他/她并非必须这样做。

参见委员会处置程序，第 6C 部分（阐释*裁判员*的权限范围）。

b. 委员会的判决

当没有*裁判员*给出判决或者当*裁判员*将判决提交由委员会处理时：

● 委员会将做出判决；并且

● 委员会的判决是最终的。

如果委员会无法做出决定，可以将问题提交给 R&A/USGA 的高尔夫球规则委员会，其决定是最终的。

c. 当使用视频证据时执行"肉眼"标准

委员会在判决中决定事实问题时，使用视频证据要受到"肉眼"标准的限制：

● 如果视频显示的事实用肉眼无法合理可见，那么即使视频证据显示有违规发生也不予考虑。

● 但是，即使视频证据因为"肉眼"标准未予考虑，如果球员通过其他方式意识到违规事实（例如在沙坑里球员感觉到球杆触及到了沙子，尽管这一点用肉眼无法可见），违规依然成立。

d. 纠正错误判决的时机

如果事后发现*裁判员*或委员会给予的判决是错误的，按照以下方式处理：

● 如果可能，则按照规则予以纠正。

● 如果为时已晚，则维持错判。

在一轮比赛中或按照规则 5.7a 中止比赛期间，如果球员由于合理的原因误解了*裁判员*或*委员会*的指令并因此采取违规行为（例如规则不允许时拿起一个*比赛中球*），该指令被视为错判，对球员不予处罚。

参见委员会的处置程序，第 6C 部分（发生错误判决时*委员会*的处理方式）。

e. 最终比赛结果确定之后取消球员资格

（1）*比洞赛*。按照规则 1.2（严重行为不当）或规则 1.3b（1）（故意无视某已知违规或处罚，或与另一名球员协商无视任何他们明知适用的规则或处罚）取消球员资格没有时间限制。

即使该场*比洞赛*最终结果已经确定，仍可如此处理［参见规则 3.2a（5）］。

有关*比洞赛*中*委员会*何时可以对最终结果确定后提出的判决请求给予判决，参见规则 20.1b（3）。

（2）*比杆赛*。*比杆赛*结束后通常不得再追加或更正处罚。*比杆赛*结束指的是：

- 比赛结果已经按照*委员会*设定的方式予以确定；或
- 对于在*比洞赛*之前举行的*比杆赛*预选赛而言，球员已经在其本人的第一场*比洞赛*中开球。

但是，如果球员有以下行为之一，即使比赛结束也必须要被取消资格：

- 除比赛结束前因不知道自己违规而未计入一杆或更多罚杆外，由于任何原因导致提交的成绩中有任何一个球洞的杆数低于实际杆数［参见规则 3.3b（3）］；
- 在比赛结束前知道提交的记分卡上显示的差点高于实际差点，并且该情况影响了用于调整该球员成绩的差点杆数［参见规则 3.3b（4）］；
- 在比赛结束前知道自己违反了处罚为取消资格的任何其他规则；或
- 故意与另一名球员协商无视任何他们明知适用的规则或处罚［参见规则 1.3b（1）］。

比赛结束后，*委员会*也可以按照规则 1.2（严重行为不当）取消球员的资格。

20.3　规则未涵盖的情况

规则未涵盖的任何情况应由*委员会*按照以下原则判定：

- 将所有因素考虑在内；并且
- 按照合理、公平、与规则处理类似情况一致的方式予以处理。

规则 21　个人比杆赛和比洞赛的其他赛制

目的：

规则 21 阐述了另外四种个人比赛赛制，其中包括以下三种计分方式和常规比杆赛不同的比杆赛赛制: 定分式比赛 (各洞按得分计分)、封顶赛 (为各洞的杆数设定了上限) 和标准杆比赛/波基比赛 (按比洞赛的方式逐洞计分)。

21.1 定分式比赛

a. 定分式比赛概述

*定分式比赛*是一种*比杆赛*赛制,在此赛制中:

● 一名球员或一方在一个洞的成绩按照得分计算,该得分通过比较球员或一方在该洞的杆数 (包括击球次数和罚杆) 和委员会为该洞所设定的固定目标杆数而得出;并且

● 以最多的分数完成所有轮次的球员或一方在该比赛中获胜。

规则 1-20 中关于*比杆赛*的通行规则亦适用于此赛制,但需根据以下特定规则进行适度调整。规则 21.1 的制定是为了用于:

● 无差点比赛,但也可以调整用于差点比赛;以及

● 个人赛,但也可以调整用于有伙伴参与的比赛,不过要根据规则 22 (四人二球赛) 和规则 23 (四球赛) 适度予以调整。用于团体赛时,要根据规则 24 适度予以调整。

b. 定分式比赛的计分

(1) *得分方式。* 分数为通过比较球员在各个球洞的杆数和该洞的固定目标杆数而得。除非委员会另行设定,否则这个固定的目标杆数就是标准杆。

表 21.1　完成一个洞的杆数及分数

完成一个洞的杆数	分数
较固定的目标杆数多 1 杆以上或者未提交成绩	0
较固定的目标杆数多 1 杆	1
固定的目标杆数	2
较固定的目标杆数少 1 杆	3
较固定的目标杆数少 2 杆	4
较固定的目标杆数少 3 杆	5
较固定的目标杆数少 4 杆	6

不论何种原因,球员若没有按照规则*击球进洞*,在该洞得零分。

为帮助提升打球速度,当某洞的杆数只能得到零分时,规则鼓励球员停止该洞的比赛。

在一个球洞,当球员已*经击球进洞*,或选择不*击球进洞*,或当其杆数只能

得到零分时，该洞比赛即已完成。

（2）*各洞的成绩记录*。为了符合规则3.3b在*记分卡*上记录各洞成绩的规定：

● *如果一洞以击球进洞的方式完成*：

▶ *当杆数可以得分时*。记分卡上必须显示实际杆数。

▶ *当杆数只能得零分时*。记分卡上必须显示以下二者之一：没有成绩记录；任何对应得分为零分的成绩。

● *如果一洞没有以击球进洞的方式完成*：如果球员没有按照规则*击球进洞*，*记分卡*上必须显示以下二者之一：没有成绩记录；任何对应得分为零分的成绩。

委员会负责计算球员在各洞得到的分数。在差点比赛中，委员会还要负责对记录的成绩运用差点杆数，然后再计算每洞的分数。

参见委员会的处置程序，第5A（5）部分（竞赛规程可以提倡但不要求球员在*记分卡*上记录各洞的得分）。

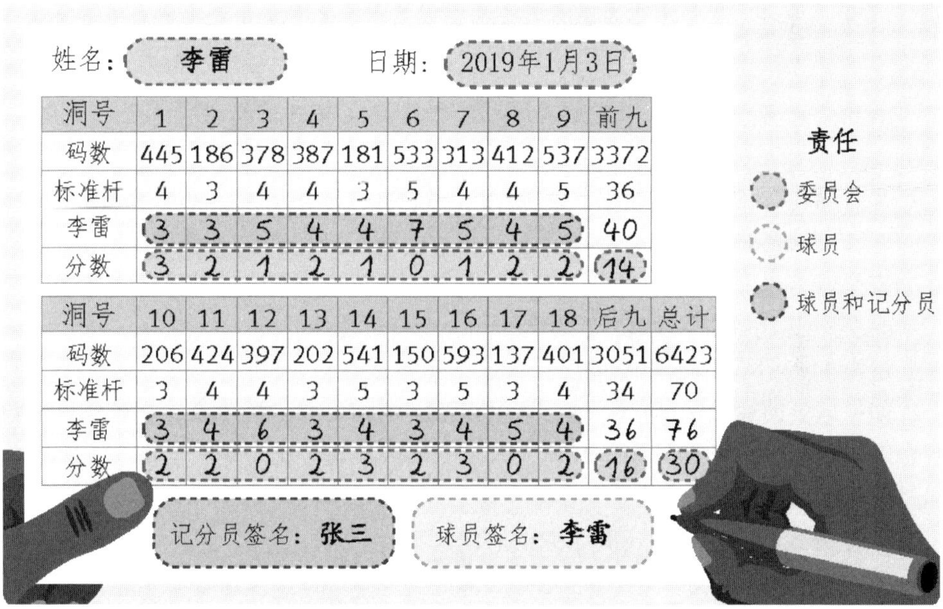

图21.1b　无差点定分式比赛的计分

c. 定分式比赛中的处罚

（1）*取消资格以外的处罚*。所有的罚杆均加在球员违规发生之洞的杆数上，但有以下三种例外：

例外1——超量、共用、补充或更换的球杆：如果球员违反了规则4.1b（14支球杆的限度；在一轮比赛中共用、补充或更换球杆），委员会将按照规则4.1b

从球员这一轮的总分中扣减 2 分（如果违规的处罚只施于一个球洞）或 4 分（如果违规的处罚施于两个或两个以上的球洞）。

例外 2——出发时间：如果球员因为以下两种情况之一而违反了规则 5.3a，委员会将从球员这一轮的总分中扣减 2 分：迟到但在出发时间之后 5 分钟内到达；提前出发但在出发时间 5 分钟内（参见规则 5.3 中例外 1 和 2 的处罚陈述）。

例外 3——过度延误：如果球员违反规则 5.6a，委员会将在其首次违规时从这一轮的总得分中扣减 1 分，在其第二次违规时从这一轮的总分中再扣减 2 分。[关于第三次违反规则 5.6a 的情况，参见规则 21.1c（2）]

对于以上各个例外，球员必须在提交 记分卡 之前向 委员会 报告违规事实，以便 委员会 可以实施处罚。如果球员没有这样做，他/她要被取消资格。

参见委员会的处置程序，第 8 部分；当地规则范本 K-3（如何在 定分式 比赛中采用打球速度政策，对违规施以扣除分数的处罚）。

（2）*取消资格的处罚*。球员违反以下任何四条规则之一时，不会被取消资格，但其在违规发生之洞得零分：

● 没有按规则 3.3c *击球进洞*；

● 开始一洞的比赛时，在发球区之外打球且没有纠正错误 [参见规则 6.1b（2）]；

● 打错球后没有纠正错误（参见规则 6.3c）；或

● 在错误的地方打球并构成 *严重违规* 后，没有纠正错误（参见规则 14.7b）。

如果球员违反了其他处罚为取消资格的规则，他/她要被取消资格。

d. 定分式比赛中规则 11.2 的例外

规则 11.2 不适用于以下情况：

如果球员的运动中球需要 *进洞* 才会在该洞得到 1 分的情况下，在该球已经没有合理机会 *进洞* 的任何时间，任何人故意变向或停止了这个球，则那个人不受处罚，球员在该洞得零分。

e. 定分式比赛中一轮比赛结束的时间

在以下情况下，球员的一轮比赛结束：

● 球员在他/她的最后一洞 *击球进洞*（包括按照规则 6.1 或 14.7b 纠正错误）；或

● 球员选择不在最后一洞 *击球进洞*，或在该洞已经不会超过零分。

21.2 封顶赛

a. 封顶赛概述

封顶赛是一种 *比杆赛赛制*，委员会为一名球员或一方在一洞的杆数设定了上限（封顶杆数），如两倍标准杆、某个固定的杆数或净杆双波基等。

规则 1-20 中关于 *比杆赛* 的通行规则亦适用于此赛制，但需根据以下特定规则进行适度调整。规则 21.2 的制定是为了用于：

● 无差点比赛，但也可以调整用于差点比赛；以及

● 个人赛，但也可以调整用于有伙伴参与的比赛，不过要根据规则 22（四人二球赛）和规则 23（四球赛）适度予以调整。用于团体赛时，要根据规则 24 适度予以调整。

b. 封顶赛的计分

（1）*球员在一洞的成绩*。球员在一洞的成绩基于其在这个洞所打的杆数（包括 *击球次数* 和罚杆）。但如果该球员实际所打的杆数超过了封顶杆数，则只按照封顶杆数计算这个洞的成绩。

不论何种原因，没有按照规则 *击球进洞* 的球员都将按照该封顶杆数计算这个洞的成绩。

为帮助提升打球速度，当一洞成绩已达到封顶杆数时，规则鼓励球员停止这个洞的比赛。

在一个球洞，当球员已 *击球进洞*，或选择不 *击球进洞*，或当其成绩已达到封顶杆数时，该洞比赛即已完成。

（2）*各洞的成绩记录*。为了符合规则 3.3b 在 *记分卡* 上记录各洞成绩的规定：

● *如果一洞以击球进洞的方式完成*：

▶ *当杆数低于封顶杆数时*。记分卡上必须显示实际杆数。

▶ *当杆数等于或高于封顶杆数时*。记分卡上必须显示以下二者之一：没有成绩记录；任何等于或高于封顶杆数的成绩。

● *如果一洞没有以击球进洞的方式完成*。如果球员没有按照规则 *击球进洞*，记分卡上必须显示以下二者之一：没有成绩记录；任何等于或高于封顶杆数的成绩。

当记分卡上显示球员任何一洞没有成绩记录，或者记录的成绩高于封顶杆数时，委员会负责将该成绩调整为封顶杆数；在差点比赛中，委员会负责对各洞记录的成绩运用差点杆数。

c. 封顶赛中的处罚

所有适用于比杆赛的处罚同样适用于封顶赛。但当球员违反以下任何四条规则之一时，不会被取消资格，而代之以封顶杆数计算发生违规球洞的成绩：

● 没有按规则 3.3c *击球进洞*；

● 开始一洞的比赛时，在发球区之外打球且没有纠正错误［参见规则 6.1b（2）］；

- 打错球后没有纠正错误（参见规则 6.3c）；或
- 在错误的地方打球并构成*严重*违规后，没有纠正错误（参见规则 14.7b）。

如果球员违反了其他处罚为取消资格的规则，他/她要被取消资格。

施加任何罚杆之后，球员在一洞的成绩不能高于委员会设定的封顶杆数。

d. 封顶赛中关于规则 11.2 的例外

规则 11.2 不适用于以下情况：

如果球员的运动中球需要*进洞*才能使其在该洞的杆数比封顶杆数低 1 杆，在该球已经没有合理机会*进洞*的任何时间，任何人故意变向或停止了这个球，则那个人不受处罚，球员在该洞的成绩按照封顶杆数计算。

e. 封顶赛中一轮比赛结束的时间

在以下情况中，球员的一轮比赛视为结束：

- 球员在他/她的最后一洞*击球进洞*(包括按照规则 6.1 或 14.7b 纠正错误)；或
- 球员选择不在最后一洞*击球进洞*，或在该洞的成绩已经达到封顶杆数。

21.3 标准杆比赛/波基比赛

a. 标准杆比赛/波基比赛概述

*标准杆比赛/波基比赛*是一种比杆赛赛制，它用*比洞赛*的方式计分：

- 球员或一方完成一洞的杆数少于或多于委员会为这个洞设定的固定目标杆数时，他/她相应地在该洞胜或负；以及
- 球员或一方胜的洞数和负的洞数之差（即胜的洞数再减去负的洞数）最高者赢得比赛。

规则 1-20 中关于*比杆赛*的通行规则亦适用于此赛制，但需根据以下特定规则进行适度调整。规则 21.3 的制定是为了用于：

- 无差点比赛，但也可以调整用于差点比赛；以及
- 个人赛，但也可以调整用于有伙伴参与的比赛，不过要根据规则 22（四人二球赛）和规则 23（四球赛）适度予以调整。用于团体赛时，要根据规则 24 适度予以调整。

b. 标准杆比赛/波基比赛中的计分

（1）*如何判定一洞胜或负*：按比洞赛的记分方式记录成绩，通过比较球员的杆数（包括*击球次数和罚杆*）和委员会设定的固定目标杆数（通常是标准杆或波基）来决定他/她在该洞是胜或负：

- 如果球员的杆数低于固定目标杆数，他/她在该洞胜。
- 如果球员的杆数等于固定目标杆数，他/她在该洞平。
- 如果球员的杆数高于固定目标杆数，或者没有提交这个洞的成绩，他/她

在该洞负。

不论何种原因，没有按照规则*击球进洞*的球员在该洞负。

为帮助提升打球速度，在杆数超过固定目标杆数时（因为他/她已经在该洞负），规则鼓励球员停止这个洞的比赛。

在一个球洞，当球员已*击球进洞*、选择不*击球进洞*，或当其杆数已超过固定目标杆数时，该洞比赛即已完成。

（2）*各洞的成绩记录*。为了符合规则 3.3b 在*记分卡*上记录各洞成绩的规定：

- *如果一洞以击球进洞的方式完成*：
  - ▶*当成绩为该洞胜或平时*。记分卡上必须显示实际杆数。
  - ▶*当成绩为该洞负时*。记分卡上必须显示以下二者之一：没有成绩记录；任何成绩为该洞负的成绩。
- *如果一洞没有以击球进洞的方式完成*。如果球员没有按照规则*击球进洞*，记分卡上必须显示以下二者之一：没有成绩记录；任何成绩为该洞负的成绩。

委员会负责决定球员在各洞的结果为胜、负或平。在差点比赛中，委员会负责对各洞记录的成绩运用差点杆数，然后再决定该洞的结果。

例外——不影响一洞结果时不予处罚。如果球员提交的*记分卡*上某洞的成绩低于实际杆数，但是这并不影响该洞胜、负或平的结果，则不会按照规则 3.3b予以处罚。

参见委员会的处置程序，第 5A（5）部分（在竞赛规程中，委员会可以提倡但不要求球员在*记分卡*上记录各洞的结果）。

c. 标准杆比赛/波基比赛中的处罚

（1）*取消资格以外的处罚*。所有罚杆均加在球员在违规发生之洞的成绩上，但有以下三种例外：

例外 1——超量、共用、补充或更换的球杆：如果球员违反了规则 4.1b（14支球杆的限度；在一轮比赛中共用、补充或更换球杆），委员会将按照规则 4.1b从球员总的胜负洞数之差中扣除 1 洞（如果违规的处罚只施于一个球洞）或 2 洞（如果违规的处罚施于两个或两个以上的球洞）。

例外 2——出发时间：如果球员因为以下两种情况之一违反了规则 5.3a，委员会将从球员总的胜负洞数之差中扣除 1 洞：迟到但在出发时间之后 5 分钟内到达；提前出发但在出发时间 5 分钟内（参见规则 5.3 中例外 1 和 2 的处罚陈述）。

例外 3——过度延误：如果球员违反规则 5.6a，按照以下方式处理；

- 首次违规的处置：球员在违规发生之洞被罚 1 杆。

- 第二次违规的处置：委员会将从球员总胜负洞数之差中扣除 1 洞。
- 关于第三次违反规则 5.6a 的情况，参见规则 21.3c（2）。

对于以上各个例外，球员必须在提交记分卡之前向委员会报告违规事实，以便委员会可以实施处罚。如果球员没有这样做，他/她要被取消资格。

（2）*取消资格的处罚*。当球员违反以下任何四条规则之一时，不会被取消资格，但其在违规发生之洞该洞负：

- 没有按规则 3.3c *击球进洞*；
- 开始一洞的比赛时，在发球区之外打球且没有纠正错误 ［参见规则 6.1b（2）］；
- 打错球后没有纠正错误（参见规则 6.3c）；或
- 在错误的地方打球并构成严重违规后，没有纠正错误（参见规则 14.7b）。

如果球员违反了其他处罚为取消资格的规则，他/她要被取消资格。

参见委员会的处置程序，第 8 部分；当地规则范本 K-4：（在*标准杆比赛/波基比赛*中如何采用扣除洞数，对违反打球速度政策的行为进行处罚）。

d. 标准杆比赛/波基比赛中规则 11.2 的例外

规则 11.2 不适用于以下情况：

如果球员的运动中球需要*进洞*才会在该洞打平的情况下，在该球已经没有合理机会*进洞*的任何时间，任何人故意变向或停止了这个球，则那个人不受处罚，球员在该洞负。

e. 标准杆比赛/波基比赛中一轮比赛结束的时间

在以下情况中，球员的一轮比赛结束：

- 球员在其最后一洞*击球进洞*(包括按照规则 6.1 或 14.7b 纠正错误)；或
- 球员选择不在最后一洞*击球进洞*，或其已在该洞负。

21.4　三球比洞赛

a. 三球比洞赛概述

*三球比洞赛*是一种*比洞赛*的赛制，在此赛制中：

- 三名球员中的每一名都同时与其他两名球员打一场单独的*比洞赛*；并且
- 每一名球员打一个球，该球用于其同时参加的两场*比洞赛*中。

规则 1-20 中关于*比洞赛*的通行规则亦适用于所有这三场单独的*比洞赛*。但在以下两种情况下，在一场*比洞赛*中执行通行规则，会造成在另一场比赛中因执行该规则而产生冲突，此时以下特定的规则适用。

b. 不按顺序打球

如果球员在任何一场*比洞赛*中不按顺序打球，本应先打球的那名*对手*可以按照规则 6.4a（2）取消这次*击球*。

如果球员在两场*比洞赛*中都没有按照顺序打球，每名*对手*均可以选择是否取消与他/她所对应比赛中的球员的这次*击球*。

如果球员的*击球*只在其中一场*比洞赛*中被取消，则：

- 该球员必须在另一场*比洞赛*中继续打初始球。
- 这意味着该球员必须在两场*比洞赛*中使用不同的球完成该洞。

c. 球或球标被对手拿起或移动

如果一名*对手*拿起了一名球员的球或*球标*，或导致这个球或*球标*移动，按照规则 9.5b 或 9.7b 要被罚 1 杆，该处罚只施加于他/她与那名球员之间的*比洞赛*。

在与另一名球员的*比洞赛*中，这名*对手*不受处罚。

21.5　其他高尔夫球的赛制

尽管规则 3、21、22 和 23 只阐述了几种特定的赛制，但高尔夫球比赛还有很多种其他赛制，如最佳球位赛和果岭两球赛等。

可以对规则进行调整以便对上述赛制和其他赛制进行管理。

参见委员会的处置程序，第 9 部分（为其他常见赛制调整规则的推荐方法）。

规则 22　四人两球赛（也称为轮换击球赛）

目的：

规则 22 阐述了四人两球赛（既可用于比洞赛，也可用于比杆赛），在此赛制中，两名伙伴组成一方轮换击打一个球。除了要求伙伴之间在各发球区轮换打球以开始一洞的比赛，以及此后轮换打球直至完成各洞的比赛之外，这个赛制的规则基本上和个人赛的规则一致。

22.1　四人两球赛的概述

四人两球赛(也称为轮换击球赛）是一种有*伙伴*参与的赛制（既可以用于*比洞赛*，也可以用于*比杆赛*）。在此赛制中，两名*伙伴*组成一方参与比赛，在各球洞两人以轮换的顺序击打一个球。

规则 1–20 亦适用于此赛制（对待打一个球的一方的方式与单独一名球员相同），但根据以下特定规则做了适度调整。

本赛制在*比洞赛*中的一种变形为三人两球赛。三人两球赛是由一名单独的球员对抗由两名*伙伴*组成的一方，这一方按照以下特定规则轮换击球。

22.2　任何一名伙伴均可代表本方采取行动

因为两名*伙伴*组成一方打一个球参赛，所以：

- 无论轮到哪名*伙伴*为本方打球，任何一名*伙伴*均可在*击球*之前采取被规则允许可由这一方采取的行为，例如标记球的位置并拿起球，把球放置回原位、抛球或放置球，等等。

● 伙伴和他/她的球童可以以任何方式向另一名伙伴提供规则所允许的、可由另一名伙伴自己的球童为其提供的帮助（如提供或征询助言，采取按照规则10允许的其他行为等），但不得提供任何按照规则所不允许由另一名伙伴自己的球童所提供的其他帮助。

● 任何一名伙伴或球童的行为或违规都适用于其所在的一方。

比杆赛中，只需其中一名伙伴在记分卡上证明本方各洞的成绩（参见规则3.3b）。

22.3 一方必须轮换击球

在各个球洞，两名伙伴必须以轮换的顺序为本方击球：

● 一名伙伴必须从所有奇数洞的发球区为本方开球；同时，另一名伙伴必须从所有偶数洞的发球区为本方开球。

● 一方在各洞的发球区完成首次击球后，两名伙伴必须轮换击球完成这个洞余下的部分。

● 如果某次击球被取消或者按照任何规则被视为无效（除了违反本规则以错误的顺序击球外），此次击球的这名伙伴必须为本方进行下一次击球。

● 如果一方决定打一个暂定球，这个暂定球必须由轮到为这一方进行打下一次击球的伙伴来打。

任何对一方的罚杆不影响两名伙伴之间轮换的打球顺序。

违反规则22.3以错误顺序击球的处罚：一般性处罚。

比杆赛中，这一方必须按以下方式纠正错误：

● 必须由顺序正确的伙伴，在这一方最初按错误顺序击球的地方击球。

● 用错误顺序击球的那一杆以及在纠正错误之前所打的任何杆数（包括击球次数以及单纯因打那个球而产生的罚杆）均不予计算。

● 如果这一方在击球以开始另一个球洞的比赛之前没有纠正此错误；或者当事情发生在该轮比赛的最后一个球洞时，在提交记分卡之前没有纠正此错误，这一方要被取消资格。

22.4 开始一轮比赛

a. 首先开始比赛的伙伴

除了竞赛规程规定必须由哪一名伙伴首先开始比赛以外，一方可以选择由任意一名伙伴在第一个发球区打球以开始这一轮的比赛。

当这名伙伴击球开始了本方第一洞的比赛后，这一方的这一轮比赛即开始。

b. 出发时间和出发地点

针对各名伙伴执行规则5.3a时，基于谁为这一方首先打球而有所不同：

●首先打球的*伙伴*必须在规定的出发时间和出发地点做好准备，并且必须在此时间（不得提前）开始比赛。

●打第二杆的*伙伴*必须在规定的出发时间出现在出发地点，或在此时间出现在球从该洞的*发球区*打出后预计静止的地方附近。

如果任何一名*伙伴*未按上述规定到场，这一方即违反了规则 5.3a。

22.5 伙伴可以共用球杆

对规则 4.1b（2）进行了适度调整，允许*伙伴*们共用球杆，只要他们拥有的球杆总数之和不超过 14 支。

规则 23 四球赛

目的：

规则 23 阐述了四球赛（既可用于比洞赛，也可用于比杆赛）。在此赛制中，*伙伴*们组成一方参赛，每人都分别各打自己的球。一个球洞中，*伙伴*们杆数较低的那个人的成绩就是这一方在这个洞的成绩。

23.1 四球赛概述

*四球赛*是一种有*伙伴*参与的赛制（既可以用于*比洞赛*，也可以用于*比杆赛*）。在此赛制中：

●两名*伙伴*组成一方参与比赛，每名球员只打自己的球。

●在一个球洞中，两名*伙伴*之间杆数较低的那个人的成绩就是这一方在这个洞的成绩。

规则 1-20 适用于此赛制，但根据以下特定规则做了适度调整。

本赛制在*比洞赛*中的一种变形为最佳球赛，由一名单独的球员对抗由另外两名或三名*伙伴*组成的一方，这一方的各名*伙伴*按照规则及以下做了适度调整的规则打各自的球（对于三名*伙伴*组成一方的最佳球赛，当规则提到另一名*伙伴*时，指的是另外两名*伙伴*）。

23.2 四球赛的记分

a. 比洞赛和比杆赛中一方在某一洞的成绩

●当两名*伙伴*均击球进洞或按照规则的其他方式完成一洞时。杆数较低的那个成绩即为这一方在这个洞的成绩。

●当只有一名*伙伴*击球进洞或按照规则的其他方式完成一洞时。这名*伙伴*的成绩即为这一方在这个洞的成绩。另一名*伙伴*无需击球进洞。

●当没有任何*伙伴*击球进洞或按照规则的其他方式完成一洞时。这一方在这个洞将没有成绩，这意味着：

▶比洞赛中这一方在该洞负，除非对方在此之前已经认输或以其他方式已经在该洞负。

　　▶比杆赛中这一方要被取消资格，除非按照规则 3.3c 及时纠正了错误。

b. 比杆赛中一方的记分卡

（1）*一方的责任*。一方在各洞的总杆成绩必须记录于同一张*记分卡*上；在差点比赛中，必须在*记分卡*上记录每名*伙伴*的差点。

对于各个球洞：

● 在*记分卡*上必须记录至少一名*伙伴*的总杆成绩。

● 在*记分卡*上记录一名以上*伙伴*的成绩，不予处罚。

● *记分卡*上记录的每个成绩都必须清晰分辨出是由哪名*伙伴*所打的，如果没有做到这样，这一方要被取消资格。

● 只笼统地把某个成绩作为这一方的成绩（而不可辨别是由哪名*伙伴*所为）是不够的。

只需一名*伙伴*按照规则 3.3b（2）证明这一方在*记分卡*上的各洞成绩。

（2）*委员会的责任*。委员会负责决定哪个成绩算作一方在各洞的成绩，包括在差点比赛中运用差点：

● 如果一个洞只记录了一个成绩，它即为这一方在该洞的成绩。

● 如果一个洞记录了两个*伙伴*的成绩：

　　▶如果这两个成绩不同，较低的杆数（总杆或净杆）算作这一方在该洞的成绩。

　　▶如果这两个成绩相同，委员会可以计算任意一个成绩。如果出于任何原因发现用于计算的成绩有错，委员会将计算另一个成绩。

如果一方被采用的成绩不能清晰分辨出由哪名*伙伴*所打，或者被计算成绩的这名*伙伴*因该洞比赛违规被取消资格，这一方要被取消资格。

c. 四球赛中规则 11.2 的例外

规则 11.2 不适用于以下情况：

如果一名球员的*伙伴*已经完成一洞而该球员的运动中球需要*进洞*才能让这一方在该洞的成绩再少 1 杆，在该球已经没有合理机会*进洞*的任何时间，任何人故意变向或停止了这个球，则那个人不受处罚，而这名球员的球的成绩不算作本方的成绩。

23.3　一轮比赛开始和结束的时间；一洞完成的时间

a. 一轮比赛开始的时间

当其中一名*伙伴*击球以开始第一个洞的比赛后，这一方的一轮比赛即开始。

b. 一轮比赛结束的时间

一方的一轮比赛在以下情况下视为结束：

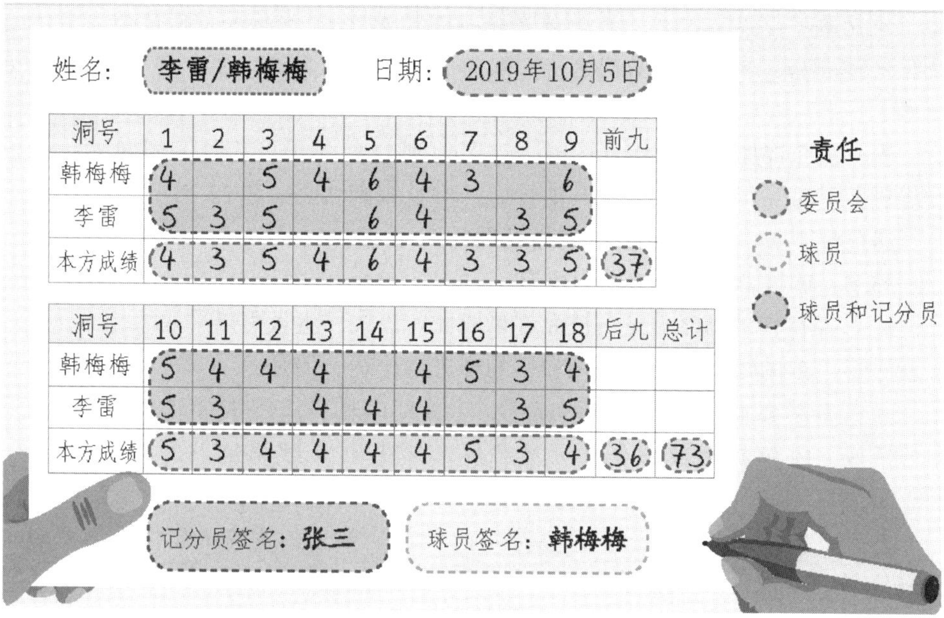

姓名：李雷/韩梅梅 日期：2019年10月5日

洞号	1	2	3	4	5	6	7	8	9	前九
韩梅梅	4		5	4	6	4	3		6	
李雷	5	3	5			6	4	3	5	
本方成绩	4	3	5	4	6	4	3	3	5	37

洞号	10	11	12	13	14	15	16	17	18	后九	总计
韩梅梅	5	4	4	4		4	5	3	4		
李雷	5	3		4	4	4		3	5		
本方成绩	5	3	4	4	4	4	5	3	4	36	73

责任
- 委员会
- 球员
- 球员和记分员

记分员签名：张三　　　球员签名：韩梅梅

图 23.2b　无差点四球比杆赛的计分

- 比洞赛中，任意一方已经在这场比赛获胜［参见规则 3.2a（3）和（4）］。
- 比杆赛中，这一方以两名*伙伴*均*击球进洞*的方式完成最后一洞（包括按照规则 6.1 或 14.7b 纠正错误），或者以一名*伙伴*在最后一洞*击球进洞*而另一名*伙伴*选择不*击球进洞*的方式完成最后一洞。

c. 一洞完成的时间

（1）*比洞赛*。当两名*伙伴*均已*击球进洞*，或者他们的下一次*击球*均已被认可，或者任意一方已在本洞认输时，一方即已完成该洞。

（2）*比杆赛*。当其中一名*伙伴*已经*击球进洞*，且另一*伙伴*也已经*击球进洞*或选择不*击球进洞*时，一方即已完成该洞。

23.4　一方可由一名或两名伙伴代表

在一轮的全部或部分比赛中，一方可以由一名*伙伴*代表。在比赛中无需两名*伙伴*同时到场；即使同时到场，也无需在各个洞两名*伙伴*都同时参与比赛。

如果一名*伙伴*缺席而随后到达参与比赛，这名*伙伴*只能在两洞比赛之间加入本方比赛，这意味着：

- *比洞赛*——在该场比赛的任何一名球员开始一洞比赛之前。如果这名*伙伴*在该场比赛任意一方的任何一名球员已经开始一洞比赛之后到达，直到下一个球洞比赛之前不允许他/她为本方比赛。

● 比杆赛———在另一名伙伴开始一洞比赛之前。如果这名伙伴在另一名伙伴已经开始一洞比赛之后到达，直到下一个球洞比赛之前不允许他/她为本方比赛。

当不被允许加入一洞比赛中时，这名后到的伙伴仍可在这一洞向另一名伙伴提供助言或帮助，以及采取其他行为（参见规则23.5a和23.5b）。

违反规则23.4的处罚：一般性处罚。

23.5　球员影响伙伴比赛的行为

a. 涉及伙伴的球时，球员被允许采取任何该伙伴本人可以采取的行为

尽管一方的每名伙伴必须用自己的球进行比赛，但是：

● 在击球之前，涉及伙伴的球时，球员可以采取任何该伙伴本人被允许采取的行为，例如标记球的位置并拿起球，把球放置回原位，抛球和放置球，等等。

● 伙伴的球童被允许向该伙伴提供的任何帮助，也可由球员和其球童向该伙伴提供（如提供和征询助言以及采取规则10允许的其他行为等），但不得提供任何按照规则不允许该伙伴的球童所提供的帮助。

比杆赛中，伙伴之间不得互相协商把一个球留在推杆果岭上的某个地方，以帮助对他们中的任意一人或任何其他球员（参见规则15.3a）。

b. 伙伴为球员的行为负责

球员涉及伙伴的球或装备采取的任何行为被视为伙伴的行为。

如果球员采取了某个假如由伙伴本人采取会构成违规的行为时，按照以下方式处理：

● 伙伴本人违规并受到由此产生的处罚（参见规则23.8a）。

● 以下为球员违规造成伙伴受罚的例子：

　　▶改善了伙伴的击球环境；

　　▶意外导致伙伴的球移动；或

　　▶拿起伙伴的球之前没有标记位置。

如果球员的球童对涉及伙伴的球采取某个行为，而假如该行为由伙伴本人或其球童来做会构成违规时，本规则同样适用。

如果球员或其球童的行为同时影响了他/她自己的球和伙伴的球，参见规则23.8a（2）以确认处罚是否同时施加于两名伙伴。

23.6　一方的打球顺序

伙伴之间可以以这一方认为最佳的顺序打球。

这意味着按照规则6.4a（比洞赛）或6.4b（比杆赛）轮到球员打球时，球

员或其*伙伴*均可以打下一杆。

例外——比洞赛中击球被认可后继续在该洞打球：

- 球员的下一次击球被认可后，如果继续打球会对其*伙伴*构成帮助，他/她便不得这样做。
- 如果球员这样做，他/她在该洞的成绩有效且不受处罚，但是其*伙伴*在该洞的成绩不能算作本方的成绩。

23.7　伙伴可以共用球杆

对规则 4.1b（2）进行了适度调整，允许*伙伴*们共用球杆，只要他们拥有的球杆总数之和不超过 14 支。

23.8　处罚仅施加于一名伙伴或施加于所有两名伙伴的场合

当某名球员因违规而受到处罚时，处罚可能只施加于球员本人，也可能施加于两名*伙伴*(即这一方)。这取决于处罚的类型和赛制：

a. 取消资格以外的处罚

（1）*处罚通常只施加于球员，不施加于伙伴*。当球员受到取消资格以外的处罚时，该处罚通常只施加于球员本人，不同时施加于其*伙伴*，但下面第（2）款规定的情形除外。

- 所有的罚杆均只加入球员的成绩，不加入*伙伴*的成绩。
- 比洞赛中，受到一般性处罚(该洞负) 的球员在该洞对本方没有有效成绩；但这个处罚对*伙伴*没有影响，*伙伴*可以继续在这一洞为本方比赛。

（2）*对球员的处罚同时施加于伙伴的三种情形*

- 当球员违反规则 4.1b（*14 支球杆的限度，在一轮比赛中共用、补充或更换球杆）时*。比洞赛中，这一方受到处罚（调整比洞赛的成绩）；比杆赛中，*伙伴*受到和球员相同的处罚。
- *当球员的违规有助于伙伴的比赛时*。无论是比洞赛还是比杆赛中，*伙伴*都要受到和球员相同的处罚。
- *比洞赛中，球员的违规损害了对手的比赛*。*伙伴*也受到和球员相同的处罚。

例外——球员击打错球不被视为有助于伙伴或损害对手的比赛：

- 只有球员本人（非*伙伴*）因违反规则 6.3c 受到一般性处罚。
- 无论被作为错球打的球属于*伙伴*、对手、还是任何其他人，上述条款依然适用。

b. 取消资格的处罚

（1）*当一名伙伴违规意味着一方被取消资格的场合*。如果任何一名*伙伴*因违反以下任何规则受到取消资格的处罚，这一方要被取消资格：

- 规则 1.2　　　　　　　球员的行为标准
- 规则 1.3　　　　　　　遵照规则打球
- 规则 4.1a　　　　　　允许用来击球的球杆
- 规则 4.1c　　　　　　放弃球杆的处置程序
- 规则 4.2a　　　　　　一轮比赛中允许使用的球
- 规则 4.3　　　　　　　装备的使用
- 规则 5.6a　　　　　　过度延误比赛
- 规则 5.7b-c　　　　　委员会暂停比赛和比赛恢复的场合
- 规则 6.2b　　　　　　发球区规则

只适用于比洞赛：

- 规则 3.2c　　　　　　在差点比洞赛中运用差点

只适用于比杆赛：

- 规则 3.3b（2）　　　球员的责任：证明并提交记分卡
- 规则 3.3b（3）　　　一洞的成绩错误
- 规则 3.3b（4）　　　差点比杆赛中的记分
- 规则 23.2b　　　　　比杆赛中一方的记分卡
- 规则 5.2（b）　　　一轮比赛以前或两轮比赛之间在球场上练习

（2）*当两名伙伴均违规意味着一方被取消资格的场合*。如果两名*伙伴*同时违反了以下任何规则之一，受到取消资格的处罚，这一方要被取消资格：

- 规则 5.3　　　　　　　开始和结束一轮比赛
- 规则 5.4　　　　　　　按组别比赛
- 规则 5.7a　　　　　　球员可以或必须中止比赛的场合

只适用于比杆赛：

如果两名*伙伴*在同一个球洞因违反以下任何规则的组合受到取消资格的处罚时，这一方要被取消资格：

- 规则 3.3c　　　　　　未击球进洞
- 规则 6.1b　　　　　　开始一洞比赛时从发球区之外打球
- 规则 6.3c　　　　　　错球
- 规则 14.7　　　　　　从错误的地方打球

（3）*一名球员违规意味着仅*该球员在这个洞没有有效成绩的场合。在球员违规受到取消资格处罚的所有其他情况下，该球员不会被取消资格，但是他/她在违规发生之洞的成绩不能算作本方的成绩。

*比洞赛*中，如果两名*伙伴*在同一个球洞均有此类违规，这一方在该洞负。

规则 24　团体赛

目的：

规则 24 阐述了团体赛（它既可以是比洞赛也可以是比杆赛）。在此赛制中，多名球员或多方组成一支队伍参赛，他们在各轮或各场比赛的结果综合起来形成团体的总成绩。

24.1　团体赛概述

● 一支"队伍（团队）"由一群球员组成，并与其他队伍对抗。这群球员可以单独参赛，也可以组成若干方参赛。

● 他们在团队中的比赛也可以是同时进行的其他比赛（如个人比杆赛等）的一部分。

规则 1-23 亦适用于团体赛，但根据以下特定规则做了适度调整。

24.2　团体赛的竞赛规程

委员会决定赛制、如何计算团队总成绩以及其他竞赛规程，例如：

● 比洞赛中，每场比赛获胜或打平的得分。

● 比杆赛中，用于计算各队总成绩所需成绩的数量。

● 是否允许比赛以并列结束；如果不允许，如何决定并列。

24.3　队长

每支队伍可以指定一名队长，以便领导团队并代表团队做决定，例如团队中的哪些队员将参加哪些轮次或场次的比赛，他们比赛的出场顺序，以及团队中哪些球员作为*伙伴*参赛，等等。

队长可以是参赛的球员。

24.4　团体赛中允许的助言

a. 允许向队伍提供助言的人（助言人）

委员会可以采用一条当地规则，在一轮比赛中允许各队指定一人（助言人）向团队中的球员提供*助言*和规则 10.2b（2）所允许的其他帮助，团队中的球员亦可以向其征询*助言*：

● 助言人可以是队长、教练或其他人（包括参加比赛的团队成员）。

● 助言人在提供*助言*之前必须向委员会确认其身份。

● 委员会可以允许在一轮比赛中或整个比赛期间变更助言人。

参见委员会的处置程序，第 8 部分；当地规则范本 H-2（委员会可以采用当地规则，允许各支队伍指定两名助言人）。

b. 对参赛助言人的限制

如果一支队伍的助言人是该队的参赛球员，他/她在进行其自身的一轮比赛中不允许行使助言人之职。

出于应用规则 10.2a 限制*助言*的目的，这个助言人在进行其自身的一轮比赛中，与任何其他参赛的团队成员一样予以对待。

c. 除伙伴外，团队成员之间不得助言

除了在一方中一起比赛的*伙伴*：

● 一名球员不得向正在球场上比赛的团队成员征询或提供*助言*。

● 无论该团队成员在球场上与球员同组比赛还是在另一组别比赛，上述规定均适用。

参见委员会的处置程序，第8部分；当地规则范本 H-5（在一些团体*比杆赛*中，一名球员在一轮比赛的成绩只是团体成绩的一部分时，*委员会*可以采用当地规则，允许同组比赛的团队成员之间互相提供*助言*，即使他们不是互为*伙伴*关系）。

违反规则 24.4 的处罚：*一般性处罚*。

学习检测

1. 球场常用的礼仪有哪些？
2. 熟记所有的定义词汇？
3. 如何运用规则解决问题？

任务二　　组织小型比赛

活动情景

多媒体教室、礼仪训练室

任务要求

1. 了解编写竞赛规则的基本内容；
2. 掌握编写秩序册的基本内容；
3. 具备临场执裁能力。

能力训练

具有撰写竞赛规则的能力，具有编制秩序册的能力，具有组织竞赛和执裁能力。

基本任务

课题　组织封场杯比杆赛

案例：组织小型比赛

地点：保利秦皇岛高尔夫球场

封场杯组织程序

1. 封场杯赛事时间规定为每年冬季封场前最后一天。

2. 市场部负责确定会员参赛者名单及提供相关跟进服务。

3. 竞技部负责赛事的实施。

4. 比赛前 7 天确认比赛预定时间，确保比赛发球时间与其他客人发球时间无冲突。

5. 赛事名称规定：

保利秦皇岛高尔夫球场××封场杯（没有赞助时）

保利秦皇岛高尔夫球场×月（赞助商名称）封场杯（有赞助时）

6. 参赛人数不多于 60 人，不少于 8 人，如果报名参赛人数少于 8 人则通知报名者取消比赛，但可以正常下场打球。

7. 比赛前一天与市场部确认参赛名单。

8. 准备分组名单，派发给市场部、前台、收银、出发台和巡场，分组名单应注明会员姓名、会员号码、差点、组别、开球场地等。

9. 设置最远、最近距离标志，比赛前半小时放置于相应球洞发球台上。

10. 在开球前两个小时安排球童接包、登记好参赛者的姓名，挂在球包上。

11. 开球前一小时把球车摆放在出发台门口，球车上贴好参赛者名单。

12. 开球前半小时把球包绑到相应的车上。

13. 球车上摆放好参赛者记分卡（记分卡上应注明参赛者一组的姓名、发球点、差点）。

14. 摆放计分台在出发台，收记分卡时确认参赛者记录成绩，并需参赛者签字确认。

15. 准备好计分纸，清楚记录比赛成绩，列出得奖名单，上报颁奖司仪。

16. 赛后把赛事积分资料提供给行政部，更新积分板。

17. 相关工作职责：

（1）报名表、报名、宣传、礼品安排、奖杯奖项颁发 …… 市场部负责

（2）登记 ……………………………………………… 前台负责

（3）收费 ………………………………………………… 收银台负责
（4）餐饮 ………………………………………………… 营业部负责
（5）拍照、广告制作、横幅制作、赛后更新积分板 ……… 行政部负责
（6）设备安装、广告板安装 ……………………………… 竞技部负责

学习检测

1. 制定竞赛规程；
2. 制定竞赛秩序册。

附例：

2017 年中国大学生高尔夫球锦标赛
竞赛规程（待审核）

一、主办单位

中国大学生体育协会

二、承办单位

青岛职业技术学院

三、支持单位

深圳市衡泰信科技有限公司

东方（青岛）生态体育俱乐部有限公司

四、竞赛时间、地点

时间：2017 年 11 月 5 日至 11 月 10 日

地点：东方（青岛）生态体育俱乐部

五、参赛单位

各省、自治区、直辖市及香港、澳门特别行政区的全日制普通高等学校（含体育院校）

六、竞赛项目

教授组：个人比杆赛

超级组：男子、女子个人比杆赛、团体比杆赛

专业组：男子、女子个人比杆赛、团体比杆赛

阳光组：男子、女子个人比杆赛、团体比杆赛

七、参赛条件

（一）基本条件

1. 参赛运动员必须是中华人民共和国公民，并按照教育部关于全国高等院校统一招生考试、录取的有关规定（以及相关的特殊招生政策），经考生所在地

高等院校招生委员会（办公室）审核录取（在教育部高校学生司注册备案）的在校在读大学生。

2. 报名参赛运动员的年龄必须为 18—28 周岁，即（1989 年 1 月 1 日至 1999 年 12 月 31 日期间出生者），且入大学时（专科或本科）年龄不超过 22 周岁。

3. 参赛运动员必须具有参赛校的正式学籍，且是该校在校在读学生（该校 2017 届应届毕业生可报名参赛），文化课考试合格，遵守学校各项纪律和有关规定，并经医院检查证明身体健康并适宜参加高尔夫比赛者（须有当地县级以上医院的体检证明）。

4. 参赛运动员：就读大学本、专科期间，参加比赛届数不得超过三届；就读研究生期间，参加比赛届数不得超过两届（以上秩序册为准）。

5. 香港、澳门特别行政区的参赛运动员不受上述第 1 条款限制，但须在比赛时提供香港、澳门特别行政区居民永久居住证。

6. 凡身体健康并适宜参加高尔夫比赛，拥有副教授职称以上（含）职称的和学院校级领导均可参加教授组比赛。

7. 所有参赛运动员必须在教育部学生体育协会联合秘书处正式履行注册，并经审查通过（香港、澳门、台湾运动员，教授组除外）。

8. 为加强监督，参赛运动员名单将于报名截止后 5 个工作日在中国学生体育网（http：//www.sports.edu.cn）予以公示。

（二）不能参加本届锦标赛专业组和阳光组比赛的情况

以下几种情况的运动员不能参加本届锦标赛专业组和阳光组的比赛：

1. 凡在中国高尔夫球协会正式注册的运动员和入学前曾代表省、自治区、直辖市、特别行政区、俱乐部、行业体协、企业或以个人身份参加（报名）下列比赛之一者，均不得参加本届锦标赛专业组和阳光组的比赛。

A. 国家体育总局小球运动管理中心、中国高尔夫球协会举办的全国性高尔夫球比赛。

B. 中巡、亚巡、日巡、欧巡、美巡举办的比赛。

2. 通过高水平运动队招生（含加分、降分）高考体育单招（高尔夫专业）录取的学生和本科体育学院运动训练专业的学生。

（三）不能参加本届锦标赛 阳光组比赛的情况

运动员就读专业为高尔夫相关专业和高尔夫专业方向的不得参加本届锦标赛阳光组比赛。

八、分组安排

1. 阳光组：符合以上第七条参赛条件中（一）（二）（三）条件的学生。

2. 专业组：符合以上第七条参赛条件中（一）（二）条件的学生。

3. 超级组：符合以上第七条参赛条件中（一）条件的学生。

九、竞赛办法

比赛采用中国高尔夫球协会审定、苏格兰圣·安德鲁斯皇家古老高尔夫球俱乐部及美国高尔夫球协会联合颁布的 2016 年版的《高尔夫球规则》以及竞赛委员会制定的"比赛条件"和"当地规则"。

（一）个人赛为三轮（54 洞）比杆赛

三轮总杆数少者名次列前；成绩出现并列时，则首先比较最后一轮的成绩，杆数少者名次列前；若再相同，则比较最后一轮后九洞（10—18 洞）的成绩；若再相同，则从最后一轮的最后一洞（第 18 洞）开始比较单洞成绩，采取倒计数方式决定名次。

（二）教授组个人赛为二轮（36 洞）比杆赛

二轮总杆数少者名次列前；成绩出现并列时，则首先比较最后一轮的成绩，杆数少者名次列前；若再相同，则比较最后一轮后九洞（10—18 洞）的成绩；若再相同，则从最后一轮的最后一洞（第 18 洞）开始比较单洞成绩，采取倒计数方式决定名次。

（三）团体赛为三轮（54 洞）比杆赛

参赛学校报名是 2 名男运动员和 2 名女运动员，并且都是同一组别的即可参加团体比杆赛的评比，团体总杆数少者名次列前；如团队成绩出现并列，则首先比较最后一轮的团体成绩，杆数少者名次列前；若再相同，则比较最后一轮后九洞（10—18 洞）的团体成绩；若再相同，则从最后一轮的最后一洞（第 18 洞）开始比较单洞团体成绩，采取倒计数方式决定名次。

（四）开球 T 台

1. 超级组：男子黑 T、女子蓝 T

2. 专业组：男子蓝 T、女子红 T

3. 阳光组：男子白 T、女子红 T

4. 教授组：男子蓝 T、女子红 T

（五）球员分组

球员根据上交差点情况由组委会统一分组，球员不得私自更换组别。

（六）下场方式

参加比赛的所有运动员均不配备球童，自行背包或拉球车下场进行比赛。

十、运动员注册

1. 所有参赛运动员必须以运动员所在学校为单位，在中国学生体育竞赛管理系统（www.nssc.org.cn）中进行网上注册和报名。

2. 参赛运动员所在学校的学校管理员需登录中国学生体育竞赛管理系统

（www. nssc. org. cn）进行运动员和教练员网上注册。（详见中国学生体育竞赛管理系统首页的"系统使用者必看"和"IE 浏览器调整"中的相关规定。）

3. 注册时，需按要求填写教练员信息、运动员信息、上传参赛运动员本人的学生证（电子版）、第二代身份证件（电子版）、近期免冠一寸照片及队伍的全家福照片（照片需根据网站要求调整尺寸大小）等有关材料。

4. 参赛运动员在赛前必须完成注册工作，到达赛区后不予注册；没有注册的运动员严禁参赛。

5. 注册工作联系人×××××××××，联系电话××××××××。

十一、报名与报到

（一）报名

1. 运动员组每支参赛代表队（以学校为单位，每所学校只可报一支参赛队伍）人数为 6 人，由 1 名领队、1 名教练员、4 名队员共 6 人组成。如参赛代表队队员不足 4 人，则只能报教练员 1 人。

2. 各参赛单位于 10 月 27 日前将报名表（主管校领导签字并加盖学校公章）邮寄至 B 地址；另将电子版（Word）报名表及领队、教练员、运动员一寸照片以邮件的形式发送至以下 A、B 邮箱。

A. 中国大学生体育协会

地址：北京市顺义区空港 B 区裕华路融慧园 33-2 号楼

邮编：×××××

联系人：×××××　电话：×××××

邮箱：×××××@ qq. com

B. 青岛职业技术学院

地址：山东省青岛市开发区钱塘江路 369 号

邮编：266555

联系人：×××××　电话：×××××

邮箱：×××××@ qq. com

（二）报到

1. 报到时间：2017 年 11 月 5 日 18：00 点前

2. 报到地点：青岛职业技术学院国际公寓（山东省青岛市开发区钱塘江路 369 号）

3. 报到联系人×××××，电话×××××

（三）报到须知

各参赛队报到时须携带本人第二代身份证原件、学生证原件、加盖公章的招生录取审批表复印件、人身意外伤害保险单据、健康体检证明（证明本人体质可参加高尔夫项目比赛），组委会将统一验证，证件不全或不符者不允许参加比赛。

注：如有特殊情况不能及时报到者，须事先通知组委会；无故未能按时报到者，做弃权处理。

十二、录取名次与奖励及奖项说明

（一）录取名次与奖励

（1）个人比杆赛获得前三名的运动员颁发奖杯与成绩证书，获得4—8名的运动员颁发成绩证书。

（2）团体比杆赛获得前八名的运动员颁发奖杯与成绩证书。

（3）获得最远距离奖的运动员颁发奖杯与成绩证书。

（4）获得最近球洞奖的运动员颁发奖杯与成绩证书。

（5）将评选8支体育道德风尚奖运动队和8名优秀教练员。

（6）本届锦标赛的竞赛成绩将作为2018年世界大学生高尔夫球锦标赛的选派依据之一。

（二）奖项说明：

1. 团队奖项：根据三轮球员团队成绩之和；杆数少的团队名次靠前。

2. 个人总杆奖项：根据三轮球员个人成绩之和；杆数少的球员名次靠前。

3. 最远距离奖：在组委会设定球洞处发球。在比赛日第二轮从Tee台发球记录该洞第一杆击球距离，最远者获奖。

4. 最近球洞奖：在组委会设定球洞处发球。在比赛日第二轮从Tee台发球记录该洞第一杆击球最终落点与该洞、洞杯间的距离，距离近者获奖。

5. 体育道德风尚奖运动队，优秀教练员：由组委会评定。

十三、仲裁委员会和裁判员

仲裁委员、裁判长、裁判员等由中国大学生体育协会选派。

十四、资格审查及纪律监督

1. 为端正赛风，资格审查委员会在报名后、比赛中、比赛后将对运动员资格进行审查。对违反资格规定的运动员，如在报名后或比赛前弄虚作假、违反规定者，取消其比赛资格，并不得补报和更换其他运动员。在比赛中或比赛后弄虚作假、违反规定者，取消比赛资格和获奖名次，没收比赛保证金。

2. 凡对运动员资格有异议并提出申诉者，须向资格审查委员会提交由领队签字的书面申诉报告，同时缴纳申诉费2 000元后方可受理，如胜诉则申诉费如数退还，败诉者不再退还申诉费。

十五、处罚

1. 对弄虚作假违反参赛资格的单位，一经查实立即取消其比赛资格，并取消已获得的名次，书面通知所在学校主管领导并处罚该单位停赛一年。

2. 对发生罢赛及不参加开闭幕式的单位，取消成绩及名次，书面通知所在学校主管领导并处罚该单位停赛一年。

3. 对比赛中出现的其他违纪行为将按《全国学生体育竞赛纪律处罚规定》进行处理。

十六、比赛的终止

1. 天色过黑、天气恶劣或球场封闭，将终止球赛。

2. 如果因天气等因素暂停比赛，重新比赛可以从已打完球洞的下一洞开始。

3. 如果球场决定不重新开赛，则以前完成球洞的成绩为有效成绩。

十七、比赛延迟

1. 除非球场关闭，所有重新比赛必须完成。

2. 所有参赛球手必须最少提前 30 分钟报到，并需严格遵守开球时间，迟到者将被取消参赛资格。

3. 如球手未参加重新比赛，则竞赛委员会有权拒绝处理其比赛成绩。

十八、其他规定

（一）经费

1. 参赛费：参赛运动员收取每人 80 元。

2. 果岭费、设施费：每人每轮 500 元（18 洞），报到时交纳现金或现场刷公务卡，由赛事组委会统一收取［发票由东方（青岛）生态体育俱乐部有限公司统一出具］。

3. 食宿费：领队、教练、运动员每人每天缴纳 200 元。

4. 试场（果岭费、设施费）：每人每轮 500 元（18 洞）。

5. 各参赛队往返交通费用自理。

6. 超编人员费用自理。

（二）保险

1. 参加本届锦标赛的各代表队的运动员、领队、教练员、工作人员，都必须由所在单位在当地保险公司办理"人身意外伤害保险"（含往返赛区途中及比赛期间，保险金额为保险公司核准的最高金额）。

2. 在报到时，向组委会交验保险单据原件，否则不能参加比赛。

（三）保证金

报到时各代表队（团）须缴纳 3 000 元（人民币）保证金。对于在比赛期间未违反赛会有关纪律规定、社会治安管理条例，以及运动员参赛资格等问题的代表队（团），比赛结束后将保证金原数退回；

（四）校旗

为了宣传赛事及参赛学校，要求所有参赛学校自带本校校旗。校旗尺寸 2 米宽、3 米长，不符合规格及未带校旗的学校将由大会统一代为制作，费用由代为制作的学校支付。

十九、未尽事宜由承办单位另行通知

项目五　培养良好的球童礼仪与身体形态

▶▶

◈**项目描述**

　　球童既是一种职业，又是球场的名片，更是球员的助理与朋友。一个优秀的球童必须具备规范的礼仪、高雅的气质和良好的身体形态与职业素养。通过本项目的学习，球童能够提高整体礼仪素质，具备从事本职业的礼仪与身体形态等方面的能力。

◈**学习目标**

　　了解礼仪的心理基础，掌握必要的职业礼仪、修炼高雅的气质，练就高超驾车技巧。

◈**能力目标**

　　能够运用所学礼仪知识指导自己进行科学工作，练就高超的驾车技巧，提高自己的从业能力。

任务一　修炼规范的礼仪，培养高雅的气质

活动情景

　　多媒体教室、礼仪训练室

任务要求

　　1. 了解礼仪的心理基础；
　　2. 掌握礼仪的基本规范。

能力训练

　　根据礼仪的基本要求与规范，进行科学系统的训练，初步掌握礼仪的基本内容。提高自身的礼仪身修养。

基本任务

课题一　礼仪的心理基础

一、礼仪的文化内涵

　　礼仪，是大家都认可并要求遵守的行为规范，人们用这种行为规范约束个人行为，把自己的行为限制在大家都可以接受的范围之内，甚至强制要求的行为区间内。没有达到礼仪标准的行为，我们会认为是不适当的行为。

　　从人的本性上看，礼仪是对人性的一种约束，因为人的本性是不愿意被约束的，每一个人都喜欢随意、潇洒、我行我素的生活。但是，这个世界不仅仅是你一个人的活动场所，你在潇洒和随意的同时很可能妨碍了别人的潇洒和随意，你的享受很可能带来了别人的痛苦，你的愉快很可能使别人不愉快，这就形成了矛盾。为了解决这个矛盾，社会和个人在长期的磨合中，都采取一种相对妥协的方式，即每个人做出有限度的约束，使大家的行为都能够被对方接受。于是人们在社会交往中，逐渐摸索到了一套既不过分限制个人，又能为社会成员普遍接受的行为约束方式。这种行为约束的目的就是将每一个人的行为都加以适当的限制，使所有人的行为都建立在不影响或妨碍他人的基础上，以便社会成员能够相对和

谐地进行交往。当这些行为约束方式被大家普遍认可和接受并形成固定的行为要求以后，便形成了礼仪。因此，从人性上看，礼仪实际上是对人的个性的约束，是以牺牲人的个性为代价来换取社会行为共性的一种不得已而为之的做法。

中国是一个讲究礼仪的民族，孔子学说的基础建立在"礼"字之上，他说："悠悠万事，为此为大，克己复礼。"意思是说，世间最大的事情就是克制自己，恢复礼仪。中国道德观念中有"仁、义、礼、智、信"之说，称为"五常"，指的是人应时刻具备的五种行为道德规范。在现代社会，我们会用"教养"这两个字来评价人对礼仪的遵守程度。当我们评价一个人"没有教养"的时候，说明此人的社会行为不被别人所接受，他也就失去了与人交往的最起码条件。

不同的行业具有不同的行为约束规范，也就是说有不同的礼仪要求。例如，现代社会要求男士在正式场合衣冠整齐，最好是西装革履。如果谁穿得随便邋遢，别人便会觉得此人不懂礼仪或不懂得尊重他人，对其尊重程度也会降低。但是，凡穿过西装的男士，只会认为穿西装更体面而不会认为穿西装比穿休闲装更舒服，既然穿西装不那么舒服，行动也不那么自由，为什么还要穿呢？这就是社交场合的要求和社交场合的游戏规则，谁不遵守这种游戏规则，人们对他行为的接受程度会降低，尊重程度也随之降低。

由于礼仪是对人行为的约束，所以就个人而言，遵守礼仪比随心所欲要困难得多。要求别人遵守礼仪比要求自己遵守礼仪的条件高得多。很多人害怕法律制裁，却不害怕道德谴责，这就是礼仪和人性的矛盾所在。

二、礼仪的群体约束效应

人们在遵守礼仪方面有一个误区，社会心理学称之为"群体约束效应"。这个效应的意思是说人们在社会行为方面，当和别人在一起时，行为可能会有所收敛，但当自己独处或处在缺乏约束的环境中时，其行为随心所欲的程度就会增加。心理学家曾做过一个观察实验，几个人在一起时，他们随地吐痰的次数要远小于自己一个人独自在大街上行走时吐痰的次数。为什么会这样呢？原因很简单，因为每一个人都在扮演着约束他人行为者的角色。

在现代社会，不遵守礼仪的现象比比皆是。现在，经济条件好了，买车的人也多了，但开车的司机都有一种切身的体会，现在开车"礼让三先"的行为已经变得十分罕见。遇到堵车的时候总能看到有些司机不顾安全和礼貌强行插队，好像"老子天下第一，别人可奈我何！"有些人不顾自己的安全，强行翻阅道路隔离栏杆。这些人为什么会这样呢？就是因为周围人都不认识他时，他缺少了人际约束，行为才会变得肆无忌惮。

引用"群体约束效应"这一理论就是因为球童在帮助球员打球的过程中，

既没有裁判跟着，也不需要别人计分，球员和球童很容易形成一个利益共同体，他们基本上处在无约束环境，这种环境极容易使人做出一些不遵守礼仪甚至不遵守规则的行为。例如：在周围没人的情况下，帮助球员用脚把球踢到容易击球的地方；当球找不到时，给球员再丢下一个球，说是找到了；等等。

三、礼仪与教养的关系

1. 礼仪的行为规范作用。如同社会礼仪一样，高尔夫礼仪是一种行为规范，但不是一种强制规则。这就是说，不遵守礼仪的人只会降低大家对他的尊重程度，而不能惩罚他。正因为如此，礼仪常常被看作个人"教养"问题，而不被看作规则或法律问题。遵守或不遵守礼仪显示着一个人的个人修养程度，当一个人视礼仪于不顾时，我们常常没有办法用一些硬指标来制衡他。因此，尽管约定俗成的礼仪是一个社会化概念和行为规范，但遵守礼仪却是一个个体化含义很明显的问题。

2. 认识礼仪与教养的关系。什么是教养呢？教养是"人在社会活动中通过教化、模仿、学习而养成的良好的认识习惯和行为习惯"。教养不是教育本身，一个受过教育的人可能有知识，但不一定有教养。例如，有些阔佬自认为自己是某个球会的会员，于是对球童横挑鼻子竖挑眼，对巡场人员也横加指责，对同组球员刻薄挑剔，这种人是有钱的，但缺乏的是教养。同样，一个球童，不论你是A级球童，还是初次从事这项工作的新手，如果你原本的认识习惯就是不与人为善，原本的生活习惯就是我行我素，你会不自觉地把它们表现在服务工作中，从而引起客人的不满。所以，一个优秀的球童，首先应当是一个有教养的人，最起码你的一言一行、一举一动必须显得有教养才行。

球童怎样帮助球员才能在无约束的环境中自觉地遵守礼仪呢？关键在球童本身，礼仪约束是一种通则，是否遵守礼仪完全是个人的事，是个人的修养问题，是一个如何做人的问题。你有没有修养，会不会做人不会受到法律的制裁，但却会受到人际关系的审判。时间长了，当大家都认为你是一个没有修养的人，是一个虚伪或不诚实的人，你也就会被周围的人所抛弃。

课题二 服务礼节

一、遵守礼仪

遵守礼节是创造良好人际关系和职业环境的重点，不管对于客人还是公司上级、同事，皆应以站在对方立场上的态度而应对，而重要的是如何做到好的应对。

待客六要素：

1. 以真诚的态度对待每一位客人；

2. 不要忘记笑脸；

3. 要记住客人的姓名（尽量多记会员姓名）；

4. 认真关心自己所应关心的人；

5. 做一名好的听众；

6. 对客人要真心赞扬。

以上待客六要素也同时是受人欢迎的六要素，是为人处世的六要素，对于客人或公司的每一名同仁都应表露出真心和自然适当的礼节，即能得到所有人的好评。

二、服务笑容

球童即高尔夫球场的代表，给予客人良好的印象即来自球童的笑脸，万事皆从笑开始。一开始和客人接触时，笑脸就是开解对方心结的润滑剂。

服务答笑的内容包括：

1. 嘴角是否微微地笑；

2. 眼睛是否含笑；

3. 和他人接触时是否微笑；

4. 绝对不要傻笑或冷笑；

5. 无论何时皆应以笑脸迎人，并且是出自真诚。

三、仪容仪表

作为一名球童，为了避免给予客人不好的印象或不快感，应随时注意清洁，并且随时让自己拥有着给客人健康印象的外表。

1. 头发：勤洗头，将长发束扎，前面头发不宜遮盖眼睛，工作帽须戴好。

2. 脸部：应注意令人觉得自然健康，注意化妆，不能使用深色口红。

3. 牙齿：牙齿每天早上刷洗，可令自己舒畅并有精神地工作。

4. 指甲：应剪齐，维持清洁，不可涂指甲油。

5. 香水：应以清淡为宜，不可使用味浓、有刺激性的化妆品。

6. 服装：穿着工作服须整齐干净，不可有皱褶、缺扣、破损，不可挽起袖子、裤管或折起衣领；内衣、紧身衣不可露在制服外，工作卡应统一佩戴于左胸上衣，并且在一条直线上，不能歪斜。

7. 工作鞋：要经常刷洗，保持干净，鞋带系好，在上班时必须穿平底运动鞋。

8. 佩戴饰物：上班时不可佩戴戒指、耳环、手链、手镯，耳朵已穿孔者，可戴素的耳针；项链应放于制服内，不可外露；不可佩戴过于显眼的头花。

四、礼貌的语言与动作

中国自古就是礼仪之邦，沿袭至今。无论在哪个岗位都要讲究礼貌礼节，高尔夫行业也不例外。

1. 问候或回答时，应精神饱满地大声、爽朗、清楚地回答，真诚地问候或回答是顺畅人际关系的第一步。

（1）应向客人、上级、前辈、同事们清晰、精神地问候。

（2）如果别人呼叫自己，应愉快地回答，迅速地走到呼叫人的身旁。

（3）当自己有错误时应衷心抱歉说声"对不起"并点头示意。

（4）拜托别人时，不要忘记先说"麻烦，请……"，结束时应说声"谢谢"。

2. 行礼的方法，一般分为三种类型。应依时、依地使用，但最重要的是发自内心。

（1）客人或同事擦身而过时，行注目礼或点头行礼。

（2）与客人或同事正式打招呼时，应行普通礼并问候。

（3）与客人告别或对客人有失礼之处时，应行最深切的敬礼。

3. 在接听电话或对讲机时，要清楚、礼貌并大声地回应对方，自报所处，态度要亲切，语言要优美。

4. 称呼：

（1）同事之间见面要相互打招呼，直呼其名，不能喊对方的绰号。

（2）见到领导，除要鞠躬行礼外，要称呼其姓氏加职称。

（3）尽量记住客人的姓名，对客人可直接称呼"先生""小姐"或把姓氏加上去，对年龄较大的女士可称"太太"。

5. 日常待客用语：

（1）回笑承诺语：是，明白了，知道了。

（2）安慰感谢语：您辛苦了，谢谢您，请稍等。

（3）应酬语：早上好，先告辞，欢迎。

（4）委托语：麻烦您，给您添麻烦了。

（5）道歉语：对不起，太抱歉了。

（6）禁止语：嗯，是是，感谢感谢，等等。

6. 与客人谈话时注意事项：

（1）与客人谈话时必须站立，站姿要正确，抬头挺胸，眼睛看着客人。

（2）要多听客人讲话，不得随意打断客人谈话。

（3）不明白客人的问题不可随意回答，要主动询问客人。

（4）遇到不礼貌的言行时，应婉言解释，切忌与客人争吵。

（5）不要只和一位客人谈话太久，而忽略了其他需要服务的客人，同样不要只与熟悉的客人打招呼。

（6）回答客人的任何询问，必须正确可靠，语气温和；遇到无法回答的问题时，不能说"我不知道"，应当说"对不起，我马上给您查问清楚"。

（7）客人离开时要道谢告别。

（8）与客人说话时要大声、清脆地说到底，尽可能使用"请，谢谢，对不起，您"等礼貌用语。

7. 要学会道歉。如有以下情况需要道歉：

（1）当为客人找不到球时；

（2）球打到相邻球道的客人，要致以歉意；

（3）与客人定好开球时间而你却迟到了；

（4）当你不小心将客人的物品丢失时；

（5）当给客人拿错杆时；

（6）客人之间在说话，而你必须告诉他们可以开球或找其中一位客人有事时；

（7）同事间将他人物品损害时；

（8）打扰或麻烦他人为自己做某些事时；

（9）向领导请假时；

（10）在客人面前打喷嚏、打哈欠、打嗝时要用手挡住嘴，同时道歉。

以上是一部分可能发生的情况，还有许多特殊情况会发生，望工作人员经常总结经验，灵活应用。

8. 不得议论客人或在其后指手画脚，不得嘲笑有身体缺陷的客人。

9. 在收客人小费时要道谢，不要当着客人的面查点钱数；当有个别客人不付小费时，不允许流露出不满的情绪，更不允许用任何方式讨要小费；也不得在球场内议论客人给小费的多少。

五、尽心地服务

对于来球场打球的客人，我们要尽心尽力地服务，客人来这里为的是能寻找到打球的乐趣，能够在这里度过愉快舒适的一天，所以，客人是消费者，为了满足消费者的需求，投身服务行业的我们，就要绞尽脑汁，想方设法地用实际行动来为客人提供最大的方便。

1. 要视顾客为上帝。球场的主角是顾客，我们所做的一切都是为了满足和方便客人打球；球童的服务标志着球场的服务，俱乐部与服务关系密切。因此，我们要热情服务，充分体现俱乐部的服务水平，宁可自己辛苦，也要让客人方便，这是球童的服务宗旨。

2. 要心中有一个最高目标："我是一流球童"。工作时要有信心，服务每位客人都应尽自己最高服务水平，奔着最高目标努力做好服务工作。

3. 学会总结。在长期的工作实践中，总结出一套自己的服务技巧，碰上问题，能用独有的技巧去解决，既不违反服务程序，又能使客人高高兴兴度过美好的一天。

4. 熟悉球会概况。完全了解球会内一切服务设施的地点、服务项目和营业时间，以及球场场地状况，以便于介绍给客人。

5. 当在为客人服务时，应当全神贯注。球手在击球时，要保持绝对的安静，不能走动，同事间避免讨论无必要性之话题。

6. 不得以有些疲倦、任性等理由喜欢或讨厌客人，而有妨碍客人打球的言行举止。

7. 陪同中要给客人以好的服务。

（1）微笑：嫣然一笑能给客人以好感与宽慰，并能传达你的热情。

（2）敏捷：敏捷麻利的动作，会提高客人对你的信赖感。

（3）准确：动作要迅速、准确，这样会进一步提高客人对你的信赖。

（4）诚实：以真诚的态度接待客人，客人就一定会感受到你的心意。

以上四点是同步进行的，是能提高服务的一条捷径。

8. 要以亲切的态度服务，给客人提供最大的方便。亲切的态度要适度，不要过于亲切，这样会令人反感。不要表现出有偏向的亲切态度。

学习检测

1. 球童应该具有哪些素质？

2. 服务的基本礼仪有哪些？

任务二　提炼仪态礼仪修养，塑造形态气质美

活动情景

多媒体教室、礼仪训练室、高尔夫球俱乐部

任务要求

1. 掌握基本的职场仪态礼仪；
2. 了解更多的礼仪规范；
3. 懂得各种仪态礼仪的实践运用；
4. 塑造高雅的气质。

能力训练

通过仪态礼仪的训练与气质训练，规范身体形态与动作，使学生都能有得体的肢体语言与完美的形态气质，并能够在实践中正确地使用。

基本任务

课题一　基本仪态礼仪

仪态是指人在行为中的姿态和风度。良好的仪态既是体态美的展示，又是内在修养和心理状态的自然流露。仪态所表现出的完善的美，必须是人们内在美与外在美的和谐统一，必须是优良的品质、高尚的情操、广博的学识和独到的思辨能力与正确的站姿、优雅的坐姿、雅致的步态、恰当的手势、真诚的表情、和蔼的态度和优美的动作等的和谐统一。由此可见，完美的仪态需要一个人内外兼修，在不断充实内涵的基础上，通过学习和训练正确的姿态来塑造个人的良好仪态。

仪态是有声语言与无声语言的结合。人际沟通往往是通过有声语言和无声语言两种形式进行的，且二者总是互相配合共同完成人与人之间的交流。尽管人际交流通常以有声语言为主、无声语言为辅，但在特定的条件和语境中，无声语言即体态语言、特有的姿态，更能表达一个人的思想和个人风度。姿态，是一种非文字语言，包括人的体态、姿势、动作和表情。体态语言是用人体的动作、表情作为词汇来展现人的心灵、表达人的思想感情的一种非文字的语言。人们在交谈中，一个眼神、一个表情、一个微小的手势和姿态，都可以传递出非常丰富的内心世界，达到"此时无声胜有声"的效果。同时，体态语言在表达人的内心感受时，比口头语言更为含蓄和真切，给人以朦胧美的感官享受。

　　仪态礼仪，又叫举止礼仪，是指人们在社交及商务活动中各种表情与姿态行为的基本规范，主要包括一个人的站姿、坐姿、走姿、蹲姿、手势及面部表情等。不同的姿态代表着一个人对特定事物的不同态度。正所谓"小节之处见素质，言谈举步看修养"。

一、挺拔的站姿

　　1. 基本要求。挺拔的站姿要领是：两脚脚跟靠拢，脚尖相距 15～20 厘米，两腿尽量靠拢，中间不留缝隙，收腹、立腰、提臀，两肩下沉稍向后扩，两臂自然下垂，脖子的轴线与地面垂直，并且与背部在同一平面上，头正目平，下颌微收，面带微笑。这样的站姿是充分自信的表现，并能给人以气宇轩昂、心情愉快的印象。男子在站立时，要注意表现出阳刚、健壮的风采；女子在站立时，则要注意表现出娴静、典雅的韵味。

　　2. 站立的方法及要求（以手臂位置分类）。

　　（1）垂臂式（标准站姿）：两脚小八字站立，两膝绷直并紧，挺胸抬头，收腹、立腰、挺胸，肩部放松，双臂自然下垂，下颌微收，双目平视。

　　（2）握手式：男子两脚距离小于肩开立，脚尖向前，双手手心向内轻放于腹前，同时右手轻握于左腕部，身体重心放在两脚上，腰背挺直，注意不要挺腹或后仰。

　　女子站成左丁字步，腰背立直，两手在腹前交叉，右手握左手的手指部分，使左手四指不外露，左右手大拇指内收于手心处。

　　（3）后背式：两脚跟并拢，两脚尖展开 60°左右，腿绷直，腰背直立，两手在身后交叉，男子右手搭左手腕部，女子右手握左手手指，两手手心向上收。

　　（4）体后单背式：站丁字步，身体重心放在两脚上，左手后背半握拳，右手自然下垂。也可右手后背半握拳，左手自然下垂。

　　（5）体前单屈臂式：右脚前丁字步，左手臂自然下垂，右臂屈肘抬至中腹部，手心向里，手指自然弯曲。重心在两脚上。也可两臂交换位置。

　　3. 实践与应用。在日常生活的某些场合，常常有人站立时会感到手足无措，双手不知放在何处，这时可以根据场合进行具体调整。

　　（1）与他人交谈时，如果空着手，可采用握手式站姿，将右手放在左手上。

若背着包，可两手握于包前背带与包连接处，也可背包一侧手握连接处，另一手自然下垂。

（2）向长辈、朋友、同事问候或做介绍时，不论握手或鞠躬，双足应当并立，膝盖绷直。

（3）等车或等人时，双足并拢或开立，脚尖稍外展，肌肉放松，并保持身体挺直，姿态自然、轻松、优美，手与脚的位置可以稍做变化。

（4）在升国旗、奏国歌、接受奖品、接受会见、致悼词等庄严的仪式场合，采取标准站姿，神情要严肃。

（5）在发表演说、新闻发言、做报告宣传时，双脚开立可轮流放松，有讲台时也可双手支撑在讲台上。

（6）门迎人员往往站的时间很长，男生双腿可稍分开，可采用后背式；女生可以丁字步稍稍分开，可采用握手式。

（7）礼仪活动中的站立，要比门迎更趋于艺术化，一般可采用立正的姿势或丁字步。如双手端执物品时，上手臂应靠近身体两侧，但不必夹紧，下颌微收，面带微笑，给人以优美亲切的感觉。

（8）交通工具上的站立，头部以正为佳，最好目视前方，身子尽量挺直，双腿尽量伸直，双脚开立保持身体平稳，一手扶着扶手，一手扶包，并尽量与他人保持一定的距离，以免相互碰撞。

4. 训练活动与站姿练习。选择优美旋律的音乐，配合站立训练，体会乐曲内在的思想感情（抒情、悲壮、含蓄、活泼等风格特点），以表现音乐形象的塑造。

（1）站立控制训练。准备姿态：小八字站立，双手自然下垂。

韵律节奏：律动中速，2/4 或 4/4 拍乐曲，共 18 个八拍。推荐曲目：《海边的星空》。

训练方法步骤：

第 1~2 个八拍：标准站姿，深呼吸。

第 3~4 个八拍：双手叉腰，双肩要放松，站立姿态不变。

第 5~6 个八拍：双手叉腰，双足提踵练习，二拍一动，重心平稳上升。

第 7~8 个八拍：双手叉腰，左腿做向前、侧、后点地的练习，一拍一动，单数拍点，双数拍收，点地时，身体要保持平稳，不能晃动。

第 9~10 个八拍：动作同第 7~8 个八拍，换右做。

第 11~12 个八拍：双手叉腰，移动重心练习。1~2 拍左脚向前迈步的同时重心快速移置前方，3~4 拍重心后移的同时左腿收回，5~8 拍左脚向左侧跨步做重心转移。第 12 个八拍 1~4 拍左腿向后快移重心，5~8 拍向左侧做。

第 13~14 个八拍：动作同第 11~12 个八拍，换右腿做。

第 15~16 个八拍：双手叉腰，1~2 拍左腿蹬地，同时右直腿擦地前移，身体从左向后转 180° 成左脚前点地，3~7 拍控制，8 拍左脚并于右脚。第 16 个八拍，1~2 拍左腿蹬地同时右腿向后移，身体向右后转 180° 成左脚前点地，3~7 拍控制，8 拍左脚并于右脚。

第 17~18 个八拍：动作同第 15~16 个八拍，方向相反。

（2）站姿练习。韵律节奏：律动中速，2/4 或 4/4 拍乐曲，共 18 个八拍。推荐曲目：《神秘园之歌》。

九点靠墙法：后脑、两肩、两臀、两小腿、两脚跟紧靠墙壁，两脚跟呈 9 点式，并由下往上逐步确认姿势要领。难度提升：半脚尖站立。站立时间：20~30 分钟。

夹纸顶书法：在两膝盖之间夹一张单层纸（开始时可先夹一本薄书），提升腿部线条，同时在头顶上平放一本书，保持平衡，以检测是否做到头正、颈直。在原地按标准站姿持续站立，此过程中纸和书不能落下。站立时间：20~30 分钟。

两人背靠背练习法：两人一组，背靠背站立练习。要求两人的个子高矮差不多，两人脚跟、小腿、臀部、双肩、后脑勺要贴紧。站立时间：20~30 分钟。

（3）站姿礼仪组合练习。

准备姿态：标准站姿，双脚小八字站立，双手自然下垂。

韵律节奏：律动中速，2/4 或 4/4 拍乐曲，共 10 个八拍。推荐曲目：《故乡的原风景》。

训练方法步骤：

第 1 个八拍：侧放式。

第 2 个八拍：握手式。

第 3 个八拍：（女）丁字步站立，后背式。（男）1~4 拍小八字站立后背式，5~8 拍两脚开立。

第 4 个八拍：（女）丁字步，（男）小八字站立。1~4 拍左臂体后单背式，5~8 拍右臂体后单背式。

第 5 个八拍：（女）丁字步，（男）小八字站立。1~4 拍左臂体前单屈臂式，5~8 拍右臂体前单屈臂式。

第 6~10 个八拍：动作同第 1~5 个八拍。

5. 训练检测。

训练检测情况可填写在表 5-2-1 中。

表 5-2-1 训练检测情况

被考评人:					
考评地点:					
考核项目	考核内容		分值	自评	小级评	实得分
站姿	1. 不同站姿的展示	侧放式	10			
		握手式	10			
		后背式	10			
		体前单屈臂式	10			
		体后单背式	10			
	2. 靠墙、顶书站立训练效果（持续 3 分钟）		10			
	3. 站姿礼仪组合技能展示		40			
合　　计						

二、端庄的坐姿

1. 基本要求。正确的坐姿要求是：端正、文雅自如。入座时，轻而缓，走到座位前转身，右脚后退半步，左脚跟上，然后轻稳坐下。女子入座时，要用手把裙子拢一下，应坐在椅子的 2/3 处。坐下后，上身正直，头正目平，嘴唇微闭，面带微笑，（女）两手相交放在腿上，（男）两手分别放于两腿上。两腿自然弯曲，小腿与地面基本垂直，两脚平落地面，两膝之间男子以松开一拳为宜，女子则不用分开。离座时，右脚向后收半步，而后站起，落座后至少 10 分钟左右时间不要靠椅背。时间久了，可轻靠椅背。

2. 坐姿的方法及要求：

（1）标准式：男女适用。标准式是最基本的坐姿，适合最正规的场合。要求：上身挺直，双肩平正，两臂自然弯曲，（女）两手交叉叠放在两腿中部或扶手上，并靠近小腹，（男）两手分别放于大腿上，两膝、两脚并拢，小腿垂直于地面。

（2）前交叉式：在前伸式基础上，左脚后缩，与右交叉，两踝关节重叠，两脚尖着地。女子两膝间距离应比男子小。

（3）垂腿开膝式：多为男士所采用，也较为正规，能显男士自然洒脱之美。要求：上身与大腿、大腿与小腿皆成直角，小腿垂直于地面。双膝分开，但不得超过肩宽。

（4）屈直式：男女适用。要求：以右屈直式为例，右脚前伸，左小腿屈回，大腿靠紧，两脚前脚掌着地，并在一条直线上。

（5）侧点式：女士专用。要求：以左侧点式为例，两小腿向左斜出，两膝并拢，右脚跟靠拢左脚内侧，右脚掌着地，左脚尖着地，头和身躯向右斜。注意大腿与小腿要成90°，小腿伸直，显示小腿长度。侧点式适合穿裙子的女士在较低处就座时使用。

（6）重叠式：男女皆有。重叠式也称为"二郎腿"或"标准式架腿"等。要求：在侧点式基础上，一腿侧伸，一腿提起，腿窝落在另一腿膝上。在上的腿向里收，两小腿重合，脚尖向下。

（7）叠腿侧放式：叠腿侧放式适合穿短裙子的女士采用，造型极为优雅，有一种大方高贵之感。要求：将双腿一上一下完全地交叠在一起，交叠后的两腿之间没有任何缝隙，犹如一条直线。双腿斜放于左侧或右侧，斜放后的腿部与地面呈45°，叠放在上的脚尖垂向地面。

3. 实践与应用：

（1）谈话时的坐姿：谈话时应根据交谈者的方位，将上体双膝侧转向交谈者，最好将双手置于自己所侧一方的大腿上，上身仍保持挺直。需要侧坐时，应当将上身与腿同时转向同一侧，但头部始终向前方。女士的坐姿还要根据椅子的高低以及有无扶手和靠背来选择，两手、两腿还可有多种摆法，如侧点式、屈直式。不适合采用两腿叉开或呈四字形叠腿方式。

（2）在餐厅就餐时的坐姿：最得体的入座方式是从左侧入座。就座后，坐姿应端正，上身可以轻靠椅背，不要用手托腮或将双臂肘部放在桌上，不要频频离席或挪动座椅。用餐时，上臂和背部要靠到椅背，腹部和桌子保持约一个拳头的距离。两脚交叉的坐姿最好避免。

（3）穿牛仔裤的坐姿：首先侧坐，用一只脚支撑身体的重量，另一只脚的足踝靠在这只脚的脚尖上。也可以采取盘坐的方式，两脚交叉盘坐，脚尖朝上，两手自然地摆在膝盖上。如果坐沙发，就可不必太拘束，顺其自然地坐着，保持优雅的坐姿即可。就座后，坐姿应端正，但不要僵硬。

（4）座位高低不同时的坐姿：

较低座位：轻轻坐下，臀部后面距座椅背约2厘米，背部轻靠座椅背。如果穿高跟鞋坐在较低座位上，膝盖会高出腰部，应当并拢两腿，使膝盖平行靠紧，然后将膝盖偏向谈话者，偏的角度应根据座位高低来定，但以大腿和上半身构成直角为标准。

较高的座位：上身仍然要正直，可以跷大腿。方法是将左腿微向右倾，右大腿放在左大腿上，脚尖朝向地面，切忌右脚尖朝天。

座位不高也不低：两脚收向后方，让大腿和上半身成90°以上角度，双膝并拢，再把右脚从左脚外侧伸出，两脚外侧相靠，这样不但雅观，而且显得文静而优美。

当穿短裙的女士面对他人就座时，可将自己随身携带的皮包或文件放在并拢的大腿上，双手放在上面。无物品时，双手叠放于两腿上。

（5）谈判、会谈时的坐姿：这种场合一般比较严肃，适合正襟危坐，但不要过于僵硬。要求上体正直，端坐于椅子中部，注意不要使全身的重量只落于臀部，双手放在桌上、腿上均可，双脚为标准坐姿的摆放。

（6）倾听他人教导的坐姿：倾听他人教导、讲话、传授、指点时，坐姿除了要端正外，还应坐在座椅、沙发的前半部或边缘，身体稍向前倾，表现出谦虚、重视对方的态度。

（7）面试时的坐姿：一般采用标准式坐姿，男士双腿可稍分开，上身挺直，但两肩要放松，两臂自然下垂，千万不要用双臂支撑起上身，两肩不要上耸，否则会显得很拘谨。

4. 训练活动与坐姿练习：

（1）坐姿感知练习（分解动作）。准备姿态：标准站姿。

韵律节奏：律动中速，2/4 或 4/4 拍乐曲，共 8 个八拍。推荐曲目：《春野》。

训练方法步骤：

第 1~2 个八拍：面对座位入座。1~6 拍面向座位，走到座位前，7~8 拍转身，第 2 个八拍，1 拍右脚后退半步，2 拍左脚跟上，3~4 拍轻而稳地坐下，5~8 拍摆好标准坐姿。

第 3~4 个八拍：从座位左侧入座。1~8 拍在座位后侧，从座位左侧走到椅子前，第 4 个八拍动作同第 2 个八拍做法。

第 5~6 个八拍：保持标准坐姿。

第 7~8 个八拍：离座。1~2 拍右脚后撤半步；3~4 拍起身，同时向左斜后方撤步；5~8 拍转身从座椅左侧走出。

（2）坐姿礼仪组合。

准备姿态：标准站姿。

韵律节奏：律动中速，2/4 或 4/4 拍乐曲，共 20 个八拍。推荐曲目：《柔如彩虹》。

训练方法步骤：

第 1 个八拍：1~2 拍前行步；3 拍走到椅子前转身；4 拍并腿，丁字步或呈并立站姿；5~8 拍握手式站姿。

第 2 个八拍：1~2 拍右脚后退半步；3~4 拍（女）拢裙入座，（男）轻缓入座；5~6 拍入座完成；7~8 拍调整成标准式。

第 3 个八拍：标准式。

第4个八拍：左前交叉式。

第5个八拍：左曲直式。

第6个八拍：右前交叉式。

第7个八拍：右曲直式。

第8个八拍：左重叠式。

第9个八拍：还原成标准式。

第10个八拍：右重叠式。

第11个八拍：还原成标准式。

第12个八拍：左侧点式（女），垂腿开膝式（男）。

第13个八拍：还原成标准式。

第14个八拍：右侧点式（女），垂腿开膝式（男）。

第15个八拍：还原成标准式。

第16个八拍：左侧叠腿侧放式。

第17个八拍：还原成标准式。

第18个八拍：右侧叠腿侧放式。

第19个八拍：还原成标准式。

第20个八拍：1~2拍右脚后收半步，3~4拍离座，5~8拍握手式站姿。

5. 训练检测。

训练检测情况可填写在表5-2-2中。

表5-2-2　训练检测情况

被考评人：					
考评地点：					
考核项目	考核内容	分值	自评	小级评	实得分
坐姿	1. 坐姿基本动作要领的展示	25			
	2. 脚的摆放方式（至少四种）	25			
	3. 坐姿礼仪组合技能展示	25			
	4. 情景模拟展示	25			
合　计					

三、稳健轻盈的行姿

行姿是一种动态的身体造型，它能展现对身体的自如控制，在感观上表现出一种律动的美。

1. 基本要求。正确的行姿要求是：走起来要像风一样轻盈，步履从容稳健。头正，颈直，下颌微收，目光平视前方；挺胸收腹，直腰，背脊挺直，提臀，上体微前倾；两肩下沉相平不摇摆，两臂自然摆动，前后摆幅（即手臂与躯干的夹角）不得超过30°，前摆时，肘关节微屈，前臂不要向上甩动；提髋、屈大腿带动小腿向前迈步，脚跟先触地，身体重心落在前脚掌上；身体重心的移动，主要是通过后腿后蹬将身体重心推送到前脚掌，从而使身体前移。步态三要素：一是步位，即脚落地时的位置。女士两脚内侧着地的轨迹要在一条直线上，男士运动轨迹在两条平行线上。二是步幅，即两脚间的距离。标准为本人的 1～1.5 个脚长。三是步速，即行走的速度。一般步速标准为女士每分钟 118～120 步，男士每分钟 108～110 步。

2. 方法与要求：

（1）前行步。起步时，上身略向前倾，身体重心落在前脚掌上。行走时，双肩平稳，目光平视，下颌微收，面带微笑。手臂伸直放松，手指自然弯曲。摆动时，以肩关节为轴，上臂带动前臂，前后自然摆动。按照步态三要素，沿直线前行。

（2）后退步。先向后退三步，再转身前行。退步时脚轻擦地面，不要高抬小腿，后退步幅要小。转身时要先转身，再转头，然后向要去的方向直线行走。

（3）引导步（侧身行走）。上体向左转45°，左肩稍前，右肩稍后，步幅适中，行进轨迹可直线也可斜线。先将双脚尖向前进方向，头向行走方向，侧身走。

（4）前行转身步。在前行中要拐弯时，要在距所转方向外侧的一只脚落地后，立即以该脚掌为轴，转过全身，然后迈出另一只脚。向左拐时，要右脚在前时转身；向右拐时，要左脚在前时转身。

3. 实践与应用：

（1）着西装的走姿：西装以直线为主，给人挺拔、庄重、大方之感。后背保持平正，两脚立直，步幅可略大些，手臂放松，伸直前后摆动。男士不要晃肩，女士不要左右摆髋。可采用前行步。

（2）穿平底鞋、休闲装的走姿：穿平底鞋、休闲装时，行走可以比较自然、轻松、大方。前行时脚跟先落地，力度要均匀，步幅约一脚半长。不要过分随意。步幅不可时大时小，速度不可时快时慢。可采用前行步。

（3）穿高跟鞋的走姿：穿高跟鞋时身体的重心随之移到前脚掌，步幅一定要小，不要超过一脚长，部位可采用柳叶步，即脚跟踩在一条直线上，脚尖稍外展，增加身体的稳定性。行走时，应给人挺拔的感觉。要挺胸收腹，立腰提臀，头微微上仰，踝关节、膝关节、髋关节挺直。可采用前行步。

（4）穿旗袍的走姿：穿旗袍要求身体挺拔，体态端庄、优雅。行走时要胸微含，下颌微收，不要塌腰撅臀。步幅要小，步态同"穿高跟鞋的走姿"，两手臂在体侧自然摆动，幅度也不宜过大。站立时，一般采用握手式站姿。

（5）穿裙装的走姿：裙装是女性常见的工作装。走时应显示女性端庄、干练的特点。上身挺直，保持平稳，步幅要小一些，步速可稍快一点，双臂的摆幅也要小一点。采取柳叶步。

4. 训练活动与走姿练习：

（1）步态练习。准备姿态：正步站立，两手叉腰。

韵律节奏：律动中速，2/4 或 4/4 拍乐曲，共 16 个八拍。推荐曲目：《梦中的鸟》，《夜色奇境》，windancer（快节奏，流动感），《克罗地亚狂想曲》。

训练方法步骤：

点地行进：可使迈步时脚的方向正确，并可使仪态标准。

第 1 个八拍：1~2 拍左脚体前每拍点地一次；3~4 拍重心前移至左腿，身体保持直立；5~8 拍动作同 1~4 拍，换右脚做。

第 2 个八拍：1 拍左脚前点；2 拍左脚后点；3~4 拍重心前移至左腿，身体保持直立；5~8 拍动作同 1~4 拍，换右脚做。

弓步行进：有效地提升行进中重心的稳定控制能力。

第 1 个八拍：1~4 拍左腿向前迈一大步成弓步；5~8 拍重心移至左腿同时直膝，右脚体后点地。

第 2 个八拍：同第 1 个八拍，方向相反。

第 3 个八拍：1~4 拍左腿向后撤步，重心随之向后，屈膝成后弓步，上体保持直立。

第 4 个八拍：同第 3 个八拍，方向相反。

第 5 个八拍：1~2 拍左腿向左横跨一步，屈膝成侧弓步，上体保持直立；3~4 拍重心向左移，同时左腿直膝，右脚体侧点地。

第 6 个八拍：同第 5 个八拍，方向相反。

以上动作可一侧连续做几次后，换另一侧连续做。应注意，无论是向前、向侧还是向后移动重心，都应保持身体的稳定控制、上体提升的感觉。

提膝行进：锻炼迈步时脚的正确方向及标准仪态。

第 1 个八拍：1~4 拍左腿屈膝前举，身体保持正直；5~8 拍左腿落地重心前移，脚尖外展，右腿后点地。

第 2 个八拍：同第 1 个八拍，方向相反。

前举腿行进：有效地提升行进中重心的稳定控制能力。

第 1 个八拍：1~4 拍左腿提踵，右腿前举离地 15~20 厘米，上体保持直立、挺拔，身体保持稳定控制、上体提升的感觉；5~8 拍右腿落地，重心平稳前移，左腿后点地。

第 2 个八拍：同第 1 个八拍，方向相反。

足尖行进：对举止、风度、体韵都起着重要的作用。

第 1 个八拍：1~2 拍左脚向前迈一步，两臂体前弧形下举；3~4 拍右脚向前迈一步，两臂前举；5~6 拍左脚向前迈一步，两臂侧平举；7~8 拍右脚向前迈一步，两臂下落至前下举。

第 2 个八拍：同第 1 个八拍，重复练习。

(练习时踝关节充分提起，脚跟向内夹紧不向外翻。)

并步行进：向规范步姿过渡。

第 1 个八拍：1~2 拍左腿向前迈一步；3~4 拍右腿并于左腿后；5~6 拍右腿向前迈一步；7~8 拍左腿并于右腿后。前迈步和后跟步都应轻而稳。

第 2 个八拍：同第 1 个八拍，重复练习。

(2) 行走感知练习。准备姿态：标准站姿。

韵律节奏：律动中速，2/4 或 4/4 拍乐曲。推荐曲目：《微笑姐妹》，《忧伤还是快乐》(节奏感强，打节奏)。

练习方法和步骤：

摆臂训练：身体直立，以肩为轴，双臂前后自然摆动。注意，摆动的幅度要适度，不要过于僵硬，双臂不要左右摆动。

步位步幅训练：在地上画一条直线，行走时检查自己的步位和步幅是否正确，纠正"外八字"和"内八字"及步幅过大或过小等毛病。

稳定性训练：将书本放在头顶中心，保持行走时头正、颈直、目不斜视，女生可穿高跟鞋练习。

协调性训练：配合音乐节奏，把握好行走时的速度、步幅，保持身体平衡，双臂摆动对称，动作协调。

步法掌握训练：前行步、平行步、一字步、后退步、引导步、前行转身步熟练掌握。

(3) 行姿礼仪小组合。准备姿态：标准站姿。

韵律节奏：律动中速，2/4 或 4/4 拍乐曲，共 14 个八拍。推荐曲目：《梦中的鸟》，《夜色奇境》，*windancer*(快节奏，流动感)。

练习方法和步骤：

第 1 个八拍：前行步。

第 2 个八拍：1~2 拍左脚停步；3~4 拍右脚上靠，丁字步或并立，握手式站姿；5~6拍原地不动；7~8拍侧放式。

第3个八拍：左引导步。

第4个八拍：同第2个八拍。

第5个八拍：右引导步。

第6个八拍：同第2个八拍。

第7个八拍：后退步。

第8个八拍：同第2个八拍。

第9个八拍：后退步。

第10个八拍：同第2个八拍。

第11个八拍：前行左转身步。

第12个八拍：同第11个八拍。

第13~14个八拍：同第11~12个八拍，但换成前行右转身步。

5. 训练检测。

训练检测情况可填写在表5-2-3中。

表5-2-3　训练检测情况

被考评人：					
考评地点：					
考核项目	考核内容	分值	自评	小级评	实得分
走姿	1. 身体姿态	15			
	2. 跨步的均匀程度	15			
	3. 手臂摆动的情况	15			
	4. 变换不同节奏的走姿	15			
	5. 走姿礼仪组合技能展示	40			
合　　计					

四、优雅的蹲姿

1. 基本要求。下蹲时，先要两脚一前一后相距半步，然后臀部伴随腿部弯曲再下蹲，同时后背保持挺直，切忌不可先弯腰翘臀再下蹲。男士两腿间可留有适当的缝隙，女士则要两腿并紧，穿旗袍或短裙时需要更加留意。

2. 方法和要求：

（1）高低式蹲姿。以右高低式为例：下蹲时左脚在前，右脚稍后，两腿靠紧向下蹲，左脚全脚着地，小腿基本垂直于地面，右脚脚跟提起，脚掌着地，右膝低于左膝，女士右膝内侧靠于左小腿内侧，男士两腿间可留有适当的缝隙，形成左膝高右膝低的姿态，臀部向下，基本上以右腿支撑身体。

（2）交叉式蹲姿。适用于女士。以右交叉式为例：下蹲时右脚在前，左脚在后，右小腿垂直于地面，全脚着地，左膝由后面伸向右侧，左脚跟抬起，脚掌着地，两腿靠紧，合力支撑身体，臀部向下，上身稍前倾。

（3）半蹲式蹲姿。基本特征是身体半立半蹲。在下蹲时，上身稍稍弯下，但不要和下肢构成直角或锐角，臀部务必向下而不是撅起，双膝略微弯曲，角度一般为钝角，身体的重心放在一条腿上，两腿之间不要分开过大。

（4）半跪式蹲姿。双腿一蹲一跪，在下蹲后，改为一条腿单膝点地，臀部坐在脚跟上，以脚尖着地，另外一条腿全脚着地，小腿垂直于地面，双膝同时向外，双腿尽力靠拢。

3. 实践与应用：

（1）集体合影时的蹲姿。女士可采取交叉式蹲姿，男士可采取高低式蹲姿。

（2）捡拾地面物品的蹲姿：工作场合或大庭广众之下，需下蹲捡拾地面物品时，若用右手捡，可以先走到物品的左边，右脚向后退半步后再蹲下。若用左手捡拾，方向相反。女士可采取高低式蹲姿或交叉式蹲姿，男士可采取高低式蹲姿。

（3）行走时突然下蹲或客人坐处较低时：行走时应急采用的下蹲姿态，可采用半蹲式蹲姿。另外，服务员在为坐处较低的客人服务时，也可采用半蹲式蹲姿。

（4）身边有人时下蹲：下蹲时，应该和身边的人保持一定距离，并和他人侧身相向，正对或背对他人下蹲既不雅观也不礼貌。下蹲姿态可采取高低式蹲姿。

（5）整理工作环境时的蹲姿：在需要对自己的工作和生活环境进行收拾、清理时，可以采取半跪式蹲姿。

（6）与小朋友交谈时的蹲姿：在生活中、各种活动中以及录制节目中与小朋友交谈，可采取高低式蹲姿或半跪式蹲姿。

4. 训练活动与蹲姿礼仪组合。

准备姿态：女士握手式站姿，男士侧放式站姿。

韵律节奏：律动中速，2/4 或 4/4 拍乐曲，共 14 个八拍。推荐曲目：《瓦妮莎的微笑》。

训练方法步骤：

第 1 个八拍：1~2 拍左脚侧跨一步；3~4 拍右脚交叉，脚前掌着地；5~6 拍下蹲成交叉式；7~8 拍保持不动。

第 2 个八拍：1~4 拍保持不动；5~6 拍起身；7~8 拍并右腿。

第3~4个八拍：同第1~2个八拍，方向相反。

第5个八拍：1~3拍左脚起向前走三步；4拍停步，左脚在前，右脚在后，重心在左脚；5~6拍下蹲成高低式，女士双手相叠置于左大腿上，男士双手分置于两大腿中部；7~8拍保持不动。

第6个八拍：同第2个八拍。

第7~8个八拍：同第5~6个八拍，但方向相反。

第9个八拍：1~4拍左侧引导步行进；5~6拍半蹲式下蹲；7~8拍起身，左脚在前，右脚在后。

第10个八拍：同第9个八拍，但方向相反，第8拍并腿。

第11个八拍：1~2拍右腿后退半步；3~4拍半跪式下蹲；5~8拍保持不动。

第12个八拍：同第2个八拍。

第13~14个八拍：同第11~12个八拍，方向相反。

5. 训练检测。

训练检测情况可填写在表5-2-4中。

表5-2-4　训练检测情况

被考评人:					
考评地点:					
考核项目	考核内容		分值	自评	小级评	实得分
蹲姿	1. 下蹲基本动作要领展示		15			
	2. 不同蹲姿展示	半跪式蹲姿	15			
		高低式蹲姿	15			
		半蹲式蹲姿	15			
		交叉式蹲姿	15			
	3. 蹲姿礼仪组合技能展示		25			
合　　计						

五、得体的手势

手是最有表现力的一种体态语言，作为仪态的重要组成部分，手势也是人们交往中不可缺少的动作。规范、恰当、适度的手势，有助于增强人们表情达意的效果，并给人优雅、含蓄、礼貌、有修养的感觉。

1. 基本要求。手掌自然伸直，掌心斜向上，手指并拢，拇指自然稍稍分开，手腕伸直，使手与小臂成一条直线，肘关节自然弯曲，大小臂的弯曲以140°为宜。伸出手时要优雅、流畅，幅度不宜过大，同时配合眼神、表情和其他姿态，使手势礼更显协调大方。

2. 方法和应用：

（1）横摆式：表示"请进""请"或引领客人时，常用横摆式。要求五指并拢，手掌自然伸直，手心向上，肘微弯曲，腕低于肘，从腹部前抬起，以肘为轴向一旁摆出，到腰部并与身体正面成45°方停止。头部和上身微向伸出手一侧倾斜。另一只手下垂或屈臂放在体前、体后。目视宾客，面带微笑，表现出对宾客的尊重、欢迎。礼貌用语有"请""请随我来""您这边请"等。来宾人多时，动作幅度稍大些，采用双臂横摆式。

（2）曲臂式：如果左手拿着东西或扶着门，需要向宾客做向左"请"的手势时，可以用曲臂式。右手五指并拢，手掌伸直，从身体侧前方由下而上抬起，以肩关节为轴，再由身前右方摆至腰的高度，距身体15~20厘米，在不超过躯干的位置时停止。目视来宾，面带微笑。礼貌用语为"里面请"。

（3）斜摆式：斜摆式是请客人入座时常采用的手势。一只手曲臂由前抬起，再以肘关节为轴。前臂由上向下摆动，使手臂向下成一条斜线，并微笑点头示意来宾"请坐"。手臂应摆向座位的地方。

（4）直臂式：需要给他人指引方向时，用直臂式。手指并拢，掌伸直，屈肘从身前抬起，向指引的方向摆去，摆到肩的高度时停止，肘关节基本伸直。注意指引方向，不可用一个手指指示，这样显得不礼貌。礼貌用语"请往前走"。

（5）双臂竖摆式：在较隆重的场合，需同时向广大的来宾做出"请入座""请开始"等手势时，为了使前后的来宾都能看到手势，可采用双臂竖摆式手势。将双手由腹前抬到头的高度，再向两侧分开下划到腰部。在手臂向两侧分开的同时，自觉从左至右环视全场来宾，并微笑伴以恰当的祝词，上身前倾施礼，然后退到一侧。

3. 训练活动与手势礼仪小组合：

准备姿态：女士握手式站姿，男士侧放式站姿。

韵律节奏：律动中速，2/4或4/4拍乐曲，共16个八拍，推荐曲目：《瓦妮莎的微笑》。

训练方法步骤：

第1个八拍：1~2拍15°鞠躬礼；3~4拍还原；5~6拍右手横摆式；7~8拍还原。

第2个八拍：1~4拍同第1个八拍的1~4拍；5~6拍右手曲臂式；7~8拍还原。

第3个八拍：1~2拍右转90°；3~4拍握手式站姿；5~6拍右点头礼；7~8

还原。

第 4 个八拍：1~4 拍右双臂横摆；5~8 拍还原。

第 5 个八拍：1~2 拍右点头礼；3~4 拍还原；5~8 拍右直臂式。

第 6 个八拍：1~2 拍右点头礼；3~4 拍还原；5~6 拍双臂竖摆式；7~8 拍保持不动。

第 7 个八拍：1~4 拍引导前行步；5~6 拍右斜摆式；7~8 拍还原。

第 8 个八拍：1~2 拍后退步；3~6 拍左转前行步；7~8 拍成握手式。

第 9~16 个八拍：动作同第 1~8 个八拍，方向相反。

4. 训练检测。

训练检测情况可填写在表 5-2-5 中。

表 5-2-5 训练检测情况

被考评人：						
考评地点：						
考核项目	考核内容		分值	自评	小级评	实得分
手势	1. 不同手势的展示	横摆式	10			
		曲臂式	10			
		斜摆式	10			
		直臂式	10			
		双臂竖摆式	10			
	2. 做手势时身、眼的协调配合		15			
	3. 手势礼仪组合技能展示		35			
合　计						

六、其他礼仪

1. 握手。基本要求：握手时两人相距约 1 米，双腿立正，上身略向前倾，伸出右手，四指并拢，拇指张开与对方相握，力度适度，双眼注视对方的眼睛，时间为 3~5 秒，上下晃动三四次后松手，若是表示鼓励、慰问和热情，握手的时间可稍长一些。

2. 鞠躬礼。基本要求：鞠躬礼是表达敬意、尊重、感谢等时常用的礼节。要求以标准站姿为基础，男士双手自然下垂，女士握手式，距对方 2 米处，双眼注视对方，面带微笑，以臀部为轴心，上身挺直向前倾斜，幅度一般有 90°、45°、15° 三种，目光随着身体的倾斜由对方脸上自然落于脚尖前 1.5 米处（15°

礼）或脚前（30°礼），再慢慢抬起，注视对方。鞠躬时必须脚靠拢、双脚尖微微分开，然后将腰背伸直，由腰开始上身慢慢向前弯曲。弯腰时速度适中，抬起时慢慢进行。

鞠躬礼分三种类型：一度鞠躬，即上身倾斜角度约15°左右，用于服务性问候；二度鞠躬，即上身倾斜角度约45°左右，常用于重要活动、场合中的问候；三度鞠躬，即上身倾斜角度约90°左右，表示向对方深度致敬和道歉，常用于中国传统的婚礼、追悼会等正式仪式。

3. 点头礼。基本要求：头部向下或根据对方所处的位置向左前或右前点头，同时目视对方，面带微笑。一般用于初次见面、老朋友多次见面、公共场合遇到领导或长辈等时的礼仪。

4. 陪同礼仪：

（1）陪同引导。基本要求：接待人员陪同客人时，一般应走在客人的左侧，以示尊重。主陪同人员要并排与客人同行，随行人员应走在客人和主陪人员的后面。负责引导时，应走在客人左前方二三步远的地方，和客人步速一致，每当经过拐角、楼梯或道路坎坷的地方，要提醒对方留意，使用手势，并提醒客户"请左拐""这边请""请小心路滑""请您小心台阶"等。陪同引导客人时，如果是在走廊或平地引领，双方并排走路时，陪同引导人员应在左侧。如果双方单行走路时，要在左前方二三步左右的位置。当被陪同人员不熟悉行走方向时，应该走在前面外侧。速度要照顾到客人。

（2）乘电梯。基本要求：乘坐箱式电梯时，如有专人服务，应请客人先进，如无专人服务，接待人员应先进去操作，到达时请客人先行。乘坐自动扶梯时，应靠右侧站立，空出左侧通道，以便有急事的人通行，应主动照顾同行的老人与小孩踏上扶梯。

（3）开关门。基本要求：如门朝外开，应请客人先进。先敲门，打开门后把住门把手，站在门旁，对客户说"请进"，并施礼进入房间。进入房间后，用右手将门轻轻关上，请客户入座。之后安静退出。这时候可以用"请稍候"等语言。

如门往里开，陪同人员先敲门，随门进入房间，侧身，把住门把手，对客户说"请进"，并施礼。客户进入后，轻轻关上门，请客户入座。

需离开时，应向客户告别，先退二三步，再转身离开。

5. 眼神与微笑。注视部位：对方的双眼，用在问候对方、听取诉说、征求意见、表示诚意、向人道贺或与人道别时，但时间不宜过长；对方的面部，用在长时间交谈时，可以以对方的整个面部作为注视区域，但不要聚集于某一处，应以散点柔视为宜；注视对方的全身，用在与对方相距较远时；与人交谈时，注视区域局限在上至对方额头，下至对方衬衣的第二粒纽扣以上，左右以两肩为准备。

注视方式：一是公务注视，一般用于洽谈、磋商等场合，注视位置在对方的双眼与额头之间的三角区域内；二是社交注视，一般在社会场合如舞会、酒会上使用，注视位置在对方的双眼与嘴唇之间的三角区域内；三是亲密注视，一般在亲人之间、家庭成员等人员之间使用，注视的位置在对方的双眼和胸部之间。

微笑的方法：小微笑，把嘴角两端一齐往上提，使上嘴唇呈现紧张感，稍微露出两颗门牙；普通微笑，慢慢使肌肉紧张起来，把嘴角两端一齐往上提，使上嘴唇呈现紧张感，露出六颗左右上门牙；大微笑，一边拉紧肌肉，使之强烈地紧张起来，一边把嘴角两端一齐往上提，露出八颗左右上门牙，也稍微露出下门牙。

6. 训练活动：礼仪姿态综合练习。

要求：至少要有 5 种礼仪姿势，分组准备，音乐准备。

训练检测情况可填写在表 5-2-6 中。

表 5-2-6　训练检测情况

被考评人：					
考评地点：					
考核项目	考核内容		分值	自评	小级评	实得分
礼仪	1. 使用礼仪姿势的标准程度	礼仪姿势 1	10			
		礼仪姿势 2	10			
		礼仪姿势 3	10			
		礼仪姿势 4	10			
		礼仪姿势 5	10			
	2. 综合技能表现		25			
	3. 音乐节奏与情绪		25			
合　计						

7. 实训项目：根据陪同礼仪的方法，设计场景，进行礼仪综合练习。

场景：陪同客户参观高尔夫球俱乐部

人物：陪同引导、参观者

情景模拟练习要求：具体情节由练习学生把握，要求切合实际；综合运用各种陪同礼仪，连接流畅；分小组分角色进行演练。

训练检测情况可填写在表 5-2-7 中。

表 5-2-7　训练检测情况

考核项目	考核内容		分值	自评	小级评	实得分
被考评人：						
考评地点：						
接待场景模拟	1. 使用礼仪姿势的标准程度	行礼（鞠躬点头）	10			
		陪同引导	10			
		乘坐球车	10			
		开关门	10			
	2. 场景设计合理，连接流畅		20			
	3. 综合技能表现		20			
	4. 团队配合情况		20			
合　　计						

课题二　塑造形态气质美

从心理学角度上讲，气质是人们进行心理活动时或在行为方式上表现出来的动态性的心理特征。巴甫洛夫根据神经活动的规律，把人的气质分为四种：胆汁质（兴奋型）、多血质（活泼型）、黏液质（安静型）、抑郁质（抑制型）。这是人一生来就有的。

从美学角度定义，气质指的是一个人的风格、风度以及风貌，是通过个体的仪表、礼仪和社交等方面来展示的。气质美是指一个人的内在的涵养或修养的外在体现。气质魅力的表现有：举止端庄、性格温柔的人，给人以恬静的静态气质美；身材魁梧、行动矫健、性格豪爽的人，给人以粗犷的动态气质美；举止文雅、性格沉稳的人，给人以高洁优雅的气质美。以上是可以通过后天的塑造来提升的。

气质美表现在丰富的内心世界，表现在性格上，表现在举止上，文学、音乐、舞蹈、美术、书法都是可以选择的高雅兴趣。

一、训练活动一：静态造型组合

在站立中体会内在气质的释放，在静态中展现动态的神韵与律动，培养体态美感。利用口诀的方式强化要领。口诀一：找三点——头顶找天、两肩扩展、两膝收紧。口诀二：提、收、挺、松——膝盖、臀部、腹部向上提收，前胸、后背、脖子向上挺拔，两肩放松。

准备姿态：标准站姿，面带微笑。

韵律节奏：律动中速，2/4 或 4/4 拍乐曲，共 18 个八拍。推荐曲目：《假如爱有天意》《秘密》。

训练方法步骤：

第 1 个八拍：双手叉腰，深呼吸。

第 2 个八拍：头部略低，眼睛看地面前 1 米处。

第 3 个八拍：双手叉腰，左脚向左侧打开，呈大八字，同时头部回正，平视前方。

第 4 个八拍：头向左转 45°，眼睛平视。

第 5~8 个八拍：重复第 1~4 个八拍动作，方向相反。

第 9 个八拍：右脚后撤一步，向左丁字步站立，双手叉腰不动，身体稍向右转，目视前方。

第 10 个八拍：左脚后撤一步，向右丁字步站立，身体稍向左转，目视前方。

第 11 个八拍：两臂自然垂下，置于体侧，保持右丁字步不变。

第 12 个八拍：右脚向身体旁跨一步，大八字站立，同时双手叉腰，开肩拉颈。

第 13 个八拍：颈椎动作。1~6 拍向前向下低头，感觉颈椎拉动；7~8 拍回正。

第 14 个八拍：胸椎动作。1~6 拍含胸，同时两肩、两肘向前、向内扣，感觉胸椎拉动；7~8 拍回正。

第 15 个八拍：腰椎动作。1~6 拍低头含胸，向里收缩肚脐，感觉腰椎拉动；7~8 拍回正。

第 16 个八拍：尾椎动作。1~6 拍夹紧臀部肌肉，同时上身在腰椎动作基础上再向前、向下弯曲一点，感觉尾椎拉动；第 7~8 拍回正。

第 17~18 个八拍：1~8 拍颈椎→胸椎→腰椎→尾椎动作连贯完成。第 18 个八拍尾椎→腰椎→胸椎→颈椎动作依次还原，向上牵引。

二、训练活动二：塑造高雅气质美

芭蕾手位主要训练手指末梢神经的感觉、方位的空间感，能寻找一种手臂的延伸感。蹲与提踵用于寻找肌肉控制感，以及身体向上的牵引感。

准备姿态：标准站姿，面带微笑。

韵律节奏：律动中速，2/4 或 4/4 拍乐曲，共 27 个八拍。推荐曲目：《海边的祈祷》《爱的纪念》。

训练方法步骤：

芭蕾手位，背对把杆，面带微笑。

第 1 个八拍：手一位。

第 2 个八拍：手二位。

第 3 个八拍：手三位。

第 4 个八拍：手四位。

第 5 个八拍：手五位。

第 6 个八拍：手六位。

第 7 个八拍：手七位。

第 8~9 个八拍：手一位至七位连贯做，二拍一动，最后二位还原。

蹲，面对把杆，双手扶把，脚站二位。

第 1 个八拍：1~4 拍下蹲；5~6 拍直起，同时头左转；7~8 拍还原。

第 2 个八拍：动作同第 1 个八拍，头右转，最后 1 拍右腿擦回成一位站。

第 3~4 个八拍：1~4 拍半蹲；5~8 拍继续向下成全蹲。第 4 个八拍站起还原。

第 5~6 个八拍：重复第 3~4 个八拍动作。

提踵练习，面对把杆，双手扶把，面带微笑。

第 1~4 个八拍：1~4 拍提踵；5~8 拍下落。连续做 4 次。

第 5~6 个八拍：背对把杆，手一位。1~4 拍提踵；5~8 拍下落还原。连续做 2 次。

第 7~8 个八拍：背对把杆，手二位。1~4 拍提踵；5~8 拍下落还原。连续做 2 次。

第 9~10 个八拍：背对把杆，手三位。1~4 拍提踵；5~8 拍下落还原。连续做 2 次。

第 11~12 个八拍：背对把杆，手七位。1~4 拍提踵；5~8 拍下落还原。连续做 2 次。

三、训练活动三：气息与身韵

气息融入每一个训练的动作中，是自然气息艺术化的最简单、最直接的方法，能使身体本位感更为强烈，充分展现身韵，有效提高举手投足的韵味。

准备姿态：盘腿坐于地面，上身挺直，面带微笑。

韵律节奏：律动中速，2/4 或 4/4 拍乐曲，共 8 个八拍。推荐曲目：《高山流水》《汉宫秋月》。

训练方法步骤：

第 1 个八拍：提—沉。1~4 拍吸气，感觉气由丹田提至胸腔，继续随脊柱向上延伸；5~8 拍呼吸，气息下沉，感觉气沉丹田，以沉气带动腰椎从自然垂直状一节一节下压而形成胸微含、身微弯状，眼皮随沉气慢慢放松。

第 2~3 个八拍：提—冲。1~4 拍提；5~8 拍在"沉"的过程中，用左肩的外侧和胸大肌向 2 点方向水平冲出，肩与地面保持水平，上身不要倾倒，感觉腰侧肌拉长，头与肩相反，肩向左冲，头略向右偏，眼看左侧。第 3 个八拍动作相同，方向相反。气息与"提—沉"相同。

第 4~5 个八拍：提—靠。1~4 拍提；5~8 拍在"沉"的过程中，用左后肩部及后肋侧带动上身向 4 点方向推出，感觉前肋往里收，后背侧肌拉长，要求肩与地面保持水平拉出，绝不能有躺倒之感，身体向左，头右转，眼平视，头及颈部略向下梗。第 5 个八拍动作相同，方向相反。气息与"提—沉"相同。

第 6 个八拍：提—含。1~4 拍提；5~8 拍动作同"含"，但加强胸腔的内收，双肩向里合挤，腰椎呈弓形，含胸低头，感觉双肩里合与胸腔收缩，可用双手抱肩寻找感觉。气息与"提—沉"相同。

第 7 个八拍：提—腆。1~4 拍含；5~8 拍在"提"的过程中，双肩向后掰，胸尽量前探，头微仰，使上身的肩胸完全舒展开。气息与"提—沉"相同。

第 8 个八拍：1~4 拍提；5~8 拍呼吸还原。

四、训练检测

训练检测情况可填写在表 5-2-8 中。

表 5-2-8　训练检测情况

被考评人：					
考评地点：					
考核项目	考核内容	分值	自评	小级评	实得分
体态	1. 肩胸开阔	20			
	2. 脊柱状态	20			
	3. 基本体态感觉	20			
	4. 提踵与蹲展示	20			
	5. 体态气质美感	20			
合　计					

任务三 培养球童礼仪意识

活动情景

多媒体教室、高尔夫球场

任务要求

1. 了解球童礼仪的具体要求；
2. 了解球童实际操作知识。

能力训练

掌握高尔夫球运动的概念，能够有意识提高对高尔夫球运动的认知水平；初步形成球童的概念。

基本任务

课题一 球童礼仪的具体要求

不论从历史的眼光还是从现代的观点上看，高尔夫球运动都被看作一项贵族运动，一项绅士运动。所谓贵族或绅士，如果从行为上考察他们，其最大的特点就是他们对自己行为的要求更严格，因此这项运动在礼仪上的要求也比其他运动更高、更细。如果说高尔夫球运动是一种特殊的游戏，那么高尔夫礼仪就是球员和球童的特殊游戏规则。

一、球童的言语礼仪要求

球童在帮助球员打球过程中，相互嬉笑、议论、大声聊天、喧哗都是不允许的。当球员准备击球时，球童或其他球员说话，有可能影响到击球球员的注意力，这是不礼貌的。很多球童不太注意这一点，常常在别人击球的时候不自觉地聊上几句，殊不知他们的言语已经引起了击球球员的不快。另外，在比赛中，有些球员故意用语言扰乱对方。例如，当别人要推球时，他就说一些看似关心，实际上扰乱对方视听、干扰对方推击的话。例如："你要小心了，这是一个很大的下坡，千万不要用力。"结果对方的球推短了。又如："今天果岭速度很快，抓线时要靠右。"结果对方果然推到了洞的右边。要不然就是在对方击球准备期间,看似小声对别人说"他这一杆肯定偏左",实际上是故意让击球球员听到,已达到干扰对方的目的。诸如此类的言语,都是不礼貌的。这时,球童的职责就是扮演仲裁者的角色,最有效的办法就是及时制止球员的不适当言行,使比赛有序地进行,但很多球童宁愿当和事佬,也不愿出来说句公道话,这是不负责任的表现。

球场上球童对球员不合时宜的建议或劝告也是言语不当的表现。实际上,每个球员打球都有自己的体会,和球童交流是正常的,但球童要掌握分寸,否则会给人指手画脚的印象。例如,在球场上,对球员的挥杆动作进行指导完全是多余的行为,因为球场根本不是改正动作的场合,或者说改正动作是在练习场而不是在球场。对球员挥杆动作的建议不仅不能达到改正其动作的目的,还会导致球童所服务的球员不知所措,成绩急剧下降,球员最后不仅不会感激球童,还会埋怨球童,甚至怀疑球童有意干扰他打球。

有些球员会在球场上接打手机,这是十分令其他球员反感的。有些人通话时很大声,影响其他球员击球的注意力。有些人接手机时间过长,让其他球员等着他,不仅干扰了打球秩序,也延误了时间,还有可能压后下一组球员。现在,大家都有手机,而且打高尔夫球者中商务繁忙者居多,接手机不仅影响其他人,也会破坏自己的打球节奏,接完手机再击球往往质量不高,还会把罪过迁移到手机上。有经验的球童会提醒球员下场时关掉手机,或把手机设定成振动模式,万一球员有急事不得不接手机,也会建议他们走得远远地接,小声地交谈,至少不会影响到其他球员,并提示别的球员注意,不要受到手机接听过程的影响。

二、球童的行为礼仪要求

高尔夫球运动对球童有许多特殊的行为要求:

在安全方面,当前一组球员处在你所服务球员的击球范围之内时,球童应当及时提醒本组球员等一等,先不要击球,当看到前一组球员离开击球区域后,才能指示本组球员击球。如果球员在没有球童提醒的情况下击球,一旦出现击伤别人的事情,球童也难逃干系。如果球员不听球童的劝告提前击球,球童可以将这一情况转告巡场人员,让他们再一次提醒球员必须安全击球。在前一组球员离开果岭之前,球童也有责任提醒球员,必须等到果岭上没有人时才能够击球。

在站位方面,当球员击球时,球童不能站在击球球员的身后,这不仅是不礼貌的行为,也有指示球员击球路线的嫌疑,是要被罚杆的。当然,球童千万不能站在前方,连侧前方也不要站。好莱坞大牌明星道格拉斯的例子可以让大家引以为戒。道格拉斯在 T 台上开球,没承想球不向目标飞行,却正中同伴球童的裤裆，把人家的一个睾丸击伤了，此事差点引起了官司。他倒不是不遵守礼仪，而是发生了意外，但高尔夫球场中发生伤人意外的可能性还是有的，球童如果能帮助球员防患于未然，就可以最大限度地避免意外的发生。

在球员击球时，球童必须加倍留意球的走向。在球场上，击球触点不稳定的球员有时还会将球击到临近球道上去，一旦发生这种情况，无论临近球道有没有人，球童都要高声提醒"看球"，并迅速查看一下落点处的情况。

在球员做挥杆练习时，球童也有必要提醒其他球员加倍小心，不能当别人击球时球员还在旁边做挥杆练习，也要留意挥杆球员周围是否有人走动或站立，以防球杆击中别人，球杆击中别人是一件非同小可的事情。《高尔夫》杂志上曾有一篇文章介绍过球杆的威力，用球杆作为凶器打死人的事情时有发生。由此可以推断被球杆击中的后果之严重。所以，当球员准备击球时，球童必须提醒球员和其他人不能站在挥杆球员的跟前或在他的视线范围内走动，应站在球与目标连线的后方或侧后方，一是比较安全，二是不至于对球员击球构成影响。

在果岭上，球童必须学会许多礼仪讲究。例如，提示球员谁的球最远谁先推球。有些初学者根本不考虑别人，上了果岭以后，只管自己低头推球，推了一杆又一杆，直到推进洞口为止。自己打完了该洞后，立刻转身离开。这时，球童必须提醒球员遵守"谁的球远谁先推"的基本礼仪顺序。

当球童所服务的球员的球上了果岭，球童必须将球位先做好标记才能拿起球，如果球童没有将球拿起来，被别人击出的球碰上了，球童所服务的球员是要被罚杆的。

在果岭上，球童一定要对规则特别小心。例如，球童拿起旗杆，应把它放在什么地方是有讲究的，不能乱放，一旦球员推出的球碰到旗杆是要被罚杆的；球童为自己的球员看线，是不能站在其他球员推球路线上的。球童不能将球包放在果岭上，并应确保旗杆、球洞和果岭草皮的完好。应将拔出的旗杆扶住，或轻放在果岭外，不能随意扔到果岭上，以免旗杆损伤或损伤果岭等。在从球洞中取出推进的球或拔旗杆时，注意不要伤及球洞口。离开果岭时，要将旗杆重新放回球洞，并向后方打手语，以示离开。

在打球速度上，球童有责任掌握本组球员的打球速度，必须随时提醒球员掌握节奏，并有义务请打球速度慢的组让位于打球速度快的组。美国《高尔夫》杂志的调查结果显示，很多球场争议都发生在打球速度上，球员在球场上意见最大的问题就是球场对打球速度慢的球员的限制不够。许多球员都呼吁，球场管理人员应该在球员下场之前检查他们的差点，如果是根本连球也打不起来的初学者，可禁止他们下场打球。我国很多球场无此限制，很大的原因在于经济利益。在球场上常常能看到后一组球员，甚至后几组球员被前一组球员压下来迟迟开不了球。原因是前一组球员基本上不太会打球，用球员的行话来说就是在"刨地"或是在"赶绵羊"。尽管这类球员的本意不是故意压着后一组球员，但由于技术不过关，他们的打球速度是快不了的。实际上，按照球场礼仪，任何人不得延误击球时间。当前一组球员打球速度很慢或停下来找球而球又不容易找到时，应自觉地发出信息让后一组球员先行通过，并等待后一组球员走出射程之外才可以继续击球。如果一组球员击球动作缓慢且落后前一组球员整一洞以上，应该让后面的球员先行通过。如果球场无特殊规定，两人比赛组较三人比赛组或四人比赛组有优先权，并且有超过这些组先行通过的权利。然而，单独的球员无此特权，并且应当给任何比赛组让路，打完整一轮的比赛组有权力超越不足一轮的比赛组。

在对球场的保护上，球童应把保护球场环境和球场设施看作自己义不容辞的责任和义务。例如，在球道上，球童应沙袋不离身，及时将球员击球之后削起的草皮放回打痕中，并将它们压平或填沙。有一些球童做事总是不到位，尽管他也用沙将打痕铺上，但用沙太少，没有完全把打痕填平，还留下一个"坑"。球员的球一旦落入打痕就很难处理，这种情况会导致球员产生很大不满，抱怨球场管理不善，同时也会引起球员之间的很大争议。

在沙坑里，球员离开沙坑时，球童应将击球时留下的打痕和脚印修复平整。在一些管理不严格的球场，球员打进沙坑的球常常陷进前面球员打过的球痕里或脚窝里，搞得球员怨声载道。其根本原因就是前一组或前几组球童没有及时将沙坑耙平。

三、诚实计分

诚实计分是一个球童应该做到的最起码的礼仪行为。诚实计分有两种含义：

一是诚实遵守一般高尔夫规则和当地球场规则，没有规则的约束，一切诚实计分都会不真实。例如，出界球和遗失球一定要回到原地重打，并加罚一杆，这是高尔夫的一般规则，但有很多客人不想回到原地去打，怎么办呢？可不可以在出界和遗失的地点击球？可以，但要加罚两杆，这也是规则。遇到球员质疑时，球童应勇敢地站出来说明此事，不能为球员少算一杆。有些球场有一些当地规则，如球落到不足一人高的小树底下或落到荔枝树、龙眼树下，可以拿出来在一杆范围内抛球不罚杆。对新到球场打球的客人，球童应在打球前向客人宣布这些规则，以免出现情况后客人之间发生争执。

二是不要为利益等外界因素所动，按照客人打出的实际杆数计分。一般客人到球场打球，都想打出一个低杆数，这不仅涉及技术问题，也涉及面子问题。有些客人会暗示球童，给他少计几杆，出界球、下水球可以不罚杆，甚至有些客人还会给球童说，打到多少杆以内多给小费。球童当然不能为这些利益所动。任何参与计分的人，不论是同组别的球童，还是同组客人，相互之间都会计算对手这一洞打了多少杆。如果球童计算的杆数和他们计算的杆数不一致，球童就变成了别人的替罪羊，是会让同组球童看不起的。

课题二　球童实际操作知识

一、服装须知

1. 高尔夫球运动服装以舒适整洁为原则，不论男女，都应着有领的上衣、长裤，谢绝着圆领 T 恤衫、牛仔裤或运动短裤。

2. 至球场击球时，应穿着软钉球鞋，以保护球场草皮和果岭。在果岭上行走时，应抬高脚步，小心行走，避免刮损果岭草皮。

二、挥杆的安全须知

1. 保持适当距离，确保安全。

2. 试挥时，应避免损坏草皮。

三、击球的基本礼仪及安全须知

1. 手机请关闭或保持静音状态。

2. 男女混合编组时，开球时依次由使用金、黑、蓝、白、红发球台的球手开球。

3. 在球场上，当有人准备击球或正在击球时，应马上停止走动，保持安静，以免影响击球者的注意力。

4. 前组人员尚未走出安全距离时，后组球员不得发球，以免发生意外。

5. 若击球歪至其他球道，无论是否有人，均应大声喊"看球"，并举起球飞行方向同侧手臂。

6. 上场击球时，为避免影响整体的击球速度，在打完球时，应快步走向球的落点处，以缩短击球时间。

7. 在发球台或球道击球时所挖起的草皮，应随手拾起补回原位，并请球童补沙。

8. 球若不慎打入沙坑，应从最靠近球的地方进入沙坑击球，击球后应主动将沙坑耙平，以维持沙坑的美观及完整。

9. 在果岭所留下的痕迹应立即修补，以免影响他人推击球的滚动。

10. 在果岭上推杆时，不能踩到其他球员的推击线（球线），且不应站在球友推击线的正前方或正后方，个人的身影也不能落在推击球员的推击线上，以免影响他人推击球。

11. 在果岭上推击完毕后，应尽快离开果岭，不可滞留，以免影响后组击球。

12. 在卖店或休息站时，应以不影响下组击球人员时间为限。

13. 击球前及结束后，要检查自己的球杆有无放错或减少。

14. 进入会馆前，应先清理鞋底，以维护球场会馆的清洁，也表示个人的绅士（淑女）风度。

15. 在空挥杆时请勿伤及草皮，在发球台周边等待时请勿练习切杆。

四、球童相互之间相处的基本要求

球童相处，不管是新手还是老手、年轻还是年长都要相互尊重，不可形成小圈子或目中无人，唯我独尊，造成不愉快。

1. 年长的球童，不要凭其丰富的经验欺负新手；

2. 不要抱着孤独、不合群的态度，要坦诚相处，才能工作愉快；

3. 与同事相处，讥讽的言语及行动应予避免；

4. 不要言人之短和揭发别人的秘密；

5. 不要随意批语别人，炫耀自己；

6. 谨防做些不负责任的言行；

7. 不要单独行事，盛气凌人。

【训练检测】

1. 简述击球的基本礼仪。

2. 简述球童行为的要求。

任务四　练就高超的驾车技巧

【活动情景】

高尔夫球场、电动球车

【任务要求】

1. 了解电动球车的各种功能；

2. 掌握球车的驾驶技巧。

能力训练

具有安全、熟练驾驶球车的能力。

基本任务

课题一　熟练球车的使用方法

球车图例如图 5-4-1 所示。

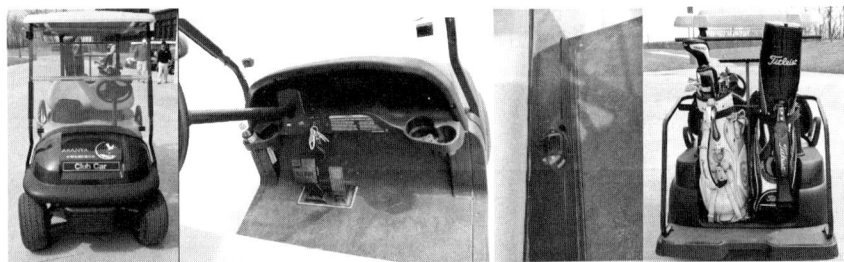

图 5-4-1　球车图例

1. 将座位下开关从 TOW 转换到 RUN 位置，确认挡位所放位置（前进 F，后退 R，空挡）。

2. 把钥匙从 OFF 转向 ON 位置。

3. 确认车上乘客已坐稳，确认车轮所需转动的方向没有障碍物。

4. 右脚轻轻踏下油门（GO），刹车自动松开（油门踏板被压下越多，速度会越快）。

注意下坡时必须控制车速，驾驶中严禁换挡位。

5. 停车时，完全松开油门踏板，用左脚踩下刹车踏板。

6. 踩刹车踏板时应缓缓地踩下，避免急刹车。

7. 停车后，踩下刹车板并锁定（PACK）。

8. 把控制挡位放于"空挡"，钥匙转到 OFF，并拔出。

9. 球车停止使用时，将座位下开关从 RVN 转到 TOW。

课题二　球车安全操作的程序

为了确保球车在客人打球过程中能够提供正常、安全、整洁的服务，需要球车管理人员按照以下操作规程对球车在使用前后进行检查和保养。

一、驾驶前

1. 检查电量，查看电量表显示电量是否充足。

2. 检查电池液，电池溶液应高于极板 10~15 毫米（此项工作每周检查一次），低于下限时要及时补充。

3. 检查刹车踏板自由行程，自由行程 2~3 厘米，如过大则检查刹车拉绳是否折断，如过小则检查制动鼓有无抱死。

4. 检查轮胎气压（18-22PAS）是否充足，轮胎外有无划伤、磨损过度或磨偏等。

5. 检查轮箍边沿有无弯曲，螺母有无松动。

6. 检查方向盘自由转角（不大于15°，左右方向转角应相等）。

7. 将挡位放在倒挡位置，检查有无警告蜂鸣声。

8. 检查车辆的卫生情况。

二、驾驶中

1. 当电量指示表闪动时，应立即停止驾驶。

2. 按车辆限定人数载客，严禁超载。

3. 确定乘车人员安全坐好后才开车。

4. 需要换挡或挂挡时，应等到车速降下时进行。

5. 缓慢刹车。

6. 控制车速，注意路面情况。

三、驾驶后

1. 清洗车体，注意不可使用有腐蚀性的溶液，避免打湿电路板引起短路。

2. 每天用水冲洗电池，每周用苏打水冲洗一次。

3. 将电瓶充电，充电前检查插座内有无异物，电源是否接通，确认电流。

4. 表指针指在 20，注意充电中不可将插头拔下，以利保护电池。

5. 每月进行定期保养。

课题三 球车服务程序中的注意事项

在球车（通常为电瓶车）服务过程中，最需要强调的便是球童互动、节奏、准确性和安全意识，并且要懂得用"心"服务。

一、球童互动

在电瓶车服务当中，配合要放在第一位，有了好的配合，服务起来就轻松多了，电瓶车服务尤为体现了这一点。一般一辆电瓶车上有两名球童服务两位客人，在这种情况下，每一名球童在服务中就相当于一对二的球童服务了，也就是有的时候一名球童要同时照顾两位客人。但正式比赛中一名球员只能有一名球童。

【例1】球童甲、乙出场服务客人，在球道中，甲客人的球偏至隔壁球道，乙客人的球位却非常好，当乙客人打完球后，乙球童就可以将车开至果岭附近，在开车的过程中，乙球童要随时观察甲球童服务的客人将球打至什么位置，并考虑甲客人需不需要换球杆；甲客人需要换球杆时，甲球童可以给乙球童做个手势，请乙球童帮忙把球杆送来。乙球童就可将两位客人的推杆同时拿上果岭。

【例2】发球台上，甲球童服务的客人首先开球，之后甲球童就可以在全组客人开球后将球杆全部收回，并清理干净。乙球童此时就要进行发球台上的善后工作，如补沙、清理垃圾。

【例3】球童甲、乙出场，两位客人的球位置基本相同，在两位客人打完球之后，离球车比较近的甲球童便可以将两位客人的球杆收回招呼客人上车，而此时乙球童便可以进行善后工作，如铺沙、平整沙坑等，之后迅速跑到下一落球点。而甲球童与两位客人提前来到下一落球点后，便可以根据球位置的情况为两位客人挑选球杆。

二、节奏

球车服务主要体现的是快捷，所以，球童除了在果岭上的时间外基本上都是在跑着服务。

球道中，在为客人挑选球杆有误的情况下，球童应迅速跑到电瓶车上为客人取杆，同时向客人道歉。

在一般情况下，球童在补沙或进行球道中的一些善后的工作时，客人是不会开车先走的，球童应迅速将工作做完，之后马上跑到电瓶车上等待客人开车。

三、准确性

准确性主要是指为客人选杆、报码数、目测等方面。发球杆比较容易判断，主要是球道中球杆的选择。球童要十分熟悉球道中的情况，当球打出后，球童在车上就要计算出球停点到果岭或障碍区的距离（上下的误差不能相差 5 码）。接下来要根据球位置的实际情况为客人挑选球杆，每次至少拿上 3 支球杆供客人选择，而这 3 支球杆中至少要有 1 支是客人要用的球杆。

好的球童不仅能照顾自己的客人拿杆，还可以为同组的客人挑选球杆。经验丰富的球童可以在客人打完几个洞之后了解自己客人打球的战略战术，在客人发完球后，可以一次性地将客人打完整条道的球杆全部带好（因为有的客人喜欢步行打球，此时球童也只能服务在其左右）。

在比赛时，球童若没有把握为客人选杆，要在客人停车的同时准确地为客人介绍球位置所在的情况，请客人挑选球杆。而在果岭附近不要只拿 P 杆和推杆，还要拿上 S 杆，这是为了防止客人的球不小心进入沙坑。还有 8 铁、9 铁等，有些球员打起扑球时会用到。

四、电瓶车上的安全问题

在电瓶车服务当中，我们不仅要注意与前组之间的安全问题，还要注意自身的安全，在我们强调打球节奏的同时，也要注意电瓶车上的安全。

来场的客人习惯开快车，在开电瓶车时车速也会非常快，往往会忽略站在车后面的球童，这时就要靠球童自己来保护自己了。

【例 1】在球童善后时，有时客人只注意球童向车的方向走来，并没有注意球童是否已经安全地站好，这时，球童就要提醒客人"请稍等"，同时马上上车，而同车的球童应伸出手来挽紧刚刚上车的球童，之后告诉客人："OK！我们可以开车了。"

【例 2】电瓶车在停车的时候没有什么特殊的信号，有时前面的电瓶车已经停车，而后面的电瓶车因行驶的速度太快而来不及刹车，导致两辆车撞在一起，发生交通事故。在这种情况下，球童会在慌乱之中从车上跳下来，而使小腿部位被车撞到。为了避免类似事件发生，首先，要提醒客人不要将车开得太快。其次，球童在下车时，要养成从电瓶车踏板的两侧下车的习惯，这样，即使出现撞车的情况，球童也不会受到伤害。

【例 3】在阴雨天气，路面很滑，开车更是要格外小心，应提醒客人："先生，路面比较滑，我们稍微开慢一点，谢谢！"在转弯处和比较陡的斜坡处，球童应抓紧扶手，以免从车上甩出去。在遇到危险的情况下，千万不要慌张，跳车时记得跳向草地的方向。

【例4】客人当中，有一部分客人不会开车（女士、儿童较多），此时球童就不仅是服务生，还要兼职做司机，但千万不要让没有驾车经验的客人或儿童开车，以免发生危险。

课题四　关于球车使用的管理规定

为了更好地管理、保养球车，保证正常营业，不影响来场客人打球，兹对球车的使用做如下规定：

球车一律由竞技部负责统一管理，主要在客人打球使用，除此之外需使用球车的，应办理有关手续并得到批准后方可使用。

公司内部人员因工作需要使用球车的，须先准确填写"球车使用申请单"（见表5-4-1），说明用车事由、用车时间等，经用车部门负责人与车管部门负责人同意方可用车。每次用车，将使用成本计入用车部门费用。紧急情况下或部门领导不在时，可口头请示批准先用车，后补办有关手续。车管部门做好用车记录。

表5-4-1　球车使用申请单

编号

姓名		部门			职务	
时间				路线		
用途：						
用车部门意见： 　　　　　年　月　日				车管部门意见： 　　　　　年　月　日		
出发时间		时分		回程时间		时分
派出车牌号				备注		

接待客人参观球场，需使用球车的，按上述第二条办理有关手续，不把球车转交给不熟悉操作规程和不知道行驶路线的客人驾驶，否则一旦发生事故，由接待人员负全责，如有经济损失，应照价赔偿。

球车应按球车道顺行（发球台—球道—果岭），不得进入球道及草坪。非特殊情况不得逆行，以免发生车辆碰撞、压坏草坪等情况。

所有非打球人员驾驶车辆时，如遇客人正在打球，均应停车、静声、勿动。

每辆球车必须按载客量搭载乘坐人员，不得超载。

所有车载人员必须坐稳站好后才能开车，行车时，头、手勿伸出车外。

两车间应保持车距，以免发生意外，行车时，应尽量放慢速度，并回头观察后方情况。离开车之前，须确保球车制动器已踩到锁住的位置。

任何人、任何时间不得擅自动用停放在车场的球车，未经批准不得自行驾驶球车来往于宿舍、办公区、别墅区、球道及其他地方。

竞技部设有专职球车管理员，管理职责另行规定，但均需遵守本规定的要求。

18 岁以下人士不得驾驶球车。球车使用者应严格按照有关操作规程驾驶球车，注意安全，不得酒后驾驶。驾驶球车出现事故由驾驶人负责。球车如有损坏，则按公司有关规定处理。造成经济损失的，应照价赔偿。

训练检测

在球场内进行驾车路考。

项目六　精通球童的工作程序

◇◇▶▶▶▶

◈项目描述

　　球童要很好地依照工作程序行事，并能结合自身的特点进行优化，以能够自如地为球员提供服务；学会通过交谈迅速判断球员的性格类型，以便能够有针对性地提供服务，了解俱乐部对球童的管理，以更好地开展工作和维护自身的正当权益；明晰练习场的工作职责，能够有效地提高服务质量。

◈学习目标

　　掌握球童的工作程序，了解部分特殊情况的处理及一杆进洞的工作程序；能针对不同类型气质的球员有效地提供满意的服务；了解俱乐部对球童的管理模式，能够维护自身的利益；掌握练习场的工作程序，能够有效地进行工作。

◈能力目标

　　能够运用所学知识指导自己进行科学的、独立的、有创造性的工作；有效地维护自身的正当权益，提高自己独立进行工作的能力。

任务一　球童工作流程

活动情景

高尔夫球场

任务要求

1. 掌握球童的工作程序；
2. 掌握比赛中的工作方法；
3. 了解特殊情况的处理技巧；
4. 了解一杆进洞的管理方法。

能力训练

根据球童的工作流程，能够有意识、独立、有创造性地完成工作；具有为比赛球员提供服务的能力；能够处理一些特殊情况；能够熟练地处置一杆进洞的情况。

基本任务

课题一　到岗的准备工作及必备用品

一、到岗的准备工作

1. 签到。上班后应立即签到，等待安排，在此期间进行例行的清洁；在等待安排时，不能随意走动或离开休息室，而应安静地看看书或记规则，调整情绪和心态。

2. 修饰仪容仪表。检查手帕、鞋、帽子、手袋等装备是否齐整。上岗要求服装整洁，仪表清爽。女球童需化淡妆，可适当涂擦些防晒霜。头饰、服饰应该统一，不能标新立异，不能把自己的头部遮盖得严严实实。特别要注重自己的精神面貌，要活力充沛、精神抖擞，而不是给人疲倦、慵懒的感觉。

3. 整理携带物品。详细检查沙袋的沙量，沙勺、铅笔、记分卡、果岭叉、果岭图、毛巾和球标（mark）等用具是否齐全。如有阴雨天气，应将雨布、雨衣提早准备好。自己使用完毕的铅笔、记分卡和球标要妥善保管或交回出发站。

4. 检查球车。球童如使用电瓶车，出发前应详细检查球车的刹车轮胎气压和车身是否整洁以及电池是否充电。

5. 确认时间表和球道。球童在接到客人登记卡后，务必于出发前确认自己被分配的时间和出发球道（Out 或 In）。

6. 检查球包、球杆及标识。接到客人的球包后，应了解客人的姓名，检查球杆数目、标卡是否挂好，球包是否系好在车上。球包一般分为三格，一格放木杆，中间一格放长铁杆，第三格放短铁杆。球杆按顺序排放，给客人递杆时既方便又不会拿错。

7. 确认自己的健康状况。球童应身心健康地上岗，如感觉身体不舒服，应提前向领班或主管请假。鉴于球童工作的特殊性，不提倡球童带病上岗，因为即使是小病也可能会影响工作，甚至会影响球员打球的兴致。

8. 调整自己的心态。有充足的精力，做好思想准备，不要把坏心情、坏情绪带到工作中去。

9. 迎接客人。在会所门前或出发站迎接客人时，要精神饱满，面带微笑，问候客人时应有礼貌，语言简洁，无论生客、熟客一律忌用不文明语言与客人随意打招呼；客人下车后主动上前帮客人搬球包及其他物品，并系好编号以免混错。另外，要记住客人的姓名，在会所门前迎客时应礼貌地说"欢迎光临"；在出发站迎接客人时应做如下方式表达："请问您是某某先生（女士）吗？我是某某号球童，很高兴能为您服务，我们的球道是 Out（In），出发时间是××时××分。"

二、必备用品简介

1. 沙袋：放置球道中填补打痕用的沙子。
2. 沙铲：用来盛沙子，填补客人打起的打痕。
3. 毛巾（干湿各一条）：为客人擦杆擦球用的。
4. 沙耙：填平沙坑中的足迹。
5. 记分卡：用来为客人记分的卡片。
6. 铅笔：用来填写记分卡和出班卡。
7. 球标（mark）：果岭上用来标示球的位置。
8. 果岭叉：用来修复果岭上的弹痕或划痕的用具。
9. 雨布：在下雨时，保护球包，从而不让球杆淋雨的防雨用具。
另外，还有出班卡、方巾、水壶、手套等用具。

三、记分卡与出班卡的填写方法

1. 记分卡的使用方法。记分卡是用来记录打球者的成绩的。一般是由客人自己记分的；但是遇上比赛时或客人要求时，球童就得负责记分，所以球童必须掌握记分的技巧，以防记错。

2. 记分方法。在记分时，大格处填写客人姓名，各个小格处填写每洞所打的成绩。例如：1号洞标准杆4杆，如实际打5杆，最常见的记法就是直接在记分格内填写"5"，这种记分方法是最正规的记分方法，在正式比赛上只能用这种记法；也可以直接写"1"，这样方便总结分数；有的时候客人要求记推杆成绩，如3杆上果岭，推了2杆，就可以记成"2/3"的方式。

3. 出班卡的填写方法。出班卡是出发室用来分组的卡片，这张卡片中有一部分内容是由球童和客人填写的；球童需要填写所服务客人球杆数量，所打的洞数，电瓶车号。客人所要填写的则是在确认完球杆后的签字，及在球童简评上对球童服务的评价。每打完一场后，球童应马上将出班卡交与出发站。

课题二　迎宾处（接包处）

迎宾处即接包处，是客人接触俱乐部服务的第一个环节，是球场的门面，迎宾处是球会给客人的第一印象，好的球童服务是从迎宾开始的。

一、停车场上岗要求

当球童知道自己是迎宾球童时，整理仪容、仪表之后马上到迎宾处上岗。一般在停车场上球童以5人为一组（人数不够随时补足），排成"一"字队形，整齐地站在迎宾处（要注意站姿），面带微笑等候客人到来。

当客人的车开到迎宾处时，齐声行礼向客人问候（"欢迎光临"），之后上前等候客人从车门中走出。要面带微笑，礼貌地问候客人，并跟随客人到车上取出球包，然后，将球包卡挂在球包上，把与之相对应的球包卡交给客人；随后，根据客人的要求将球包放到出发站或练习场；如果客人的球包是存包，要及时通知存包处将包取出。

二、迎宾时的一些具体情况及规范的礼貌用语

情境1：客人车开至迎宾处

用语：欢迎光临。

动作：全体迎宾球童统一行礼致意，声音洪亮有朝气。

情境 2：取包挂球包卡时

用语：早上好/下午好/晚上好，先生/小姐，请问您是下场还是打练习？

动作：取包，注意取包时切勿伤及客人的车子和球包，避免不必要的麻烦。

情境 3：客人下场

用语：这是您的球包卡，请您先到前台换取消费卡，我帮您把包放到出发站。

动作：双手将与球包相对应的球包卡递与客人并提醒客人到前台换取消费卡，之后将球包背到出发站。

情境 4：客人打练习

用语：这是您的球包卡，请您先到前台换取消费卡，我帮您把包送到练习场。

动作：双手将与球包相对应的球包卡递与客人并提醒客人到前台换取消费卡，之后将球包背到练习场。

情境 5：客人取存包

用语：先生/小姐，请问您怎么称呼？请出示您的存包卡，谢谢！请问您是下场还是打练习？请稍等，我马上通知存包室取包。

动作：通知存包室，之后马上到存包室为客人背包。

情境 6：客人问练习场是否有打位

用语：请稍等，我马上帮您询问。

动作：迅速用对讲机询问练习场有无打位，并告知客人。

情境 7：客人手提袋保管

用语：先生/小姐，您的手提袋需要拿下来吗？

动作：暂时帮客人保管，有时是一个或多个客人的手提袋放在一起，所以要认清客人，当客人来到会所门口时，主动将手提袋递与客人，注意一定要将来场和即将离场客人的手提袋分开放置。

情境 8：客人问是否可以下场

用语：对不起，请问您预约了吗？我们球场有规定，必须提前预约才可以下场。请您到前台咨询一下，谢谢。

动作：引导客人到前台。

课题三　出发前的准备工作

值班人员接到出班卡后，领取客用的毛巾（客人擦汗用）。按照出班卡找到相应的球包后，马上提取电瓶车，检查车上的所有装备（天气热时将冰桶内装上冰块），将球包牢牢地绑在车上。

等候期间，为客人整理擦拭球杆，将球包中的球杆数量及附属品的数量如实填写在出班卡上。待客人在出发站登记之后，引导客人至球车，并与客人核对球杆。注意：球童在等待客人的时候不可以很随意地站立、坐或倚靠球车。

礼貌用语及具体情况：

情境1：当客人出来时

用语：您好，请问这是您的球包吗？很高兴今天由我为您服务。我是×号球童，请多关照。

动作：面带微笑同客人打招呼。

情境2：与客人核对球杆

用语：×先生/×小姐，请您先核对一下球杆，您包里有×支木杆，×支铁杆，×支推杆，共计×支杆，还有一支捞杆和一把伞，您看对吗？

动作：将杆按顺序排列整齐，将客人的球杆和其他附属物品（雨伞、捞球器、球杆套等）同客人交接清楚。

情境3：×杆上没有杆套

用语：×先生/×小姐，您的×杆上没有杆套，您看对吗？

动作：请客人核对，并如实填写在出班卡上。

情境4：少一支常用杆

用语：×先生/×小姐，您包里没有×杆，您看对吗？

动作：请客人核对，并如实填写在出班卡上。

情境5：保管客人的其他物品

用语：×先生/×小姐，请问您还有其他物品需要我为您保管吗？

动作：询问客人，并征得客人同意后告之客人把物品放在哪个位置。

情境6：发球台上压组，而本组客人还没有到开球时间

用语：×先生/×小姐，发球台上有些压组，您先到练习果岭上推推杆，到时间我马上通知您。

动作：询问客人，并随时注意发球台上的情况和出发时间。

情境7：到了出发时间

用语：×先生/×小姐，我们可以准备了。

动作：引导客人到发球台。

情境8：一号发球台客人比较多，出发员通知可以到其他发球台上发球

用语：×先生/×小姐，这里还有×组客人等待开球，我们可以先到×洞打，这样可以快些。

动作：同客人解释，如客人同意，应马上引导客人到发球台。

情境 9：如有手机、钱包等贵重物品，交球童保管

用语：我帮您把×放在这里/我帮您装起来。

动作：将物品放于最安全的位置，并为客人指明物品所放地点，客人离开时记得交给客人。

情境 10：发球台上有客人在发球，而本组客人还在大声说笑

用语：对不起，请安静，前面正在开球，谢谢。

动作：近前礼貌地提醒客人。

课题四　发球台上的服务

一、发球台

球童应比出发时间早一些到发球台，整理环境，并将沙袋填满沙；如球员未能在规定时间到达发球台，应与出发站联系，而不能大声叫喊，否则会令球员不高兴。

当客人将车开至发球台时，将球车摆放整齐（与 Tee 台平行）。待客人准备好一切后，球童跟随客人上发球台，准备开球，同时向客人介绍该洞的情况：

1. 球道的长度（所打 Tee 台的全长，如果是短洞，应告诉客人当天的位置是靠前还是靠后）；

2. 球道走向；

3. 果岭方向（左狗腿、右狗腿）；

4. 起点的位置到终点的位置有无 OB；

5. 第一落点有无障碍及到障碍的码数等。

按规则规定，球员在第一洞发球台上的发球顺序，一般依据编组表决定有优先击球权的一方，无编组表时，要以抽签方式决定优先击球权。在第二洞以后，一般以上洞杆数少者先开球，如上洞杆数相同，往后依次推算确定发球顺序。

二、站位

在球员击球时，球童应保持肃静，千万不可谈笑、打哈欠、咳嗽或发出其他声响，因为球员在击球时注意力保持高度集中，任何外部声响都会干扰球员的注意力；不得随意走动，不可站在球员击球方向的反后方，不可将自己身体的投影映在打球者看得见的地方，尤其在打夜场的时候，应站在既能看清球的落点，又不影响客人打球的位置，一般情况下应在客人右前方 3～5 码（45°）处静立。除

了传递球或用具外，球童尽量不要走上发球台，也不可移动站位，以免自己的身影扰乱球员的视线。

在等候打球的时候，应保持安静，不要打扰其他在做准备的球员，也不能挥动自己保管的球杆；不要让其他球员上发球台；球员在准备开球时，为该球员服务的球童，要注意其他球员及球童的站位是否会影响该球员的开球，另外要及时发现并排除影响球员击球的其他不利因素。

当球员击球后，球童必须全身心注意球飞行方向，不可分心。如前面有障碍物或树木，而球有可能落于该处，应牢记该目标物，朝此方向找寻。高尔夫规则规定，找球时间是 5 分钟，如在规定的时间内找不到，应建议球员按丢失球来处理（或让后续组先行），否则会影响后续组的打球进程。

球员击出好球时，同组球童应为之高兴，并高声叫喊"好球"，与球员分享欢乐；球员发完球后，球童应主动将球员的球杆擦拭干净并放回球包里保管。

三、安全

球道中的安全是最重要的，当球童发现本组客人要发球，而前一组客人还未离开安全区时（安全射程 250~300 码），球童必须及时阻止客人发球，等客人走出安全区外，再礼貌地请客人开球，此时讲话一定要委婉。同时，球童还要注意球道上有无工作人员，如果有要大喊提醒工作人员"看球"。

四、注意球的方向和落点

客人将球打出后要认真看清球的方向和落点，准确记住球停点及停点附近的参照物（一棵树，一根红桩等），以便在最短的时间内找到球。尤其打夜场时，不容易看到球的落点，更要用心去看球。要及时称赞客人的好球，如实告诉客人球是进水，是 OB，还是安全地落在球道上；如球可能 OB 或有可能遗失，要提醒客人发暂定球。另外，出场期间在身上常备几颗备用球（经客人允许后），以便客人补球时节省时间。

五、同车上的两名球童应注意配合默契

当客人发完球后，一名球童收杆，将杆擦净后放回球包内；另一名球童进行善后工作（将铲起的草皮及时捡回补沙，清理发球台上的断球座、烟头等杂物），之后迅速跑到车上稳稳站好准备出发。若客人发完球后无开车的意识，一名球童应将电瓶车开至离停球点最近的球车道上，为同组客人挑选下一打需要的球杆，另外一名球童跟在客人身旁随时服务。

小贴士：

　　电瓶车只能在球车道上行驶，不能将车开上发球台或球道；在正式比赛中，两名球童之间不能有默契配合，否则球员将违反只能使用一名球童的规定而受到处罚。

六、注意发球区内的动态

不要让击球者以外的人员进入发球区，留意非打球人员的着装是否符合要求，若不符合一定要提醒客人。摄影师及非击球者同来时，必须与主管或出发室取得联系后，方可下场。陪走者下场之前，要看一下他们的鞋是否合格，不合格时应语气委婉地请其换好鞋之后再下场。

七、本组球员全部发完球后，球童才可随球员一起离开球台前行

按高尔夫规则规定，同组球员必须等到最后一位球员击完球后才能一同前进，往自己的球落点之处的前方走。

八、球员打完球后，球童应以沙补平挖孔，并以鞋底压平

离开发球台时，要将周围烟蒂、纸屑、空罐等杂物捡起投进垃圾箱（袋）。不管是谁丢下的，球童只要看见了，就有责任和义务将其拾起放进垃圾箱（袋）里。

礼貌用语及具体情况：

情境1：问及客人用几号杆发球

用语：请问您用几号球杆？

动作：准备拿杆。

情境2：为客人准备备用球

用语：×先生／×小姐，可以帮您准备几个备用球吗？

动作：询问客人，经允许后方可拿球。

情境3：同客人确认球号

用语：对不起，看一下您的球号，谢谢。

动作：记清自己客人所使用的球的品牌和型号，以免在球道中和其他客人的球混乱。

情境4：递给客人球杆时

用语：您的×杆，您请。

动作：将杆双手递给客人。

情境5：前组客人还未离开安全区

用语：×先生，请您稍等一下再打吧。

动作：观察前组是否快要离开。

情境6：前组客人已离开安全区

用语：让您久等了，我们可以开球了。

动作：请客人准备开球。

情境7：为客人介绍球道

用语：×先生/×小姐，这个球道全长×码，球道左边有×（障碍区）/右边有×（障碍区），到前面的×（障碍区）有×码/过×（障碍区）有×码，果岭在×方向，请您打球时注意一下。

动作：为客人指出最佳落点，对于常来的会员介绍球道时要简明扼要。

情境8：球打出后，客人对球位有疑问时

用语：没问题的，我们的球很安全。球在沙坑前（后）面/水池边上/左（右）边长草里……

动作：如实告知球所在的位置，要具体，要让客人放心。

情境9：球有可能OB或遗失

用语：太可惜了，您的球有可能OB了，麻烦您再发个暂定球吧。

动作：及时将遗失球或OB球告知客人，同时迅速给客人拿球（每次在衣兜或沙袋中多放几个球，以便及时拿取）。

情境10：当客人打出好球时

用语：好球！（nice shot!）

动作：鼓掌以示鼓励。

情境11：当球飞向隔壁球道时

用语：小心看球！（FOUR!）

动作：声音须大至隔壁球洞可以听见，并迅速跑过去向客人道歉，态度一定要诚恳。

情境12：当客人击球完毕时

用语：我为您保管球杆，谢谢；您的球杆我来保管，谢谢。

动作：将杆擦净，迅速放回球包中。

情境13：准备好可以开车了

用语：OK，可以开车了。

动作：稳稳站在车上，并抓紧车后面的横梁。

情境14：客人准备开车，而球童还没有准备好

用语：对不起，请稍等一下！OK了，可以开车了。

动作：迅速站在车上。

课题五　球道上的服务

一、球道上的礼仪与工作要求

球员在球道上步行时，球童要在打球者后方2码内跟随，不能落下太远，否则会让球员烦躁或不悦。

到达落球处，需走到离打球者3步前停下来，预备好球杆。如使用球车，需将球车停在球车道上，先向球员报告距果岭的距离，然后征求球员用何种球杆。球员一旦说出某号球杆，球童应立即取出球杆递给球员。要按球员要求递交球杆，不能按自己的意愿不经球员同意而挑选球杆。

球落在不易看清的地方时，需快步先行，此时站在球道上会影响其他球员，所以应从球道两侧前行，不可跟随在球员之后。如球落在不易找寻的地方，其他同伴可协助寻找；如在规定时间内还未找到球，应建议球员按丢失球来处理，以免影响后续组的球员打球。

根据规则，球从发球台击出后到入洞这一段时间，球童不能用手触摸球，或做出其他使球移动的动作，尤其在长草区，如球童用手触球，便有作弊嫌疑。

如一个球童负责两个球员的球包，在将球杆递交给球员后，应站在两人中间位置，注视球的方向和落点，以免遗失球。

当车开至球落点附近的球车道后，应告知客人球所在位置的情况，包括：球距果岭的距离；方向；前方或果岭周边障碍的情况，沙坑的分布；球洞在果岭上的位置，今天的球洞位置×（靠后/中间/左前/左后/左中/右前/右后/右中）；风向（顺风/侧风/侧逆风）。

根据情况和客人的要求为客人选杆，有时客人下车后会迫不及待走向自己的球。球童首先要看一下码数标志，再根据当时的风向，考虑客人平时打球的力度，为客人挑选两三支球杆（球杆不可拿得过多），请客人选用。如球童所拿球杆不是客人所要用之球杆，应询问客人，并迅速跑到车上去拿杆。

球员使用过的球杆在交回给球童保管时，球童要把它擦拭干净后放回球包。

二、球场的维护与清洁

球童在球道上应随时背上沙袋，及时填补客人因击球所打出的痕迹，把打飞的草皮拾回铺好或填回沙土，并用鞋底踩实，草皮（或沙）与球场齐平即可。切记及时补充沙袋中的沙子。若球打到沙坑时，球童应提前将沙耙拿到手中，站到不影响客人打球的位置，待客人打球结束后迅速将沙坑内的足迹耙平，并将用后的沙耙放回原位。球童在行走过程中要随时清理球道中的垃圾。在离开时，要把球道上发现的烟蒂、纸屑及其他杂物等拾起放入垃圾箱（袋）里，这一方面是为了爱护球场，另一方面也是球童本身的职责要求。因为即使是非常小的纸屑，在绿色的草坪上远远望去也会使人误以为是高尔夫球，使人容易产生视野上的错觉，从而影响球员打球。这同时也反映出球场的管理水平。

三、找好观察位置

打球客人的球童应提前站到观察位置，观察位置一般选在开球客人右后方 3 米处，以便看到球的落点；所选位置应在客人挥杆时余光注意不到的地方，不要站在击球线正后方的延长线上，以免分散客人的注意力。

四、保管好客人的球杆

球童在服务中要妥善地保管好客人的球杆，尽可能将木杆或推杆的杆套套上（除客人要求不套外），防止球杆相互碰撞。客人每用一次杆后，都要认真地擦拭。要牢记客人球杆数量、号码、品牌。一般每打完两个洞都要自己清点一下球杆，无须告知客人，以防丢失或与其他客人的球杆放混。

五、在球道上要特别注意安全问题

在球道上要特别注意以下安全问题：

1. 要掌握好与前组的安全距离。

2. 站位要正确。

3. 随时注意本组客人的举动，不可与同组球童闲聊或挥动客人的球杆而分散自己的注意力。

4. 要注意同组其他客人的位置，不要提前走到球的前面，如发现客人走到球的前面，要及时婉言阻止。

六、出界球的处理事项

球出界外球童应向球员清楚地说明，或用手示意 OB（一手垂直上举然后横摇）。

球入沙池，需待球员从沙池打完球后，将沙池坑处用沙铲推平（用沙铲，用完后应放回原位）。推平沙池时应从低洼处进入，先铲平高处球杆、球印及脚印后，再铲平中间，后退退出。尽管消除脚印的工作球员也有义务去做，但为加快打球速度，球童应将其视作自己的义务，帮助或代替球员铲平脚印。

球入水塘（或其他水障碍区），能捞起的话可用捞球筒捞起，但不能为搜球而花费太多时间。如球员把球打入水塘，按规则应罚一杆。

侧面的水障碍的五种处理方法：

1. 能打则打，不罚。

2. 原地打，罚一杆，再打算第三杆。

3. 在落水点的两杆范围内不靠近旗杆抛球，罚一杆。

4. 在落水点与旗杆连线的延长线的任意点上抛球，罚一杆。

5. 以旗杆为圆心，以落水点为半径画圆，在圆上的任意点不靠近旗杆抛球，罚一杆。

七、尽量避免造成遗失球

为了不造成遗失球，球童每次都要专心看球，尤其打夜场时更是如此。如球难找，同组球童应尽力配合。若找球已超过寻找时间（5分钟），并且客人宣布停止找球，球童应诚心地向客人道歉，然后尽全力为客人服务，看好每个球而尽量避免再次出现类似的情况。

球童应认真看清客人打出的每一个球，如果打到水池、沙坑或已为 OB 球，要明确地告知客人，同时，迅速给客人拿球（在球道中，球童要随身准备几个备用球）。

八、加快打球者行进速度

加快打球者行进速度是球童的责任之一，当本组客人击球速度过慢而造成压组时，球童应提醒客人加快速度，同时加快脚步来带动客人的节奏。若本组客人太慢，应与客人商议让后组先行。

九、同组球童在服务中要注意观察才能配合默契

例如：当客人打完球后，距离车较远的球童可以留下开展本组的善后工作，之后跟随客人迅速到下一落点，而另外一名球童则要帮同组的球童拿好推杆或其他所需的球杆。

礼貌用语及具体情况：

情境1：介绍球道或果岭周边情况

用语：×先生/×小姐，您的球距果岭还有×码，果岭左/右有×（盲点障碍区），今天的旗洞位置靠前/中/后，现在有些顺风/逆风，请问您用×号杆？

动作：将果岭周边的情况详细介绍给客人，尤其盲点。

情境2：递球杆给客人时

用语：先生，您的×号杆，您请。

动作：将球杆握把递到客人手的外侧。

情境 3：没有拿到客人所需要的球杆

用语：对不起，马上帮您去取。

动作：迅速跑回车上取杆或通知同组在球车附近的伙伴提前把球杆准备好。

情境 4：客人击出好球

用语：好球（nice shot）。

动作：大声爽朗地。

情境 5：后组久候而本组尚未进行时

用语：对不起，我们要稍微快一点了。

动作：不可用强制性的说法，同时放快脚步。

情境 6：若球飞向 OB 或易成遗失球时

用语：您的球有可能 OB，麻烦您打一个。

动作：准备拿球。

情境 7：客人的球可能进水

用语：先生，我们的球有点危险，我们过去看一下吧。

动作：引导客人到球的落球点。

情境 8：肯定客人的球已经落水

用语：很可惜，您的球已经下水了，您看我们在哪补球？

动作：为客人准备球。

情境 9：寻找球时间长约 5 分钟以上，近已成遗失球

用语：对不起，球已经遗失，麻烦您重打一个。

动作：应尽力寻找，无论如何都找不到应示意抱歉。

情境 10：客人准备打球，而其他客人走到球的前面时

用语：先生，前面危险，请稍等一下。

动作：不可用强制性的行为和话语。

情境 11：找到遗失球时

用语：找到了，这是您的球吗？

动作：只需告知客人，在客人到达前切不可碰球。

情境 12：客人球杆使用完毕

用语：我来帮您保管球杆，谢谢。

动作：将球杆擦净，放入球包。

情境 13：准备完毕请客人开车

用语：OK，我们可以开车了。

动作：稳稳地站在车上。

课题六　果岭上的服务

果岭是球道里最后的部分，也是一个非常重要的地方，有许多与冠军无缘的职业选手曾在这里伤心、愤怒。所以要求打球者必须认真对待果岭上的一切。作为一名好的球童，在果岭上一定要认真、仔细，果岭上的服务动作要迅速、准确、到位。

一、果岭上球童的工作内容

当客人的球上果岭后，球童首先将切杆（或其他球杆）收回，将推杆递与客人，然后由一名球童将电瓶车开至通向离下一洞最近的位置，将车停好后上果岭；另外的球童带上毛巾、球标（mark）等上果岭。

有的球场提供给客人的是一对一的球童服务，就是一名球童跟进一名客人，所以要求所有球童全部上果岭，在本组客人陆续推杆完毕后方可依次离开果岭。球童之间要注意配合，先到达果岭的球童，首先要为最远客人的球做球标，擦干净放回原处后，再去拔旗杆，中途经过其他球时要迅速做球标，以免影响即将要推杆的客人的球线。球童要在第一位客人打球前将其他球做好球标，之后在空余的时间内修复果岭上的弹痕。客人的球未进洞时要及时做球标，直到球全部入洞。最后将旗杆插入洞中。最后一名球童应在看清楚本组的客人确实已经全部离开所打球洞的果岭后，方可向后组行礼致意，并提示后组可以攻果岭了。

二、果岭上的服务注意事项

由距离最远或果岭外的客人先击球。在服务中一定要注意以下步骤：

1. 球在果岭外时不要拔旗杆，要根据客人要求进行。

2. 持旗杆的球童必须问："旗杆要拿起吗？"如客人需要持旗，球童要面对击球者站立，伸直手臂，此时球和球洞中心的旗杆成一条直线。另外，球童须注意避免自己的身体碰到客人击出的球。

客人要求用旗杆标示洞的位置时，球童应先将旗杆拔起，面向准备击球的客人，身体站直，手臂平伸，握住旗杆，另一只手不管拿与没拿东西都应该背到身体的后面注视客人推球过来。

（1）扶旗时的站位与站姿。在扶旗的时候，并不是杂乱无章地扶住就可以了。

开始，首先要客人根据旗子的影子尽快找出自己的站位，特别是在阳光比较强烈的时候，人的影子和旗杆的影子都会影响客人击球，如果旗子的影子倒向左边，球童就应该站在左边，如果旗子的影子倒向右边，球童就应该站在右边，总之，自己本身的影子不能印在旗洞上。

扶旗时，应面向客人，抓旗的手与肩膀相平行，两脚并齐，如果另一只手中持有球杆，把球杆的握手部分向上，背放在自己的正背后，以客人看不到球杆为标准。

（2）扶旗的方法与拔旗的方法。扶旗时，手臂的高度与自己的肩膀相平行。

果岭上的旗子通常使用鲜艳的、容易看见的颜色材料制作而成，预先、快速地选择扶旗的位置，可节省客人的时间。

确立了正确的扶旗位置之后，手应先握在旗杆预先选定的位置的下方 10 厘米左右，把旗子向上拔，就可将旗子拔出。有时，果岭上的沙子会塞在旗洞里，使得旗子拔不动，这时应首先把旗子握在手中，用手拧几圈，就可以拔出来了。

把旗子拔出来之后，面向距离球洞较远的客人，将球杆垂直放在洞内的后方，稍微向客人的方向前倾，以免伤及洞边的草皮。

当客人的球被推出之后，球童应尽快把旗子拿走，记住在行走的过程中不能踩到其他球员的推球线，然后把旗子放在不影响客人打球的地方。

正式比赛中，如果两位球员的距离差不多远，在无法确认谁先推的情况下，用旗子来测量，是最容易判断的。

（3）拿着旗子等一洞结束。把旗子拔出来，放好之后，球童快速将客人做了标记的球擦干净，如有时间的话，把果岭上的球痕修好。

在手拿旗子等待客人推球时应注意：

①不可让旗子的影子照射在客人的推击线上。

②手拿旗子不可站在客人推球线的延长线上，以免影响客人推球时的注意力。

③禁止拿着旗子像插在洞中的一样，以免后续组错认为前面的客人离开了果岭，于是开始打球，这样是很危险的。

④手拿旗子时，一只手一定要抓住旗布，避免风吹出的响声影响客人的注意力。

⑤当一组客人有两名球童时，果岭上没必要再安排两个球童。这时，一名球童负责往球车上放球杆，一名球童留在果岭上扶旗即可。

⑥客人在推完果岭时，球童在往球洞中放旗时一定要小心，不可让旗杆损伤球洞边缘的草皮，插好旗杆之后，应尽快离开果岭。

3. 客人的球推出后，立即将旗杆拔起，并离开洞的附近。

4. 客人不用旗杆时，必须将旗杆放置在果岭外侧。

5. 做球标时，将球标按在球正后方，对准旗洞，应注意在做球标或取球标时都不能触动球。

三、熟知球会场地情况

球童要了解自己所在球会一切场地情况，尤其是每洞果岭的情况，如果岭的倾斜程度，草纹走向，等等，以便为客人提供参考。

在给推球线较长的客人扶旗时，球童对球滚动的曲线看得最清楚。通常果岭上的草使用高丽和奔特两种，这两种草的生长特性不同，软硬度也不同，加之果岭的地形也有微妙的变化，所以判断球滚动的状态时，情况非常复杂。

还有沿海、高山上的球场，其草皮生长都有一定的特性，如果球童能在一瞬间判断出球滚动状态的话，那真是了不起。这项工作需要慢慢地积累经验。

作为新球童，当客人问到这些问题时，应以"我是新球童，还无法判断，请原谅"等语气较为柔软的话来回答客人，千万不可不懂装懂，以免影响客人打球的成绩。

在球离旗洞较近时客人常说"OK"一词，但球童不能乱说话，再近的距离谁也不敢说绝对保证进洞。

四、注意站位

球童不可站立在推杆线（果岭上球之连接线）的延长方向，也须留意自己的影子不可接近此线。

切勿踏及推杆线，非不得已通过时要轻轻迈过。另外，切勿踏入距离球洞30厘米范围内，旗杆在插立及拔取时需留意不触及球洞边缘，须直立往上拔起。旗杆固定拔出时，可左右旋转直立取出，勿伤及球洞边缘。

旗杆不可触及草皮，拔取旗杆后应两手横持旗帜，风吹动时，勿使旗因风摇动发出声响。

当球掉入球洞中尚未沉到底时，球童切不可急于取出（因球不完全进入时不算入洞）。另外，在比赛中不论球到何处，球童绝不可拾球。

拿起球擦拭时，须用球标正确地做记号，动作要敏捷。

打入洞后，旗杆需迅速插回。在插旗杆时，必须在球洞正上方垂直插入。看看后面球组，如有人等待，勿忘表示"对不起，让你们久等了"的致歉话语。

客人全部打完后，球童将旗杆插入洞中，同时向后组示意，并及时离开果岭，然后将客人的推杆收回；先下果岭的球童可以先到电瓶车上等候客人，或看情况（客人没有开车意识时）将车开至下一洞发球台。

五、果岭上的一些注意事项

1. 球童在果岭上不要跑、跳，要抬起脚走。如有客人拖脚走路，也应及时提醒客人。

2. 球童不要站在客人打球线的两边，注意自己的影子不要影响客人推杆。

3. 球童在果岭上走动时，注意不要踩客人的推杆线，应绕行，尽量避免跨步迈过。

4. 客人在推杆时，球童不能发出任何声响影响客人推杆。

5. 要及时修补果岭上的弹痕。通常如果客人是一位懂高尔夫礼仪的人，他自己也会很自觉地修理，有些水平不高的客人往往不注意。修理的办法是：用球座或钗子，沿草高出的部分斜插入地面，轻轻地把它翘起，注意不能用力过大，否则会弄断草根；球痕周围最好也修整一下，然后用脚把它踩平。另外，果岭上的钉鞋印不可立即修复，等所有同组的客人打完之后才可修复。

6. 客人全部打完后，球童将旗杆插入洞中，并及时离开果岭，要提醒客人不得在果岭上计算成绩或练习推杆。

7. 球童一定要记清球号，不要将客人的球弄混。

8. 客人的球被 OK 时，球童要及时将客人的球取走。

9. 后面压组时，最后离开果岭的球童要向后一组客人致意。

10. 为客人提供果岭草纹、倾斜度等建议。

11. 果岭上的球做好标记后方可擦球。

礼貌用语及具体情况：

情境 1：客人球距离旗洞远时

用语：×先生/×小姐，您需要持旗吗？

动作：拔起旗杆，面向击球的客人。

情境 2：请客人推球

用语：×先生/×小姐，可以推杆了，您请。

动作：为客人指出球的所在位置，单手五指并拢指向球的位置。

情境 3：客人要求做球标（mark），而与球会规定起冲突时

用语：对不起，球场有规定，我们只负责为您擦球，请原谅。

动作：语言一定要婉转，同客人解释清楚球场的规定。

情境 4：在比赛或客人赌球时，客人执意要求你帮忙看球线

用语：您的球左/右边有点高，大概打××，您看呢？

动作：只有在你确实会看线的情况下才可以小心地告知客人，但最好不要乱讲。

情境 5：后组久候，而本组的客人还在果岭练习

用语：对不起，后组马上攻果岭了，我们不能再推了，谢谢。

动作：请客人离开果岭并将旗杆插好。

情境 6：让后组客人久等了

用语：对不起，让您久等了。

动作：举起右手，鞠躬示意。

情境 7：引导客人到下一洞

用语：×先生/×小姐，下一洞这边请。

动作：用右手为客人指出下一洞的路线。

六、一洞结束后的注意事项

1. 客人打完一洞后，球童要劝客人不要在果岭上耽搁时间。

2. 客人要求球童记录成绩时，球童应准确无误地记好成绩，不清楚时一定要询问客人，并在下一洞开球前通报成绩。

3. 客人打完一洞后，球童应及时清点球杆，避免遗失，但不用向客人报告。

4. 客人打完一洞走向下一洞时，球童应主动将客人的球杆收回。

5. 球童在下一洞客人开球前，要根据客人要求介绍该洞的情况。

课题七　中场休息

一般来球场打球的客人都是打 18 洞，但大多数客人打完 9 洞后已接近中午，客人会休息、吃饭。当客人打完半场后，球童应询问客人是否继续下半场，当客人要求休息时，本组球童都应向出发站询问下半场出发要等待多少组或多少时间，并转告球员。如球员要用餐，应提醒球员将球包内贵重物品携至餐厅。要与客人确定后半场的开球时间，并将客人的物品交给客人，如手表、手机、消费卡等。之后，将电瓶车开到指定地点，立即抓紧时间吃饭。

球童应提前 10 分钟到电瓶车前等候客人，提前做好下场前的准备工作，如准备充足的沙，打湿毛巾等。待客人来后，要再一次与客人核对球杆，并准备下一轮发球。

礼貌用语及具体情况：

情境 1：9 洞结束后，询问客人是否继续

用语：×先生/×小姐，请问我们是否继续下半场？

动作：面带微笑。

情境 2：客人中场休息

用语：请拿好您的物品，您下半场的开球时间是×点×分，我们提前在发球台等候您。

动作：请客人带好随身物品，并提前在出发站询问转场时间。

情境 3：客人中场要求休息，但可能赶不上转场时间

用语：×先生/×小姐，我们的转场时间是×点×分，您要休息的话可能就误了转场的时间，到时我们只能按照出发站安排的时间转场。

动作：征得客人的意见，如要休息，请出发站安排转场时间。

情境 4：客人只预约 9 洞，但没有尽兴，要继续打

用语：对不起，麻烦您到前台预约一下后半场，谢谢。

动作：得知客人要继续后，提前到出发站告知出发员，问是否可以继续，只有在出发员允许和客人预约了后半场的情况下才可以继续，但绝不能有不高兴服务的情绪出现。

情境 5：客人休息过后

用语：休息得好吗？很高兴跟您走下半场。

动作：同时接过客人交于保管的物品。

课题八　全场结束

在客人完成全场最后一洞后，球童应积极主动问客人是否继续打，当客人要求继续时，应及时与出发室联系；当客人要求结束时，球童应将球员的球杆及球擦拭干净，球童应陪同客人到大厅前，清查球杆数量，并请球员确认。下雨天打完球后，球杆要用干布擦拭，如杆头套被淋湿，要将水挤干，并擦干杆头。球车也要擦拭干净，并检查刹车制动等装置，再送到指定地点充电。仔细擦拭球杆，并请客人核对。

经客人核对无误后，将客人的其他物品归还给客人。把杆套套好，填写出班卡，并请客人签字。请客人填写评价卡，同时致谢。球员的球包整理好后，如球员要将球包存放在会所球包室，球童应协助球员办理有关手续。

检查是否有球员遗失物，如球员在球车上或其他地方丢失物品，球童应及时交还球员或交给总台，由总台通知或转交。

客人要将球包携回家时，球童应将球包送至会所门口送宾处。送客时应彬彬有礼，并对客人说："感谢您光临本球场，欢迎再来。"

如客人给小费，应道谢；即使客人不给小费，也不能显出不高兴、不满意的表情，仍然要恭敬地向客人说"再见，欢迎下次再来"，并目送客人。

客人走后，把出班卡、评价卡交到出发室，球包放在指定地点；然后将电瓶车开至电瓶车管理处，将车清洗后归还。

做完以上工作后，球童应向出发站报告服务情况，填写工作任务完成表，然后回球童休息室休息。

礼貌用语及具体情况：

情境 1：客人的打球已经结束，同客人清点球杆

用语：您的打球已经结束，您辛苦了。服务不好请您多原谅。麻烦您再次确认一下球杆，您的包里还是来时的×支木杆，×支铁杆，×支推杆，共计×支杆，您看对吗？

动作：将球杆擦拭干净，排列整齐，并与客人确认。

情境 2：将客人交于保管的物品交还客人

用语：这是您的×，请您拿好。

动作：将客人的手机、钱包等物品交于客人手里。

情境 3：请客人对你的服务做出评价

用语：麻烦您对我今天的服务给予评价，谢谢。

动作：将出班卡双手递与客人，并真诚地请客人签字。

情境 4：客人签完评价卡后

用语：麻烦您帮我投下卡，我在停车场等候您，谢谢。

动作：请客人到出发站前投卡，并将包背到停车场等候客人。

情境 5：客人要求存包

用语：×先生/×小姐，请您稍等（迅速到出发站拿存包卡），麻烦您填写存包卡（同客人核对球包内所有物品），请您签字，我帮您把包拿到存包室，再见。

动作：仔细同客人清点球包内物品，认真填写存包卡上的内容。

情境 6：客人打球结束后没有尽兴要加打

用语：×先生/×小姐，您先到预约部预约，我请出发站重新为您安排一下球童（球会规定 18 洞要换球童）。

动作：请出发站根据预约重新为客人指派球童，然后整理客人的物品。

情境 7：客人预约后继续打，换球童

用语：很高兴跟您走完全场，祝您后半场打出好成绩，再见。

动作：同接班的球童交接好客人的一切物品，必要时说出客人球道中特殊的习惯。

情境 8：球道中身体不舒服，没办法继续服务

用语：对不起（说明原因），身体不舒服不能继续为您服务了，服务不周的地方请您原谅。

动作：同前来换场的球童交接好所有事务，并同客人解释清楚。

课题九　送宾工作

当客人从大厅出来取包时，迎宾处的人员要积极主动地上前问候客人，同时接过客人的球包卡，按球包卡上的号码，仔细查找客人的球包。在查找过程中要

仔细、认真，找到球包后，应与客人核对球包，以免客人拿错包。

一般送宾处有打练习场的球包，还有刚刚出场回来的球包。练习场的球包由迎宾处值班人员（接包人员）来送，而出场回来的球包则由服务该客人的球童自己来送，这体现了球会对客人所实行的"一条龙"服务的宗旨，意思是接包、场地服务、送包都是由一名球童跟进的。但无论是哪一种送包，都要同客人核对完球包后才能将球包送走，礼貌地与客人道别。

礼貌用语及具体情况：

情境1：客人从会所出来后

用语：×先生/×小姐，您的球包卡我来拿吧。

动作：上前接客人的球包卡，并根据卡号去找相应的球包。

情境2：球包找到后

用语：×先生/×小姐，您看这是您的球包吗？

动作：将球包拿到客人面前请客人确认，尤其在有相同球包的情况下，最好将球包打开与客人确认球包里面的物品。

情境3：客人确认后装包，与客人道别

用语：欢迎下次光临，再见。

动作：将球包装好后，站在车旁，礼貌地同客人道别，并目送客人离开。

情境4：客人出来取包，但没有拿球包卡

用语：×先生/×小姐，对不起，请您先到前台将消费卡换回球包卡，没有球包卡我们是不能送包的，谢谢。

动作：礼貌耐心地同客人解释，并请客人回前台换卡。

情境5：客人不去前台拿球包卡

用语：请您稍等，我到前台去帮您取卡。

动作：根据客人所指出的球包，找到卡号，马上跑到前台，问该客人是否结账，如结账将球包卡取出，再将球包送走。

情境6：到前台询问后，客人没有结账

用语：对不起，麻烦您先到前台结下账，谢谢。

动作：在客人结账之前绝对不可以将球包送走，以免跑单。

情境7：客人说自己的账由一起来的朋友来结，但又不知道是不是真的

用语：对不起，我先同出发站请示一下。

动作：迅速拿对讲机通知出发站，请出发站人员出来处理，之后记下客人的车号。

情境8：打练习场的客人在停车场久候球包

用语：对不起，我马上帮您催一下，请稍等。

动作：马上用对讲机与练习场或出发站联系，将球包送到停车场。

课题十　比赛中的服务

1. 在比赛中球童应必要性地向客人进行球场场地介绍，奉上祝语"祝您此次比赛取得好成绩"，并与球员确认球杆和携带品。

2. 在果岭上球童应注意未经客人允许不准动球，待客人将球标（mark）做好后，把球给球童时，再帮客人擦球，擦完后交与客人自己放球，注意不要踩客人推击线。

3. 球童应准确地为球员看清球的飞行方向及落点，准确、迅速地找到球。

4. 在客人问距离时，只能告诉其距离，绝不能私自为客人选杆。

5. 在发球台上，应先确认自己所服务球员所用球的球号、牌子，以免球道中打错球。

6. 球手中有脾气很坏的人，这时要保持笑容与忍耐。

7. 球童易犯的错误是随意动球，这时球手会被罚，或者球手因为听从球童的指引而犯规，被罚的也是球手，所以，球童不能随意动球或引导客人。

8. 找球时可以请任何人协助，要注意自己脚下，避免踢或踩到球，因为，球童碰球，其服务的球手要被罚，所以，即使找到球也不要碰它，其他无关者碰球的话球手不会被罚，但球童应请动球者将球放回原位。

9. 当球童被球手问及有关障碍物的问题，而自己对问题的答案又不清楚时，应向委员会成员或同伴竞技者请教，有些问题可能会与球会特别规定有冲突，所以一定要携带当天的特别规定。

以上球童守则中，比赛时对球童的要求与平时的要求有一些不同。平时的服务要求热情、周到，给客人提供最大方便，在比赛中要求也是如此，但由于规则的束缚，一些周到的服务被视为犯规，所以球童在遇上大比赛时，服务中要注意到这些，但绝不能失去热情的服务。比赛中的服务与平时的服务在根本上是相同的。球童在平时工作、生活中要多积累关于高尔夫规则方面的知识，多充实自身，不仅在平时能周到服务，而且在正式比赛中也能做球员的好帮手。

课题十一　特殊情况的处理方式

在我们的日常工作中经常会有一些意想不到的事情发生，应如何更加完善地处理这些事情，使伤害降到最低，就要靠我们灵活的应对方式和处理事情的能力了。

一、应如何为客人提供更加完善的球童服务

在出发站，经常会听到一些客人反映球童的服务，其中有一些是好的评价，

有一些意见表达的就是对球童的服务不满意，问题主要体现在球童的服务意识上。客人经常会说"×球童下场就像没有睡醒一样，无精打采的，搞得我们一点打球的心情也没有了"或"×球童根本不能为我提供好的建议，遇上这样的球童最头痛"等等。一般出现这种情况会说明两个问题：

1. 球童本身存在问题。在球场的客流量高峰期时，球童是十分辛苦的，每名球童一天至少要出一场（平均 27 洞），往往要在球场待上一整天，很晚才休息，以至影响到次日的精神面貌，而让客人感觉球童的精神面貌很差，会间接影响到客人打球。所有客人都喜欢有活力和朝气的球童为自己服务，这样可以使自己有一个好心情。

应对方式：在客流量高峰期时，球童要多注意休息，要制定一个良好的作息安排表，将娱乐项目排在休息的时间里。每天出门之前在镜子前微笑地告诉自己"今天是美好的一天"，使自己有一个好的心情。来到球场之后，有一样东西一定要时刻带在身上——微笑。不要将烦恼的事情带到服务当中去，出场前一定要精神饱满，愉快地同每一位客人打招呼，这样，心情再不好的客人看到你的笑脸和活力也会被感染的。

2. 客人存在问题。在来场打球的客人当中，有时会有一些客人因为赌球而心情不好，或心情不好来球场放松一下，这时只要球童在服务中出现一点差错都会让客人十分不满。

应对方式：在客人赌球的情况下，球童若没有把握千万不要给客人任何建议，做自己应该做的事，为客人看好每一个球。另外，球童还要懂一些心理学知识，在陪客人走一两个洞之后就要了解客人的喜好和心情，根据这些来应对每一位来场的客人。客人心情好，喜欢聊天，就同他多聊一下（但要注意方式）。客人心情不好，不喜欢聊天，就做一名好的听众，而且更要用"心"去服务，要让客人打完一场球后有一个非常好的心情离开球场。客人性子急，球童做事就要迅速些；性子慢，球童做事就要稳重些。要了解客人打球时的心态。

二、停车场出现的特殊情况

在客流量高峰期，每天来场的客人都在 200 人以上，其中有下场的，有练习的。所以，停车场的局面时常很乱，一般容易出问题的东西为：

1. 客人的衣物包。客人来场后，会将衣物包交给球童，往往会出现停车场一次来几辆车，迎宾处有两三个衣物包的情形，而此时，打球结束的客人也可能将衣物包放在迎宾处，去停车场取车。停车场的值班人员一批换一批，到最后不知道衣物包到底是哪位客人的，或由于忙乱将刚刚来场客人的衣物包送到了要离场的客人车上，造成客人衣物包丢失。

应对方式：首先，停车场固定值班的人员在客人多的情况下是要绝对冷静的，而且不能离开工作岗位，当客人将衣物包放在迎宾处时，要注意客人的外貌特征，例如：Callaway 的衣物包是穿黑色上衣的客人的，G. T. 的衣物包是穿格上衣那位小姐的，等等。之后等客人来到大厅后准确地将衣物包交给相应的客人，并与客人确认："×先生/×小姐，请您确认一下这是您的手提袋吗？"若值班人员临时有事，要提前将衣物包的事情交代清楚。

打球结束，客人的衣物包交给值班人员之后，值班人员最好将衣物包放在送宾处，请送宾处的球童交于客人。

在迎宾处，如发生将客人衣物包送混的情况，值班人员应马上通知出发站，请出发员联系大堂经理一同解决此事。值班人员要将当时的情况准确地告知出发员和大堂经理。

2. 客人的球包。在来场客人的球包中，有一些球包的外形基本相同，所以球童在送包期间往往没有认真看球包号，客人指到球包时，就会为客人送包，而造成送错包的情况。

应对方式：当客人将球包卡交给值班人员要求取包时，值班人员要看清球包卡号，找到相对应的球包并再次确认球包卡号，之后将球包背到客人车旁请客人确认："您看这是您的球包吧？"确认无误后将球包装到车上（将球包卡号告知值班人员记录）。

当遇到停车场有外形、品牌相同的球包时，送包时就要格外小心，没有球包卡绝不能送包。客人取包时要将球包打开，与客人确认球包内的球杆，以免送错球包（将球包卡号告知值班人员记录）。

当停车场送错球包时，要马上通知出发站，请出发站联系大堂经理出面协调此事。在大堂经理没来之前，出发员和值班人员先要同客人道歉，稳住客人，然后调查送走的球包是什么时间送走的，是哪位球童送走的，球童认不认识那位客人。之后马上拿球包卡到前台去调查客人的身份：是会员还是访客？有无联系方式？等等。当值班人员和球童在一定时间没有找回球包时，将按原价赔偿客人相应的损失。

三、球道中的安全问题

球道中的安全问题一直以来是服务中的大问题，灵活地去应对球道中的安全问题是每一位球童必备的常识。现对各洞的安全距离规定如下：

以正规的蓝 T 为准，如 Tee 台有变化，球童应灵活掌握，根据客人的打球技术以及当时的风力，来判断客人是否能够开球。

遇上压组或性子急的客人，球童可以用以下的应对措施：

1. 不要提前将球杆交到客人手里。这时球童可以以擦杆为理由,帮助客人擦拭开球杆,既延长了客人的开球时间,又能让客人感觉到球童的服务意识。

应对的语言:先生,我先帮您擦擦球杆。

2. 灵活应对执意要杆的客人。如客人执意要杆,球童给过球杆后,可以到Tee 台前清理 Tee 台上碎草屑和垃圾,这样,球童在前面客人是不会开球的,而球童既维护了球道,又拖延了客人的开球时间。

应对的语言:先生,前组还没有走出安全区,您打得又这么好,会出危险的,请稍等一下吧。

3. 前面压组,客人自己拿了开球杆,球童可以请客人到一旁试挥杆找一下感觉。

应对的语言:先生,前组还没走出安全区,您先试挥几下找一下感觉。您刚开的那杆好像不太理想,我们的问题出在哪里呢?

4. 客人执意要开球。

应对的语言:对不起先生,您真的不能开球,真的很危险,如果您真的打了,我们会受处分的,我们会为此丢掉我们这份工作的,如果前组太慢,我们马上让巡场去调节,请您稍等一下吧。

5. 客人开球后球偏至隔壁球道时应致歉。客人开球后球偏至隔壁球道时,应大声喊"隔壁请看球",之后马上跑过去同客人道歉并说明情况,请客人原谅。如问题严重,要请本组打球的客人一同道歉,因为这是一个礼貌问题。

应对的语言:

(1) 对不起,请问有没有问题,我们的客人不小心把球打偏了,让您受惊了,真的很抱歉。(对隔壁球道的客人)

(2) ×先生/×小姐,我们的球有可能对前面的客人造成了危险,出于礼貌,请您同我过去解释一下,谢谢!(很危险时,同组客人一定要去道歉)

6. 如客人不听劝阻执意开球,球童可以拒绝服务。

课题十二 一杆进洞管理规定

许多高尔夫俱乐部都设置"一杆进洞"奖励,如深圳世纪海景高尔夫俱乐部设置 13 号洞一杆进洞奖励价值 1 万元的移动电话费及精美礼品。

客人在打出一杆进洞后,到球场会馆的前台办理登记手续,并请同组客人和服务球童签字确认,由营运总监(或代表人)签署后生效。

球场将在确认客人一杆进洞后,尽快安排为客人制定一杆进洞证明书,如表 6-1-1 所示。

表 6-1-1　一杆进洞证明书

先生，于＿＿年＿＿月＿＿日＿＿：＿＿在本球场的＿＿号洞＿＿Tee＿＿码使用＿＿铁杆打出一杆进洞。	
消费卡号：	
乒机号码：	
同组球员：	
同组球童：	
竞技部经理：	
营运总监：	
	竞技部 年　月　日

　　球场将协助安排与赞助商联系，落实赞助奖励。

　　球场可为一杆进洞客人制作一杆进洞纪念牌，收取制作费，会员将免费享受此项待遇。

　　应客人要求，俱乐部可为客人栽种纪念树并负责日后维护、保养，收取维护保养费。

　　一杆进洞无论是对客人还是对俱乐部都是一件莫大的幸事，俱乐部市场部会员服务秘书必须完整保存好有关资料，并按时间顺序整理出一杆进洞的历史资料，存入俱乐部发展档案。

　　训练检测情况可填写在表 6-1-2 中。

表 6-1-2　训练检测情况

被考评人：					
考评地点：					
考核项目	考核内容	分值	自评	小级评	实得分
服务项目	1. 出发前	10			
	2. 发球台	20			
	3. 球道	20			
	4. 果岭	20			
	5. 中场休息和终场结束	10			
	6. 比赛中	10			
	7. 特殊情况和一杆进洞	10			
	合　计				

任务二　心经营　心满意　心管理

活动情景

多媒体教室

任务要求

1. 了解心经营、心满意、心管理的理念；
2. 了解球员的性格类型；
3. 掌握处理人际关系的技巧；
4. 了解球童的管理过程。

能力训练

掌握高尔夫球运动心经营、心满意、心管理的概念，能够自如地处理各种人际关系，具备球童管理能力。

基本任务

课题一　用"心"服务

做任何事情都要动脑筋，灵活运用所学的东西，服务中要用"心"去观察，用"心"去服务。

一般来场的客人以会员为主，基本上每一位会员球童都要至少服务一次，所以，我们要将每次服务客人的习惯牢记于心。例如，张先生习惯果岭边上用S杆，李先生发球时喜欢用3号木杆，等等，在下一次服务这两位先生的时候，球童可以很快地帮他们选杆，这会让他们感觉到球童每一次都是在用心地为他们提供服务。

球童最好在客人打完两三个洞之后，就能了解客人的用杆习惯，当客人的球打出去后，球童首先要看清楚球的停点，在车行驶的过程中要注意观察球停点所在位置的具体情况。例如：球距离下一落球点或果岭还有多少码？是顺风、逆风？旗洞的位置？等等。再根据客人打球的水平为客人挑选球杆，建议初学打球的客人或第一次来场的客人应如何打，为客人提供更准确、更详细的建议。

学会关心客人。天气炎热的夏天，如果球童及时将饮料送到客人手里，此时客人会真正感觉到球童是真心为他服务。同时也可以给初学打球的客人一些关于球技和高尔夫礼仪方面的建议，但一定要适可而止，不要让客人有"喧宾夺主"的感觉。

要用心观察客人。例如，有些客人来场是为了锻炼身体，习惯步行打球，往往忘记开车，这时球童就要认真观察，在服务中如客人没有开车的意识，球童就应及时将球车开至落球点，另外留下一名球童陪在客人身旁，以便随时为客人提供服务。在有些洞的果岭附近，球童可根据情况将电瓶车开至下一洞发球台，或提前将电瓶车开至离下一洞比较近的地方等候客人上车。

课题二　球场客人类型分析

分析球场客人的类型、特点，主要从客人的打球目的、气质类型、水平高低三个不同的方面把客人分为 10 种不同的类型。当然，这 10 种类型的客人都有自己的特点，但由于分类方法不同，不能把他们看作各自独立的 10 类客人，各类人之间也并无好坏之分。分类只是给大家提供一种迅速认识客人的方法，借助这种方法，大家能够了解遇到不同类型客人时，在服务策略上、水平要求上和内容重点上将会有很大的不同。

一、打球目的不同的客人类型

到高尔夫球场打球的人，无论成绩好与差，水平高与低、动作美与丑，大都有一个明确或不明确的打球目的，职业客人的打球目的相对明确，其他客人的打球目的未必很明确，但不明确并不表示没有目的。在此，以客人打球目的为线索，将客人分为以下三种类型：竞赛型、竞赛和锻炼混合型、锻炼和娱乐混合型。这三类客人是我国目前高尔夫人口的主力军，分析他们的情绪反应特征比较有典型意义。

将客人划分为以上三种类型也仅仅是为了方便讨论，并不意味着绝对的划分，原因在于其中的动态成分很大。例如，有很多人既注重比赛成绩，又陶醉于打球过程中的乐趣，他们显然可以被划分为竞赛和娱乐混合型客人。除此以外，还有一些类型的客人，如纯粹锻炼型、纯粹社交型、纯粹娱乐型，我们将在下面的三种典型客人的讨论中穿插进行分析。

1. 竞赛型客人。一般来说，竞赛型客人有以下几种类型：

一是自认为自己打球水平不错，自我期望值很高的客人。这类客人有一个突出的特点，就是谈起自己的水平时，总是把自己最好的成绩作为实际的成绩。由于他们的期望值总是高于实际水平值，他们每次下场前都会给自己定一个比较高的目标，总想达到或超过这个目标，但事实上实现的可能性很小。因此，如果他们在某一个洞没打好，他们就会认为今天打不到最好成绩了，就会泄气，就会焦躁，就会无端发脾气。

二是几个球友约定赌球的客人。这种客人尽管没有第一种客人那样的期望值，但他们心中有两个念头是紧紧缠着他们的，一个是不能输钱，另一个是不能输面子。实际上输钱和输面子是一回事，赢钱也赢了面子，输钱自然输了面子。所以他们在球场上情绪始终处于极为紧张的状态。

三是有目标的客人。他们下场打球，就是为了积累比赛经验或球场经验，验证自己的水平，他们会非常认真地对待每一杆、每一个球洞。

以上类型的客人属于典型的竞赛型客人，由于他们特别注重成绩，因此紧张程度较高，一旦成绩不理想就会有强烈的情绪反应。同时，这种客人对球场服务的要求特别高，对球童的要求也特别高，一旦出现不符合自己要求的情况，也会有强烈的情绪反应。例如，参加中国高尔夫球协会业余巡回赛的球员在一起打球时，对每一杆击球的效果都有十分苛刻的预计，在150码处击球时，球童报出的击球码数即使只有10码的误差，他们都能清晰地觉察出来；在果岭上，一般他们自己看推击路线，如果球童给他们看线判断得不准，而且诸如此类的情况出现几次，他们会很恼火。所以球童在为这类客人服务时，一定要把精确报出技术指标放在第一位，以防出错。

2. 竞赛和锻炼混合型客人。在我国现有的打球人口中，这类客人的数量最多，是典型的"高尔夫球发烧友"，他们通常是那些事业上成功或比较成功的人士。商场上的竞争、事务上的忙碌、生意上的应酬，使他们有了锻炼的迫切需要。高尔夫的贵族运动特点和平缓的运动节奏非常适合这类人，因此他们会不惜花钱投入到这项运动中来，并且乐此不疲。由于这类人见多识广，除了赌球之外，他们打球的态度相对比较豁达，很少有人会因为一两杆打不好而发脾气。这类客人有一个比较突出的特点，就是喜欢让自己熟悉的、服务态度比较好的、业务水平相对高的球童为自己提供服务，他们在付小费方面也比一般人大方，属于那种典型的"回头客"。因此，一个球童"回头客"的多少，也能在一定程度上反映出这个球童的人际交往、业务素质的水平。

3. 锻炼和娱乐混合型客人。这类客人属于那种只要有球打就高兴，不在乎结果，只在乎过程的客人。他们下场打球一是为了放松、开心，二是为了通过走路和打球锻炼身体，三是为了结识一批新朋友。这种客人以年龄偏大者居多，论能力，他们已经过了一生最佳运动时期，所以他们对自己没有过高的要求，他们对自己的成绩设定也不会太苛刻。这种人一般都是比较通情达理的，对球童服务的要求不会太高。由于在心理上对自己没有设置太高的期望值，他们对成绩的好与差也就不会太在意，情绪反应自然不大。这是球童很乐意为其服务的一类客人。

二、不同气质类型的客人

心理学中的"气质"不是人们平常评价某个电影明星时所指的"气质"，没有学过心理学的人总把人的"气质"和这个人的风度、修为、外在行为的优雅程度联系在一起，说香港演员周润发很有气质，美国电影明星朱丽叶·罗伯茨很有气质，等等。这些都不是心理学所说的气质。心理学中的气质概念是"一个人在情感发生的速度、强度和外部表现，以及灵活性上的特点的总和"，也就是我们俗称的"脾气"。

人的气质是天生的、难以改变的，其情绪、行为表现也是典型的。了解客人的气质类型和对应的情绪反应特征，有助于球童在服务不同气质客人的过程中，采取适合于客人的交往方式，从而可以避免许多人际不协调现象的发生。

一般来说，人的典型气质有四种类型：胆汁质、多血质、黏液质、抑郁质。属于前两种类型的人外向，属于后两种类型的人内向，四种气质在对待同一件事情上的情绪反应方式可以完全不同。以下我们逐一进行介绍。

四种气质人遇到的同一事件：发球出界。

1. 胆汁质型客人。看到自己把球发出界时，胆汁质的人迅速产生恼怒情绪，情绪产生是快速的、强烈的，有时甚至是暴风骤雨式的；在行为上明显受情绪影响，如摔杆、骂人等行为时有出现。我们常将这种气质类型的人称为"坏脾气"的人。这种人一般打球的速度比较快，不喜欢拖泥带水，对其他打球速度慢的人显得很不耐烦。

例如，曾夺得 11 次 PGA 巡回赛冠军的马克·卡卡维奇亚，在高尔夫界以性情暴躁著称，但他还比不上帕特·比瑞，这位老兄，被称为 PGA 巡回赛上脾气最火爆的客人。他曾为自己打出一个博基气得破口大骂，用词不堪入耳，并在下一个洞因情绪失控而落败；也曾因自己的坏脾气三次失去争夺冠军的机会。

再如，泰格·伍兹虽然在千钧一发的关头能保持有条不紊，但有时仍然掩饰不住内心的焦灼。一般情况下，伍兹比较能达到所谓"冷静的疯狂"这种理想的比赛状况，但在很多时候，他也会失去冷静，以至于摔球杆，说脏话。他的父亲说："泰格的内心是一座火山，我见过它爆发，非常凶猛。"

球童如果遇到这种客人，在服务时要小心翼翼，不要因为一些小事激怒对方，并且要有耐心，做好忍受客人坏脾气的充分心理准备。但也不要过于担心，胆汁质的人的情绪爆发周期比较短，且为人热情、直率，他们发过脾气很快就没事了。

2. 多血质型客人。看到自己把球发出界时，多血质的人可能也恼怒，情绪发生的速度虽然快，强度却不如胆汁质的人，他们不会因为恼怒而在行为上失态，很快便可以调整过来。他们常常用自嘲、玩笑的方式将自己的情绪迅速调整过来。他们很少会摔杆、骂人。我们常将这种气质类型的人称为"灵活型"的人。

这种人虽然打球的速度比较快，却能够忍受打球速度慢的人，也不会对他们恶言相加。在打球过程中，他们常常会犯的毛病就是容易轻举妄动，缺乏认真态度，缺乏耐力和毅力。

球童在为多血质的球员服务时，不必担心他们会在态度上不礼貌，但要在言语上主动提醒这种类型的人注意选杆策略、击球策略，以防他们打不好时放弃比赛。同时，这种气质类型的人是那种典型的"喜欢聊天者"，如果让他不说话打完一场球，他会觉得很没意思。但常常会在礼仪上对别人有不良影响，从而引起同组客人的不满。

3. 黏液质型客人。当把球发出界外时，胆汁质的人可能以大发脾气、摔杆、骂人来发泄情绪，多血质的人可能用捶胸顿足、自我嘲笑来缓解情绪，但黏液质的人的情绪发泄方式就没有那么外露。他们通常都具有情绪稳定、举止稳重、不轻易说话的内向性格。即便打出臭球，他们在情绪发生的速度、强度上远低于胆汁质的人，他们不会因为恼怒而在行为上失态，也不会像多血质的人那样在行为上显得大惊小怪；在调整情绪方面，他们会以沉默的方式来承受不愉快情绪，并很快进行自我调整，甚至根本看不出来他们会出现情绪波动。我们常将这种气质类型的人称为"稳重型"的人。

这种人打球一般都有一个明显的特点，就是行动节奏很慢，他们干任何事情都不会像外向型的人那样风风火火，因此，他们在球场上的典型行为就是，走路慢条斯理，击球准备时间长于一般人，这种慢节奏在果岭上表现得尤为突出，他们可以来回把推击路线看上好多遍，然后再试挥杆多次，才能出手，所以他们打球用时比外向型球员多出几倍。在打球过程中，他们常常出现的问题就是开始打不好，慢慢地才会进入状态，所以这类人在下场之前最好先到练习场多热热身。这种气质类型的球员是最适合打高尔夫球的，他们可以做到处变不惊、遇压不垮，情绪始终处于一种相对平衡的状态之中。伟大的高尔夫名人杰克·尼克劳斯就具有运动心理学家称之为"低觉醒"的特点，即当比赛压力增大时，他的激情会提升到理想水平，而不会过度兴奋。

球童在为黏液质球员服务时，要理解他们少言寡语、行为缓慢的性格特点，在言语上主动提醒这种类型的人注意适当加快打球速度，尤其是在球场人多的时候。遇上这种球员，后面打球的客人是最苦的，每一洞都要等，有时还可能压上几组都要等。常常弄得后面的客人很不开心，挨骂的不仅是前一组球童，连球会的管理者也会受到批评。

4. 抑郁质型客人。看到自己把球发出界时，抑郁质的人和黏液质的人很像，他们很少会把自己的情绪暴露，即便是有情绪体验，也是内隐的、自责的。这种人有一个特点就是，当他们打不好球时，会从自己挥杆、站位等方面寻找原因，很少因为这一杆没打好迁怒别人，也很少会在行为上有失态表现。但他们不像黏液质的人和多血质的人那样善于调节自己的情绪，而是会因打不好一杆而自暴自弃。和黏液质的人一样，抑郁质的人打球速度也很慢，别人着急他不急，每一杆都要反复看、反复试。我们常将这种气质类型的人称为"柔弱型"的人。

这种人是那种只管自己打球，不太关心别人成绩的人。在打球过程中，他们常常会犯的毛病就是用时超多，而且容不得别人说"不"字，由于他们对任何事情都显得很敏感，所以对别人有时甚至是善意的提醒也会产生消极情绪反应，是比较"小心眼儿"的人。

球童在为抑郁质的人服务时，可能会感到乏味，但也要注意这种气质类型的人是一种情感"细腻型"的人，他们喜欢特别周到、体贴的服务，一些小的关心动作，如不时给他们递水，说几句安慰话是很有必要的。有些球童看客人不喜欢说话，自己也不说话，殊不知这类客人需要你去说，而他需要听，尽管他不怎么回应你的话。例如，在他们击球之前向他们介绍地形、用杆策略等，在言语上主动提醒这种类型的人注意选杆策略、击球策略，以防他们打不好时放弃比赛。这种气质类型的人是典型的"敏感型"的人，所以球童遇到该说话的时候，要考虑说话的分寸和方式。

三、差点水平不同的客人类型

1. 单差点客人。所谓单差点球员，一般指的是成绩稳定在80杆以内的球员。这类球员有几个典型特点：一是对自己的球技比较自信，相当有主见，相信自己的能力；二是打球认真，自我要求和自我期望值相对高；三是对球场了解的程度要求很高，如对开球距离和方向设定，每一杆的精确击球码数、天气、风向、障碍物的了解与回避、果岭速度、湿度、坡度、草纹等球场状况的了解要求都要高于一般人。因此，球童为单差点球客人服务时，常常处在一种两难境地：一方面，单差点客人球技好、自信，所以他们对球童的技术依赖性小；另一方面，他们又对球童提供的球场信息的精确性和准确性要求很高。因此，为这样的客人服务，球童在提供相关击球信息时，一定要把各种信息进行综合评估，任何不精确的信息都可能导致客人对击球效果提出异议。例如，一些单差点客人在球场打球，有些球场的距离标尺并不精确，甚至会有错误，如果球童不动脑子，只按标尺估计码数，很可能报错距离，引起客人不满。如果客人按照报出的码数击球，其效果可想而知。此外，在客人攻果岭时，球童如果不考虑旗杆位置，只按标尺距离报码数，就会导致球员击球距离太短，而旗杆位置和果岭中心的距离，球童必须十分清楚。一般而言，球童喜欢为这样的客人服务，原因在于：一是他们要求高，使你能在业务上有更多的体会与收获，能够迅速进步；二是他们水平高，击球距离远，击球方向性也好，一场球下来，基本不丢球，免去了许多麻烦事。为这种球员服务是最节省体力的。

2. 双差点客人。双差点客人指的是那些成绩基本稳定在 90 杆左右的客人。在国内球场上，这种水平的客人人数比例最大，也最活跃。这种客人有以下几个显著特点：一是球技一般，但又很想提高成绩，如来测试一下，这类客人通常会报出曾经打出过的最好成绩，但实际上这个成绩高于他们的实际成绩，代表不了他们的一般成绩；二是社会地位、经济水平相对较高，在这一群人中间，企业老板、社会名流或事业相对比较成功者人数最多；三是发烧程度很高，他们中间有很多人几乎天天泡在球场；四是喜欢赌球，有些人每逢下场必定赌球，而且赌得很大。由于以上特点，球童在为这类客人服务时，应注意以下几个方面：一是在他们击球时注意力要集中，看清球的落点方向和大致位置，以防找不到球；二是耐心服务，这些人由于社会经济地位较高，自我意识中总有些盛气凌人的成分，喜欢责备人是他们的职业特点，球童要有一些承受挫折的心理准备；三是回头客数量最大，他们会非常乐意让和他们关系好的球童为他们服务；四是他们在赌球时，对彼此的分数看得很重，球童要加倍小心地仔细为他们服务，尤其在计分时要多问几句，以防出错而招埋怨，最好每洞打完都向他们报一下杆数，并征得他们的同意后再记分；五是主动服务，不要等到客人发问的时候才说话，要细心观察客人的性格特点、策略特点、用杆特点等，做到心到手到。

3. 初学者。这类客人只有在我们国家的球场才会出现。他们基本不会打球，是我们俗称的"赶绵羊人"或"刨地者"。他们中间不乏有一些是刚入门者，只在练习场练过一段时间；也有一些根本就没有到过练习场，直接下场就打球。在国外，尤其是在美国，不具备一定差点水平的人是禁止在球场打球的。连世界首富比尔·盖茨也不例外。有一次他到一个球场去打球，尽管他是有差点球员，但当他报出 22 差点时，球场管理人员态度很坚决地拒绝了他入场打球。这类客人有以下特点：一是自己知道水平很差，所以对自己和球童没有太高要求；二是打出的球不是满天飞，就是顺地跑，既谈不上击球距离，也谈不上击球准确性，他们在球场上丢球很多，有时一场球下来，球袋里的球都被打光了。球童在为这些客人服务时，最麻烦的不是他们对你的技术指导信息有什么不满，而是满场跑着为他们找球。此时球童在脑力上是很轻松的，但在体力上却是最累的。为这类客人服务，球童要有一个服务态度底线，就是要耐心，不能因为他们打不好球而不耐烦。由于他们下场时间有限，向技术上、球场知识和经验上都有限，向他们多介绍一些高尔夫知识、球场知识、礼仪知识都是必要的。

课题三　球童处理人际关系的十大技巧

学习心理学的实用性之一就是能够引导球童用心理学的观点、方法去思考问题，为自己更好地开展服务、赢得客人称赞提供意识保证。以下，我们针对球童服务，提出高尔夫球童处理人际关系的十大技巧，可以让球童合理地处理与和客人的关系，这些可以让球童在茫茫人际海洋中驰骋遨游、游刃有余。

一、迅速掌握客人类型

从心理学的角度出发了解客人类型，就是要在很短的人际接触时间内，快速了解客人的人格特点、需求特点、情绪特点等，从而有针对性地开展服务。

前面已经介绍，球员的性格特点、需求特点、情绪特点是因人而异、各不相同的，正所谓"人心不同，各如其面"。

客人的性格特点，最容易看出来的就是气质特点，如内向-外向型，内向的人不太爱说话，外向的人说话太多。遇到内向的客人，球童只需要把他们最想知道的事情告诉他们就行了，他们不会与球童谈球场之外的事情。外向的客人不仅要打球，还要聊天，球童如果像对待内向客人那样为他们服务，可能会受到责备。再如快急-缓慢型，有些客人打球速度很快，杆一拿到手就迅速把球打出去了。他们打球时不愿意等，如果球童不能迅速把他需要的杆拿给他，他们可能会对球童发脾气。如果遇到这种客人，球童应在客人击球之前适当地提醒他们多做一些空挥杆动作，等准备充分以后再击球。而有些客人打球速度奇慢，空挥动作能做几十次，尤其是在果岭上，他们会走过来走过去，别人很着急，他们却不紧不慢地打球。遇到这种客人，球童应该做的事情就是在他们准备击球之前，主动明确地帮助他们报出码数，看准方向，看好推球路线，以减少他们的准备时间。

在需求方面，有些客人把杆数的多少看得很重要，尤其是赌球的客人更是如此。在为这些客人服务的时候，球童必须十分认真诚实地记分，并严格按照高尔夫规则办事。如果球童帮自己的客人少记杆数，又让别的客人发现了，他们会非常不高兴。也有一些客人只重视下场打球的感觉，不太看重杆数，为他们记分时也就不必太认真了。

在情绪方面，掌握客人情绪类型很重要。最难服务的就是那些情绪不稳定的客人，打上一记好球他们会眉飞色舞，打了一个臭球他们会勃然大怒，甚至会把杆摔了。遇到这种客人，球童必须小心翼翼地为他们服务，千万不要成了他们的撒气筒。即便他们把气撒在球童身上，球童也不要太在意，更不能和他们计较长短，如果球童这时候和他们理论，肯定会引起冲突，最后吃亏的还是球童。

二、快速了解客人水平

客人的打球水平，表面上看来是用差点计算出来的，然而在实际下场打球时，球童要迅速了解的不是这个客人差点的高低，而是这个客人的击球距离和击球路线特点。这是因为这两个因素涉及客人的选杆策略，也就涉及球童是否能及时为客人准备好球杆的问题。一个合格的球童，在客人打了几洞以后，会对客人的击球距离做到心中有数。在深圳公众高尔夫球场，有个 76 号球童，是 A 级球童，她的最大特点就是在你需要什么杆时，她就能随手把已经准备好的球杆递给你，不能不令人感到惊讶，同时客人也对她产生了极大的好感。在大连金石滩高尔夫球场，也有一个球童具备这种能力，客人很高兴，打完球给她的小费就比别人多。一般来说，有经验的球童为客人准备球杆时，都会多拿出几支杆预备着，但也有一些球童尽管手里拿了三四支杆，却没有客人要用的杆，不得不回头跑好远重新为客人拿杆，把客人晾到那里等好长时间，这种球童没有不遭客人抱怨的。

另外，迅速了解客人击球路线特点也是球童必须具备的基本功之一。具体地说就是，有些客人击球总是出现左曲球和右曲球，如果球童没有注意到这一特点，为客人指出的击球方向将会出现偏差。一个合格的球童，能够在仔细观察客人的击球特点之后，把客人的击球误差迅速估计出来，从而有效地为客人指出一个击球的调整目标范围，能做到这一点必定会得到客人的赞许。

所以，能迅速掌握客人打球水平，并能够为客人提供有效技术指导的球童才称得上好球童，而能够提出有效建议的基础就是球童对高尔夫球运动和规则的理解。

三、通融豁达

通融豁达不仅是球童应具备的服务态度，也是一个想要得到良好人际关系的人应具备的性格品质。人都会有私心，都会把自己的利益看得比别人高，但是球童岗位恰恰是一种服务性的工作，服务工作就是要千方百计照顾客人的利益，所以自己的利益和客人的利益有时就会产生矛盾。那么，如何处理这种矛盾呢？这就要求球童在工作岗位上逐渐培养自己通融豁达的品格。

通融豁达的实质就是要求利他行为多一些，利己行为少一些，理解别人多一些，容忍别人多一些。这是建立良好人际关系的不变法宝。

例如，学会忍耐就是通融豁达的表现。很多球童都有体会，并不是每位客人的要求都是合理的，也不是每位客人对自己的批评、指责都是对的。在这种情况下，你可以有多种办法来对待客人，一是和客人理论，二是沉默不语，三是微微一笑，四是主动道歉。在球场上，最多的处理办法是前两种，效果最差的也是前两种。第一种是会引起冲突但又解决不了问题的办法；第二种是让自己产生抵触情绪，有可能引起对方不满的办法。实际上，有效的办法是第三种和第四种，第三种意味着你对客人的宽容，也意味着对自己尴尬情绪的缓解；第四种是通过让客人满足虚荣心的方式来解决问题的办法。

此外，球童在心理上也应该经常给自己暗示，一种暗示方法就是："不要紧，我只为你服务几个小时，就算我受你几个小时的气，以后我们可能连面都见不上了，所以不算什么。"有些球童不会暗示自己，客人一埋怨自己，就觉得委屈、不开心，甚至哭鼻子。如果一连几天都遇到这种客人，那还不哭得连眼皮都肿了？实在是不值得。

所以，请记住，通融豁达是一种"欲擒故纵"处理人际关系的法宝，也是让自己时时处在有利地位的可贵品质。

四、乐观随和

生活在社会中的人们，性格各式各样，有些人内向沉稳，有些人外向热情，有些人挑剔多事，有些人乐观随和。我们大都比较喜欢和外向热情、乐观随和的人打交道，至少容易和他们拉近人际距离；内向沉稳的人也许不是讨厌的人，但总会让人感到不容易沟通，不容易拉近心理距离；挑剔多事的人到哪里都会让人讨厌，让人不愿和他们接触。

同样，客人也会喜欢让外向热情、乐观随和的球童为他们服务，让这样的球童服务会让他们觉得友好、轻松、自然、愉快，这些感觉恰恰是客人到球场想要体验的感觉。

有些球童，不知道乐观随和的作用，他们在为客人服务时，跟随客人四五个小时，却始终阴沉着脸，影响客人打球的心情。

乐观随和的心理基础是宽容大度，宽容大度的心理基础是私心较少，正所谓"心底无私天地宽"，这是一个人在社会上受人欢迎的不变法则。试想一下，你是愿意被别人喜欢，还是愿意让人讨厌你呢？

所以，球童想要博得别人的喜欢，就乐观随和一点，阴沉乏味只能拒人于千里之外。

五、眼明手快

在服务行业，眼明手快实际上说的一是用"心"服务，二是手脚勤快。

用"心"服务指的是想客人所想，急客人所需。我们常说，"想到才能做到"，球童的工作既然是服务工作，就必须为客人着想，连客人需要什么、不需要什么都不知道，就不叫为客人着想。一般来说，客人是来打球的，他们所有的想法均围绕着如何打好球而展开。在这方面，一般的球童主要考虑如何为客人打好球服务。但也有一些球童悟性很高，他们不满足于只为客人打球服务，而是通过每次为客人服务赢得良好的人际关系，扩大自己的人际交往圈，这些球童的眼光比较远，久而久之会从球童岗位上获得很大的自我发展空间。

手脚勤快指的是心到了还不行，还要手到、脚到。你想到了为客人递水，但你没有去做，这和你没想到在行为效果上是一样的；你想到了为客人摆球线，但怕摆错了客人埋怨不敢去摆，这也和没有想到一样。

所以，手脚勤快的前提是不仅要心勤，而且要想法积极、正确。无论是懒得为客人服务也好，还是积极为客人服务也好，反正都要为客人服务四五个小时，但勤快和懒惰的服务质量截然相反：勤快一点可能会身体累一点，但能博得客人的好感；反之，懒惰一点也得熬够这些时间，但你的心是很累的，总担心客人会对你产生一些想法，客观效果是客人必定不满意。哪种情况最有利于自己，可想而知。

六、谦虚友好

很多球童总是谈论客人的诸多不是，不是这个客人态度恶劣、喜欢骂人，就是那个客人要求太高、难于伺候，但球童就自己身上的不足主动请教的偏少。这是为什么呢？实际上，这是缺乏谦虚友好的品质所致。

所谓谦虚，就是有虚怀若谷的胸怀，能够多从自己不足的角度看待问题。多看自己的不足虽然是一个不太愉快的过程，但谦虚是客人喜欢的品质。有些球童，在果岭上把推球线看错了，摆出的球线和实际推出的线路差距很大，客人推完球说他，他还强词夺理。有些球童因此被客人辞退，他还不明白是怎么回事。

所谓友好，就是不要戴有色眼镜去看人。人出于自我保护本能，往往会在初次接触别人的时候，用有色眼镜去看他们，把对方想得不怎么好，或一开始就存有戒备心。实际上这是将自己推向人际关系对立面的不明智做法，它会使你在人际交往中拘谨，该说的话不敢说，该做的事不敢做，给人以拒人于千里之外的感觉。这是没有必要的。在和不熟悉的客人接触时，千万不要用自己的想法给客人定一个框框，不要想当然地认为这个客人是什么样，给他定框框的同时，也就限制了自己和他交往时的自由空间，使你很难和对方进行有效交流。

另外，人与人之间的友好交往都是相互的，你对别人存有戒心的同时，也激发了对方对你的戒备心理，你的不友好态度换来的只会是对方更大的不友好。

所以，球童需谨记，如果你想获得最大的人际交往空间，对人一定要谦虚友好。

七、善于赞美

生活在社会上的每一个人，都喜欢别人夸奖、赞美自己，这是通过别人的言语看到自己价值的一种内心体验。不论是伟人还是平凡人，都喜欢听赞美的话而不喜欢听批评的话。球童在为客人服务的过程中，可能听到表扬的话和批评的话一样多，有时听到批评的话还多过表扬的话。球童自己可以体会一下，是听到表扬的话心里舒服，还是听到批评的话心里舒服？肯定是都愿意别人表扬和赞美自己。

人同此心，心同此理。让我们现在用自己的感受反向思考、体会一下客人对赞美的感受，就会发现客人也一样需要我们赞美他，鼓励他。例如，一个 40 多岁的女人，你对她说她比前两年更年轻了，尽管她知道这是不真实的恭维话，哪有年龄越大越年轻的道理？但是她心里一定是美滋滋的，因为你承认了她容貌的价值，她一定会对你产生好感，至少不会是恶感。

在球场上，所有的客人都会打出好球，也会打出坏球。打好球时赞美他比较从容和自然，也理所应当。但是当客人打出坏球时，怎样用语言表示出合理的感受，又让他听起来舒服，能够让他迅速地从挫折中缓解出来呢？这就是学问。有些善解人意的球童会通过自我批评来调节客人的情绪。例如，可以说："这是我的责任，下一杆我们打好。"实际上，球童根本没有责任，是客人自己打得不好，但是当他把责任揽到自己身上时，客人就会说："这和你没关系，是我自己没打好。"简单的对话，既可缓解客人的情绪，又可拉近和客人的关系，还不用花一分钱，是一桩无本万利的生意，但是很多球童却做得不好。

要知道，在这个世界上，没有人不喜欢别人赞美他！你要处理好和客人的关系，不妨不失时机地赞美他。

八、微笑服务

生活中我们都有这样的体会，无论你面前的这个人穿着如何华丽、高贵、典雅，如男球员手腕上戴的是"劳力士"手表，脚上穿的是"耐克"皮鞋，身着名牌高尔夫服装，用的是价值十几万元的五星"HONMA"球杆，女球员身穿"菲拉"名牌，把自己装扮得如同"球场模特"，但是当他/她们的面部表情显示出高傲、刻薄、自私或冷漠的时候，你是一定不会喜欢他/她，甚至有不想为他/她服务的念头的。

同理，如果你在对客人服务的时候，面部表情呆板、冷漠，球员也会有同样的感觉，也会产生不想让你为他/她服务的念头。这是因为，一个人的表情，是他/她对对方接纳程度的指标，呆板、冷漠的表情的潜台词意思是："我并不喜欢你，我懒得为你服务！"而微笑就有这样的表示："我喜欢你，你使我快乐，我非常高兴见到你。"

美国富商司华伯曾经说，他的微笑有100万美元的价值。他所暗示的或许就是这个真理。司华伯有今天的成就，该归功于他的人格、他的魅力和他那种特殊的能力。而在他的人格中，最可爱的因素，就是他令人倾心的微笑。

此外，微笑还有另一层含义，那就是表示此人是否对自己所从事的工作有兴趣。当一个球童对自己的工作毫无兴趣的时候，他会把每一次出场服务看作"受罪"，又怎么能够笑得出来呢？反之，当他把自己的工作不仅看作谋生的手段，而且抱有浓厚的兴趣时，他会从自己的感受出发去体会球员的心情和需要，当球员打出好球时，他会由衷地和他一同高兴，当球员打出一记质量不太高的球时，他会发自内心地为他捏一把汗。

球童对工作是否有浓烈的兴趣，从脸上的表情就可以观察得很清楚。每个人都会笑，但会心的微笑和敷衍的微笑截然不同，也极容易分辨。发自内心的、会心的微笑是一种从心底里自然流露出的情绪，它具有强烈的感染力，能够被其他人所体会，也会受它的感染；反之，敷衍的微笑不是从内心发出的，因此它就是机械的、呆板的，没有感染力的"皮笑肉不笑"，这种笑不仅欺骗不了别人，反而令人厌恶。

有的球童总是抱怨客人对自己的态度如何不好，但他没有弄明白这个道理：如果你希望别人用一副高兴、欢愉的表情来接待你，那么你自己先要用这种表情去对待别人。所以，改进球童与客人之间关系的最重要的一点就是：当每天你遇到你所要服务的客人时，第一件事就是对他们报以一个轻松的、自然的微笑。

微笑的质量直接受个人心情的影响。例如，有两个球童，共同服务一组客人，可是其中一个工作起来轻松愉快，另一个却愁眉苦脸。这是什么原因呢？答案很简单，他们两个人的心情不一样。

美国前任总统林肯曾经说过："大多数人所获得的快乐，跟他头脑里所想到的差不多。"的确，那种被称之为"阳光男孩""阳光女孩"的球童，只要略加品味，就会发现这些他/她们不论性格、气质、能力差异有多大，都有一个共同点，就是他/她们头脑中总是充满了快乐，并把这种快乐自然地流露出来感染他人。也许他/她们自己并没有意识到这一点，但他/她们的"阳光"心情足以表明，自己首先是快乐的。同样也有这样一些球童，自打你和他/她们接触之时起就不舒服，他/她们的脸是阴沉的、没有生气的，让你总感到别扭。例如，曾有位球童很不受客人喜欢，却又不知是何缘故。后有位客人告诉他，尽管他没有意识到自己的情绪，但他的面部表情已经很清楚地表明"我不愿意为你服务"，于是客人也就会说："那么我也不喜欢你为我服务！"所以，在某种程度上球童的面部表情能够影响到客人的兴致。

可见，愉快的心情是微笑的基础，要使别人迅速喜欢你，你就要让自己经常保持一个良好的心情，并利用这种心情让真诚的微笑洋溢在你的脸上。"微笑是永远受人欢迎的"。如果球童脸上没有带着笑容，千万别下场服务！

九、言语甜美

常言说"良言一句三冬暖，恶语伤人六月寒"，指的就是言语在人际交往中的重要性。

言语是人与人之间交往的门户和脸面，在人际关系中，有两种交往方式最常见，一种是长期交往型，另一种是暂时交往型。前一种适合朋友、同事之间的交往，在这种交往中，重要的不是看你说得好与差，而是看你做得好与差，也就是说，这种交往是以你对他人或他人对你的人格、道德理解程度作为基础的，偶尔有几句话说得不好，说话伤人了，如果朋友和同事对你十分了解，也会给予谅解。但是，上述道理不适用于暂时交往型，恰恰相反，在这种人际交往类型中，重要的不是看你做得好与差，而是看你说得好与差，你能不能用甜美的言语快速赢得别人的好感，是别人愿不愿意和你继续交往的重要因素。球童和客人的关系恰恰就是属于这种暂时交往型，在这种交往中，你和客人可能是初次见面，也可能有几面之交，但双方根本谈不上深交。由于人对人的理解是建立在相互了解和信任基础上的，几次短时交往不可能产生充分了解和信任，所以你言语的表达虽是赢得好感的法宝，但也是让人产生恶感的原因。

很多球童并不懂这个道理，不会在初次交往中合理地运用言语这个交往工具，要么言语冷漠，要么言语被动，客人不问不说话，客人问到了也懒得多说几句，把一场球的气氛搞得紧张兮兮，这样必然会降低客人的好感度。打完球客人可能一赌气连小费也不愿给！反之，有的球童善解人意，懂得"话是开心的钥匙"这个道理，会合理地恭维、赞美客人，和客人进行广泛的交流，把客人说得心花怒放，高兴得不得了，一场球下来，人际关系搞得十分融洽，下次来打球还让这名球童为他服务，情愿多给点小费。

用甜美的言语去和客人沟通，并不花你一分钱，没准还可能多挣钱，做这种只赚不赔的生意何乐而不为呢？反之，球童若不懂这个道理，不会运用语言这个武器，不但赚不到钱，还有可能招来不断的投诉，可能导致的直接后果是：不仅客人不愿意让你为他服务，就连你的上司也不会喜欢你，甚至有被辞退的可能。

因此，如果要做一个优秀的球童，一定要会说话，要用甜美的言语与客人交流。

十、避免争论

在一般人际交往中，"关系紧张"可以说是争论的别名，争论就意味着你和别人的观点不同。在绝大多数人眼中，你不同意他的观点，就是和他过不去，既然你和他过不去，他也会反其道而行之，理所当然、理直气壮地和你过不去。

从理性上来讲，争论并不是坏事情，通过争论，可以明辨是非、分清对错。但是，在球童服务行业，和客人并没有原则性的利害冲突，也到不了非要争个谁对谁错的深层人际交往程度，所以争论只会带来人际关系上的闹别扭、不满、埋怨甚至对立。这不仅是球场管理层不愿意看到的，也是服务行业的大忌讳。

一般来说，球童在实际服务中，会遇到形形色色、不同类型的客人，大多数客人是讲道理的、友好的，但也有一些客人比较挑剔，他们常常把打不好球的责任归罪于球童。例如：发球下水怪球童没有事先告诉他旁边有水；进攻果岭那一杆打近了，球没有上果岭埋怨球童说的距离不对；一码的推杆球没有进洞说球童看的推球线路不对，没有告诉他草纹方向，或没有提醒他上坡、下坡推球；等等。球童可能会觉得很冤枉，心里会不由自主地念道"你打不好球怎么总是怪别人？""真是莫名其妙，睡不着觉反而怪枕头！"等等。一旦有了这些想法，就会不知不觉地产生抵触情绪，会不高兴，服务态度会不由自主冷淡下来，当对立情绪产生后，言语上就会由于情绪原因导致争论，甚至想："我不为你服务还不行吗？"

正确的做法是，当面对这些客人时，球童应该及时调整自己的服务方式，在介绍每个球道、击球距离、果岭状况的时候，多说一些，说得详细一些，用这种办法来为客人提供周到的服务。

所以，球童若要让客人承认自己的服务，切记，不要和他争论！

球童工作案例介绍

案例（球童）

1. 超前打球现象。

处理方式：首先上前向客人诚恳地道歉。

注意事项：首先，安全距离是 300 码，特殊情况（顺风、逆风、侧风、雾天、雨天等）要学会怎样增减码数；然后，要清楚地了解客人的打球水平。

2. 沟通出现问题，致使客人发火。

处理方式：及时道歉，缓解尴尬局面。

注意事项：沟通时不要出现争论，要与客人保持好友好的关系。在与客人沟通时要讲究语气，避免让客人误会你讲话的意思，避免争论。

3. 客人在场下放鞭炮。

处理方式：及时阻止客人，进行劝阻。如果客人还是执意不听劝阻，联系巡场以及球场管理人员配合阻止客人的行为。

注意事项：发现客人带不允许下场的物品，首先就要及时提醒客人，劝阻客人不允许带其下场。

4. 电瓶车在转弯时，放在车后的沙耙不小心甩下。

处理方式：一边同客人讲东西掉了，一边及时下车捡回。

注意事项：放沙耙首先要放置好，如有工作用品遗留在场下一定要及时捡回，放到原放物品区域。

5. 球童丢失客人手机。

处理方式：马上寻找，回忆最后客人使用时间、地点以及存放位置。

注意事项：放置客人物品，必须保证放置的位置安全，可靠。不可以将客人物品放在客人前口袋。

6. 客人在练习挥杆时打到球童。

处理方式：及时通知会所，马上给客人换球童，以及马上带该球童查看情况。

注意事项：客人在挥杆时，首先要给客人足够的挥杆空间；其次，球童本身也要注意自己的安全，站在客人身后 3~6 码的位置。否则，挥杆打到球童的事情一旦发生，球童是要负主要责任的。

7. 球员在球场中意外受伤。

处理方式：及时通知前台或公司领导，带客人到舒适安全的地方等待。作为一个合格的球童，要略懂一些紧急伤势处理。

注意事项：作为球童，在场下要确保客人的安全，要注意安全距离、特殊情况的紧急应付，确保客人的安全。

8. 恶劣天气（冰雹、暴雨、雷电等）的处理。

处理方式：首先，要保证客人的人身安全；然后，带客人到最近的安全区域躲避，如小卖店；最后，通知司机来接。

注意事项：在发现恶劣天气来临时，要及时带客人到安全的地方躲避。要保证客人的人身安全。

9. 客人打坏果岭。

处理方式：要在第一时间和客人确认打坏的果岭，然后及时通知巡场处理。

注意事项：要给客人讲明怎么去爱护果岭，以及打坏果岭是要进行赔偿的。

10. 客人要求跳洞。

处理方式：告诉客人跳洞要经过巡场同意，要找到巡场并经其同意方可跳洞。

注意事项：在场下要学会并组，缓解球场的堵组现象。客人有急事或场下堵组要跳洞时，要向客人解释清楚怎么补洞。

课题四　球童管理

一、球童培养

随着高尔夫球运动进入奥运会，我国高尔夫球运动将会迎来快速的发展，而与之相匹配的职业球员助理（职业球童）的培养却远远落后。我们利用 DACUM 方法开发出职业球员助理能力素质图表，共包含 9 个技能领域，102 项单项技能，并以此开发出相应的课程模块，按照能力素质图表撰写新型体例的《球童学》；以能力本位教育思想为指导，以高等职业教育为平台，培养具有服务职业联赛能力的高尔夫球童。

二、球童培训

球童的组训分职前训练与在职训练。

职前训练：为球童培养的重点，球童从高校进入球场后，须先办职前训练班，由球童组训中心负责分期或分班受训，结训后参加资格考试并通过，才能正式上岗。

在职训练：系经常性训练，其训练时间为每周一或每周二的场休日，方式为请培训老师来上课或去参观学习等。

1. 球童训练的重要性与基本认识。

能否让球员愉快地接受高尔夫球运动的乐趣，这与球童所扮演的角色密切相关。反过来，球员对球场的抱怨与诉苦，与球童的服务质量也有相当大的关系。

来宾过多时，常以球童接待顾客的态度决定球场的形象与水准，形象的好坏影响球场的声誉，因此可以说球童是球场的镜子。

球童的组训以接待顾客为基础，训练球童主要目的是获得顾客的信任与好感，尤其以正确的高尔夫知识和技术，以及服务态度来获得来宾的满意为目标。

2. 球童培养的基本课程与培训方式。

球童的心理辅导，健全心态；

球童的专业知识，加强素养；

球童对球场的贡献与影响；

球童的自我期许与前途；

球童工作的健康性；

球童服务的理念。

3. 球童的专业知识课程。

高尔夫的起源，历史演变；

高尔夫技术；

高尔夫规则与范例；

高尔夫球具与配备用品及其正确使用方法；

特殊状态的处理知识；

高尔夫球场与击球礼仪；

其他有关高尔夫的相关知识；

风向及草科的知识。

4. 球童的工作意愿课程。

球场的组织与管理系统；

球童的工作范围与服务规范；

球童的责任心与荣辱感；

球童与其他部门的联系和协调；

球童面临客户抱怨的心理排除。

5. 球童的实务行动课程。

接待的礼貌；

应对谈吐的礼仪；

仪容整齐，表情慈祥；

简单而基本的英、俄、韩、日外语能力；

友好热情的态度。

6. 球童的实物行动课程。

发球台的作业；

果岭通道至果岭上的作业；

果岭上的作业；

移动至下一球道的作业；

了解每一球道地形地物的概况；

击球结束后的作业；

球童的手势。

7. 职前训练中心组织。

应设专门的组训中心协助球童组人员开展训练，减轻球童组的工作负荷，以达到教育的专业化。

球童训练中心组织为临时性职务编组，组训完成后可随时撤销。

球童训练中心设班主任一人，队长一人，下辖科务、实习、行政及生活辅导人员各一人协助工作，由相关单位人员调用，必要时可临时约聘之。

8. 课程安排。

先设定每一期学员的基本总受训时数达 100 小时以上，不论是一个月的密集班，还是两个月的正常班，均应达此受训时数，方得参加资格考试。

有关课程的比例分配如下：

心理辅导课程占 10%；

专业知识课程占 30%；

服务意愿课程占 10%；

基本知识课程占 20%；

实务行动课程占 30%。

课务人员应按上述比例预先排定课程表，并由班主任聘请专业训练讲师按时上课。

9. 职前训练期间的其他事宜。

职前训练期间，由本公司支付住宿、伙食等费用，每人每月按考勤支付，结训后考试合格者招入球童组任用，并依营运管理的正常程序运作。

三、球童分级

1. 球童经集训后，依品行操守、服务态度、专业知识、顾客反映及考勤状况等综合考绩，举行升等考绩，并区分任用等级。

2. 球童的任用等级区分为 HA 级、HB 级、HC 级、A 级、B 级、C 级、T 级等七级，经组训后验收及格者以 C 级任用，优秀或有特殊经历者，可于满一月后破格升迁适当的等级。

3. 球童任用等级的升迁，应依升级考试核定。

案例：依表 6-2-1 所示时间每年举办考试，及格者即可升一级或二级任用。

表 6-2-1　球童任用等级升迁核定表

序	等级	晋级资格	晋级考试	备注
1	HA 级	担任 HB 级一年以上	每年 12 月底或不定期	

序	等级	晋级资格	晋级考试	备注
2	HB 级	担任 HC 级一年以上	每年 12 月底或不定期	
3	HC 级	担任 A 级一年以上	每年 12 月底或不定期	
4	A 级	担任 B 级半年以上	每年 6 月底或 12 月底	
5	B 级	担任 C 级一季以上	每月月初	
6	C 级	新进人员资格考试及格	职前训练结业日	
7	T 级	临时人员		

4. 球童升等考试由球场事业部组成球童晋级考试委员会负责安排。

5. 球童晋级考试委员成员计 7~9 人，应包括下列人士：

（1）球场营业部经理 1~2 人；

（2）球童组主任 1 人；

（3）球童室球童主管助理 1 人；

（4）球童自行编组的组长或副组长 1 人；

（5）外聘的在职训练组训中心讲师 1 人；

（6）由球场主管约聘的球友或会员 2 人。

6. 球童晋级考试委员依据《球童晋级评核表》所列的评核项目逐一考评并详列成绩，未满 70 分者不得升级，如有特殊表现亦得申请破格升迁，但以升两级为限。

7. 球童晋级评核表的考核项目区分为平时考核与现场考试两大项，具体应包括：

（1）平时考核：①服务态度占 30%（包括服从性、向心力、忠诚度）；②考勤记录占 25%（包括请假、迟到、旷工记录）；③品德操守占 20%（包括遗物招领、小费、客人请客等）；④草坪补沙占 25%（包括公差、勤务）。

（2）现场考试（或口试）：①服务态度占 20%；②应对礼仪占 20%；③外语能力占 15%；④击球规则占 25%；⑤场地了解占 20%。

晋级考评的两大项目比重为平时考核占 40%，现场考试占 60%，两项合计列出晋级考评成绩，作为晋级的标准。

8. 球童应接受行政管理系统的球童组的指挥与调配，并适时协助处理球场其他相关部门的临时指挥与紧急应变工作。

9. 球童除请假另有规定外，均应按时出勤，全年的出勤率不得低于以下规定：

H 级 240 次以上；

A 级 216 次以上；

B 级 192 次以上；

C 级 168 次以上。

四、球童的假期规定

公休：每月 4 天，但周末及假日不得休假。

事假：以半日计，需前一天办理请假手续。

病假：可以次日缴交医院证明，补办请假手续。

结婚：限本人结婚，假期 7 天。

五、违反球童出勤规定的惩罚

事假：每半日扣人民币××元。

病假：未办补假手续者，依事假比例扣款。

脱班：超过公布的报到时间到班，到位人员出班时，每班扣款人民币××元，遇紧急事故时，应提前通知出发台，否则脱班照计。

补班：于公布的报到时间内到班，过班可立即补班。

如因回场太晚，以至过班时，可立即补班，倘当日未补可择日补班。

27 洞可补一班，如当日未补，可择日补头班，超过 27 洞以上的加打则不补班。

连续请假：连续请假 3 日以上时，均应事前办理请假手续，否则视同旷工，解除聘任合同，如重新任用，应予降一级任用处分。

产假：女性球童怀孕期间可申请停薪留职，产后满两个月可恢复勤务。

六、排班方式

球童主管助理或管理人员依现行轮班方式建立排班，按日排班，各班的球童应于每日下班前至出发台参阅次日的排班及时间表按时出勤，如遇突发情况或有竞赛事宜，则由球童组管理人员全权调配或呈请上级协助处理。

七、明确球童职责并认真执行

为维护球道整洁而进行补沙、拔除杂草、捡拾垃圾等，亦为球童职责之一，各球童应于排班轮值时间外的空余时间进行，本项工作由球童组主任会同球童主管助理依场内球道面积平均分配给各球童班。各班的责任区，由班长负责协同指挥所属班内球童共同照管。

八、可雇临时工执行球道清洁工作

当球童人数不足或击球人员太多，球童因排班轮值而无法抽空执行球道清洁工作时，可委托球童组统一约雇临时工人协作除草，约雇工人的酬劳则从每位球童的服务费收入中按次（人）抽取，统一支付。

九、球童专业手册

有关球童专业手册，由公司主管部门会同球童组行政人员编定成册分送各在职球童平时参阅。

十、球童隶属

1. 明确球童内部管理架构。球童为球场组织编外员工，虽受球童组主任所指挥与管理，但为激励士气及灵活运用，得由资深球童 H 级中甄选组长一人、副组长一人及班长若干人，协助球童组管理，各班班长下辖正式球童 10~12 人，临时球童若干人。

2. 球童的编组与管理系统，如图 6-2-1 所示。

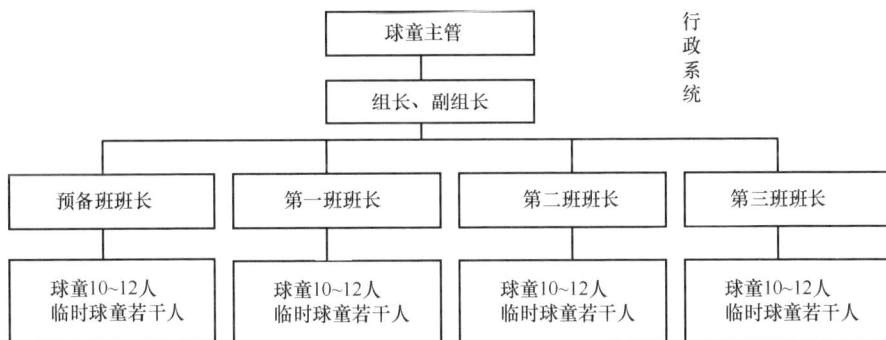

图 6-2-1　球童自行编组

3. 球童的编组、轮值、另班、轮休及场地维护的责任区划分等作业，以前述球童编组表作为作业依据，并受行政系统的球童室球童主管助理的监督指挥，而由球童自行编组的组长及各班班长实际负责安排。

4. 球童编组的组长、副组长及各班班长，由球童组主管与球童主管助理会同球场营业部经理依考核成绩推荐提名，于每年 12 月 30 日（北方 11 月 30 日）经球童票选之，任期一年，连选则连任之，并得适当的领导费用。

5. 组长、副组长及各班班长，负责对球童各事务的联系与领导。

6. 球童编组的组长、副组长及各班班长如有空缺，于一周内由行政系统的球童组主管任指定一代理，到新任改选时为止。

十一、球童会议

1. 球童组行政管理人员于每周三准时召开组别会议，由主管担任主席，所属全体组员及球童编组组长与各班班长应出席会议。

2. 除行政系统的组别会议外，球童编组亦应按规定的时间召开球童会议，如表6-2-2所示。

表6-2-2　球童会议出席表

会议	主席	参加人员	日期	时间	列席
班会	班长	班内所有球童	每周一次	自定	组长
球童会议	球童组主任	全体球童	每月月底一次	自定	高级主管
临时会议	球童组主任	全体球童	自定	自定	高级主管

3. 球童会议的过程与主题：

（1）球场宣布的行政命令或人事改选；

（2）表扬先进球童；

（3）球童发表意见；

（4）球童作业困难点的反映与建议；

（5）球童基金的收支说明；

（6）球童作业或各班之间的工作协调事项；

（7）球童作业的改进事项；

（8）其他有关球童权益或福利的事项讨论。

4. 球童会议记录与执行：

（1）球童会议的发言与决议事项应有详细会议记录；

（2）对球童所提出的急需解决的问题，球场业务部主管应尽速解决；

（3）如需其他部门配合处理事项，则应有球童组依行政系统呈报。

十二、球童酬劳

1. 球童的酬劳主要为球童服务费收入，球童服务收费标准依同业行情制定，如有调整，由球场营业部干部会议决议通过后，依行政程序报请总公司核定调整，如表6-2-3所示。

表 6-2-3 专业球童等级分类表 单位：元

序	球童分级	球童服务费	球童基金
1	H 级		
2	A 级		
3	B 级		
4	C 级		
5	T 级		

说明：上表按照球童一人服务来宾一人的收费及基金扣留标准制定。

2. 球童的酬劳收入分为球童服务费与全勤奖金两大项。

（1）球童服务费：①依球童等级及背杆人次计给，由球场柜台统一向打球人员代收服务费；②球童服务费由球场代收后，除提取若干元作为球童管理基金外，其余的代收费由公司暂时保管，于每月 25 日统计，次月 5 日发放。

（2）全勤奖金：①每月除公休外，未曾请假者，由球童基金中发放全勤奖金若干元；②根据全月累计脱班次数，第一次减发全勤奖金若干元，第二次减发全勤奖金若干元，三次以上不发全勤奖金。

3. 应设置球童基金管理委员会进行球童基金的管理。委员会的委员共计 7人，并互推 1 人为主任委员，负责处理基金的管理事宜。其委员组成规定：

（1）到职满两年以上的 H 级球童票选二人；

（2）球童自行编组的各班班长票选一人；

（3）球童自行编组的组长或副组长票选一人；

（4）球场专业部球童级主任一人；

（5）球场营业部一级主管一人；

（6）总公司指定高级主管一人。

4. 球童基金管理委员会的职责：

（1）调整球童费中球童基金的比例。唯本项比例金额的调整必须提请球童会议及总公司核准。

（2）核定球童基金的使用项目。

（3）负责球童基金账目的审核、盘点与监督。

5. 将依据球场前台每天营业收报表提成发给球童的服务费移交给球童基金管理委员会，并以基金收入形式呈主任委员核批，现金则按日存入银行。

6. 球童基金限用于球童的服装费、保险费、奖金、职务津贴及福利费用，其支付标准规定如表 6-2-4 所示。

7. 根据球童基金收支运用情况，应于每年年底会计年度结束后 10 日内编制收支表一份，向全体球童公布。

表 6-2-4 球童基金收支运用情况

序号	支出项目		支出标准	备 注
1	服装费		依采购程序实报实销	
2	奖金	全勤奖金	每人每月　元	
		节庆奖金	每人每节　元	
		年终奖金	每人　元	
		特别奖金		管理委员会通过后发给
3	津贴	班长津贴	每人每月　元	
		组长津贴	每人每月　元	
		其他津贴	管理委员会通过	
4	补助费	结婚贺礼	本人及直系　元	任职半年以上发放，未满者减半
		丧葬奠仪	本人及直系　元	任职半年以上发放，未满者减半
		住院慰问	每人　元	限本人
		工伤慰问	水果　元	限本人
5	福利	聚餐	每人　元	每月一次
		旅游	每人　元	一年一次
		年终摸彩	每人　元	一年一次
		其他福利	管理委员会通过	
6	其他必要支出			

十三、球童奖惩

为提高高尔夫球童组全体球童的形象与声誉，以及磨砺球童的品德，增进全组人员的融洽与团结，特制定一系列奖惩规章。

1. 奖励采用三级制，其奖赏标准如下：

（1）嘉奖：①遵守球童组公布的勤务作业时间，无迟到、早退、脱班者；②参加在职训练，努力吸取新知识，表现优良者；③品行操守优良，从未逾界者；④勤务工作表现优良者；⑤对外言行足以提高本球场的声誉者；⑥主动提供改进意见，并被球场采纳者；⑦其他有关增进本球场发展的贡献。

（2）小功：①球场交办的工作，执行努力并按时完成，可为全体员工楷模者；②拾到球友遗失的贵重物品，送回招领处者；③对交办业务努力进行研究改进，获致极效者；④善心行仁，协助同仁解决困难，或获社会人士表扬者；⑤领导统率部属，发挥团队精神，提高全体球童同仁士气者；⑥有其他有关增进球场发展的事迹，且具有极效者。

（3）大功：①提供并协助球场改革，贡献卓越者；②勤务工作每月均保持特优记录者；③策划或提供本球场业务改进方案及办法，致业务顺利拓展者；④有其他优良事迹，足以增进本球场发展，绩效卓著者。

2. 惩罚采取三级制，其惩罚标准如下：

（1）警告：①工作态度懒散，经常不遵守球场规定时间者；②品行操守逾规，喜好酗酒滋事者；③勤务工作经常违规者；④勤务时间内处理私事或无故擅离岗位者；⑤对外言行有损球场声誉者；⑥喜好搬弄是非、招摇生事、影响同仁士气与团结者；⑦借故拒绝或逃避参加在职训练者；⑧拒绝或不服从上级的监督与指导者；⑨上（下）班不签到（退）者；⑩执行场内服勤工作不按规定填回草皮、补沙者；⑪经常服装不整，在场内游荡影响球场声誉者；⑫其他违反本公司规定，达警告程度者。

（2）小过：①交办业务执行不力，逾时完成足以影响进度者；②执行勤务工作投机取巧并屡生错误，至球场蒙受声誉损失者；③在外喜好打架滋事，酗酒好色足以影响球场声誉者；④假造事实隐瞒上级，以致影响主管判断者；⑤其他违犯球场各项规定，情节严重者。

（3）大过：①交办业务拒不处理或处理不当，致使球场蒙受财务及声誉损失者；②喜好赌博，屡劝不听，私生活行为不检点者；③假借球场名义在外举债招摇撞骗，使球场蒙受声誉之损失者；④利用职务之便，贪污舞弊或偷窃者；⑤泄漏球场业务机密与他人者；⑥借故拒绝或不服从上级批示与监督，屡劝不听且情节重大者；⑦有其他严重过失，情节重大，足以引起球场声誉或财务损失者。

3. 球童个人全年累计功过可相互抵消。

4. 球童奖罚功过记录，应及时登入球童资料表内，存资料袋备查。

5. 球童奖罚的功过每年年终结算一次，依下列标准折算现金，同时发放：

（1）嘉奖一次发现金100元；

（2）小功一次发现金200元；

（3）大功一次发现金300元；

（4）警告一次扣现金100元；

（5）小过一次扣现金200元；

（6）大过一次扣现金300元。

6. 球童的奖罚应由球童组主管提出，本球场干部会议讨论后，向全体员工公告。

7. 本办法经董事会核准后公告实施。

1. 如何做到心经营、心满意、心管理?
2. 如何了解可球员的个性心理特征?
3. 如何处理人际关系?

任务三　练习场服务程序

活动情景

高尔夫球场练习场

任务要求

1. 了解练习场的特性;
2. 掌握练习场的工作程序;
3. 雷雨、台风封存场实施细则;
4. 掌握前台值班球童工作程序。

能力训练

掌握练习场特性及工作程序,初步形成练习球童的工作能力。

基本任务

课题一　基本工作程序

一、恭候客人

值班人员在任何情况下都要求精神饱满、站姿端正、微笑服务,主动接下客人球包并送到客人希望的打球席边。

二、入场服务

快速地为客人送来一筐练习球,并在练习场消费本上做好相应记录。

经常在打球区巡视，不得站在一旁说笑或闲坐在售球室内，看见客人的球快打完时，应主动上前询问客人："还需不需要增加球?"

客人有疑问或需要时，尽力帮助客人解决。

三、收费

当客人打完球后，将消费记录登记在客人的消费本上，尽量谢绝客人现金买单，每日下班前汇总当天消费记录并填制报表。

四、欢送客人

主动将客人球包送到出发台或客人车上，并感谢客人，欢迎其再次光临。

五、捡球

每天下午在没有客人时，服务人员应到场中捡球，有捡球车的应排好班捡球和清洗球，仔细清点并收归仓库。

表6-3-1为阿那亚高尔夫球场客人消费记录表。

表6-3-1　客人消费记录表

序号	日期/时间	消费内容	其他消费项目	经手人	备注
1		练习球： 租杆：			
2		练习球： 租杆：			
3		练习球： 租杆：			
4		练习球： 租杆：			
5		练习球： 租杆：			
6		练习球： 租杆：			
7		练习球： 租杆：			
8		练习球： 租杆：			

续表

序号	日期/时间	消费内容	其他消费项目	经手人	备注
9		练习球： 租杆：			
10		练习球： 租杆：			
11		练习球： 租杆：			
12		练习球： 租杆：			

课题二 雷雨、大风封存场实施细则

一、雷雨天气

巡场将雷雨天气情况及时汇报给竞技部经理，由竞技部经理报总经理决定是否封场。

如确定封场，则由竞技部负责通知前台，停止入场登记，同时通知预订部停止当天预订，对已经预订的客人电话通知其球场消息并表示歉意。

由竞技部巡场通知场地中所有客人离开场地，并告知到安全区域避雷、避雨或尽快返回会所。

封场后，巡场协同草坪部经理等相关人员加强球道巡视检查工作，如草坪排水情况、球场道路设施等有无损坏，发现问题应立即通知有关部门，以尽快处理好。

雷雨过后，巡场应根据天气情况及时报告，由竞技部经理请示总经理决定是否开场。

开场后由出发台通知客人、前台和相关部门。

二、大风天气

由巡场和出发台对下场及未下场客人进行口头通知，提醒客人注意。

由竞技部协同草坪部商量是否封场并请示总经理：

如果继续开场，则由客人自行决定是否继续或下场；

如果决定封场，则由竞技部及时通知前台和草坪部，同时安排司机下场接回场上还未返回的客人；

上班员工在各岗位待命，不要任意走动；

窗户关闭，遮阳布收起，除留下运送客人的球车外，所有球车开进车库。

课题三　前台值班球童服务程序

一、目的

确保球童达到工作要求，保证服务质量。

二、范围

适用于竞技部全体球童。

三、程序

当出发台叫到值班时，球童必须在 3~5 分钟之内到达值班地点，值班时应保持立正姿势，抬头挺胸，精神饱满，不得依柱而立，不得私自离岗，或互相聊天说笑。对待来往客人彬彬有礼，主动向前打招呼，使用礼貌用语。要将来往的球包有序摆放，要认真、负责。

客人来到球会，在不妨碍客人的情况下，为其开车门：

"×先生/×女士，您好！欢迎光临！"

"请问你有没有球包？"

拿到球包以后：

第一时间给客人球包卡，并将另一张相同号码的球包卡对应挂在球包显眼处。对于发出的卡，在值班本上做好记录。

请客人保管好球包交换卡，礼貌致谢！

值班球童用对讲机联系出发台，以便出发台及时安排出场。

当客人离开时，须主动出示球包对换卡，核对后收回卡可放行。

如有特殊情况，客人遗失球包交换卡，必须做好相应的登记及确认。

交接班时，须等下一接班球童到达时并交接清楚方可离开。

课题四　高尔夫球练习场使用规则

一、总则

1. 俱乐部有权管理高尔夫球练习场并在其认为适当的时间开放、关闭或预留高尔夫球练习场。

2. 使用高尔夫球练习场者应遵守有关使用规定。

3. 会员及其客人在高尔夫球练习场应始终行为得体。

4. 高尔夫球练习场不得带宠物进入。

5. 不得在高尔夫球练习场使用半导体、收音机、摄像机及其他可能干扰打球的物品。

二、营业时间

1. 高尔夫球练习场开放时间由俱乐部确定。

2. 俱乐部有权不事先通知而更改高尔夫球练习场的营业时间。

三、练习场收费

俱乐部有权适时修改练球费或其他费用。

四、球员

1. 会员将免费使用高尔夫球练习场练球。

2. 俱乐部按规定向非会员收取练习场练球费。

3. 俱乐部管理人员有权检查球员身份。

如授权职员要求，会员应出示有效会员卡，非会员应出示其消费卡。

五、着装

1. 高尔夫球练习场使用者应按俱乐部规章的要求适当穿着，禁止在高尔夫球练习场上穿背心、无袖衫、无领 T 恤衫、牛仔裤、运动短裤及沙滩装等。

2. 使用高尔夫球练习场者应穿适当的高尔夫球鞋。

六、练球场

1. 除经安排外，练球者不得在高尔夫球练习场预先占位。

2. 在高尔夫球练习场练球以先到先打方式进行。如练习位子已满，练球者须轮候空位。

3. 练球应在练习场中指定的练习位进行。

4. 高尔夫球练习场上仅允许使用由练习场管理人员提供的练习球。

5. 练习球不得在高尔夫球场上使用，练球者不得在练习场的草坪区取走任何高尔夫球。

6. 练习挥杆的练球者应始终在场上向规定的目标方向击球。

七、推杆练习

1. 推杆练习场练球者应只站位于指定区域。
2. 推杆练习场练球者应着胶钉高尔夫球鞋。
3. 推杆练习场练球者应遵守本俱乐部规则，不得以任何方式损毁练习果岭。

八、高尔夫球教练

只有本俱乐部驻场教练方可在本练习场教球。

训练检测

1. 叙述练习场的工作程序。
2. 叙述雷雨、大风封存场实施细则。
3. 叙述前台值班球童工作程序。

项目七　铸就情报能手和攻略专家

▶▶▶

◈ 项目描述

　　信息化时代的到来，对掌握情报提出了更高的要求；高尔夫球运动的偶然性远远大于其他的运动，只有做好充分的准备，才能处乱不惊，在艰苦的环境中获得佳绩，也就是说，谁掌握了详尽的情报资料，谁就占据了赛场的主动权。本项目的学习，旨在提高球童的情报搜集的素质，使球童具备为职业选手提供服务的能力。

◈ 学习目标

　　了解情报的种类，掌握必要的搜集情报的方法与技巧。

◈ 能力目标

　　能够运用所学知识进行科学情报搜集，能够为球员提供必要的帮助，提高球童的从业能力。

任务一　破解高尔夫球场地设计特点，
搜集水文气象资料

活动情景

多媒体教室

任务要求

1. 了解高尔夫球设计大师；
2. 学会搜集比赛当地的水文气象资料；
3. 掌握参赛对手的特色。

能力训练

自行搜集有关国际高尔夫球设计大师的资料，包括设计的理念、特色和代表作等等；学会搜集比赛时间当地前后15天的水文气象资料；搜集世界顶级高手的信息，包括各种球杆的远度、上球道率和上果岭率等。

基本任务

课题一　感知高尔夫球运动场地设计原理

一、高尔夫球场的设计原理

实践证明：没有遭弃的理论，只有遭弃的球场。19世纪以后至20世纪70年代是高尔夫球场设计理论不断实践、不断总结和趋于完善的年代。高尔夫球场设计的五大理论都是在这一时期前后提出的。虽然有的理论已经遭弃，但它对其他理论的创新起到了很大的推动作用。

1. 惩罚型设计原理。由于其设计思想偏激，所以在20世纪中期就已经不多见了。不过，出于对球员战术全方位的考验以及强化球场刺激性和高尔夫竞技的需要，也常常会遇见惩罚型设计的球洞，但是它的设置方位及惩罚指数与20世纪初期相比已人性化很多。

2. 快速型设计原理。以美国为代表的西方国家一度相当流行快速型设计原理。它整体是仿照高速公路的样式进行设计的，机械呆板，平淡无奇。该理论除了在西欧国家尚存有一席之地外，散射于世界其他国家的可能不大。但它作为一种设计理论还是值得研究的。

3. 战略型设计原理。战略型设计原理是在惩罚型设计原理维系了 100 多年之后提出的一种全新的设计思想。战略型设计球场一露面，就得到了高尔夫界的高度重视并赢得赞誉。现在存留于世的经典高尔夫球场都是后世设计师学习的战略型设计楷模和典范。1930 年至近代，战略型设计原理一直占据球场的主导地位。

4. 英雄型设计原理。英雄型设计原理是惩罚型设计原理和战略型设计原理的综合产物。这种设计鼓励冒险的成分远远大于奖励。但由于球场数量过多而缺乏挑战，令人感到乏味。

5. 目标高尔夫设计原理。目标高尔夫设计原理以减少保养面积，降低保养难度，节省保养费用作为其设计指导原则。它以大片的荒芜地或脏地来代替大片的保养面积，并配以各种不同的质地背景再现林可斯球场的风貌，也可以说是内陆球场的一种林可斯风格的翻版。

二、高尔夫球场内球洞的布局

1. 横向式。根据场地形状和范围大小，要将 18 个球洞或更多的球洞合理安排。若场地呈横长方形，其球洞则呈横向式排列。按照球员活动路线，要求打完一轮后能回到原出发地，基本不走重复路线，即要使第一号洞的发球台接近最后一个球洞的果岭。若原地形无法安排首尾相接，应在终止地附近设停车场和休息亭。

2. 竖向式。若球场为竖长方形，地形为几条平行宽谷，其布局可按竖向式设计。这种地形可以尽量利用沟谷溪流和山石变化进行造景处理，而且上下水系统建造较简单。但是高尔夫球场的建筑物必须建在山嘴处，不能在沟内布置过多建筑物，以防洪水和泥石流危害。

3. 扇形或半圆形。若高尔夫球场选在海滨或大水库的半岛上，球洞可呈扇形展开。扇形的中心集中修建球场的附属建筑物，扇形外围的海岸沙滩或湖岸沼泽地要尽量改造成人工湿地，使球场充满湖光山色。沙滩建成游乐场，使高尔夫球运动和游泳娱乐相结合，实现一场两用或多用。

4. 周边式。在地形平坦、面积有限的场地，可将附属建筑物集中在中心，球洞以建筑物为圆心在四周展开布局。如果场地是一块正方形的土地，在四角的区域内可以建职工宿舍、汽车房、机具库和水泵等设施。主干道路两侧密植乔灌木，进行场内功能区的分隔。

5. 边坡式。如果湖岸或海岸比较狭长，道路在远离湖岸或海岸通过，场地十分狭长，可将停车场和其他建筑物分成两处设立，球洞号的次序倒顺两用，如第 18 号洞正视为 18 号球洞，后视为第 1 号球洞，或用 18（1）来表示。

课题二　搜集比赛当地的气候和水文资料

【案例】2012 年 7 月，中国高尔夫球业巡赛在北戴河举行，金色河畔的优秀高尔夫球手韩松林在第一天的比赛中以 65 杆的成绩，平 25 年业巡赛最好成绩，但遗憾的是在第二天、第三天只打出 82 杆和 83 杆，究其原因，主要是第一天是早 8 点出场，后两天是下午出场。7 月的北戴河上午几乎没有风，下午 2 点左右开始起风，一般在 4 级以上。这是一个典型的没有做足功课的例子。

一、基本概念

"气象"：是大气中的冷热、干湿、风、云、雨、雪、霜、雾、雷电等各种物理现象和物理过程的总称。

"天气"：是指影响人类活动瞬间气象特点的综合状况。例如，可以说，今天天气很好，风和日丽，晴空万里，昨天天气很差，风雨交加，等等。

"气候"：是指整个地球或其中某一个地区一年或一段时期的气象状况的多年特点。例如：昆明四季如春；长江流域的大部分地区春、秋暖和，盛夏炎热，冬季寒冷，人们就称这里是"四季分明的温带气候"；每年的 7 月下旬和 8 月上旬是北京的雨季；等等。

二、水文特征的有关数据

应视需要掌握降水、水位、流量、泥沙、潮汐等实测、调查资料，其系列年限应基本符合有关专业规范的要求。

降水的监测和预报：主要是针对赛期，搜集近几年的降水情况和预报，重点是对降水量进行对比，针对场地软硬程度、积水等情况，合理安排战术。

三、气象特征有关数据

气象的观测项目有：气温、湿度、地温、风向、风速、日照、气压、天气现象等。

1. 气压是大气压强的简称。气压是指因大气重量而在任意表面上所受到的压强，其单位用帕（斯卡）（Pa）来表示。气压的变化与天气和季节变化密切相关，同时还与温度和高度有关。水平方向上的气压差异可引起空气流动，从而形成风。

气压以百帕为单位，取小数一位；有的也以毫米水银柱高度为单位，取小数两位。毫米与百帕的换算关系是：

$$1 \text{ 百帕} = 0.750\,069 \text{ 毫米（水银柱高度）} \approx 3/4 \text{ 毫米（水银柱高度）}$$
$$1 \text{ 毫米} = 1.333\,224 \text{ 百帕} \approx 4/3 \text{ 百帕}$$

气压的空间分布及时间上的变化，是与气流场情况及天气变化紧密相连的。高尔夫球场可以利用气压来测定球飞行的高度和远度。

2. 空气湿度是表示空气中水汽含量和湿润程度的气象要素。空气湿度是由安装在百叶箱中的干湿球温度表和湿度计等仪器所测定的（基本站每日定时观测4次，基准站每日定时观测24次）。地面空气湿度是指地面气象观测规定高度（即1.25~2.00米，国内为1.5米）上的空气湿度。

湿度有三种基本形式，即水汽压、相对湿度、露点温度。

水汽压（曾称为绝对湿度）表示空气中水汽部分的压力，单位以百帕（hPa）为单位，取小数一位。

相对湿度用空气中实际水汽压与当时气温下的饱和水汽压之比的百分数表示，取整数。

露点温度是表示空气中水汽含量和气压不变的条件下冷却达到饱和时的温度，单位用摄氏度（℃）表示，取小数一位。配有湿度计时还可以连续测定相对湿度和最小相对湿度。

不同的湿度对高尔夫球飞行的距离有不同的影响。湿度每增加15%，球的飞行距离会短10码左右。

3. 风是空气的水平运动，是一个用方向（风向）和速度（风速）表示的矢量（或称向量）。风速风向可以基于流体力学原理、热学原理、声学原理和仿生学原理来测量。热式测风仪基于风对热体的对流作用来测量风速和风向，其有一个精密的热源，通过把两对相对的热源与热电偶正交放置测量风向。超声测风仪可以同时进行超声波的发射和接收，基于多普勒效应测量风速，用三个或者四个探头根据三角关系测量风向。风速的测定常用的仪器有杯状风速计、翼状风速计、卡他温度计和热球式电风速计。翼状和杯状风速计使用简便，但其惯性和机械摩擦阻力较大，只适用于测定较大的风速。

要搜集最近几年某地区的气象水文资料，以便在制定攻略时作为参考资料。

对于4级的侧风，要注意球的距离一般会受10码左右的影响；对于4级的顶风，逆风要短15码左右，顺风要增加15码左右。

课题三　搜集竞赛对手的相关资料

虽然高尔夫球运动是非身体直接对抗项目，但是，能否尽快发挥出自己的水平，压制对手或是在落后的情况下尽快调整自己的状态，创造良好的成绩等，均需要对对手了如指掌，知己知彼，百战不殆。

搜集对手的技术特点：擅长什么技术？哪支球杆最好？各个球杆的距离？等等。

搜集对手的性格特点：属于什么性格的人？竞赛的风格是什么？等等。

高尔夫球运动虽然是非直接身体对抗项目，但对手的种种行为会对你产生很多潜移默化的影响，有正面的也有反面的，及早了解更多的对手信息对于提前制定战略战术具有十分重要的意义。

【训练检测】

1. 如何掌握高尔夫球场的设计特色？
2. 如何收集比赛当地的水文资料？
3. 怎样收集竞争对手的资料？

任务二　制定详尽的攻略

【活动情景】

多媒体教室

【任务要求】

1. 了解逆向思维在攻略中的应用；
2. 学会制定雨天的攻略；
3. 制订详细的攻略计划。

【能力训练】

运用逆向思维设计高尔夫球各个球道的进攻攻略；学会设计雨天的高尔夫球进攻攻略；利用任务一和任务二的知识，制定一次比赛详尽的高尔夫球攻略等。

基本任务

课题一　逆向思维在攻略中的运用

逆向思维法是指为实现某一创新或解决某一常规思路难以解决的问题，而采取反向思维寻求解决问题的方法。可以通过后天锻炼，提高逆向思维能力。逆向思维法，仅仅是一种思维方法或发明方法，它需要挖掘人才能力。逆向思维法在高尔夫球攻略中会被经常运用。

实践证明，逆向思维是一种重要的思考能力。个人的逆向思维能力，对于全面人才的创造能力及解决问题能力具有非常重大的意义。因为在实践中使用这一方法，可能取得惊人的效果。

人类的思维具有方向性，存在着正向与反向之差异，由此产生了正向思维与反向思维两种形式。

正向思维与反向思维只是相对而言的，一般认为，正向思维是指沿着人们的习惯性思考路线去思考，而反向思维则是指悖逆人们的习惯路线去思考。

正反向思维起源于事物的方向性，客观世界存在着互为逆向的事物，正是有了事物的正反向，才产生思维的正反向，两者是密切相关的。人们解决问题时，习惯于按照熟悉的常规的思维路径去思考，即采用正向思维，有时能找到解决问题的方法，收到令人满意的效果。然而，实践中也有很多事例，对某些问题利用正向思维却不易找到正确答案，一旦运用反向思维，常常会取得意想不到的功效。这说明反向思维是摆脱常规思维羁绊的一种具有创造性的思维方式。

逆向思维的两种类型如下：

1. 反转型法。这种方法是指从已知事物的相反方向进行思考，即常常从事物的功能、结构、因果关系等三个方面做反向思维，产生发明构思的途径。

秦皇岛荣盛戴河首领高尔夫球场第 7 洞，是沙坑最多的一个洞，共计 12 个沙坑。如图 7-2-1 与图 7-2-2 所示，从发球台望向果岭，整个球道全是沙坑，无处下手，根本就没有落球的地方；从果岭望向发球台，球道上没有一个沙坑，全是绿色球道，随便落到哪里都行。因此，对于这种球道，要运用逆向思维，从果岭向发球台来设计球的落点。这是利用逆向思维，对结构进行反转型思考的产物。

2. 转换型法。这是指在研究问题时，由于解决这一问题的手段受阻，而转换成另一种手段，或转换思考角度，以使问题顺利解决的思维方法。

图 7-2-1 由果岭向发球台看整个球道

图 7-2-2 由发球台向果岭看整个球道

例如，一个 335 码的四杆洞，略带右狗腿，310 码过右侧的水障碍，在这一洞，最好用 3 号木杆开球，放弃 1 号木杆。这实质上就是一个用转换型逆向思维法的例子。由于 1 号木杆非常尴尬，攻上去可能 2 杆进洞，相反，下了水可能就是 5 杆才能完成。因而我们变换一种方式，直接用攻不上去的 3 号木杆，进而顺利地解决了问题。

课题二　雨天攻略

高尔夫球的球道，在雨天和晴天变化无常。如果在打球时赶上下雨，可以参考以下攻略。

一、使握柄保持干燥

刚下雨时，马上把球包盖住，以防止雨水浸湿球杆握把和握柄。必须保持握柄的干燥，否则很可能发现自己在顺势动作中把手里的球杆甩了出去。如果握把总是从手中滑脱，击球就没有稳定可言。可以多带几块小毛巾，把它们挂在雨伞的伞骨上，从而保持干燥。也可以多带一两只手套，把它们和毛巾挂在一起。

二、耐心、积极

无论你在参加友谊赛还是正式比赛，要记住，你的对手也和你一样面对着坏天气。要保持耐心，降低期望值。通常而言，在雨天的成绩一定不如往常。不要因为害怕淋雨而缩短击球前准备程序的时间。最善于处理困境的球手就是最成功的球手。

三、使用大一号的球杆

雨天比赛，球员很可能穿着防雨夹克或风衣。穿着这种衣服，一般很难做出全挥杆，因此，需要使用比以往大一号的球杆（比如用 7 号铁杆代替 8 号铁杆），做出四分之三挥杆。这样有助于控制弹道。在果岭上，推击力量应该比以往大一些，因为球速会放慢。想着让球滚过洞杯，预计的路线偏移幅度要小一些，因为球在潮湿的果岭上滚动的曲线弧度会变小。

四、在潮湿的草皮上击球，可以采用球道沙坑中爆炸式击球的打法

突如其来的大雨，将会使球道变得更加复杂。击球时，可能会扫起一片水珠，难以实现触球。这时可以采取以下方式：

1. 采用沙坑球站位。当在潮湿的草皮上站位时，双脚会陷进地面，就像在沙坑中一样。这就导致挥杆弧度下移。为了抵消这种影响，握杆时确保双手下移 2.5 厘米。球对准站位正中，如果使用长铁杆或铁木杆，则使球对准站位正中稍偏前方。

2. 瞄球时杆头不要触地。上体前倾的幅度小一些，这样杆头就会离开地面，

使杆面下缘与球的赤道线齐平。

3. 击打球前方的草皮。瞄准球前方两厘米处的一点，目标是先击打球后部，再击打地面上的这一点。先触球后触地，可以避免受到潮湿草皮的影响，使右膝和杆头同时到达球所在的位置，球员可以把这句话当成挥杆口诀。如果右膝落在后面，可能会打厚。

课题三　详尽攻略的制定

一场高尔夫球比赛的攻略，包括气候、水文、对手、球童、场地等方方面面。做好攻略，要求球童和球员一起制订详尽的计划，要考虑到最糟糕的情况。对于不同的人，攻略是不同的，但所包含的内容，基本上不会超出我们前面所阐述的范围，这里就不再制定统一的格式。

这里需要强调的是，在执行攻略的过程中，一定要坚决，不能三心二意。同时最重要的一点是球童的助言要及时而不啰唆。沉默是金，这一点球童一定要牢记。

训练检测

1. 如何利用逆向思维制定攻略？
2. 如何制定雨天攻略？
3. 如何制定详尽的攻略？

后　记

2011 年，我在金色河畔董事长杜一鸣先生帮助下，开始撰写《球童学》一书。

本书的撰写经历颇多曲折。首先是在能力素质图表的开发上，经过几个轮次的研讨，最终在获得杜一鸣先生和北京大学生高尔夫球协会秘书长丁明汉先生的首肯后定稿；其次是本次的撰写几乎没有资料可以借鉴，只能是与各个高尔夫球俱乐部的经理、部分职业球员进行沟通；再次是国内没有对职业高尔夫球童的行业标准。历经 4 年的反复修改，最终于 2015 年成稿。在此，对给予我大力支持和帮助的杜一鸣老师、丁明汉老师、汤悟先老师和富兴老师表示感谢！对首都经济贸易大学出版社及王晓云老师、彭芳老师等表示由衷的感谢！

希望这部《球童学》对我国的高尔夫球事业的发展能有所帮助，本人也将继续在高尔夫球教学岗位上脚踏实地地走下去，努力取得更多的成果，服务于我国的高尔夫球事业。

殷志栋